終末論の系譜

初期ユダヤ教からグノーシスまで

大貫 隆

筑摩書房

終末論の系譜——初期ユダヤ教からグノーシスまで◆目次

終末論の系譜　初期ユダヤ教からグノーシスまで

凡　例

一、聖書正典からの引用は、原則として新共同訳（日本聖書協会）を使用した。ただし、必要に応じて文言を変更している。
一、私訳を用いる場合には、該当する段落の冒頭でその旨を注記している。
一、聖書外典・偽典文書名は、地の文への埋没を避けるために、原則として『　』で括った。正典聖書に含まれる文書については、そうしていない。
一、正典聖書の文書名の表記と略号については、原則として岩波書店版『旧約聖書』および『新約聖書』に従った。
一、引用箇所の略記は、「マコ一1」のように漢数字で章を、算用数字で節を表す。

はじめに

本書の表題を見て、人間を含む天地万物に終わりが迫っているのではないかという漠然とした不安のことか、と思う人が少なくないであろう。確かに聖書の世界でも、同じ不安が紀元前二世紀のユダヤ教の中で深まり、独特な終末論を生み出した。ただし、そこには、何とかして終末の向こう側に希望を見出そうという懸命な努力が認められる。本書は初期ユダヤ教の終末論がその後刻んだ歴史を、イエスと新約聖書を経て、後二世紀のキリスト教まで通史的にたどってみようというものである。そこからは、一口に聖書の終末論と言っても、いくつかの発展の系譜があったことが自ずと明らかになるであろう。

本書の中核を成すのは、新約聖書に見られる終末論である。ただし、そこに収められた二七文書のすべてを一つずつ残らず同じ比重で取り上げるわけではない。そのすべてが終末論を含んでいるとは限らないからである。したがって、それが特徴的な形で見られる文書を中心に、可能な限り年代順に概観することになる。

取り上げられる新約文書の内で最も古い文書は、後一世紀の五〇年頃にパウロによって書かれたテサロニケの信徒への第一の手紙である。テサロニケはギリシア北部に現存する大都市である。しかし、キリスト教はギリシアにまで進出する前に、パレスチナのユダヤ教徒の間で宣教活動を展開し、独特な歴史を刻んでいたのである。それはパレスチナ・ユダヤ人キリスト教、あるいはより簡潔に、「原始教会」と呼ばれる。その中心はエルサレムに結集した教団であった。

その原始教会がどのような終末論の下に生きていたのか。そのことをまとまった形で書き記した文書は実は一つもない。しかし、彼らの考え方や発言は、口から口に語り伝えられて行き、やがてテサロニケの信徒への第一の手紙を初めとする多くの新約文書の中に書き留められて行った。逆に言えば、新約文書はそれら原始教会の口伝を素材として受け取り、それをそれぞれの仕方で新たに解釈しながら、独自の終末論を繰り広げて行ったのである。したがって、本書も個々の新約文書を取り上げる前に、今述べた口伝に肉薄することによって、原始教会の終末論を取り出すことを試みる。

しかし、そもそもその原始教会自体は、一体どうして存在するようになったのか。彼らは一体誰だったのか。端的にその究極的な原因を言えば、それはそもそもナザレのイエスという人物が登場して、「神の国」が切迫していることを宣べ伝えたことである。イエスの直弟子たちはその「神の国」に希望を託していた。しかし、期待に反してイエスは十字架刑によって殺されてしまった。しかし、直弟子たちは、そのイエスが神によって死者の間から甦らされたという確信(いわゆる復活信仰)によって、挫折から立ち直った。そして甦らされて天上の神のもとへ高められたイエスは、やがて再び来臨して、生前に語り伝えた「神の国」を地上に実現するに違いないとも信じるようになった。これが原始教会が新たに到達した終末論である。挫折から立ち上がった直弟子たちはエルサレムで小さな群れ(原始教会)を結成した。そしてこの終末論を大きなフレームワークとして、生前のイエスの「神の国」の宣教を新たに解釈し直して行ったのである。したがって、本書は原始教会の終末論を解明するに先立って、生前のイエスの終末論を解明しなければならないわけである。

それでは、イエスの「神の国」とはそもそも一体何であったのか。このように問いを立てると、歴史哲学的、あるいは存在論的な解答を目指すのかと思われるかも知れない。しかし、本書が試みるのは、ここでもまずは思想史的な解答である。すなわち、イエスはそのために、同時代あるいは先行する時代のユダヤ教の中に、一体どのような前提を見出したのだろうか。そのうちの何を退け、何を受け容れて新たに意味付けて行ったのか。つまり、イエスの「神の国」を初期ユダヤ教の終末論と突き合わせることが避けられない。

　初期ユダヤ教の終末論は実に複雑な展開をたどったが、大きくは二つの系譜に区別することが出来る。その一つはメシア（救世主）待望（A）であり、もう一つは黙示思想（B）である。さらにそのそれぞれが二つの系譜に分かれる。メシア（救世主）待望には、（A―1）地上的・政治的なメシア待望、とりわけ「ダビデの子メシア」による民族の政治的解放を夢見る待望と、（A―2）宇宙的メシア（いわゆる「人の子」）による被造物全体の解放を夢見る待望の二つが区別できる。黙示思想には、（B―1）夢や幻の内に、宇宙史全体の行方を垣間みるタイプと、（B―2）同じように幻の内に、天上の神殿とその中で玉座に座っている至高者の姿を垣間みるタイプの二つが区別される。（A―2）と（B―1）は実質的に同じものであるから、これらの系譜の相互関係は次のように図化される。

A　メシア（救世主）待望
　　（A―1）地上的・政治的メシア待望
　　（A―2）宇宙的メシア待望／（B―1）宇宙史全体の行方
B　黙示思想
　　（B―2）天上の神殿と玉座の幻視

イエスはこのうちの（A―1）地上的・政治的メシア待望にも明確に通じていたが、はっきりと距離を取るどころか、明瞭に退けていた。反対に（A―2）、（B―1）、（B―2）からは、多くのイメージを繰り返し借用している。それらのイメージを独特なネットワークに編み上げながら、自分が確信する「神の国」の到来を宣べ伝えて行った。その次第を解明することは、直接的にはイエスの語り口（言語）を解明することになるが、彼の「神の国」が一体何であったかを明らかにする上では、一足飛びに歴史哲学・存在論的な分析へ急ぐ前に、この手続きこそが決定的に重要なのである。

こうして、以下の本書の章立ては、以上述べてきたところを反転させて、第一部が初期ユダヤ教の終末論から始まることになる。続く第二部では、イエスと新約聖書の終末論を取り上げる。最後の第三部は、後二世紀の終末論を別立てで考察する。そのわけは、一つには新約聖書の中で最も成立の遅い文書（ペトロの第二の手紙）がその時代に書かれたからであるが、もう一つには、グノーシスの終末論という新しい現象が立ち現れてくるからである。

第一部　初期ユダヤ教の終末論

「初期ユダヤ教」とは研究上の用語である。その発端は世界史の教科書でも有名なバビロン捕囚にある。イスラエル民族は先史以来長い歴史を刻み、紀元前一〇世紀以降は自前の王制を敷いて生き延びてきたが、前五八七年には、それまで存続していたかつての王国の南半分が当時中東全体の覇権を握った新バビロニア帝国によって制圧され、主立った者たちがバビロンに捕囚となった。その捕囚は、新バビロニア帝国に取って代わったペルシア帝国が、捕囚の民にパレスチナへの帰還を認めたことによって終わりを迎えた（前五三八年）。帰還民には政治的独立は認められなかったが、破壊されていたエルサレム神殿を再建し、モーセ律法を中心とする宗教共同体として生活することが許されたのである。そもそもかつての南王国はいわゆる「イスラエル十二部族」の中でも、ユダ族を中心とする王国であったので、帰還後に成立したその宗教共同体のことを「初期ユダヤ教」と呼ぶわけである。

その初期ユダヤ教において、新たに特徴的な終末論が姿を現してくる。しかし、思想史的に見れば当然のことではあるが、そこにはバビロン捕囚以前のイスラエルから受け継いだ遺産が含まれている。そのうちで最も重要なものは、捕囚までの王制時代に活躍した預言者たちの終末論である。

第一章　預言者の終末論

われわれの目下の関連では、すべての預言者について論じることはできない。また、すでに優れた入門書が他にもあるから、その必要もない。ここでは旧約聖書の目次に挙げられた預言者の中でも、歴史的に最初の人物であるアモスによる「終わり」の告知を見るだけにとどめよう。

一　アモス

アモスはもともとエルサレムの南方にあるテコアという小村で小型の家畜を飼う牧者であった。時代は前八世紀の前半である。その段階では、前一〇〇四年にダビデによって初めて成立した統一王国は南北二つの王朝に分裂していたが、それぞれの王国は表面的には周辺からの大きな外敵の脅威もなく、都市を中心に経済は活況を呈していた。しかし、その繁栄に伴って貧富の格差が広がっていた。宗教的にも周辺異民族の神々の崇拝からの影響が侵入してきた。つまり、自分たちの神ヤハウェのみを拝むこと（研究上は「拝一神教」と呼ばれる）で成り立っていたかつての共同体は、今や明らかに分解過程に入っていたのである。

そのような時代情勢の中で、アモスは突然それまでの日常生活から、預言者の使命へと抜き取られる。実に「預言者」とは、その名のとおり、思いがけず神から「預けられた言葉」を、一銭の対価もなしに告知して回る者のことである。しかも、預けられた神の言葉の中身は、分解した社会の中で横行する不正義を激越な表現で告発し、今やその「終わり」が目に見えないかたちで北方（アッシリア帝国）から近づいていることを予言するものであった。その告発の言葉を少しだけ読んでみよう。


6ヤハウェはこう言われる。イスラエルの三つの罪、四つの罪のゆえに／わたしは決して赦さない。彼らが正しい者を金で／貧しい者を靴一足の値で売ったからだ。

7彼らは弱い者の頭を地の塵に踏みつけ／悩む者の道を曲げている。父も子も同じ女のもとに通い／わたしの聖なる名を汚している。

8祭壇のあるところではどこでも／その傍らに質にとった衣を広げ／科料として取り立てたぶどう酒を／神殿の中で飲んでいる。（アモ二6―8）

21わたし〔ヤハウェ〕はお前たちの祭りを憎み、退ける。祭りの献げ物の香りも喜ばない。

22たとえ焼き尽す献げ物をわたしにささげても／穀物の献げ物をささげても／わたしは受け入れず／肥えた動物の献げ物も顧みない。

23お前たちの騒がしい歌をわたしから遠ざけよ。竪琴の音もわたしは聞かない。

24正義を洪水のように／恵みの業を大河のように／尽きることなく流れさせよ。

25イスラエルの家よ／かつて四十年の間、荒れ野にいたとき／お前たちはわたしに／いけにえや献げ物をささげただろうか。

26今、お前たちは王として仰ぐ偶像の御輿や／神として仰ぐ星、偶像ケワンを担ぎ回っている。それはお前たちが勝手に造ったものだ。

27わたしは、お前たちを捕囚として／ダマスコのかなたの地に連れ去らせると／ヤハウェは言われる。
その御名は万軍の神。（アモ五22—27）

ただ一人アモスは、繁栄の直中に破局が近づいているのを察知している。破局とは「ダマスコのかなたの地」（27節）、つまりアッシリア帝国への捕囚である。この「終わりの日」のことをアモスは次のように予言する。

9その日が来ると、と神ヤハウェは言われる。わたしは真昼に太陽を沈ませ／白昼に大地を闇とする。
10わたしはお前たちの祭りを悲しみに／喜びの歌をことごとく嘆きの歌に変え／どの腰にも粗布をまと
わせ／どの頭の髪の毛もそり落とさせ／独り子を亡くしたような悲しみを与え／その最期を苦悩に満ち
た日とする。
11見よ、その日が来ればと／神ヤハウェは言われる。わたしは大地に飢えを送る。それはパンに飢える
ことでもなく／水に渇くことでもなく／ヤハウェの言葉を聞くことのできぬ飢えと渇きだ。
12人々は海から海へと巡り／北から東へとよろめき歩いて／ヤハウェの言葉を探し求めるが、見いだす
ことはできない。（アモ八9—12）

この捕囚の予言は、前七二一年に北王国がアッシリア帝国によって滅亡することによって的中した。それはアモスが北王国から追放されて最期を遂げてから、僅か半世紀も経たない間のことであった。念のために一言するが、それは前述した南王国のバビロン捕囚（前五八七—五三八年）とは別の、

それに先立つ捕囚であることに注意していただきたい。

二　民族史から世界史へ

終末論という本書のテーマとの関連で、ここでとくに注意しておきたい点が二つある。一つはここでは神ヤハウェが、他でもないかつてモーセを通して自分の民として選んだ「選民」イスラエルの上に「終わり」をもたらそうとしていることである。しかもそれは、アッシリアという当時の世界帝国を道具にして行われるというのである。もともとほとんど未知の砂漠の神であったヤハウェは、ここでは、世界帝国をも意のままに用いる「世界神」へ脱皮しつつある。

もう一点は、今述べたことに対応して、アモスが告知した「終わり」が世界の内側での終わりを意味していることである。世界史そのものは、民族の終わりを越えて存続して行くのである。「終わりの日」は「世界史の内側」にあるがゆえに、世界史そのものを終わらせるもの、言わば世界史を超越して、その「向こう側」を志向するものではないということである。イスラエル民族国家の中に公平と正義と愛が回復され、再びヤハウェが呼び求められるようになれば、ヤハウェは北王国の「残りの者」を再び結集して、繁栄を回復してくれるかも知れないと、アモスが語るのもそのことを示している（アモ五15、九11―15）。ヤハウェは自分が選んだ民族を滅ぼし尽くさず、「残りの者」を足がかりに救済史をやり直すのである。これ以後、「残りの者」の観念は、聖書の終末論の中でさまざまに変容しながら、大きな役割を果たしていくことになる。

アモスにわずかに遅れて、北王国ではホセアが、南王国ではイザヤが[1]、アッシリア帝国の脅威を軸に展開する世界情勢の中で預言活動を行った。エレミヤはそれよりも一世紀半ほど遅れて、南王国のバビロン捕囚という破局の真直中を預言者として生き抜いた。それぞれが迫りくる国家的破局を察知して、「終わり」について語るのであるが、大きく見れば、今アモスの終末預言について注目した二つの点は、これらのどの預言者にもあてはまる。とりわけ、「残りの者」とそれを足がかりとした世界史のやり直しという観念は、南王国で活動した預言者たちにおいては、やがてエルサレムがもろもろの国民が参集する中心となるという待望を生み出して行く。イザヤはそれを次のように言い表している。

2終わりの日に／主〔ヤハウェ〕の神殿の山は、山々の頭として堅く立ち／どの峰よりも高くそびえる。／国々はこぞって大河のようにそこに向い／3多くの民が来て言う。／「主の山に登り、ヤコブの神の家に行こう。／主はわたしたちに道を示される。／わたしたちはその道を歩もう」と。（イザ二2―3）[2]

初期ユダヤ教と新約聖書の終末論では、詳しくは後述するとおり、「終わり」は多くの場合、世界史そのものの終わり、さらには宇宙万物の歴史（普遍史）の終わりを意味するようになる。しかし、旧約聖書の預言者たちは、まだその手前にいる。彼らは一足飛びに世界史の終わりにこだわったのではなく、集中的に自分たちの民族に迫っている「世界史の内側での終わり」に焦点を絞っている。そうなった理由は、イスラエル民族が狭くは古代のパレスチナ、広くは古代オリエント世界の中で実にさまざまな異民族と国に取り囲まれ、その中で波瀾万丈の運命を生きていったことと密接に関連している。イスラエル民族がその運命の中で、世界史とその行方の中での自分たちの民族の歴史の問題を意識せざるを得なかったことは想像にかたくない。「終わり」についての思考が成立・発展していくためのもっとも基本的な前提条件の一つがそこに整っていたわけである。そもそも歴史が問題として意識されていなければ、歴史の「終わり」についての思考も始まりようがないからである。この意味で、預言者たちにおける歴史の方向性に対する意識の誕生こそは、初期ユダヤ教以降の終末論にとっても基本的な前提なのである。

三　天上の神殿

預言者には、やがて初期ユダヤ教とイエスを含む新約聖書の終末論において大きな役割を果たすことになるもう一つ別の観念がある。それは一言で言えば、天上の神殿の表象である。古代イスラエル民族は、早くから周辺諸民族のように人間である王を神格化することを拒んで、あくまで自分たちの神ヤハウェ一人を真の「王」として崇拝してきた。周辺諸国に倣って人間の王を戴く王制に移行した後も、王たちはどこまでも人間であって、神ではなかった。しかし、そのことはヤハウェの天上の神殿と玉座について思いめぐらすことと同じではない。天上の神殿の表象が初めて姿を現し始めるのは、私が知るかぎり、前述の預言者イザヤにおいてである。

イザヤは自分が預言者に召し出された時に見た幻視を「わたしは、高く天にある御座に主（ヤハウェ）が座しておられるのを見た。衣の裾は神殿いっぱいに広がっていた。上の方にはセラフィムがいて、それぞれ六つの翼を持ち、二つをもって顔を覆い、二つをもって足を覆い、二つをもって飛び交っていた」（イザ六1―2）と表現している。もっとも、ここで言及される「神殿」は、地上にあるエルサレム神殿のことである。それはこれに続く文脈から端的に明らかである。そのエルサレム神殿を上から覆うように天上の玉座に座すヤハウェの衣の裾だけが見えたというのである。しかし、天上の玉座のイメージはすでに天上の神殿と紙一重である。言い方を換えれば、地上のエルサレム神殿が天上の神殿を連想させていると言えるだろう。

　イザヤ（前八世紀）から遅れること約一世紀半、今度はエゼキエルがやはり幻視体験によって預言者の任務に召命される。エゼキエル書一章の報告によれば、それは南王国の王ヨヤキン、つまり最後から二番目の王がバビロンに捕囚（前五九七年）となってから五年目（前五九三／二）のことであり、エゼキエルは他の捕囚民とともに、その時すでにバビロンの河の畔《ほとり》にいたと言う（エゼ一1）。前述の前五八七年の捕囚と区別するため、この捕囚を「第一回バビロン捕囚」と呼び、前五八七年の方を「第二回バビロン捕囚」（最後の王はゼデキヤ）と呼ぶことがある。エルサレムが神殿も含めて最終的に破壊されたのは第二回捕囚においてであるから、エゼキエルの幻視体験の時点では、エルサレムにはまだ神殿が存立していたわけである。エゼキエルが遠く離れた捕囚の地で、幻視の中に見るものは、それとはまったく別の天上の神殿と玉座である。

　エゼキエルが最初に見たものは四つの「生き物」である。それぞれ四つの顔（人間、獅子、牛、鷲）と四つの翼を持っている（エゼ一4―14）。それぞれの傍らには、外枠一面に目が付いた「車輪」が並走している（一15―21）。四つの生き物の頭上には水晶のように輝く大空が高く広がっている（一22―25）。その大空をも越えてさらに上に、サファイアのように見える玉座があった。その上には、神が「人間のように見える姿」をして座っていた。しかし「その腰から上は琥珀金のように輝いて見えなかったが、周りに燃えひろがる火のように見えた。腰のように見えるところから下は、火のように見え、周囲に光を放っていた。周囲に光を放つ様は、雨の日の雲に現れる虹のように見えた。これが主（ヤハウェ）の栄光の姿の有様であった」（一26—28）と言う。

古代末期のユダヤ教研究の大御所P・シェーファーの最近の研究は、この描写の中に預言者エゼキエルの独特な終末論を認めている。たしかにエルサレムには今なお神殿が立っている。しかし、それには確実に終わりが迫っている。それに対して、今やエゼキエルが捕囚の地で見た幻の神殿は、宇宙大の神殿である。宇宙全体がヤハウェの神殿であり、玉座なのだ。それはエルサレム神殿が倒壊しても存続する！　捕囚の民はその神殿に住まい、玉座に座す神にこそ礼拝を捧げるべきなのである。(3)

第Ⅱ章　バビロン捕囚以後の地上的・政治的終末待望

一　時代史

バビロンからの帰還後の初期ユダヤ教の中で、特徴ある終末論が現れてくるのは前二世紀以降のことである。その背景にある時代史は、その後イエス時代にいたるまで、どのような展開をたどったのか。ごく大まかに見ておくことにしよう。

新バビロニア帝国を倒して捕囚の民にパレスチナへの帰還（前五三八年）を許したのは、前述したように、ペルシア帝国であった。そのペルシア帝国も、前三三〇年にアレキサンドロス大王の率いるギリシア帝国によって滅亡する。アレキサンドロス大王が没すると（前三二三年）、やがてその帝国の版図は三人の将軍たちによって分割統治されることとなる。ギリシア（マケドニア）本家はアンチゴノスとその王朝が、アレキサンドリアを首都とするエジプトはプトレマイオスとその王朝が、シリア・メソポタミアはセレウコスとその王朝がそれぞれ継承統治した。

その直後から、パレスチナを本拠地として宗教共同体としてのユダヤ教を形成していた帰還民たちは、南のプトレマイオス王朝と北のセレウコス王朝の間の争奪戦の的となった。二つの王朝は前二世紀中葉までに、合計六回の戦争（シリア戦争）を繰り返した。ユダヤ教徒はその間で激しく翻弄された。ただし政治的・宗教的には、より強く北のセレウコス王朝の統制下に置かれることが多かった。第六次シリア戦争（前一七〇―一六八年）の途中の前一六九年、北の王であったアンチオコスⅣ世（在位前一七五―一六四年）がエルサレム神殿に侵入し、ギリシアの至高神ゼウスの立像を設置した。さらに一六七年にはユダヤ教を禁止した上で、エルサレム神殿にゼウス神への祭儀を導入した。アンチオコスⅣ世は自分はそのゼウスの化身に他ならないと考えていた。

ただし、ユダヤ教徒はアンチオコスⅣ世によるこの弾圧行為の一方的な受難者であったわけではない。後一世紀のユダヤ人歴史家ヨセフスが『ユダヤ古代誌』第一二巻に詳細に記しているところによれば、ユダヤ教の祭司貴族の一部は対立するグループとの権力闘争を勝ち抜くために、進んでユダヤ教の慣習（とりわけ割礼）を放棄して、ギリシア風の生活態度をまねることを申し出ている（第一二巻二四〇―二四一節）。同じように、自らをヘレニズム化しようとするユダヤ教上層階級の動きは、すでにそれ以前から、すなわちシリアでアンチオコスⅢ世（在位前二二三―一八七年）とセレウコスⅣ世（在位＝前一八七―一七五年）が王位にあった時から始まっていたのである。アンチオコスⅣ世による蛮行は言わばその頂点であった。

アンチオコスⅣ世によるエルサレム神殿の冒瀆を機に、地方の下級祭司の家系に生まれ、後に「マカバイオス」と呼ばれることになるユダという人物をリーダーとする叛乱が勃発した。その叛乱は「マカバイ戦争」(1)と呼ばれる。叛乱は前一六四年に、エルサレム神殿の奪還と粛清に成功する。しかし、その後も戦争は続いた。その途中でユダは戦死し、血縁の兄弟ヨナタンが統率権を引き継ぐが、間もなくシリア・セレウコス王朝で発生した内紛に巻き込まれる。彼はその渦中を政治的同盟相手を取り替えながら生き延びようと試みるものの、やがて暗殺されてしまった（前一四五年）。その後を継いだ血縁の兄弟シモンの下で、初めてシリアからの政治的独立が達成された（前一四二年）。その独立王朝は、リーダーであったマカバイ一族のもともとの家名がハスモンであったことに因んで、「ハスモン王朝」と呼ばれる。

その後のハスモン王朝は、前六三年にローマの将軍ポンペイウスによって属州シリアに編入されるまで、約八〇年にわたって存続した。その間、ご多分に漏れず、王朝内部での後継争いが相次いだ。その次第については、ヨセフスの前掲書に詳しい（第一三—一四巻）。いずれにせよ歴史上の結果としては、支配権の継承は、シモン（前一四二—一三四年）→ヨハネ・ヒルカノス（一三四—一〇四年）→アリストブロスⅠ世（一〇四—一〇三年）→アレキサンドロス・ヤンナイオス（一〇三—七六年）→サロメ・アレキサンドラ（七六—六七年）→アリストブロスⅡ世（六七—六三年）という順番であった。なお、ハスモン王朝は王朝とは呼ばれるものの、支配者は当初は「王」ではなく、「大祭司」と呼ばれた。ヨセフスによれば、「最初に王冠を戴いた」のはアリストブロスⅠ世であった（『ユダヤ古代誌』第一三巻三〇一節）。

なお、思想史的に一つ注意しておきたいことがある。それはマカバイ一族の叛乱に一時「ハシダイ」（敬虔な者たち）と呼ばれる党派が参加していることである。それはシリア・セレウコス王朝でアンチオコスⅣ世が没して、王位がアンチオコスⅤ世（前一六四—一六二年）、さらにデメトリオスⅠ世（前一六二—一五〇年）に代わった時であった。ユダヤ教徒にとっては、神殿解放を果たした後もマカバイ戦争がなお継続していた。その時点でアンチオコスⅤ世がユダヤ教の大祭司に任命したのは、アルキモスという人物であった。「ハシダイ」たちはこの人物を正統な大祭司の血統とばかり信じて、彼が仕組んだシリアとの和平の提案に乗ったのである。ところが、アルキモスは正統な大祭司の血統

を引くどころか、「ハシダイ」たちを裏切って惨殺してしまった。(2)

初期ユダヤ教史の上でその後間もなく登場してくるエッセネ派とファリサイ派は、その「ハシダイ」の系譜（ハシディーム）に連なると見るのが研究上の定説である。ヨセフスの記述によれば、両派はすでにマカバイ戦争の二番目のリーダー、ヨナタンの時に、サドカイ派と並ぶ党派であった（『ユダヤ古代誌』第一三巻一七一―一七三節）。おそらくエッセネ派はヨナタンが大祭司職に就いた時（前一五二年）に戦争協力から撤退したと考えられる。ファリサイ派もその後間もなく、独立後のハスモン王朝の第二代の大祭司ヨハネ・ヒルカノスと対立し、彼が正統な大祭司の家系ではないことを理由に、大祭司職の放棄を要求している（ヨセフス、同二九一節）。ヨハネ・ヒルカノスの次の次の大祭司（兼・王）のアレキサンドロス・ヤンナイオスとの間では、同じ事態がさらに過激な形で生じている（ヨセフス、同三七二―三八三節）。もっとも、アレキサンドロス・ヤンナイオスは臨終の床では、妻のサロメ・アレキサンドラにファリサイ派と和解して、権力の一部を委ねるように言い残している（ヨセフス、同四〇〇―四〇四節）。事実、王位を継承したサロメ・アレキサンドラの治世下では、ファリサイ派は政権の中枢から思うがままに支配権を揮うこととなった（ヨセフス、同四〇五節以下）。

二 『トビト記』

以上のような時代史の中で生み出された文書の一部は、現在の正典旧約聖書に含まれているが、大半はいわゆる旧約聖書の典外文書に分類される。その中でまず注目されるのは、『トビト記』に表明される地上的・政治的な終末待望である。その成立年代は前二〇〇―一七〇年ごろと推定されている。(3)

内容は逸話に富んだ伝記である。主人公イスラエル人トビトは敬虔な人物で、異邦の地アッシリアのニネベに捕囚の民の一人でありながら、律法を固く遵守して暮らしている。ある日、放置されていた同胞の屍を葬った後、穢れを家の中に持ち込まないために屋外で一夜を過ごした際、雀の糞を目に浴びて失明する。近くの街に住む親族の娘サラも七人の夫を次々に悪魔に殺されてしまっている。二人の祈りを受けて神は天使ラファエルを遣わす。トビトの息子トビヤはラファエルの助けを得ながら、父が親族に貸していた金を取り立てに赴く。その途中、天使はトビヤに魚を捕えさせ、その内臓と胆汁を保管させる。サラの家に立ち寄ったトビヤは彼女と結婚することになるが、その夜に現れた悪魔を、保管していた魚の内臓を燻して退治する。使命を果たして父トビトのもとへ戻ると、今度は同じ魚の胆汁を父の目に注ぐ。するとその盲目が奇跡的に癒される。その後、トビトはアッシリア帝国の滅亡（一四章）、エルサレムへの帰還と神殿の再建（一三章）を予言して死ぬ。これが物語の粗筋である。

一読して明らかなとおり、物語の舞台はアッシリア帝国の全盛期（前八世紀）に設定されている。つまり、主人公トビトたちは、前七二一年にアッシリア帝国によってイスラエル北王国が滅亡した時に、アッシリアに拉致された捕囚民の一部だというのである。しかし、『トビト記』の実際の著者と読者は、前述のように、前二世紀の前半に生きている。物語の現在との間には約五百年の開きがある。実際の著者と読者から見れば、トビトが臨終の床で予言するアッシリア帝国の滅亡（前六〇九年）はもとより、アッシリアに続いた新バビロニア帝国による南王国の滅亡、捕囚、そしてそこからの帰還さえも、すでに歴史上の既成事実なのである。実のところ、バビロンからの帰還後間もなく、破壊されていたエルサレム神殿（ソロモンによる第一神殿）は再建工事が始まり、前五一五年にはいわゆる

「第二神殿」として完成していたのである（エズ六15参照）。

もちろん『トビト記』の著者もそのことを承知している。それは一四章5節の次の文章から明らかである。「しかし神は再び彼らを憐れみ、イスラエルの地に連れ帰り、御自分の家を再建される。しかし再建されても、定められた時が来るまでは、元どおりにはならない。」実際の著者の時代のエルサレムには、すでに三世紀半にもわたって、再建された神殿が立っていたのである。しかし、著者はそのこと承知しながら、「再建されても、定められた時が来るまでは、元どおりにはならない」と言う。ということは、著者にとっての理想は「元どおり」、すなわちソロモンが建立した第一神殿（王上六章参照）の栄華が再び取り戻されることなのである。否、神殿のみならず、エルサレムの街全体がありとあらゆる宝石で飾られたものでなければならない（トビ一三17）。そのようなエルサレムこそが全世界の中心となるはずである。その夢を著者は次のように語っている。

> 大いなる光が、地の隅々にまで、輝きわたる。諸国の人々が遠くから、お前〔エルサレム〕のもとにやって来る。地の果てのすべての人々が、聖なるお前の名を慕い、天の王のために、もろもろの献げ物を携えてやって来る。代々限りなく、人々はお前を喜び歌い、選ばれた都であるお前の名をとこしえに歌う。（トビ一三11）

ここに表明されているのは、すでにエゼキエル書一章で表明されるような天上の神殿の幻視ではない。それはむしろイザヤ書六章の召命場面で言及される地上のエルサレム神殿が更新された姿である。もろもろの国民が参集してくるのも、やはりイザヤ書二章2―3節、五六章6―7節、六〇章14節、ミカ書四章1―3節などと同じように、どこまでも更新された地上のエルサレムなのである。なぜ著者はそこまで地上のエルサレムと神殿の更新に希望を託しているのか。その理由は明らかである。前節で見たように、著者が生きている前二世紀の最初の四半世紀は、ユダヤ教がシリア・セレウコス朝からの外圧とそれに妥協するユダヤ教祭司貴族による急激なギリシア化に曝《さら》されていたからである。『トビト記』が物語の形式に盛って提示しているのは、それへの抵抗を意図した地上的・政治的終末待望であるに違いない。主人公トビトが律法を固く守って止まない敬虔な人物であるのもそのためだと思われる。

三　死海文書

一九四七年に発見された死海文書によって知られるクムラン教団は、おそらくマカバイ戦争中にヨナタンと袂を分かったエッセネ派の後裔である。そのことを示唆するのは『ハバクク書註解』[4]である。教団の創始者は「義の教師」と呼ばれる（XII 7―8）。教団は彼の「仲間の祭司たち」であり、「悪しき祭司」ヨナタンと「その一党の者たち」と鋭く対照されている。[5]「悪しき祭司」は「任職の当初は正当な名で呼ばれた。しかしイスラエルのうちに支配権を握ると、その心は高ぶり、神を離れ、富のゆえに、戒め（律法）に背いた」（VIII 9―13）。しかし、「義の教師」は神の戒めを遵守した。そのために「悪しき祭司」による「懲らしめ」を受けて、見捨てられた（V 10―11）。その禍《わざわい》「悪しき祭司」とその一党には、終わりの時の審判が待っている（VII 2、X 13、XIII 2―3他）。その禍をもたらすのは「キッティーム」（IX 6―7）である。しかも「キッティーム」によるその禍は、すでに起きたものとしても語られる。「この意味は悪しき祭司にかかわる。彼を、義の教師と彼の一党の人々に対する背反のゆえに神はその敵〔=キッティーム〕の手中にわたされ、彼を苦しめて魂の苦痛によって壊滅的な打撃を与えた。彼が神の選びし者〔=義の教師〕に対して悪をなしたからである」(IX 9—11)。もしこれが、前一四五年にヨナタンがシリア・セレウコス朝の将軍トリュフォンに殺害されたことを指すとすれば(Iマカ一二39—一三24)、「キッティーム」はシリア・セレウコス朝を指すことになるであろう。

いずれにしても、『ハバクク書註解』の終末待望は地上的・政治的である。死海文書の一つ『戦いの書』(1QM)は終末時における「光の子ら」と「闇の子ら」の戦いを空想的に描写するが、その描写には地上的な具体性が顕著である。『神殿の巻物』もエゼキエル書一章のような天上の神殿ではなく、『トビト記』と同じように、あくまでも地上のエルサレム神殿を視野において、その祭儀が更新された理想型を描写しているのである。

四 『ソロモンの詩篇』

初期ユダヤ教の中で、次に地上的・政治的終末待望が特徴ある形で現れてくるのは『ソロモンの詩篇』(6)である。合計一八の詩篇から成り、そのほとんどに「ソロモンの詩歌」あるいは「ソロモンの作」という前書きがある。旧約聖書本体の詩編の多くが「ダビデの詩」となっていることに倣っているのは確実である。実際の作者が不詳であることも同じである。著作年代も個々の詩篇ごとに異なるが、われわれにとって重要なのはハスモン王朝の終焉との接点を明瞭に示す篇である。

ハスモン王朝ではサロメ・アレキサンドラの死後（前六七年）、二男アリストブロス（Ⅱ世）と長男ヒルカノスの間での後継争いから内紛が勃発した。それを機にサドカイ派はアリストブロスを支持して、ファリサイ派に対する巻き返しを図った。前六三年、折からアルメニアを平定中であったローマの将軍ポンペイウスが調停に乗り出すが不調に終わった。アリストブロスはポンペイウスと対立する情勢となり、エルサレム神殿に籠城した。しかし、ヒルカノス派の手引きで入城を果たしたポンペイウス軍の前に破れてローマへ送られ、やがてそこで毒殺された[7]。

『ソロモンの詩篇』は特に第二、八、一七篇で、この一連の事件に言及する。それはたしかに暗示的ではあるが、指示対象は文脈からきわめて明瞭である。ポンペイウスの入城はこう語られる。「彼は（中略）やすやすと入城し、きわめて安定した足場を築いた。彼はエルサレムの砦と城壁を掌握した。（中略）彼は〔ハスモン家の〕首長たちとすべての計りごとにたけた者を滅ぼし、エルサレムの住民の血を汚水のように注ぎ出した」（八18—20、他に二1—3も参照）。ハスモン家の「首長たち」は、不義で律法を蔑ろにする者たち（二1、八8—12、一七5参照）であり、「おのれの高位にあきたらず、きらびやかにみずから王冠をいただき、尊大な駆けひきによりダビデの王座を廃した」（一七6）と断罪される。

これらの詩篇の作者がそのような「首長たち」に対置するのは、「ダビデの子」である王がやがて君臨することである。

21主よ、ごらんください、あなたが予知なさっている時期に、／神よ、あなたの僕イスラエルに君臨するダビデの子を王に立ててください。／22そうして彼に力の帯を締めてやってください。／不義な首長たちを打ち破るため、／エルサレムを踏みにじり破壊するもろもろの民からそれをきよめるため、／……26彼が正義に照らして聖なる民を集め導き、／彼の主なる神により聖別された民の諸部族を裁くために。／……

30彼はもろもろの民の群れを軛のもとにおき、彼に仕えさせ、／全地の旗じるしとなって主をほめたたえ、／エルサレムをきよめ、初めのように聖なるものとするだろう。／31もろもろの民は離散したエルサレムの子らを贈りものにたずさえ、／彼の栄光を見ようと、／神が与えた主の栄光を見ようと、地の果てからやってくるだろう。／32彼は神の指示をうけ、彼らを治める正しい王であり、／その治世の間彼らの中に不義はない。／万人が聖者であり、彼らの王は主により「油を注がれたもの〔メシア〕」だからだ。（一七21―32）

ここに表明されている待望が地上の現実の政治にかかわるものであることは、端的に明白である。今現に民の上に立っているのは不義な首長たちであり、同時にエルサレムは異国民によって踏みにじられ、汚されている。だからこそ、来るべき新しい王は「正しい王であり、その治世に不義はない」（32節）はずなのである。その王を作者は明瞭に、主によって「油を注がれたもの」（32節）と表現している。「油を注がれたもの」とはメシアのことであるから、これは初期ユダヤ教の中で「ダビデの子メシア」が概念として表明された最初の事例に他ならない。

しかし、なぜ作者はわざわざ来るべき正義の王メシアがダビデの血統であることにこだわるのか。その理由も、時代史に照らせば明らかである。それは今王朝としての終焉を迎えつつあるハスモン家の「首長たち」がダビデの血統を引かない傍流であったからである。すでに見たとおり（本章第一節参照)、ファリサイ派はすでにハスモン王朝第二代の大祭司ヨハネ・ヒルカノスと第四代の大祭司(兼・王)のアレキサンドロス・ヤンナイオスに対して、ハスモン家が正統な大祭司の家系(アロン系)ではないことを理由に、大祭司職の放棄を要求していたのである。大祭司職に加えて「最初に王冠を戴いた」のは第三代のアリストブロスⅠ世であったが、当然ながら、その「王位」もダビデの王統に連なるものではなかった。それもこれもハスモン家はもともと下級祭司の家系であったからである。上述した『ソロモンの詩篇』の作者が今「ダビデの子メシア」としての王を待望するのは、そのことへの異議申し立てであるに違いない。明らかに著者はファリサイ派の立場なのである。

イスラエルにとっての来るべき理想の政治体制を初代の王ダビデと結びつけることは、すでに預言者イザヤにおいて明瞭に始まっていた。「エッサイの株からひとつの芽が萌えいで/その根からひとつの若枝が育ち/その上に主の霊がとどまる。知恵と識別の霊/思慮と勇気の霊/主を知り、畏れ敬う霊」(イザ一一1—2)。事実、『ソロモンの詩篇』はイザヤのこの予言から繰り返し霊感を受けている(ソロ詩一七35、37他)。「終わりの日」に諸国民が更新されたエルサレムに参集してくるという前述のイザヤとミカの待望(イザ二2—3、五六6—7、六〇14、ミカ四1—3)にも、ダビデが初めて王宮を築いた時代の輝きを再び取り戻したいという願望が潜んでいることは言うまでもない。すでに見た『トビト記』の新しいエルサレムへの待望も、ダビデの名を前面には出さないものの、同じ願望を共有していることは間違いない。『ソロモンの詩篇』における「ダビデの子メシア」の待望はそれらの待望を踏まえており、決して突然現れたわけではないのである。[8]

五　一八祈禱文

『ソロモンの詩篇』に明確に姿を現した「ダビデの子メシア」という政治的待望は、その後のユダヤ教の中できわめて有力かつ一般的な潮流となって行く。その証拠の一つが「一八祈禱文」(ヘブライ語では「シェモーネ・エスレ」、数詞の一八の意)と呼ばれるものである。パレスチナ型とバビロニア型の二つの版で現存するが、両者の伝承史的関係が複雑で、そもそもの起源も正確には分からない。しかし、紀元前後までには、ファリサイ派によってまとめられ、シュナゴーグ(会堂)での礼拝を初めとして、ユダヤ教の公式の場での祈りの一部として使用されていた。その第一四禱は次のとおりである。

主よ、我らの神よ、汝の大いなる憐れみによって、汝の民なるイスラエル、汝の大いなる都エルサレム、汝の栄光の住処たるべきシオン、汝の宮、汝の家、ダビデの家の王位、汝の義なるメシアの王位に、憐れみをかけたまえ。エルサレムを建て起こす神、ダビデの神なる王、汝に栄光あれ。

ちなみに、この一八祈禱文の第一二禱には、後一世紀の末、キリスト教徒の台頭に脅威を感じたファリサイ派の律法学者集団によって、わざわざ呪詛文が追加された。その結果それは次のような文章となった。

異端者どもにはあらゆる希望を失せさせ、不遜な支配者どもを急いで汝の手で根こそぎにしたまえ。

ナザレ人（＝キリスト教徒）と異端者どもは、瞬く間に滅び失せ、命の書から消し去られ、義人と共にその名を記されることがありませんように。不義を退けたもう主よ、汝に栄光あれ。

六　福音書

ところが、そのキリスト教徒の方でも「ダビデの子メシア」の待望を積極的にナザレのイエスに当てはめ、イエスにおいて実現されたと解釈して行った。そのことは少しでも新約聖書（特に福音書）に通じた方であれば、周知のことであるが、ここで一緒に言及しておくのがよいであろう。なぜなら、新約文書もユダヤ教の正典から見れば、言わばその典外文書の一部であり、同時代のユダヤ教における「ダビデの子メシア」の待望について貴重な情報を提供してくれるからである。

まず、マタイ福音書は「ダビデの子イエス・キリスト」の系図（一1―17）から始まる。父ヨセフは天使から「ダビデの子ヨセフ」と呼びかけられて、いいなずけマリアの受胎を告げられる（一20）。東方からの占星術の学者たちは、その時点でローマからパレスチナの統治を安堵されていた大王ヘロデに「メシアはどこに生まれることになっているのか」と問われて、「ユダヤのベツレヘムです」と答える。マタイはその後にミカ書五章1節を引用して、「ユダの地、ベツレヘムよ、お前はユダの指導者たちの中で決していちばん小さいものではない。お前から指導者が現れ、わたしの民イスラエルの牧者となるからである」と続けている（以上マタ二4―6）。ミカは前八世紀に活躍した預言者で、アモスに遅れることわずか一世代に過ぎない。そのミカが五章1節でベツレヘムに向けて行っているこの約束は、ダビデの再来に他ならない。マタイはその約束を指示しているのである。

ルカ福音書でも受胎告知の場面の冒頭でまず紹介されるのは、ヨセフが「ダビデ家の人」だということである（一27）。天使はマリア自身にも、神が嬰児イエスに「父ダビデの王座をくださる」と告知する（一32）。やがてヨセフは住民登録のために、マリアを伴って「ガリラヤの町ナザレから、ユダヤのベツレヘムというダビデの町へ上って行った」。なぜなら、「ヨセフもダビデの家に属し、その血筋であった」（二4）からである。

最後にヨハネ福音書七章41―42節では、イエスの素性に関する論争の中で、あるユダヤ人たちが「メシアは〔イエスのように〕ガリラヤから出るだろうか。メシアはダビデの子孫で、ダビデのいた村ベツレヘムから出ると、聖書に書いてあるではないか」と言う。

ついでながら、なぜベツレヘムがダビデゆかりの町なのか。その答えは旧約聖書サムエル記上一六章1節にある。そこで最後の士師サムエルは神からこう告げられる。「あなたをベツレヘムのエッサイのもとに遣わそう。わたしはその息子たちの中に、王となる者を見いだした」。そこにいた羊飼いの少年ダビデはエッサイの息子であった。

七　隠されたメシア

もっとも、ヨハネ福音書は、当時のユダヤ人の間にメシアの素性についてもう一つ別の見方があったことを伝えている。すなわち、「メシアが来られるときは、どこから来られるのか、だれも知らないはずだ」（七27）という見方である。

しかも、これとほぼ同じ見方が、ヨハネ福音書から約半世紀遅れた後二世紀半ばに、キリスト教護教論者のユスティノス（後に殉教したため「殉教者ユスティノス」と呼ばれる）が著した『ユダヤ人トリュフォンとの対話』の中にも見つかるのである。そこでユダヤ教徒トリュフォンは次のような意見を開陳する。

しかし、キリスト〔メシア〕がすでにどこかに生まれているとしても、まずエリヤが来て彼に油を注ぎ、すべての者にそのことを明らかにするまでは、誰もそうとは知らず、彼自身も自分がメシアだとは思っておらず、力も持っていないのだ。お前たち〔キリスト教徒〕は馬鹿げた噂を聞いただけのことであって、自分勝手にメシアを造り上げたに過ぎない。（八4）

この見方によれば、メシアとは血統の問題ではなく、純粋に神から突然召し出されてなるもの、したがって人間の操作を超えたカリスマの下に働く者で、M・ウェーバーの言う使命預言者のタイプに近づくように思われる。イエスがキリスト（メシア）だというキリスト教徒の見方はそれには該当せず、むしろ彼らが「自分勝手にメシアを造り上げたに過ぎない」と言う。ここでこの文言に特に注意するわけは、イエスが父ヨセフを通してダビデの血筋であったという前述の福音書中の一連の物語も、たしかにイエスを何としてもメシア（ギリシア語では、キリスト）に仕上げるためにキリスト教徒たちがむりやり紡ぎ出した架空の物語なのではないのか、と思う読者もいるに違いないからである。

もちろん、架空の創作である可能性をまったく否定することはできない。しかし、反対にダビデの血筋であった史実性を完全に否定することもできない。その観点からリアリティー溢れるエピソードを一つ紹介しておこう。それは後四世紀の前半に教会史家エウセビオス（三三九年没）が伝聞として書き留めているものである。

そのころ、主イエスの血肉の兄弟と伝えられるユダという人物〔マコ六3参照〕の孫が何人か生きていた。彼らはダビデの子孫という廉で法律によって捜索されていた。一人の密告者が彼らをドミティアヌス〔在位紀元後八一―九六年〕の前に引き出した。というのも、このローマ皇帝もヘロデ王と同じように、キリストの再臨を恐れていたからである。

　そこでドミティアヌスは彼らに、ダビデの血統かどうかを尋問した。彼らはそうだと答えた。それからドミティアヌスは彼らの財産はどれほどかと質した。彼らは、二人合わせて九千デナリの財産で、それぞれの持ち分はその半分だと答えた。彼らはさらに付け加えて、その財産も現金ではなく、三九モルゲン〔一モルゲン＝約三〇アール〕の田畑であり、それを二人は自分の手で耕作し、それで税金を納めるとともに日々の糧も賄っていると言った。

　その後で、彼らはドミティアヌスに自分たちの手を差し出して見せた。その固いこと、また過酷な労働のためにできたタコを証拠に、自分たちが農夫であることを証明して見せたのである。さらに彼らはキリストについて、また、その王国はどのようなもので、どこに何時現れるのかと尋問された。すると、彼らはそれはこの世とこの地上のものではなく、むしろ天上のもの、天使たちのものであって、世界が終る時に初めてやって来るものであること、その時にはキリストは栄光の内に現れて、生者と死者をそれぞれの生き様に従って裁くだろうと答えた。

　これを聞いてドミティアヌスは彼らを有罪とはしなかった。むしろ蒙昧な者たちとして軽蔑した。そして彼らを釈放するように命じるとともに、教会に対する迫害を中止させた。釈放された彼らの方は、主イエスを告白するとともに主の親族だということで、教会の内部で指導的な立場を与えられた。迫害が止んで平和が訪れた後、彼らはトラヤヌス帝〔在位紀元後九八―一一七年〕の時代まで生きた。（エウセビオス『教会史』第三巻二〇）(9)

後半はキリスト教の終末論に関係しているが、目下の文脈で注目しておきたいのは、皇帝ドミティアヌスの最初の尋問である。それはローマ側が「ダビデの子メシア」の待望を――待望するのがユダヤ教徒かキリスト教徒かを問わず――政治的にいかに危険なものと見ていたかを明瞭に証言している。

第Ⅲ章　「天上の神殿」の表象と神秘主義

前章では、シリアのアンチオコスⅢ世（在位前二二三―一八七年）とセレウコスⅣ世（在位前一八七―一七五年）の支配下で、ユダヤ教が急激なギリシア化の波に洗われる中で出現した地上的・政治的終末待望を概観した。しかし、同じ時代のユダヤ教では、それとはまた別の終末論が生み出されて行った。それは研究上「ユダヤ教黙示思想」あるいは「ユダヤ教黙示文学」と総称されることが多い。それに該当する文書の大半は正典旧約聖書には含まれない。その点は前章で取り上げた『トビト記』、死海文書、『ソロモンの詩篇』と同じであるが、便宜的に「旧約偽典」と呼ばれることもある。

「ユダヤ教黙示文学」と聞けば、多少とも事情に通じた人でも、まず最初に思い浮かべる文書は、ほとんどの場合、たとえば『エチオピア語エノク書』、『第四エズラ記』（新共同訳では『エズラ記（ラテン語）』）、『シリア語バルク黙示録』などであろう。また、内容としては、主人公が夢や幻の中で、人類と宇宙万物の成り立ちと歴史、堕落と現状、来るべき審判と天地万物の更新の秘密を啓示されることを考えるのが普通であろう。たしかに、このタイプの終末論は歴然と存在する。われわれは次の第Ⅳ章でそれを「宇宙史の終末論」と呼んで取り上げる予定である。

しかし、一口に「ユダヤ教黙示文学」と言っても、それはあくまで研究上の総称概念であって、一義的な定義が実にむずかしく、今挙げたようなキーワードでは、一連の文書が取り残されてしまう。もちろん、それらの文書でも主人公が夢や幻の中で啓示を与えられる点は変わらない。だからこそ、黙示（つまり啓示）文学に括られるわけである。すなわち、主人公は地上から天上へと引き上げられて行く中で啓示を与えられる。ただしその主たる内容は、人類と宇宙の歴史と行方であるよりも、むしろ天上の神殿あるいは王宮で玉座に座す至高神と、その至高神を取り囲む天的な存在（とりわけ天使）たちの姿を垣間見ることである。それは明らかに、預言者エゼキエルが見た天上の神殿の幻（前出I三参照）の延長線上にある。

P・シェーファーの最近の研究は、このような特徴を具えた一連の文書を「上昇の黙示録」と呼んでいる。その意図は明らかに、宇宙史の終末論を示す黙示文書から区別することにある。宇宙史の終末論にとっては、当然ながら、時間軸（歴史の軸）がどうしても不可欠である。それに対して、「上昇の黙示録」では空間軸（垂直軸）での移動が決定的に重要となる。加えて、しばしば主人公はその上昇によって、天使への変容を体験することもある。この意味で、シェーファーは「ユダヤ教神秘主義」についても語って、その起源が「上昇の黙示録」にあるとするのである。(1)

もちろん、「ユダヤ教神秘主義」については、G・ショーレムの研究がつとに有名である。しかしそこでは中世以降のカバラー神秘主義が主たる考察の対象とされている。それ以前のメルカヴァ神秘主義（ヘカロート文書）とさらにそれ以前の旧約外典偽典文書を含む一千年間（前一世紀―後一〇世紀）は一括りにされて、考察の対象から外されている。(2)ショーレムはこの神秘主義を「古ユダヤ教グノーシス」とも呼んでいる。(3)この場合の「グノーシス」はドイツ語圏で二〇世紀の初頭まで勢力を張ったいわゆる宗教史学派の用語法（定義）に沿ったもので、その後のナグ・ハマディ文書の研究を踏まえたグノーシス研究ではもはや使われないものである。私もそれには賛成しない。

ただし、ショーレムがそれを初期ユダヤ教黙示思想と区別して用いている点には一理ある。なぜなら、すでに述べたように、初期ユダヤ教黙示思想そのものが総称概念であって、目下問題の表象群はその中の一つの系譜だからである。シェーファーの「上昇の黙示録」という概念は、ショーレムの意図の正当性を汲みながら、その欠を補正しようとするものである。旧約偽典に見出される「上昇の黙示録」は、少し時代が下って現れてくるヘカロート文書[4]とともに、ショーレムが言うユダヤ教神秘主義の「起源」だと言うのである。

シェーファーは「上昇の黙示録」のそもそもの発端をエゼキエル書一章に見出した後、合計七つの旧約偽典文書を取り上げて分析している。『寝ずの番人（天使）の書』（エチオピア語エノク書一―三六章）、『レビの遺訓』、『たとえの書』（エチオピア語エノク書三七―七一章）、『スラブ語エノク書』、『アブラハムの黙示録』、『イザヤの昇天』、『ゼファニヤの黙示録』[5]。これらの書名も示唆するように、文学的なジャンルも「黙示録」には限られない。つまり、シェーファーの「上昇の黙示録」が言う「黙示録」とは、あくまで主人公が夢や幻（黙示）の内に天上の神殿を垣間見るという文書の構造を指すのである。

以下でわれわれは視野をさらに広げて、合計一一の文書を著作年代順に九項目に分けて取り上げることにする。その際、著作年代が紀元後と考えられるものも含まれる。焦点はそれぞれの文書で、天上の神殿、王宮、そしてそこに住む者たちが、どのようなイメージで描かれるかである。その際、本書第二部Ⅵ章で取り上げるイエスの「神の国」との関連にも注意を払うことにする。詳しくはそこで述べるとおり、「神の国」はイエスの宣教の中心テーマだった。彼はそれを哲学的・論文的な概念言語ではなく、独特なイメージ言語で語って行った。それらのイメージは他でもない初期ユダヤ教の「上昇の黙示録」に見られるイメージと広範囲に重なっているのである。こう述べることは、もちろんいわゆる「原理の先取り」(petitio principii) ではない。むしろ第二部Ⅵ章での参照指示を、より分かりやすくするための工夫なのである。

一 『寝ずの番人の書』(エチオピア語エノク書一―三六章)

『寝ずの番人の書』というのは、『エチオピア語エノク書』の内の一―三六章だけを指す研究上の呼称である。そもそも『エチオピア語エノク書』は、現在エチオピア語訳でしか全体が伝わっていないがゆえに、そう呼ばれるが、もともとはそれぞれ独立に成立した複数の文書が、おそらくは紀元後一世紀に合体されて出来上がった複合的な文書なのである。『寝ずの番人の書』はそのうちの最も古いもので、前二〇〇年前後―一七五年ごろに著されたとするのが研究上の定説である。[6] つまり前述の『トビト記』とほぼ同じ時代となる。それはハスモン王朝がシリア・セレウコス朝の支配下に置かれ、時の大祭司オニアスⅢ世の下で、律法遵守派(ハシディーム)とヘレニズム派の対立が激化して行った時代であった。

「寝ずの番人たち」とは見張りの天使たちのことであるが、実は二種類ある。一つは創世記六章で語られる堕天使たちである。地上の人間の娘たちの美しさに眼を奪われ、彼女たちと交わって巨大な悪霊たちを生み出し、人間種族にさまざまな罪悪を教える(寝ずの番人の書六―八章)。しかし、天上には別の天使たちが堕落せずに残っている。その天使たちは、蔓延する悪行と流血からの救いを求める地上世界の叫びが天上界に届くと、それを至高神に取り次ぐ。至高神は彼らを地上に送り、洪水によって全地の暴虐を止めるように命じる(九―一一章)。

義人エノクはその前に天上に移されていた。天上に残っていた天使たちは、そのエノクに地上に下って、堕落した天使たちに来るべき審判を告知するように依頼する。エノクが地上に降りると、堕天使と悪霊たちは怖れに震えながら、自分たちのために神に赦しを請う嘆願書を認め、それを天上の神のもとへ届けてくれるようにエノクに依頼する。エノクは書き上げられた嘆願書を吟味している間に眠りに落ちて幻を見る（一二―一三章）。

エノクは水晶石で建てられた壁と巨大な建物の中へ入って行く。そこには火のケルビム(7)がいて、上空には澄み切った水が広がっている。さらに大きな火の舌でできた建物があって、中央に一段と高い玉座がある。大いなる栄光をまとった者が座しているが、エノクの目では見ることができない。天使もだれ一人入って来ることができない。大きな火がその方の前に立ちはだかっているからである（一四章）。目を伏せたままでいるエノクに、至高者の語りかける声だけが聞こえてくる（一五章）。

シェーファーは、堕落した天使たちが自分たちのための助命嘆願を人間エノクに依頼する件に、大祭司オニアスⅢ世とその次の大祭司ヤソンに代表される同時代の祭司貴族たちの堕落を読み取っている(8)。『第二マカバイ記』四章14節はそのありさまを「その結果、祭司たちももはや祭壇での務めに心を向けなくなり、神殿を疎んじ、いけにえを無視し」と表現している。

『寝ずの番人の書』がエゼキエル書一章を天上の神殿のイメージのモデルにしていることは明らかである。エゼキエル書一章はまだソロモンの神殿（いわゆる第一神殿）が立っているときに、やがて天上の神殿がそれに取って代わることを宣言した（前出Ⅰ三参照）。『寝ずの番人の書』は前二世紀前半のいわゆる第二神殿が祭司貴族によって汚されていることを痛烈に批判しているのである。やがてイエスがエルサレム神殿から商人たちを追い出して粛清した上、「三日あれば、手で造らない別の神殿」

で置き換えてみせると断言したこと（マコ一四58）との並行関係は端的に明らかである。

二　ダニエル書

ダニエル書は旧約典外文書ではなく、正典旧約聖書に収録されている。しかし、その成立年代は前述の『寝ずの番人の書』よりも少し後、マカバイ戦争直中の前一六五年ごろとするのが研究上の定説である。それはエルサレム神殿がシリアのアンチオコスⅣ世によって冒瀆された事件（前一六九、一六七年）からまだ間もない時期に当たる。このことは一〇―一一章、すなわち主人公ダニエルが見る最後の幻から明瞭に読み取られる。

その幻では、アレキサンドロス大王の没後、覇権を争うシリアのセレウコス王朝とエジプトのプトレマイオス王朝の数次にわたる戦争と一時しのぎの戦略的和睦、その狭間で翻弄されるパレスチナのユダヤ教徒の運命が描写される。ただし、その描写は予言の形にぼかされて行われる。なぜなら、著者は自分を明かさずに、主人公ダニエルを数百年前の過去に登場させて、そこで与えられた夢や幻の解き明かしとして語らせるからである。

名目上の舞台は、バビロン捕囚期のバビロニアの王ネブカドネツァルⅡ世（在位前六〇四―五六二年、ダニ一1―6参照）、同じバビロニア帝国最末期の王族ベルシャツァル（ダニ五2参照）、ペルシア帝国の最初期の王キュロス（前五五九―五三〇年）とダレイオス（在位前五二一―四八六年）の時代に設定されている（ダニ六29参照）。この設定は世界史的にはいささか不正確である。しかし肝心なのは、著者がそれによって、自分と主人公ダニエルの間に横たわる数百年間（約四四〇から三二〇年ほどの期間）

の歴史を叙述するための一つのトリックを手に入れていることである。すなわち、その間に歴史上の既成事実となっていることを、予言の形で提示して、そのすべてが成就してきたことを読者に読み取らせる「事後予言」のトリックである。それはすでに『トビト記』にも見られたものと同じである。

ダニエルの最後の幻では、著者はこのトリックを目の前の現代史にも適用してみせる。シリアのセレウコス王朝は「北の王」、エジプトのプトレマイオス王朝は「南の王」と表現される。シリアのアンチオコスⅣ世がエルサレム神殿にゼウスの立像を立てた事件は、「彼は軍隊を派遣して、砦すなわち聖所を汚し、日ごとの供え物を廃止し、憎むべき荒廃をもたらすものを立てる」(ダニ一一31)、「あの王はほしいままにふるまい、いよいよ驕り高ぶって、どのような神よりも自分を高い者と考える」(一一36)と語られる。ユダヤ教は繰り返し「聖なる契約」(一一28、30)あるいは「契約」(一一32)と呼ばれる。アンチオコスⅣ世による迫害によって棄教者が出る(一一30、32)一方では、抵抗のためマカバイ戦争に立ち上がっている指導者たちが殉教の死を遂げていることも読み取られる(一一32―35)。そのアンチオコスⅣ世の王国にも西からローマ(一一30の「キティム」)の脅威が迫っていると言われる。しかし、彼自身の死(前一六三年)そのものについては言及がなく、むしろ「時が終わるまで栄え続ける」(一一36)と言われるから、著者の現在においてはまだ存命中なのである。

著者は目の前の迫害状況の中で、終わりの時を待ち望んで、なお残された時間を計算して、「日ごとの供え物が廃止され、憎むべき荒廃をもたらすものが立てられてから千二百九十日が定められている。待ち望んで千三百三十五日に至る者は、まことに幸いである」(一二11―12)という言葉で文書全体を締め括っている。その直前では、終わりの時には、大天使ミカエルが到来して、「聖なる契約」に立ち続けた民を守護し、すでに斃《たお》れた者たちを甦らせ、大空の光、夜の星のように輝かせることが約束される（一二3）。よく知られているとおり、死人の復活の希望は旧約聖書の思想史全体の中でも、他でもないこの箇所が初発である。われわれが特に注意したいのは、その復活の生命が「大空の光、夜の星」にたとえられることである。著者の視線は地上から天空に向っている。大天使ミカエルの到来が言及されるのも同じことを示している。それは偶然ではない。なぜなら、ダニエル書の著者は「契約の民」の救いを、天上の王座に座す至高神の前での出来事と結びつけるからである。

それを描写するのが七章の幻である。ダニエルが見ていると、「日の老いたる者」が王座に座っている。「その王座は燃える炎／その車輪は燃える火／その前から火の川が流れ出ていた。／幾千人が御前に仕え／幾万人が御前に立った」（七9―10）。ここでは、前述の『寝ずの番人の書』に比べると、建物としての神殿のイメージは希薄である。しかし、「幾千人が御前に仕え／幾万人が御前に立った」は明らかに神の御前会議の天使たちを指すから[9]、宇宙を超える広大な広がりは瞭然としている。「天使」、「天使長」、「大天使長」が旧約聖書全体の中でダニエル書の専売特許であることは、統計的にもはっきりしている。著者が一二章1節で大天使ミカエルに言及するのもその一環である。

王座の前での出来事はなお続き、こう言われる。「見よ、『人の子』のような者が天の雲に乗り／『日の老いたる者』の前に来て、そのもとに進み／権威、威光、王権を受けた。／諸国、諸族、諸言語の民は皆、彼に仕え／彼の支配はとこしえに続き／その統治は滅びることがない」（七13―14）。

問題は、ここで「『人の子』のような者」とあるのが何を指すのかである。そのために注意しなければならないのは、目下の天上の出来事と並行して描写される地上の出来事である。そこでは四頭の獣（獅子、熊、豹、鉄の歯と十本の角の獣）が登場する（七1―7）。一人の天使がダニエルに与える解き明かしでは、それは地上に相次いで興亡する四人の王（帝国）を指している。第四の獣に追加で生えてくる一本の角が「聖者ら」を苦しめる（七17—21）。しかしやがて彼にも「日の老いたる者」による裁きが下り（七22—26）、「天下の全王国の王権、権威、支配の力は／いと高き方の聖なる民に与えられ／その国はとこしえに続き／支配者はすべて、彼らに仕え、彼らに従う」（七27）。

この文脈からすれば、問題の「『人の子』のような者」（七13）が「いと高き方の聖なる民」を指すことは明白である。つまり、それは特定の個人を指すものではなく、集合概念なのである。それは終わりの時に、大天使ミカエルに守護されて大空の光と夜の星のように輝くことを約束された契約の民、すなわち、今現にシリアのアンチオコスⅣ世の暴虐に逆らってマカバイ戦争を戦っている者たちと同じなのである。

彼らこそが「『人の子』のような者」であるとすれば、彼らの勝利に先立って登場する四頭の獣（帝国）は、バビロニア（獅子）、メディア（熊）、ペルシア（豹）、マケドニアすなわちアレキサンドロスの帝国（鉄の歯と十本の角）、そしてその後継王国シリア（「もう一本の角」）を指すことになる。事実、著者はこの世界史解釈を、二章31—44節でダニエルがネブカドネツァル王の見た夢に与える解き明かしの中で提示している。そこでもまた前述の事後予言のトリックが使われる。王の夢に現れた巨人の純金の頭、銀の上半身、青銅の下半身、鉄の脛、陶土の足は、この順で今述べた世界帝国の興亡を指している。そこまでは、既成事実を予言に包んだ事後予言である。しかし夢の最後が「山から人手によらず切り出された石」が巨人像を粉砕することで閉じられるのは、著者と読者の終末論的待望に他ならない。それは天の神によって興される国で、必ず実現し、永遠に滅びることがないのである（七44—45）。

それでは、以上見てきたようなダニエル書の終末論は、初期ユダヤ教の終末論の歴史の中で、どのような位置を占めるのだろうか。

まず、この終末論を一つの民族的メシアニズムと呼ぶことは可能であろう。ただしそれは「メシア」を政治的救世主というほどの一般的な意味で使う限りにおいてである。マカバイ戦争を担ったハスモン家は、すでに見たとおり、ダビデの王統につながる血筋ではなかったから、まだ「ダビデの子メシア」について未だ明確には語り得ないからである。そのためにはハスモン王朝の終焉期に書かれた『ソロモンの詩篇』を待たねばならない（前出Ⅱ四参照）。

著者が待望するメシアの王国は「全地に広がっ」て（ダニ二35）永遠に続く。その王権は天上で「日の老いたる者」から委託されたものだからである。だから、その到来には天上から地上へ下降するイメージが含まれている。もちろん、著者はその到来を世界史の軸、つまり時間軸でもイメージしていることは今見たとおりである。つまり、ここでは天上の王座の表象と地上の世界史の鳥瞰とが結合されているわけである。この結合は初期ユダヤ教の終末論の歴史において、ダニエル書が初発である。この点は特に注目に値する。

さらにまた、著者が待望するメシアの王国は、もはや預言者（アモス）の場合のように（前出Ⅰ一参照）、「世界史の内側での終わり」ではなく、世界史そのものの終わりの後に、その「向こう側」で実現される。ただし、その場合の「世界」はあくまで地上の人間の世界を指している。たしかに、その広がりは全地を視野に収めている点で、イスラエル民族の枠を超えて普遍的ではある。しかし、未だ人間以外の被造物の世界、つまり宇宙万物への目配りは含まれない。つまりダニエル書には、創造論との関連がまだないのである。神によって創造された被造世界の歴史とその終わりという発想が見られない。そのためには、次の第Ⅳ章で取り上げる宇宙史の終末論を待たねばならない。

ただし、ダニエル書の著者の思考法には、宇宙史の終末論を準備するものがいくつか現れていることも間違いない。すでに触れた死者の甦りの希望がその一つである。やはりダニエル書が初発のこの希望は、ダニエル書から四〇年弱遅れて著される『第二マカバイ記』(特に七章)では、復活後の審判の観念、さらには天地創造論とも噛み合わせられて、きわめて明確なものとなっていく。宇宙史を中核とする黙示文学における定型場面の一つになっていくのである。

もう一つは世界史が隠された神の摂理によって支配されているという観念である。世界史は神によって定められたとおりに実現されて行かねばならないのである(一一36)。神の救済計画のみならず、神そのものが人間世界からは遠く隔絶した存在である。そのために、著者はヤハウェという固有名詞を数えるほどしか使わない。その代わりに、「いと高き方」(七25)あるいは「日の老いたる者」(七22)というような間接表現か、「主」という一般的な表現を用いるのである。神は歴史を超えたところ、あるいは背後から、歴史の中へ介入して、自分の定めた時にしたがって行動していくのである。事後予言のトリックもそのために働く。そしてこれもまた、宇宙史・普遍史を中核とする黙示文学における定型場面の一つになって行く。

ダニエル書七章の「『人の子』のような者」は、やがてイエスの「神の国」の宣教においても大きな役割を果たすことになる。「神の国」が最終的に「力にあふれて」現前化する(九1)のは、「人の子」が「父の栄光に輝いて聖なる天使たちと共に来るとき」(マコ八38)である。その時には、「人の子」と共に十二弟子も一緒に支配の座に就くと言う(マタ一九28)。すなわち、イエスの言う「人の子」には集合的人格の趣がある。それはダニエル書七章の「『人の子』のような者」の集合的性格に深く通じている。来るべき王国(統治権)が時間軸で接近してくるのみならず、空間軸でも天上から地上へ下降してくるというイメージも両者に共通している。ダニエル書の終末論はイエスの「神の国」のイメージ・ネットワークと大きく重なっている。

三 『ヨベル書』と『レビの遺訓』

『ヨベル書』はエチオピア語訳でのみ現存する文書であるが、もともとの原本はヘブル語で、前二世紀後半に成立したとするのが研究上の定説である[10]。正典創世記の冒頭（天地創造）から出エジプト記一二章までのイスラエル史を、正典創世記には見られないさまざまな逸話、民話、伝説、祭儀伝承などをおりまぜながら再説するもので、別名「小創世記」とも呼ばれる[11]。

本書のテーマとの関連から特に注目されるのは、族長イサクが臨終の床で息子ヤコブの子レビを抱きしめて、次のように祝福する場面（三一13―17）である。

> 主がお前とお前の子孫とにご自分の偉大さをわからせてくださるように。また、すべての肉なる者の中から選んで、お前とお前の子孫をみもとに引き寄せ、み前の天使および聖者たちと同じように、その聖所で奉仕させてくださるように。お前の子らの子孫は栄誉において、偉大さにおいて、聖《きよ》さにおいて、天使たちにも比すべきものとなるであろう。主は永久に大いならしめたもうであろう。（ヨベ三一14）

この場面の舞台は明らかに天上の聖所（神殿）である。レビと彼の子孫はそこに「引き寄せられ」、「み前の天使および聖者たちと同じ」身分に変えられることが約束されている。前述の『寝ずの番人の書』のエノクとの類似性は一目瞭然である。事実、『ヨベル書』の著者は繰り返し『寝ずの番人の書』のエノクに明言をもって言及（四17―19、二一10）している。

これとよく呼応するのが『レビの遺訓』である。その成立時期は、詳しくは後述するとおり、『ヨベル書』と同じ前二世紀の後半と考えられる。事実、『ヨベル書』に並行する記事が多数含まれており、『寝ずの番人の書』のエノクに言及する点もその一つである。[12] 文書全体はヤコブの息子レビが臨終の床で子供たちに語る遺訓の体裁を取っている。すでに正典創世記に語られているレビの生涯の伝記的事実（創三五章）の再話も含むものの、中核は「審判の日までに起こること」についての予言である。もちろん、レビは太古の族長であるから、その予言はすべて実際の著者と読者にとっては事後予言となる。

主人公のレビは最初に二つの幻を見る。第一の幻（二―五章）で、レビは主の天使に促されて七層の天を順に上昇して行く。第一の天は、地上の人間の罪に最も近いために陰鬱である。第二と第三の天には来るべき神の審判で働く霊の軍勢たちと道具が用意されている。第四の天には聖者たち、第五天には主に使える天使たちがいる。その天使たちには、より位の低い天使たちが仕えている。さらにその上の天には至高神の玉座があり、つねに讃美が献げられている。そのあまりの偉大さの前には、すべてのものが震える。レビはそのすぐそばに立って、聖なる至高者を見ることをゆるされた後、地上に遣わされる。

第二の幻（八章）も天上の神殿を舞台としている。レビは七人の祭司姿の天使たちから祭司の装束を付与されて「永遠に主の祭司」（八3）に任ぜられ、その行く末をこう約束される。

11レビよ、お前の子孫は、やがて来たり給う主の栄光のしるしとなるために、三つの職務に分けられ
る。12第一の子孫は偉大になり、その右に出る者はない。13第二は祭司職につく。14そして第三は、新
しい名前で呼ばれる。それはユダに王が現れて、異邦人のやり方ですべての異邦人のために新しい祭司
職を行うからである。15彼の存在は、われわれの父祖アブラハムの子孫から出た、至高者の預言者とし
て愛される。（レビ八11―15）

これに続く九章から先は、地上でのレビの生涯における出来事が語られる。注意したいのは、純粋に伝記的な記事の間に、レビの子孫につながる祭司職が堕落するという予言が繰り返されることである。まず祖父イサクが孫のレビに向って、「お前の子孫によって聖所が汚される」と予言する（九9）[13]。続く一〇―一七章では、レビが自分の子供たちに向って同じ予言を繰り返す。その最後は、こう締めくくられる。「祭司職についても聞け。（中略）第七の者の時、人前では話せないような堕落が起きる。（中略）第五週目に荒れ果てた土地に帰り、主の住いを再建する。七週目に（中略）滅ぼす祭司たちがやってくる」（一七1、8、10―11）。

これら一連の予言の後、一八章ではレビが二番目の幻で示された「新しい名前」の「新しい祭司職」の到来を、今度は自分自身の言葉で子供たちに予言する。

2その時、主は新しい祭司を立てる。（中略）6天は開かれ、栄光の神殿から神聖が彼の所へ出てくる。
（中略）9彼が祭司であるゆえに、異邦人は知識において地上に増し加わり、主の恵みによって教化さ
れる。（中略）10彼は天国の門を開き、（中略）11聖者たちに生命の木から食べることをゆるし、聖なる

霊は彼らの上にある。12そしてベリアル〔サタン〕は彼にしばられ、彼は彼の子らに悪霊を踏みつぶす力を与える。（中略）14その時、アブラハム、イサク、ヤコブは歓喜し、わたし〔レビ〕も喜び、聖者はすべて喜びの衣をつける。（レビ一八2―14）

この予言が第二の幻の中の「第三の子孫」に並行していることは明白である。それは「ユダに王として現れて、「異邦人のやり方ですべての異邦人のために新しい祭司職を行う」（八14）と言う。これはいささか奇妙な言い方だが、文字通りに取れば、世俗の王権と神殿での祭司職を一身に兼ねている人物ということになる。そして事実それは、この文言に先行して「第一の子孫は偉大になり、その右に出る者はない。第二は祭司職につく」（八12―13）と言われることとうまく符合するのである。すなわち、この第一の職務はモーセが代表する世俗の統治権のこと、第二の職務はモーセの兄弟アロンが代表する祭司職と解される。(14) 文脈は第三の新しい祭司職はこの両者を一つに合体したものであることを示している。しかも、その職務は「異邦人のやり方で」遂行され（八14）、「至高者の預言者」としても愛されるだろうとも言う（八15）。

初期ユダヤ教の時代史の中で、このような「新しい祭司」像に最もよく適合するのは、ハスモン王朝第二代の大祭司ヨハネ・ヒルカノス（在位前一三四―一〇四年）だとするのが、研究上の有力意見である。私もこれに賛成する。なぜならヨセフスも、ヨハネ・ヒルカノスが神に許されて、三つの最高の特権、すなわち、国民に対する支配権、大祭司の地位、そして先見の能力を享受していたことを報告しているからである（『ユダヤ古代誌』第一三巻二九九節）。とりわけ最後の先見の能力については、「彼には、神がともにいまして、将来を予見し、預言することができた」とも述べている（同三〇〇節）。さらに、ヨセフスはヨハネ・ヒルカノスがユダヤに隣接するイドマヤをユダヤ教化したこと（同二五七―二五八節）、シリアのアンチオコスⅦ世（在位前一三八―一二九年）と和睦し軍事同盟まで結んだのみならず（同二四二―二四三節）、ローマの元老院とも和睦政策（同二五九節以下）を進めたことを記している。レビの言う「新しい祭司職」が「異邦人のやり方ですべての異邦人のために」（レビ八14）行われ、その結果「異邦人は知識において地上に増し加わり、主の恵みによって教化される」（一八9）とあるのは、これと実によく符合する。

したがって『レビの遺訓』の著者は、政治的にはヨハネ・ヒルカノスの統治体制を歓迎していると見るべきである。彼はそのことを、民族の族長の一人レビの遺言の中に事後予言として包んで見せたのである。第二の幻の中の「新しい祭司」は著者の現在においてすでに到来しているのである。九―一七章で繰り返される祭司職の堕落の予言は、時代史においては、ハスモン王家の登場に先立つ祭司職、すなわち、すでに前述したように、アンチオコスⅣ世に積極的に翼賛してユダヤ教の急速なギリシア化を進めたオニアスⅢ世以下の祭司貴族を指すものと解される。それは第二の幻では、「第一の職務」（モーセの統治権）と「第二の職務」（アロンの祭司職）によって予言されているわけである。事実、彼らの祭司職は、バビロン捕囚からの帰還後の伝承によれば、ソロモン時代の祭司ツァドクの系譜を介して他でもないアロンにまでさかのぼるとされていたのである（代上六37）。一七章の結びで「五週目に荒れ果てた土地に帰り、主の住いを再建する。七週目に（中略）滅ぼす祭司たちがやってくる」（一七10―11）とあるのは、バビロンからの帰還後の神殿再建以来続いてきた彼らの祭司職のことである。[15]

この批判の矛先は『寝ずの番人の書』の場合と同じであり、事実この書への直接間接の言及（一〇

5、一四1、一六1）もある。したがって、P・シェーファーが言うように、[16]『レビの遺訓』も『寝ずの番人の書』とほぼ同じ前二世紀前半の同じサークルの作とすることにも一理ある。しかし、われわれの年代推定はそれよりも半世紀ほど遅いことになる。ヨハネ・ヒルカノスの王兼大祭司の二重の統治権も、やがてファリサイ派の批判にさらされる（ヨセフス『ユダヤ古代誌』第一三巻二八八―二九二節）。その批判はアレキサンドロス・ヤンナイオス（在位前一〇三―七六年）の治世下にはさらに激しさを増して行った（同三七二―三八三節）。その原因の一つは、すでに前述したように（I四）、ハスモン家が下級祭司の家系で、ツァドクとアロンの血統にはつながっていなかったからであった。

『レビの遺訓』はその葛藤が顕在化してくるよりも前の段階で、まだハスモン家（ヨハネ・ヒルカノス）の統治に希望を託しているのである。彼らは確かに下級祭司の血統ではあっても、族長レビの子孫なのであり、レビに約束された「新しい永遠の祭司職」（八3）を体現しているのである。

　最後に、イエスの「神の国」のイメージ・ネットワークと並行する点を確かめておこう。最初に注目に値するのは、天上の神殿のイメージである。『ヨベル書』では三一章14節（前掲五四頁参照）、『レビの遺訓』では、第一の幻（二―五章）と第二の幻（八章）のどちらも、天上の神殿と玉座を舞台としている。これはイエスが「三日あれば、手で造らない別の神殿を建ててみせる」と断言したこと（マコ一四58）と並行する。

『ヨベル書』三一章14節では、天上の神殿に引き上げられたレビに、「天使たちにも比すべきものとなる」ことが約束される。イエスも死者の復活の問題について議論した時、「復活するときには、人は天使のようになるのだ」（マコ一二25）と宣言する。

『レビの遺訓』では、至高神の玉座より下の第四の天には聖者たちがおり、第五天には「主に使える天使たち」と彼らに仕えるより位の低い天使たちがいる。つまり、天上の住人たちの間では明瞭に位階が分かれているのである。イエスも「およそ女から生まれた者のうち、洗礼者ヨハネより偉大な者は現れなかった。しかし、神の国で最も小さな者でも、彼よりは偉大である」（ルカ七28／マタ一一11）と言う。両者のイメージの類似性は顕著である。

『レビの遺訓』一八章12節は、「新しい祭司」がベリアル（サタン）を捕縛し、自分の子らに悪霊を踏みつぶす力を与えると言う。さらに同八章14節は、その時アブラハム、イサク、ヤコブが天上で欣喜雀躍すると言う。イエスも「サタンが稲妻のように天から落とされるのを見た」後、弟子たちを宣教に派遣するとき、悪霊を踏みつける権威を分け与える（ルカ一〇18―19）。サタンが追い出された天上では、アブラハム、イサク、ヤコブを筆頭に祝宴が始まっている（ルカ一六19―31、一三28―29／マタ八11）。

『レビの遺訓』は「上昇の黙示録」の中でも、イエスの「神の国」のイメージ・ネットワークとの重なりが最も大きい文書の一つである。

四　『たとえの書』（エチオピア語エノク書三七―七一章）

現存する『エチオピア語エノク書』の三七―七一章は、先行する『寝ずの番人の書』（本章一節参照）[17]と同じように、もともと独立の文書であったと考えられ、通称『たとえの書』とも呼ばれる。原本は前一世紀末から後一世紀始めに成立したとするのが最近の学説である[18]。ただし、部分的に事後的な挿入がある。とりわけ六〇、六五―六九章では、エノクではなく、その曾孫に当たるノアが一人称の「わたし」で語っている。それ以外の部分の物語上の筋は、たどりにくいものの、一つのまとまりとして読解できる。すなわち、全体が「知恵の幻」（三七1）と呼ばれ、それがさらに「三つのたとえ」に下位区分される。第一のたとえは三七―四四章、第二は四五―五七章、第三は五八―六九章で、三つとも冒頭と結びにその旨の表記がある。最後の七〇章と七一章は文書全体を締めくくっている。

まず最初に、「たとえ」とは一体何を指すのか。その答えを要約すると、それは来るべき終末審判の先取り描写のことだと言えよう。すなわち、「選ばれた者」あるいは「人の子」とも呼ばれる「メシア」（油そそがれた者）が間もなく出現して、地上で義人たちと罪人たちをそれぞれの運命へ裁く次第が繰り返し描写される（三八、四五、四六、四八―五八、六〇―六三章）。当然ながらそれはまだ先取り描写、つまり広い意味での「たとえ」、さらに言い換えれば「幻」にとどまるということである。

興味深いのは、その義人たちの選別が「義人の教団の出現」（三八1）、「聖人たちと選民の教団が撒かれる」（六二8）として表現されることである。「出現」という表現は義人（選民、聖人）たちがあらかじめ集合体としてどこかに存在していることを示唆している。事実、彼らは「霊魂の主」（至高神）の決定にしたがって、永遠の初めから先在し、天上の特別な住いに天使たちや太古の先祖たちとともに安住しているのである（三九4―7、七〇3―4）。その場所は「命の園」（六一12）とも呼ばれる。

エノクは至高者の霊によって突然地上から拉致されて天に上って行く。その上昇には一人の天使が同行している。途中エノクは被造物全体（宇宙）の組成も観察する（四一、四三、五九章）。しかし、さらに上って、義人たちの住居を眺め、やがて霊魂の主の姿を垣間見る（四六1）。その御前には、天使たちが仕えている（三九5）。その中には、四人の特別な天使のみならず、サタンもいる（四〇章）。しかし、何より「人の子」（選ばれた者メシア）もそこにいる（四六1―3、四八1―6）。

注意を要するのは、エノクはこれらすべての幻を垣間見ながら、終始観察者の立場にとどまっていることである。彼はそのつど同行の天使の説明を聞いているだけで、見ている出来事そのものへ自ら参与しては行かないのである。ただし、エノクは自分もその場所に住みたいという願望を抱く。そして霊魂の主の永遠の決定においては、自分の居場所も始めからそこに定められているのだと言う（三九8）。

エノクのこの願望が実現するのは、三つのたとえ（三七1「知恵の幻」）が終了した後の七〇章である。そこでは創世記五章24節に基づいて、エノクは「人の子と霊魂の主のみもとに生きながらにして引きあげられた」（七〇1）と言われる。それ以後、彼は「選民と義人たちの場所」の中に居場所を与えられる（七〇3）。これは幻の中ではなく、「生きながら」のエノクの身に起きたということである。

ただし、さらに続く七一章の冒頭では、「こののち、わたし（エノク）の霊は隠されて天にのぼった」（七一1）と言われる。ここでは、エノクは「生きながら」ではなく、ふたたび幻の中で天への上昇を体験している。七〇章との物語上の現在のつながりはいささか不透明であるが[19]、著者がこの最後の結びに込めている意味は明瞭である。すなわち、上昇して行く先の天上の霊魂の主の神殿で、今やエノク自身が「人の子」（選ばれた者メシア）に変容するのである。それまで幻の中で観察者としてだけ垣間見てきた「人の子」、まさにその「人の子」にエノクが「なる」のである。

エノクがたどる観察者から「人の子」へのこの変容のプロセスは、『たとえの書』全体の終末論にとってきわめて重要なポイントである。それはまた天上の神殿と玉座の前で起きて行くから、本章の主題にとっても重要である。該当する場面を順により立ち入って見てみよう。

四六章1―3節では、エノクは天上で「高齢の頭《かしら》をもった者」を見る。「その頭《かしら》は羊の毛のように白い」。そこに「もうひとり人間のような顔をした者」が従っている。エノクがその正体について同行の天使に尋ねると、天使は「これが人の子であり、彼は義をもっており、義が彼に宿っている」と答える。「羊の毛のように白い、高齢の頭《かしら》を持った者」と「人間のような顔をした者」のどちらも、ダニエル書七章9、13節の引用である。ただしダニエル書七章13節ではいささか曖昧に「『人の子』のような者」と表現されていたものが、『たとえの書』の目下の箇所では「人の子」と言われる。これをすでに一つの定型的な称号と呼べるかどうかは微妙なところであるが、ダニエル書に比べると、概念化が進んでいることは明らかである。

四八章1―6節では、エノクが幻の中で「人の子が霊魂の主のところに呼ばれる」(四八2)のを見る。それは「人の子」がやがて「油そそがれた者」(メシア)として義人たちを救うためである。そのために、彼の名は太陽が創造される以前、空の星が作られる以前から、永遠に霊魂の主のもとに隠されていたのだと言う(四八3、6)。ここで「人の子」が至高神の前に進み出て救いの全権を委譲される点は、やはりダニエル書七章13節に基づいている。

七一章では、まず始めに天上の神殿の様子が詳細に描かれる。そこでは天使たちが白い衣を着て歩き、顔は水晶のように輝いている。天使長ミカエルがエノクの右手をつかんで宇宙の果てまでのすべての秘密を見せてくれる(七一1―4)。しかしエノクはさらに高く上って、水晶石でできた建物に至る。それは無数の火の舌と二筋の火の河で取り囲まれている。建物の中には「栄光の座」があり、四人の主だった天使たちが寝ずの警護をしている(七一7)。さらに無数の天使たちが建物に出入りしている(七一8)。やがてその建物の中から、高齢の頭《かしら》(至高神)自身が現れる。「その頭《かしら》は羊毛のように白く、清らかで、その衣は形容を絶する」（七一9―10）。エノクは思わず平伏し、讃美の言葉を唱える。高齢の頭《かしら》はおびただしい数の天使を伴ってエノクに歩み寄ると（七一13）、天使の一人を通して、エノクに「きみは義のために生まれた人の子である。義はきみの上に宿り、高齢の頭《かしら》の義はきみを離れることはない」（七一14）と告げる。

ここでも「高齢の頭《かしら》」、「その頭《かしら》は羊毛のように白い」という表現、また「人の子」に終わりの時の審判の全権が委譲される点は、明らかにダニエル書七章9、13節と並行している。同時に、エゼキエル書一章からの強い影響も明らかである。とりわけ、天上の神殿が燃える火の舌と河で取り巻かれていること、また「栄光の座」のために四人の天使が寝ずの番をしている点は、エゼキエルが「火のように輝く四つの生き物」（エゼ一4―5）について語り、至高神の腰から上と下が「火のように見える」（一27）と言うのと、完全に並行している。

しかしダニエル書との違いも見逃せない。それは出来事全体が明確に宇宙万物の創造と結びつけられていることである。この点は、とりわけ今見た四八章1―6節と七一章に顕著である。天上の神殿と王権の観念が創造論とこのように結合されることは、前述のとおり（本章二節参照）、ダニエル書には未だ見られず、目下の『たとえの書』が初発と見做されるべきである。現在の『エチオピア語エノク書』では、『たとえの書』の後に『天文の書』（七二―八二章）が続いているが、これもまたもともとは独立の文書であったというのが定説である。その独立の文書が他でもない現在の位置に事後的に挿入された理由も、『たとえの書』が直前の七一章のみならず、それ以前にも、繰り返し被造物全体（宇宙）の組成について語ってきたからなのである（四一、四三、四八、五九章）。

『たとえの書』の終末論は、そのように、創造論・宇宙論とのつながりの点では、ダニエル書よりも一歩先へ進んでいる。しかし、逆にイスラエルの民族史とのつながりが希薄で、ダニエル書のメシアニズムが時代史との関連で持っていたような政治性を感じさせない。この点は、現在の『エチオピア語エノク書』で『天文の書』の後に続く『夢幻の書』(八三―九〇章)や、さらには、本書の次章で取り上げる予定の『第四エズラ記』や『シリア語バルク黙示録』を待たねばならない。

『たとえの書』の著者の思考法には、もう一つ顕著な特徴がある。それは端的に言えば、終末論を始原論と、歴史の終わりを永遠の始めと結びつける思考法である。かたや義人の教団は終わりの時に出現すると言われる(三八1、六二8)。しかしそれは至高神の永遠の決定においては、始めから先在しているのである(三九4―7、七〇3―4)。かたやエノクは義人たちの住居を観察したとき、自分も霊魂の主の永遠の決定においては、始めからそこに居場所を持っているのだと言う(三九8)。そして事実、文書の最後の結びで、「生きながらにして」霊魂の主のもとへ引き上げられることによって(七〇章)、あるいは、そこで自らが「人の子」と「なる」ことによって(七一章)、そのことが実現される。

最後に、イエスの「神の国」のイメージ・ネットワークとの重なりはどこに認められるだろうか。いくつか顕著な重なりを指摘できる。

第一は、今確かめてきた天上の神殿の観念である。イエスの場合、この観念は、すでに何度も述べたように、「三日あれば、手で造らない別の神殿を建ててみせる」(マコ一四58)に前提されている。

第二に、『たとえの書』によれば、義人たちは天上の住居で太古の先祖たちとともに住む(七〇4)だけではなく、「人の子」とも寝食を共にすることになる(六二14)。イエスの「神の国」は天上ではすでに実現し、アブラハム、イサク、ヤコブの族長たちとその他の祖先たちも、すでに祝宴の席に着いている（ルカ一六19以下）。地上ではそれに加わろうと、人々が東西南北からやってくる（ルカ一三29／マタ八11）。

さらに、『たとえの書』では、終わりの「救いの日」に死から甦った義人たちは「みな天使になる」（五一1―4）と言われる（一〇四4も参照）。イエスも人間は死から復活するときには「天使のようになる」（マコ一二25）と言う。そうだとすれば、『たとえの書』では、終わりの時に出現する「義人の教団」は「天使たちの教団」でもあることになる。イエスも終わりの時には、「人の子」が「父の栄光に輝いて聖なる天使たちと共に来る」（マコ八38）と言う。それは天で実現している「神の国」の住人たちが地上へ下降して現前化することに他ならない（マコ九1）。

五　『スラブ語エノク書』

エノク書と名のつく偽典文書は、すでに取り上げた『寝ずの番人の書』と『たとえの書』を含む『エチオピア語エノク書』以外にも複数存在する。そのため、研究上の別称として、『エチオピア語エノク書』を『第一エノク書』と呼び、それ以外のものを番号を付して区別することがある。その際、『第二エノク書』と呼ばれるのが『スラブ語エノク書』である。内容的には『第一エノク書』と重なるところもあり、研究史の上では、それを事後的に改竄したものだとする説も唱えられた。しかし、もともと『第一エノク書』とは異なる独立の著作で、内容上の重なりは共通の伝承によるものというのが現在の定説である。キリスト教の事後的な影響を想定することも少数説である。原著はギリシア語で、成立年代は紀元後一世紀後半と想定される。それも、後七〇年のローマ軍によるエルサレム神殿の破壊を思わせる記事がまったくないことから、それ以前とするのが定説である。現存するのはスラブ語訳のみである。その写本には、短写本（一五世紀および一七世紀）と長写本（一七世紀）がある。どちらにも二次的な挿入部分がある。以下で参照する邦訳は短写本に基づいている[20]。

最初にあらすじを確認しよう。文書の冒頭では、二人の天使がエノクに出現して、天へ上昇する準備をさせる（一―二章）。その上昇が夢あるいは幻の中でのことだという特段の断りはない。エノクは二人の天使の翼に乗ってまず第一天へ上昇し、そこで別の天使たちが雪、氷、雲、露の貯蔵庫を守っているのを見る（三章）。さらに第二天（四章）では、主に背いた天使たち、第三天（五章）では、天国と地獄を守る天使たちとそれぞれの住人たちのありさま、第四天（六章）では、太陽と月の運行の秘密[21]、第五天（七章）では、警護の天使たち、第六天（八章）では、七人の大天使たちが時と年、全被造物、あらゆる民族を差配している様子を観察する。最後に第七天に到達して、主（神）の顔を見て拝謁し、主の言葉を給わる。九―一一章全体がその描写であり、舞台は終始天上の神殿である。

そこには天使たちが火の軍勢を編成して仕えている。エノクは恐れに震えおののきながら、遠くから玉座に座っている主を見ることを許される（九章／二〇3）。玉座の周りには栄光の天使たちが夜も眠ることなく奉仕し、讃美の歌を捧げている（同／二一1）。その描写はエゼキエル書一章をモデルにしている。やがて、それまで第七天の端にいたエノクは大天使ガブリエルによって主の顔前に運ばれて、「主のいとほまれ高く、おそろしいお顔」を直接目にする。特に注目したいのは、そのとき主の玉座が「手の業《わざ》によって作られたのではない、いと大きな主の玉座」（同／二二2）と表現されていることである。それから主は、恐怖のために平伏しているエノクを大天使ミカエルの助けの下に立ち上がらせると、直接エノクに声をかけて「永遠にわたしの顔前に進み出る」ように命令する。すると天使たちはエノクの地上の衣服を脱がせ、香油を塗り、栄光の衣服を着せる（同／二二8）。エノクが自分自身を眺めると、「栄光の天使と同じようであって、外見の違いはなかった」と言われる（同／二二10）。つまり、エノクは観察者の立場から、玉座の周りの天使の一人に変容するのである。[22]

続いて主はエノクに、上昇の途中（第四天）で見た宇宙万象の秩序を本に書き留めて、やがて地上へ戻ってから人間たちに読ませることを命じる。エノクが書き下ろした本は三六〇冊（！）に上ったと言う（一〇章）。エノクが地上へ降りて告知すべきことについての主の教えはさらに続く。その一つは天地万物の創造の次第についてである。それは創世記一章を敷衍する形で行われるが、きわめて独特な点もある。すなわち、目に見える被造世界は自分の腹《はら》の中に万物を孕んでいて、やがてそれを自ら分娩した。主はその分娩されたものを秩序づけることで創造の業を行ったのだとする説である。エノクが地上で告知すべき最後の点は、主が間もなく地上に洪水による終末・裁きをもたらすこと、しかしノアの子孫から「別の種族」（アロゲネース）が起こされるだろうという予言である（以上一一章）。

地上に戻ったエノクは、天上で主に命じられたとおり、民と長老たちに宣べ伝える（一三―一七章）。その後、生きたまま天に拉致されていなくなる（一八、二〇章、創五24参照）。残された民の長老たちがエノクの息子メトセラに、祭司となって民を指導するように求める。そのメトセラに夢の中で主が現れ、彼を祭司に任じる（二一章）。メトセラはその務めを終えて臨終を迎える前に、来るべき終末（洪水）を予言する。メトセラが死ぬとその子レメクの二男ニルが後任の祭司に選ばれる。このあたりは、創世記五章21―31節の系図に沿っているが、そこにはメトセラの子がレメクで、さらにその子がノアであることは記されているものの、そのレメクにニルという二男があったとは記されていない。したがって、以下のニルに係る物語は典外伝承によるものだと思われる。

祭司ニルの治世下では平和と秩序が保たれた。しかし、その臨終が近づくと「民は神から遠ざかり、お互いをうらやみはじめ、民は民に反乱し、民族は民族に敵対し、大きな騒乱が起こった」（二二章／七〇23）。ニルはそれを見て、祖父メトセラが予言した終わりの時が近づいたことを知る。ところが、ニルの年老いた妻ソフォニムが突然身ごもる。心当たりのないニルは、破滅に近づくばかりのこの時代に子の親となることに戸惑う。しかもソフォニムは産褥で死んでしまう。その遺体から胎児が出てくる。ニルと兄のノアがその子をメルキゼデク（創一四17―20参照）と名付ける。なぜなら、その子は祭司の「聖なる家を新たにする」（二三章／七一20）からだという。その後、主がニルに夢の中で現れて、間もなくその子を「エデンの天国に置く」（二三章／七一28）こと、「その子は滅ぶべき者どもとともに滅びることはなく、わたしにとって永遠に祭司の中の祭司メルキゼデクとなるであろう」（二三章／七一29）と告げる。その後、子供は生後四〇日目に天使長ミカエルによって「エデンの天国」（二三章／七二1、5）に移された。それは、その子メルキゼデクがそこで「別の種族の祭司たちの長」（二三章／七一34、七二2）となるためであった。

こうして見ると、『スラブ語エノク書』は文書全体が周到に組み立てられていることが分かる。その中でも著者にとって最も重要なのは、結びの部分で語られる「別の種族」とその永遠の祭司メルキゼデクの誕生と任職である。それはすでにエノクが天上の「手の業で作られたのではない」神殿で直接主にまみえたときに、主から予告されていたことだと言うのである。

著者はこの筋書きにどのようなメッセージを込めているのか。それを知るには、同時代史の中でのユダヤ教の祭司制度の現状を一瞥しなければならない。

終焉期のハスモン王朝で大祭司（兼王位）の後継をめぐって発生した内紛にローマの将軍ポンペイ

ウスが介入したことについてはすでに述べた（前出Ⅱ四、三四頁参照）。その際、ポンペイウスは大祭司職について新たな方針を打ち出すわけではなく、さしあたり曖昧なままハスモン家の血統が続くに任せた。しかし、その後の政治的かけひきの後、最終的にハスモン家に代わって王位を握った大王へロデは、ハスモン家から大祭司を任命することを止め、とにかく祭司の家系でさえあれば取るに足りぬ人物でも採用した。大王へロデの死後ユダヤ領主となったアルケラオスも同じであった。後六年にアルケラオスが失脚した後、ユダヤを直轄支配下においたローマ（総督）もそのやり方に準じた。このことは、ヨセフスが『ユダヤ古代誌』第二〇巻にわざわざ「大祭司制」と題した補論を付して明言しているとおりである（特に二四七―二五一節）。それ以後、後七〇年にエルサレム神殿がローマ軍によって壊滅するまで、大祭司職は数え切れないほどの人物の間で目まぐるしく交替した。

このような背景に照らすならば、本書の結びの部分でのメルキゼデク論が同時代の祭司職の在り方への痛烈な批判を意図していることは一目瞭然である。メルキゼデクは創世記一四章17―20節でアブラハムを出迎えて神の祝福を祈る人物である。「いと高き神の祭司」と呼ばれるものの、エノクから続いてきたアブラハムの血統とは縁もゆかりもない祭司である。やがてアブラハムの孫ヤコブから生まれてくるレビの祭司職とも関係がない。本書の著者はそのことを踏まえて、近づいている破滅の後に「天国から」到来するべき「永遠の祭司の中の祭司」をメルキゼデクと呼ぶわけである。彼はこれまでの現実の祭司職とはまったく異なる系統から出るものでなければならないのである。著者がそのメルキゼデクに率いられる自分たちの集団を「別の種族」（二三章／七一34、七二2）と呼ぶことにも同じ意味が込められている。

ちなみに、本書のもともとの原本では、この「別の種族」に当たるギリシア語は、間違いなく「アロゲネース」(allogenês) であったはずである。この単語は、やがて後二世紀以降に明瞭に姿を現し始めるグノーシス文書では、グノーシス主義者たちの顕著な自己呼称の一つとなって行く。それがすでに本書に現れていることは注目に値する。[23] 至高神(主)がエノクに天上で語って聞かせる天地万物の創造譚では、すでに見たとおり、被造世界はあらかじめ自分の腹の中に万物を孕んでいて、それを自ら分娩したことになっている。何とも独特な見方と思われるが、実はこれも、やがて後二世紀の三大グノーシス教派の一つバシリデース派が大規模に展開する神話(「世界種子」[24])を先取りしているとも言えるのである。本書の著者の集団もおそらくはアレキサンドリアのようなヘレニズム文化圏に生きる分派的なユダヤ教徒たちであったものと推定される。

最後に、イエスの「神の国」のイメージ・ネットワークとの並行性を確認しておかねばならない。最も目立つのは、天上の神殿の玉座が「手の業《わざ》によって作られたのではない」(九章/一二2)と表現されることである。これはマルコ福音書一四章58節のイエスの発言とほぼ逐語的に一致している。そのために、それはむしろ後代のキリスト教徒がイエスのこの言葉を事後的に『スラブ語エノク書』の目下の箇所に付け加えたのではないか、という疑念を呼び起こすかも知れない。[25] しかし、この種の判断は無意味である。なぜなら、仮にそうだとしても、そのキリスト教徒もまた本書の目下の箇所にマルコ福音書一四章58節のイエスの言葉とまったく同じイメージを読み取ったということだからである。それだけ、イエスのイメージ・ネットワークとの並行性が著しいということに他ならない。さらに、本書は天上の天使たちの間にある位階差を描写する点で、すでに見てきた一連の文書と比べても一段と進んでいる。その位階差はイエスも「神の国」にあると認めているものである(ルカ七28/マタ一一11)。エノク自身が主の眼前で天使に変容する(九章/二二10)ことも、人は復活すると「天使のようになる」（マコ一二25並行）というイエスの言葉を連想させる。これらの並行性は、本書の成立年代がこれまで見て来た文書に優ってイエスに近いだけに、ますます注目に値する。

六　スラブ語『アブラハムの黙示録』

『アブラハムの黙示録』で現存するのは古スラブ語訳だけである。定説によれば、原語はヘブライ語である。後七〇年のエルサレム神殿の崩壊についての事後予言（二七3）があるので、原本の成立年代は、それ以降二世紀の中葉までと考えられている(26)。

一―七章は、アブラハムの父親テラが偶像崇拝に耽って引き起こすエピソード集である。アブラハムは真の神、万物の創造主を求めて、父親と対立する。そのアブラハムに天から大いなる声が響いて、穢《けが》れのない供犠を要求し、偶像崇拝に対しては審判を予告する（八―九章）。アブラハムが脱魂状態になって倒れると、光り輝く天使ヤオエールが出現する（一〇―一一章）。ヤオエールはまず山で供犠を捧げるように誘う。アブラハムにはその用意がないが、供犠に必要な動物はそろって後ろからついて来る（一二章）。悪魔アザゼルが供犠を阻止しようと図ると、ヤオエールがそれを退ける。アザゼルは今は地上を住処として割り振られているものの、もともと天上にいたのである（一三―一四章）。

ヤオエールは鳥（鳩）の右の翼に乗り、アブラハムは左の翼に乗って、第七天まで上昇する。そこでアブラハムは強烈な光を目にする。燃え盛る炎の中に、人間のような姿をした多くの天使たちが、その容姿を絶えず変えながら、互いにお辞儀をしながら大きな声を上げているのが聞こえる。しかし、アブラハムには意味が分からない（一五章）。

ヤオエールは至高神の玉座へ向ってさらに進む前に、永遠なる方の声を聞くことはできるが、その方自身を見ることはできないことをアブラハムに告げる（一六章）。すると上方の第八天から火が降りてきて、大海のうねりのように大きな声が響く。ヤオエールはアブラハムに、まずお辞儀をし、それからあらかじめ教えた賛美の祈りを一緒に朗唱するように指示する（一七章）。

その朗唱に答えて、おびただしい火の中から、うなるような合唱が聞こえてくる。火炎の中に「火の玉座」（一八3）があり、玉座の下には、獅子、人間、牛、鷲の顔をした四つの生き物がいる。その背後には、「火の車輪のついた乗り物」がある。どの車輪にも無数の目がついている。玉座はその車輪の上に載っている。その周囲に燃え盛る火のような天使たちの群れが立って全員で合唱している（一八章）[27]。

その火の中から声があって、アブラハムに今立っている第七天から下方を眺めることを命じる。第六天には霊的天使たちがいて第七天の天使たちの命令を実行している。第五天にはもろもろの星があって、やはり上からの命令にしたがって地上の事物を差配している（一九―二〇章）。さらにその下には、それまでに地上の自然界と人間界に起きた出来事を描いた絵が次々と現れる。エデンの園でのアダムとエバの堕罪事件もあれば、アブラハムの父親テラの偶像崇拝もある。同時に、これから起きるはずの出来事、たとえばアブラハムの子孫たちが再び神殿と祭司職を穢して、神の怒りを買うことになる次第も描かれている（二一―二六章）。その結果としてのエルサレム神殿の倒壊も詳細に語られる。もちろんそれは著者にとっては事後予言である（二七章）。その後には不敬虔な時代、すなわち横暴な異邦人（ローマ帝国）の支配が十二の時期に分かれて続く。一つの時期は百年、計千二百年である（二八章）。

その後、アブラハムは地上に戻される。そして人間たちに、来るべき不敬虔な時代に起きるはずの十の禍と最後の終末審判を予告する（三〇―三二章）。

イエスの「神の国」のイメージ・ネットワークとの並行性は、もろもろの天と宇宙を超える超越的な神殿との対照で、エルサレム神殿の倒壊が予告される点にもっとも顕著である。

七 『イザヤの昇天』（イザヤの幻）

『イザヤの昇天』（あるいは『イザヤの幻』）と呼ばれる文書は単独では現存しない。『イザヤの殉教』というもともと別の文書と事後的に接合されて、『預言者イザヤの昇天と殉教』という文書の一部として伝わっている。この複合文書はその後さまざまな言語に翻訳され、多くの断片が発見されているが、全体を伝えるのはエチオピア語訳のみである。[28]

接合される前の『イザヤの昇天』の原本は、定説によれば、後一世紀末から二世紀初頭にかけてギリシア語で著された。著者はキリスト教徒であるが、ユダヤ教にさかのぼる資料に依拠していると考えられる。[29] イザヤが天上の神殿に向って上昇して行くという観念は、もともとその資料にあったものと思われる。

ただし、現存するエチオピア語訳の本文から、『イザヤの昇天』に該当する部分を厳密に確定することは難しい。以下では、便宜的に邦訳の解説に紹介されたディルマン説に準じて、六章1節―一一章1節と一一章23―40節に限定する。しかし、これがもともとのギリシア語原本の本文とその順序を、どこまで保存しているかは不明である。以下での粗筋の要約もその制約を免れない。

六章では、イザヤがヒゼキヤ王の宮廷で多数の聴講者を前にして講義をしている。その途中で脱魂状態となり、幻を見る。すると第七天から、一人の天使が出現する（六10―13）。以下一一章までは、後代のキリスト教徒によるごくわずかな付加を別とすれば、その幻の中身の報告である。

イザヤはその天使に手を引かれて、第一天から第五天まで順に上昇して行く（七章）。それぞれの天に「玉座」があり、右側の天使と左側の天使がいて、それぞれ声を一つにして至高神への賛美を歌い交わしている。ただし、イザヤはそれらの玉座と天使たちを拝むことを禁じられる。なぜなら、イザヤが身に着けるべき本当の衣裳と冠はそれらすべてよりも高いところに据えられているからである（七21―22）。イザヤがさらに上昇するにつれて、その顔の輝き方が変わって行く（七25）。

第六天では、左側の天使はいない。右側の天使たちはさらに上の第七天にいる神とキリストに向かって賛美の声を上げている（八章）。それまでイザヤに同行してすべてのことを説明してきた解釈天使は、ここでイザヤの「同僚」になる。つまり、イザヤ自身が天使の一人に変容する（八5）。

イザヤがその上の第七天に入ろうとすると、天使たちがそれを阻止しようとするが、至高神自身がイザヤの資格を認めて入ることを許可する（九1―2）。この第七天の描写は錯綜していて読解がいささか困難である。可能な限り整理すると次のようになる。そこでは無数の栄光の天使たちに混じって、アダム以来の義人たちもいる。彼らはすでに「肉の衣を脱いで」、「上界の衣をまとい」、「天使のように」なっている（九9）。ただし、肉の衣に代わる「衣裳」はたしかに貰っているものの、まだ栄光の「冠」と「玉座」を受けてはいない（九10―11）。イザヤがその理由をたずねると、同行の天使が答える。注意しなければならないのは、その答えが、まだこの先に地上で起きるはずのことを先取りする事後予言となっていることである。つまり、下方の地上世界でこれから起きるはずの一切のことが、第七天では見透されているのである（九20）。

天使の回答を一言で言えば、主キリストが神から派遣されて地上へ降り、十字架の死を遂げ、復活して再び神のもとへ帰ってくること（九13―16）がまず最初に完了しなければならないのである。地上でキリストの名を信じる者たちには、やがて上界の「衣裳」、「玉座」、「冠」が与えられる。それらはそのために、すでに今天上に用意されている（九26）。イザヤ自身のための「衣裳」もそこにある（九2）。たしかに、アダム以来の太古の義人たちは、すでに死んで肉の衣を脱ぎ、天上でその「衣裳」を受けて天使のようになっている。しかし、「玉座」と「冠」の二つはまだ受けていない。彼らも、キリストが下降と上昇の道のりを完了した時に初めて、地上で彼を受け容れた者たちが報酬を受けるのと一緒に、その二つを受けるだろう（九18）[30]。この回答を聞いた後、イザヤも「衣裳」だけを身につけて、「変貌して天使のようになった」（九30）。そして「見よ、きみには神を見ることが許されている」と言われる（九39）。

最後の一〇―一一章は、主イエス・キリストが至高神によって下方の地上世界と陰府にまで派遣され、また戻ってくる道のりの描写である。下り（往き）の第六天では、キリストは変貌していないので、天使たちは彼を識別して賛美する。しかし、そこから下の天では、キリストはそれぞれの住人の天使たちや勢力に「似た姿」に変貌するので、そうとは気づかれず、しかるべき賛美も受けないで通過する（一〇章）。しかし上り（帰り）では、それぞれの天の天使たちも正しくキリストを識別して賛美する。同時に、下りの際に自分たちがそうできなかったことを訝る（一一23―32）。幻をここまで見届けたイザヤはふたたび肉の衣に戻る（一一35）。

Ｐ・シェーファーは、以上のような内容から読み取られる主人公の上昇と変容の構造に後代のヘカロート文学との著しい類似性を見出している。(31)『イザヤの昇天』は明瞭にキリスト教文書であるから、その構造はユダヤ教とキリスト教を横断するものであることを意味している。

イエスの「神の国」のイメージ・ネットワークとの並行性は、人間が死んで肉体を離れると天に上り、天使のようになるという見方において最も著しい。すでに繰り返し見てきたとおり、イエスも同じように、人は復活すると天使のようになると考えていた。さらにイエスによれば、太古の族長アブラハム、イサク、ヤコブが天上の神の国の祝宴に着席している。『イザヤの昇天』でも、アダム以来の義人たちはすでに天上の宮殿で栄光の天使たちに変容している(九7―9)。イエスが「神の国」に位階差を想定していたように、『イザヤの昇天』でも、もろもろの天に配置された天使たちの間の位階差がきわめて明瞭である。

八　『ゼファニヤの黙示録』

定説によれば、『ゼファニヤの黙示録』の原本はギリシア語である。成立年代については、早くて前一世紀から後一世紀の後半、遅くて後一世紀末から二世紀にかけてと考えられている。(32)もともとユダヤ教文書であり、後代のキリスト教徒による二次的な挿入もほとんど認められない。現存するのは、コプト語訳の断片だけである。その分量は、おそらくもともとの分量の四分の一にすぎない。最大の断片はコプト語のアクミーム方言によるものであるが、それでも写本の十二葉分にとどまる。それも連続してはおらず、途中で数葉が欠損しているため、原本全体がもともとどういう構成であったかは知るよしもない。

ただし、原本でもやはり主人公ゼファニヤが天上の神殿と玉座を目指して上昇して行く構図であったことが推定される。なぜなら、後二世紀の教父アレキサンドリアのクレメンスが『雑録』第五巻七七章2節で次の抜き書きを行っているからである。

これは預言者ゼファニヤによって次のように言われていることと似ているのではないか。「するとと霊がわたしを高く引き上げ、第五天まで運んで行った。そこでわたしは「主」と呼ばれる天使たちを見た。彼らの頭には聖なる霊によって王冠が被せられていた。そして彼らがそれぞれ座っている王座は、昇ってくる太陽の七倍も明るく輝いていた。彼らは救いの神殿に住んで、えも言われぬいと高き神を賛美していた(33)。」

他方、アクミーム方言の断片の最初の七葉では、第何天が舞台なのか不明のままである。ただ一つ確実なのは、ゼファニヤは同行の天使とともに、人間のあらゆる業とそれを記録する天使たちを垣間見ることである。神なき罪人たちは陰府で拷問の天使たちに責め立てられている。それと河で隔てられた反対側には、「義の場所」がある。ゼファニヤはその河を越えて「義の場所」へ進むことを許される。

「義の場所」には、「万の万、千の千」の天使たちがいる。ゼファニヤはその天使たちの間へ入って行くに当たり、自らも「天使の衣」を着て天使に変容する(八3)。そこには、アブラハム、イサク、ヤコブのみならず、エノク、エリヤ、ダビデなどの義人も住んでいる。ゼファニヤは自分に同行してきた天使が彼らと「親しい友人同士のように」会話するのを目にする(九4―5)。つまり、アブラハム、イサク、ヤコブも天使だということである。他方、下方には、陰府の大海があって、罪人たちがその中へ沈んでゆくのが見える（第一〇、一二葉）。アブラハム、イサク、ヤコブと無数の天使たちもそれを目にして、全能の神に彼らを憐れんでくれるように懇願している（第一一葉）。

最後の「義の場所」の描写は、内容的に前掲のアレキサンドリアのクレメンスによる抜き書きと並行している。したがって、おそらく第五天でのことと見做してよいであろう。そこにアブラハム、イサク、ヤコブのみならず、エノク、エリヤ、ダビデなどの義人も住んでいる。さらには主人公ゼファニヤ自身もそこで天使に変容する（八3）。さらにはその対極に陰府の大海が広がっている。この構図は、イエスが「復活についての問答」（マコ一二18―27）、「金持ちとラザロ」（ルカ一六19―31）、「神の国での宴会」（ルカ一三28―29／マタ八11）で繰り広げるイメージ・ネットワークと著しく並行している。(34)

九　『アブラハムの遺訓』、『イサクの遺訓』

『アブラハムの遺訓』の原本はヘブライ語で、その成立は前一世紀にさかのぼるとする仮説がある。現存するギリシア語版には長短二つの版がある。長い版は現在の形では後二世紀の中葉までに成立したとするのが定説であるが、最近は後一世紀とする説もある。短い版は長い版よりも古いとする説があるが、最近は逆の見解もあって定説はない。(35)邦訳は長い版に基づいているが、(36)われわれの設問にとっては、細部で短い版の方が興味深いので、以下それに準じる。(37)ただし、あらすじ上は、二つの版型の間で著しい違いはない。

神は天使長ミカエルにアブラハムのもとへ下って、死期が近いことを告知するように命じる。ミカエルはマムレでアブラハムに現れて手厚い饗応を受ける。しかし、死期が近いことを遂に告知できず、神のもとに帰って、神自らアブラハムに死期の近いことを悟らせて欲しいと願う。神は息子のイサクに夢を見させて、父の死期を予見させることにする。その夢を見たイサクは悲しんで、その内容をアブラハムに語って聞かせる（一―六章）。

ミカエルがふたたびアブラハムに現れて、息子イサクの報告に耳を傾けるように命じる。その場面での両者の会話は次のとおりである。

ミカエル　「お前の息子イサクの言ったことが当たっている。つまり、それはお前のことなのだ。お前も天に迎えられるだろう。しかし、お前の身体はこの地上に残されるであろう。七千年の時が満ちるまで。その時になれば、すべての身体が甦らされるだろう。」（七16―17[38]）

アブラハム　「わたしが自分の身体を離れなければならないのでしたら、一つお願いがあります。それはそうなる前に、身体を伴ったままで〔天に〕引き挙げていただいて、神が創造された天上と地上のすべての被造物を眺めてみることです。」（七19）

この後、神はアブラハムの願いを聞き入れて、身体を伴ったまま、ミカエルの先導で天空世界とその運行を見て回らせる。そこでは大小二つの門があり、その中では天使たちに混じって、アダム、エノク、アベルが審判者あるいは記録係の座に座っている。アブラハムはさまざまな罪人たちを目にすると、しかるべき処罰を下すようにミカエルに求める。神はアブラハムが憐れみというものを知らないのを見て、天空の旅を中止させて地上へ戻すことにする（八―一二章）。地上に戻ったアブラハムに間もなく臨終の時が訪れる（一三章）。神は再びやって来て、アブラハムの魂を夢の中へ沈めるように沈める。そしてミカエルがそれを天に引き上げて行く（一四6）。

以上のあらすじから明らかなように、『アブラハムの遺訓』には、主人公が天上の神殿を目指してもろもろの天を段階を踏んで上昇して行くという観念は見られない。ましてその途中で天使に変容するという観念もない。八―一二章では、たしかに天空の旅が描かれているが、今述べたような観念は見出されない。

本書で注目に値するのは、その天空の旅が「身体を伴ったままで（天に）引き挙げられる」（七19）体験であるのに対して、人間（アブラハム）の死は魂が身体から離れ、それを地上に残したまま天上へ上る出来事と考えられていることである。死者の復活に関する観念が明確に天空の旅と区別されているのである。それが最も明瞭に読み取られるのは、前掲の会話で、ミカエルが「しかし、お前（＝アブラハム）の身体はこの地上に残されるであろう。七千年の時が満ちるまで。その時になれば、すべての身体がよみがえらされるだろう」（七17）という件《くだり》である。明らかに、語り手はアブラハムの遺体が墓の中で七千年もの間、朽ちずに存続すると言いたいのではない。彼の関心は被造世界の七千年にわたる万物の歴史が終る時、[39]すべての死人が身体と共に甦るという一点にある。すなわち、魂の復活と身体の復活が区別されているのである。前者は死後直ちに起きるが、後者は万人の身体が甦る終わりの時に起きるのである。

ちなみに、長い版の結び（二〇章）では、アブラハムの身体がマムレに埋葬された後、天から神の声が響いて、「わが友アブラハムを天国へ連れて行きなさい。そこではわが公正なる者たちの天幕と、わが聖なる者たちイサク、ヤコブの住いが彼〔アブラハム〕の胸許《むなもと》にある」と告げる。ここでも死者の魂は死後直ちに、身体を地上に残して天国へ上ることが前提されている。

身体の復活と区別された魂だけの復活ということの見方は、マルコ福音書一二章18―27節の「復活についての問答」におけるイエスの考え方と著しく並行している。そこでイエスは人は「復活するときには、めとることも嫁ぐこともなく、天使のようになるのだ」（マコ一二25）と言う。これは復活の命が地上の身体をもたずに、魂だけであることを言っているに等しい。イエスは同じ問答の結びで、すでにアブラハム、イサク、ヤコブがその復活の命を現に生きていると言う（マコ一二27）。さらに、「金持ちとラザロ」（ルカ一六19―31）の話で、貧乏人ラザロが死後ただちに「アブラハムの懐」へ引き上げられて行くのも、『アブラハムの遺訓』の長い版の結びと同じように、身体を地上に残しての魂の復活のことだと解することができる。

もっとも、長い版の結びは、他でもないマルコ福音書一二章18―27節の復活問答に基づいて、後代のキリスト教徒が事後的に付加したものだという見方があるかも知れない。というのも、長い版では、その直後に「父と子と聖霊を頌栄しつつ」という文言が出るが、これが事後的にキリスト教徒が付け加えたものであることは明白であるだけに、余計にそう思われるかも知れない。しかし、仮にそうであっても、それはマルコ福音書一二章18―27節の復活問答が暗黙のうちに言わんとしていることをよく体現しているのである。

さらに、死後ただちに起きる魂の復活と万物の歴史の終末に地上で起きる身体の復活という区別も、「天からのしるし」をめぐってイエスがユダヤ教の指導者たちと交わす問答（マタ一二41―42／ルカ一一

31―32）と顕著に並行している。なぜなら、そこでイエスもやがて来るべき裁きの時には、ソロモンや南の国の女王のような昔の死者たちも「今の時代の者たちと一緒に立ち上がる」と宣言しているからである。「今の時代の者たち」はもちろん身体を伴って地上で生きている。その彼らと「一緒に立ち上がる」とは地上の身体の復活のことでしかあり得ない。イエスは死後直ちに魂だけの復活があると考える一方で、来るべき地上の身体の甦りも視野に入れていたのである。そしてそれはイエスの新機軸だったのではなく、相前後する時代のユダヤ教の見方でもあったと見做すことができる。

なお最後に念のために付言すれば、後三世紀になると、『イサクの遺訓』と呼ばれる文書が成立してくる。現存するのは、エチオピア語訳のみであるが、そもそもの原本は明らかにキリスト教徒の手で著されたものである。(40) 文書全体の構成は『アブラハムの遺訓』をほぼそのまま下敷きにしている。神は死期が近づいたイサクに天使長ミカエルを遣わし、すでに天上の王国でアブラハムがイサクの到来を待っていることを告げる（一4―6）。臨終の前にイサクはミカエルの先導で地獄と天上界を見て回る。天上界では、アブラハムのみならずすべての義人たちがすでに集まっていて、やってきたイサクに接吻して歓迎する（八1―2）。アブラハムはイサクの息子ヤコブもやがて同じように天国に迎えられるようにと神に執《と》りなす。やがてイサクに実際の死が訪れると、「雪のように純白の魂」がその身体から離れ、ケルビムと天使たちの讃美歌に伴われて、天の神殿の至聖所に入って行く（九―一〇章）。

ここではマルコ福音書一二章18―27節の復活問答が意識的に敷衍されていることは明白である。その敷衍が『アブラハムの遺訓』の長い版の結び（前述参照）を延長したものであることも確実である。『イサクの遺訓』が『アブラハムの遺訓』の「続編」と呼ばれる所以《ゆえん》である。

第Ⅳ章　宇宙史の終末論

本章の課題は、初期ユダヤ教の中で宇宙史全体の行方を問題にした終末論の系譜を明らかにすることである。ただしそれ以前に、この課題が本書のこれまで述べて来たこととどう関わるかを、あらためて確認しておくのが望ましいであろう。

第Ⅰ章では、預言者アモスがイスラエル民族史の終わりを「世界史の内側で」待望していることを確かめた（Ⅰ一、二）。そこに地上的・政治的終末論の萌芽を認めることはできるが、世界史そのものがメシアの王国によって終わりを告げられるという待望は未だ見られなかった。その待望を含めてバビロン捕囚以後の地上的・政治的終末待望を概観するのが、第Ⅱ章の課題であった。他方、第Ⅰ章では、すでに捕囚期の預言者エゼキエルにおいて、天上の神殿と神の玉座の観念が表明されていることが確かめられた。その観念は捕囚期以後、とりわけ前二世紀以後の旧約および新約典外文書の中で、どのような展開をたどることになったのか。それを踏査するのが第Ⅲ章の課題であった。

あらためて注意が必要なのは、第Ⅲ章が問題にした「天上の神殿」の「天上」の意味である。そこで取り上げられたほとんどの文書で、主人公はもろもろの天を越えて上昇して行く。それらの天は、たとえどれほど広大で無限であっても、旧約聖書によれば、あくまで被造物（創一―二章参照）である。ところが、神の玉座と神殿はその被造世界全体（宇宙）を越えたところにある。「天上の神殿」をエゼキエル書一章26節が「大空の上に」あると表現するのはそのことを指している。「大空」とは宇宙全体のことであり、神の玉座はさらに「その上に」あるわけである（前出I三、二四頁参照）。この違いをうっかり読み飛ばさないよう注意が必要である。

その宇宙の歴史全体の行方は、初期ユダヤ教の終末論では、どのように考えられているのか。アモスの世界史の内側での民族史の終末論（第I章）と、バビロン捕囚以後の地上的・政治的終末待望（第II章）は、同じ被造世界でも、地上の人間世界に係るものであった。以下の第IV章が取り上げる宇宙史の終末論は、同じ被造世界の中の人間以外の動植物や星辰《せいしん》など、天と地のすべてにまで視野を広げて行く。そこでは、太古の創造、人類の堕落と罪、悪の原理の台頭、天変地異、世界の破滅、死人の復活、最後の審判、万物の更新と新しい創造などが中心的な論点になる。したがって、以下で「宇宙史」という表現は、このような明確な意味で用いられ、英語のユニバーサル・ヒストリーのようなあいまいな「一般史」の意味ではないことに注意していただきたい。

通常「初期ユダヤ教黙示文学」と聞けば、多少とも事情に通じた人がまず最初に思い浮かべるのは、宇宙史の終末論のことである。その代表的な文書は、『エチオピア語エノク書』の一部（『たとえの書』、『夢幻の書』）、『第四エズラ記』（新共同訳では『エズラ記ラテン語』）、『シリア語バルク黙示録』、『シビュラの託宣』である。

ただし、これらの文書では、宇宙史の終末論が最上位の枠組みを構成しているものの、それだけが排他的なテーマなのではない。むしろ、その枠組みの中へ、イスラエルの民族史も関連する世界史とともに組み込まれているのである。さらには、被造世界を越えた天上の神殿と玉座の観念も統合しているものがある。したがって、これらの複数のもともとは独立の論題が、どのように総合されているかを見極めなければならない。結論を先取りして言えば、その総合は『第四エズラ記』と『シリア語バルク黙示録』の二つにおいて最も顕著である。以下、この順に取り上げることとする。

一　『第四エズラ記』（エズラ記ラテン語）

『第四エズラ記』は新共同訳旧約聖書「続編」に収められている『エズラ記（ラテン語）』と同じものである。ただし、この名称は便宜的につけられたものであって、正式には『第四エズラ記』と呼ばれる。すなわち、後四世紀から五世紀にかけてキリスト教の教父ヒエロニュモスが旧新約聖書全巻をラテン語に翻訳した際（通称『ウルガータ訳』）、旧約聖書本体の中のエズラ記を『エズラ記Ⅰ』、ネヘミヤ記を『エズラ記Ⅱ』と表記した上で、巻末にさらに『エズラ記Ⅲ』と『エズラ記Ⅳ』の二つを付録として収めたのである。その『エズラ記Ⅲ』が新共同訳続編の『エズラ記（ギリシア語）』であり、『エズラ記Ⅳ』が同『エズラ記（ラテン語）』なのである。この二書は正典旧約聖書三九文書には含まれていない。ヒエロニュモスはそれを、すでに前二世紀に完成されていたギリシア語訳の旧約聖書から取ってきたのである。

しかし、その『第四エズラ記』の成立史がまた複雑きわまりない。研究上の定説としては、まず第三―一四章が後一世紀末にヘブライ語（あるいはアラム語）で成立し、それがやがてギリシア語に訳された。さらにその後、冒頭に第一―二章、末尾に一五―一六章が付加され、その全体がヒエロニュモスによってラテン語に訳されたと考えられている。

本書が以下で参照するのは、その最古の部分、つまり第三―一四章である。その第三章は「都の陥落後三〇年目のこと、わたしエズラはバビロンにいた」という文章で始まっている。実際の著者は、今触れたとおり、後一世紀末、すなわちローマによるエルサレム陥落（後七〇年）から約三〇年後に生きているので（三1、一〇19—23、一二44—45参照）、バビロン捕囚（前五八七—五三八年）の真直中《まつただなか》にある物語上の主人公エズラからは、約九百年離れている。

その間に起きた歴史上の事件はすべて主人公エズラが事後予言として語ることになる。そうすることによって著者は、自分と読者から見ての未来についての夢と待望も、エズラの他のすべての事後予言と同じように必ず的中すると言いたいのである。この仕掛けはすでに『トビト記』とダニエル書で始まっていたもので、ユダヤ教黙示文学の物語技法の大きな特徴の一つである（前出Ⅱ二、三〇—三一頁、Ⅲ二、四九頁参照）。『第四エズラ記』は物語論的観点から見ても、最も典型的な文書であり、思考も論述も緻密さの点で群を抜いている。したがって、以下では主として『第四エズラ記』に即して、超越的・宇宙的終末ドラマの展開をたどってみたい。

その際、注意を要するのは、『第四エズラ記』の論述の特徴である。それは終末のドラマをいくつかの場面に区分し、それぞれを多種多様かつ幻想的なイメージと表象によって描き出す。しかし、それらのイメージと表象は、実はすでにそれまでの黙示文学の伝統の中で、多かれ少なかれ定型化されていたものが少なくないのである。その定型場面や定型句のことを以下では「トポス」（もともとギリシア語で「場所」の意）と呼ぶことにしたい。著者はその定型場面や定型句を継承すると同時に変形することによって、自分の独自性を打ち出すのである。ただし、『第四エズラ記』の論述のいわゆるストーリー・ラインの中では、同じ定型場面が繰り返されることが少なくない。つまり、時系列上、重複なしに整然と展開しているわけではない。それも当然である。そもそも終末ドラマは、事柄の性質上、著者自身にも時系列に整理し切れないことが少なくないからである。したがって以下では、文書の論述（章節）順ではなく、定型場面同士の内的な関連性に準じて整理することにしたい。

トポス一　神の正義への疑義

『第四エズラ記』は主人公のエズラが捕囚地バビロンで、いと高き神に向って呟く独り言から始まる。

> 29わたしはここに来たとき、数知れない神に背く業を見、この三十年間わたしの魂は、多くの罪人を
> 見てきました。わたしの心はめいりました。30罪を犯す彼らをどれほどあなた〔神〕が耐え忍び、神に
> 背く者たちを放任し、御民を滅ぼして御自分の敵を守っておられるかを見たからです。（中略）31いっ
> たいバビロン〔ローマ〕はシオン〔エルサレム〕よりも善いことをしているのでしょうか。（三29―31[1]）

ここに浮上しているのは、世界史の中で神の正義が貫かれていないのではないか、選民イスラエルが理由なき苦難に喘《あえ》いでいるのはなぜなのか、という問いである。その不当さを暴《あば》くために、エズラはイスラエルの民族史を延々と繙《ひもと》いてみせる。専門的な術語を使えば、神義論が『第四エズラ記』の根源的な問いなのである。

そこへ天使ウリエルが現れ、エズラが「この世のことに、すっかりうろたえて」いて、「いと高き神の道」を悟るにはほど遠いことを暴露する（四2）。そしてエズラに「地上に住む者は地上のことだけを理解し、天上界の者は天上界のことだけを理解するのである」と諭すと（四21）、エズラはそれに、「わたしは、高遠な道を尋ねているのではありません。常日ごろ、わたしたちの目の前に起こっている事柄について問いたかっただけなのです」と切り返す（四23）。

ここに現れている三つの概念「この世のこと」、「地上のこと」、「天上界のこと」は、互いにどう区別されているのか。さしあたり明らかなのは、エズラの神義論の問いが「地上のこと」に該当することである。しかし、逆に「地上のこと」はそれだけには限定されない。なぜなら、同じ問いが間もなく別の箇所では、次のように言い換えられるからである。

54あなたはアダムを、お造りになったすべての被造物の頭《かしら》とされました。あなたが民としてお選びになったわたしたちは皆、このアダムから生まれ出たのです。55主よ、わたし〔エズラ〕があなたの前でこれらのことをすべて語ったのは、最初の創造として世をお造りになったのは、わたしたち〔選民イスラエル〕のためだ、とあなたが言われたからです。（中略）59もし、世がわたしたちのために造られたのなら、どうしてわたしたちが自分たちの世を相続できないのでしょうか。このようなことがいつまで続くのでしょうか。（六54―59）

ここでは同じ問いが「この世のこと」とされている。そして「この世」とは「最初の創造」のことなのである。被造世界全体が視野に入っているのである。事実、『第四エズラ記』はこの後、選民イスラエルはもちろん人間界をも超えて、自然界全体の運命、すなわち宇宙史について繰り返し論じることになる。

そうだとすると、天使ウリエルの言う「天上のこと」は、「この世のこと」をさらに超えるものでなければならない。そしてそれで正解なのである。なぜなら、「天上界の者」だけがそれを理解するからである。その「天上界の者」とは、被造世界「この世」を越えたところに住む天使たちのことに他ならない。つまり、前章がつまびらかにした「天上の神殿」で神の玉座の周りで奉仕する天使たちのことである。

これに対して、『第四エズラ記』の著者は主人公の口を借りて、「わたしは、高遠な道を尋ねているのではありません。常日ごろ、わたしたちの目の前に起こっている事柄について問いたかっただけなのです」(四23)と答えるのである。彼は明らかに自分の周辺に「上昇の黙示録」(P・シェーファー)が流布していることを知った上で、「天上の神殿」の観念から距離を取っているのだと考えられる。もちろん、この観念についても彼はやがて言及することになる。それは本書も然るべき場所で後述する予定である。それにもかかわらず、著者は自分の基本的な立ち位置を、イスラエル民族史を含む宇宙史に定めるのである。だから、彼の神義論の問いは、より正確に言い直せば、天地万物とイスラエル民族(ユダヤ教徒)の現下の現実が、かつての神による万物の創造の目的と調和しないのではないかということになる。

前章で述べたことを振り返ってみると、終末の出来事を初めてイスラエル民族史と結びつけたのはダニエル書であった(Ⅲ二、五二頁参照)。終末論をさらに創造論と本格的に結びつけたのは、『エチオピア語エノク書』の『たとえの書』であった。ただし、そこでは逆にイスラエル民族史との結びつきが後退し、ダニエル書のメシアニズムが時代史との関連で持っていたような政治性が感じられなくなってしまっていた(Ⅲ四、六四―六五頁参照)。その全体をさらに一歩先へ進めたのが『第四エズラ記』である。そこでは宇宙史が終末論のみならず創造論とも結合されており、その中へイスラエル民族史が包摂されているのである。

トポス2　神の予定と時の升目

神の不正義がいつまで続くか。これは現に地上に生きている人間だけの問いではなく、報われないまま死を迎えて、今は陰府《よみ》におかれている義人たちの問いでもある。『第四エズラ記』は、この問いにこう答えている。

35このことについては、義人の魂も、陰府の住まいで尋ねたではないか。「いつまでわたしは、このように待てばよいのですか。わたしたちの報いの収穫の実は、いつ来るのですか」と。36彼らに大天使エレミエルが答えている。「あなたたちのような人の数が満ちるときである。神は世を秤で量り、37時の大きさを測り、時の数を数えておられる。それゆえ、予定された升目《ますめ》が満たされるまで、神は動ずることも、焦られることもないのである」と（四35―37）。

陰府の義人たちが尋ねているのは、彼らが死から復活してその場に立つはずの最後の審判のことである。天地の創造からその審判までのすべての「世」と「時間」を神はあらかじめ測り、その「升目」を予定に従って「満たして」いくのである。陰府もその計画にしたがって、「世の初めから預かってきた死人たちを早く返したい」（四42）のである。こう語るときの著者の思考法に注意が必要である。それは万物の歴史の発端（創造）から終わり（審判）までの全体を一気に俯瞰しているのである。超越的・宇宙的終末論は歴史を単なる世界史としてではなく、一定の幅にわたる宇宙史として捉えるのである。その宇宙史は同時に神の予知と計画によって進む摂理史でもある。

トポス3　終末の「しるし」

しかし、神によって予定された時の「升目」は人間には直接読み取ることができない。目に見えるのは、終末が近づくにつれて増えて行く天変地異と人倫の乱れである。それは最初の創造の秩序が崩壊して行くということであり、それが終末の接近の「しるし」なのである。『第四エズラ記』はそのことを天使にこう語らせている。

1では、しるしについて語ろう。（中略）4もしいと高き方があなたに生き残るのをお許しになるなら、三日の後に天変地異を見るであろう。突如として夜中に太陽が輝き、5真昼に月が照る。その上、木から血が滴り落ち、石が声を発し、人々は恐慌を来たし、星は軌道を脱するだろう。6そして、地に住む人の望まぬ人物が支配するようになり、鳥さえもみな渡り去るだろう。7ソドムの海〔死海〕は魚を吐き出し、夜にはえたいの知れぬ妖怪が声を発し、すべての人がその声を耳にする。8方々で深淵が口を開き、そこから繰り返し炎が吹き上がる。野獣はその住みかを捨てて移り歩き、月経中の女は怪物を産むだろう。9淡水に塩が混じり、友人どうしがいがみ合うようになるだろう。分別は隠れ、知性は己の住みかに引きこもって、10多くの人がそれを捜すが見いだせない。地上には不義と放縦がはびこる。（五1—10）

『第四エズラ記』の言う「終わり」が被造物の世界全体、全宇宙に係るものであることが、これ以上鮮明な箇所も少ない。神の最初の創造の業は、言わば「老化」しているのである。

著者は被造世界と人類一般の老化を、女の胎《たい》が若いときの力を失っていく様にもたとえている（五51—55と八1—14）。同時に、彼は同じ老女の比喩を意図的に選民イスラエルの運命にも当てはめる。これが八章から一〇章にかけて語られる「泣く女の幻」のテーマである。幻に現れる泣く老女は後七〇年に破壊されて炎上したエルサレムの比喩に他ならない。ただし、幻を見ているエズラはバビロン捕囚時に生きているから、すべては事後予言として語られる。続く一一章の「鷲《わし》の幻」では、ローマ帝国が「鷲」として登場し、帝位をめぐる不断の抗争が微に入り細を穿った事後予言に造形される。エズラは同時に「獅子」が森の中から出現して、鷲を告発する様子を目にする。すると天使ウリエルがその意味をこう解き明かす。

32この獅子とは（中略）終わりまで取って置かれたメシアである。（中略）33メシアはまず［もろもろの］王たちを生きたまま裁きの座に立たせ、彼らの非を論証してから滅ぼす。34彼は、残ったわたしの民を憐れみをもって解放する。彼らはわたしの領土で救われた者であり、メシアは終末、すなわち、裁きの日が来るまで、彼らに喜びを味わわせるであろう。（一二32—34）

この段落は、これ以後に続く世界の終末ドラマが、メシアの登場→敵対する王たちとの戦争→残りの民の解放→最後の審判という順で進行することを明示している。

トポス4　超越的救済者

まずメシアの登場そのものは、宇宙的なスケールの広がりを持った幻として描かれる。

1七日の後、わたしは夢を見た。2見よ、海から風が起こり、潮の流れが逆巻いていた。3わたしが
見ていると、見よ、人（homo）が天の雲とともに飛んでいた。彼が顔を向けて見つめると、見つめら
れたものは皆、震え上がった。4彼の口から声が出ると、どこでもその声を耳にした人は皆、蠟が火に
触れて溶けるように燃え上がった。5その後、わたしが見ていると、見よ、無数の人々の群れが天の四
方から集まって来て、海から昇って来た人（homo）と戦おうとしていた。6更に見ていると、見よ、
その人は自分のために大きな山を刻み出し、その上に飛び上がった。7わたしは、山が刻み出された地
方または場所を見ようとしたが、できなかった。（一三1―7）

最後の部分に「大きな山を刻み出し」とあるのは、ダニエル書がメシアの王国を「人手によらずに切り出されて、全地に広がった大きな山」（二34―35）に喩《たと》えたことを引き継いでいる。しかし、ダニエル書が「人の子のような者」と意図的にぼかしていた表現は、ここではっきりとメシア個人を指す「人」（ラテン語homo）となっている。ただし、未だ『たとえの書』（エチオピア語エノク書）の「人の子」のような称号のニュアンスもない。しかし、彼は「いと高き方が長い間取って置かれた人」、すなわち、先在のメシアである。その任務は至高神の「被造物を（creaturam suam）解放する」（一三26）ことであり、明瞭に創造論と結びついている。この点では『たとえの書』と並んでいる。

トポス5　天上の義人たち

さて、その超越的メシアは、地上ではどこに登場するのか。答えは「シオンの山の頂き」である。

七章28節によれば、その時に「わが子〔メシア〕[2]が彼に従う人々と共に現れ、生き残った人々に四百年の間、喜びを与える。」

注意したいのは、ここで「彼に従う人々」とあるのが誰を指すのか、である。それに続く「生き残った人々」とは、すでにトポス3で言及した「わたしの残りの民」、つまりメシアが敵対勢力と交わす世界最終戦争を生き残る者たちのことである。しかし、「彼に従う人々」はそれとは明瞭に区別されている。彼らはメシアと「共に現れて」、生き残った者たちに「四百年の喜び」を与えるのである。この「四百年の喜び」とは後述する「メシアの中間王国」（トポス7）のことに他ならない。しかし、それが始まるためには、まずメシアが「彼に従う人々と共に現れ」なければならない。ということは、その人々はあらかじめメシアと共に天上の神のもとにいるのでなければならない。

事実、『第四エズラ記』によれば、遠近を問わず過去の聖徒たちが、すでに天上のメシアのもとに集められて、来るべき終末に備えているのである。まず六章26節では、世界が終焉を迎える時のこととして、救われる者たちは「生涯死を味わうことなく天に受け入れられた人々を見るだろう」と言われる。一三章52節では、「海の深みに何があるかを、だれも調べたり、知ったりすることができないように、地上のだれも、その日まで、わたしの子〔メシア〕や、彼と共にいる人々を見ることはできない」とある。さらに一四章9節では、「あなた〔エズラ〕は人々の中から挙げられて、わたしの子〔メシア〕と、あなたのような人々と共に、時が終わるまで暮らす」と言われる。

すなわち、メシアが神のもとを離れて地上に出現するまで、天上のメシアのもとには一群の聖徒が一緒にいるのであり、エズラもその一人だということである。この表象は『エチオピア語エノク書』の『たとえの書』で、義人の教団が宇宙史の終わりに地上に出現する前に、永遠の初めから天上の

「義人たちの場所」に先在しているとされるのと並行している（『たとえの書』三九3―5、六〇8、六二7―8参照、またⅢ四、六一頁も参照）。

トポス6　諸国民の侵攻と世界最終戦争

メシアと天上の義人たちがシオンに降臨すると、それまで互いに戦っていたもろもろの国民は互いに結集する。そして大挙してエルサレムに侵攻してメシアに戦いを挑む。

29見よ、いと高き方が地上にいる人々を救う日が来る。30そして、地に住む人々は正気を失うであろう。31町は町に、地方は地方に、民は民に、国は国に対して、互いに戦いを企てる。32これらのことが起こり、わたしがさきにあなたに示したしるしが現れるとき、そのとき、わたしの子が登場する。わたしの子とは、海から昇るのをあなたが見た人のことである。33すべての民は彼の声を聞くと、おのおの、自分の国を捨て、互いに戦うのすらやめて、34一つに集結し、無数の群衆となって、あなたが見たとおり、彼に戦いを挑むであろう。35しかし彼は、シオンの山〔エルサレム〕の頂きに立つ。（一三29―35）

これがいわゆる世界最終戦争に他ならない。その最後は諸国民の軍勢が敗北して決するが、被造物の世界全体も破局を迎える。ただし、不思議なことに、『第四エズラ記』には、この戦争の直接的な描写は見当たらない。ユダヤ教黙示思想の常識からすれば、諸国民の軍勢の敗北は、同時に悪魔（ベリアルあるいはサタン）の滅亡も意味するはずであるが、その直接的な言及も見当たらない。したがって、ここでは、その他の文書から該当する場面を拾って補っておこう。最初のものは『シビュラの託宣』の第四巻[3]から、二番目のものは、死海文書『感謝の詩篇』からの一節である。

火が全世界をおおい、太陽が昇る時に剣とラッパによる大いなる徴があるだろう。全世界はどよめきと強い音を聞くだろう。彼〔神〕は全地を焼き、人々のすべてのやからとすべての町と川を海とともに滅ぼされるだろう。また彼は万物を焼き、くすぶる灰が残るだろう。（『シビュラの託宣』第四巻一七二―一七八）

31山々の基は焼かれ、堅い岩の根は樹脂の川となり、大いなる淵にまで燃えひろがる。32そしてベリ
アルの奔流はアバドン〔滅びの国〕に突入し、淵の深みは泥を吐き出す轟音でざわめく。33地は世界に
臨んだ禍いのために叫び、その深みはいっせいにうめく。34地上の者はみな気が狂い、大いなる禍いの
中に亡び去る。なぜなら神が稜威《みいず》の響きに鳴りわたり、その聖なる住居は栄光の恐れでざわめき、35天
の万軍は威声を上げるから。そして永遠の基は溶けてふるえ、天の勇士らの戦いが世界を蔽い、36永劫
に亡びるまで止むことはない。真に未曾有の出来事である。（『感謝の詩篇』三31―36[4]）

トポス7　メシアの中間王国

シオンに降臨したメシアによってエルサレムの町が再建されるという『第四エズラ記』の希望は、明らかに旧約聖書のイザヤ書二章2―3節、五六章6―7節、六〇章14節、ミカ書四章1―3節に始まる「終わりの日」の待望を前提している（Ⅰ二参照）。それはさらに、『トビト記』（Ⅱ二）、『ソロモンの詩篇』（Ⅱ四）など、それ以後の地上的・政治的終末待望の中に根強く生きていたものである。

もちろん、『第四エズラ記』の待望はダビデの血統に連なるメシアの観念を越えて、超越的メシア

の降臨という観念を含む点で新しい。それ以上に大きな違いは、更新されたエルサレムに結集するのが誰かという点である。旧約聖書以降の地上的・政治的終末待望では、それは周辺の諸国民であった。ところが、『第四エズラ記』では、メシアによる世界最終戦争によって「諸国の民の群れが滅ぼされた」後に「残された民」(一三49)のことである。つまり、エズラによる事後予言を著者の現在に移し替えて言えば、後七〇年のエルサレム陥落を生き残っているユダヤ教徒のことである(一三32—50参照)。それはもはや旧約聖書以降の地上的・政治的終末待望の場合のように、エルサレムがユダヤ教徒のみならず、すべての異民族が参集する世界の中心になるという夢ではない。

それと軌を一にして、メシアの降臨によって打ち立てられる「四百年の喜び」の時は、まさに四百年に限定されているのである。それどころか、四百年が終わる時、メシアを筆頭にその住人たちは全員が死ぬのだという。

29その後、わが子メシアも息ある人も皆死ぬ。30そして世は、初めのときのように、七日間、太古の静寂に戻り、一人も生き残ってはいない。31七日間が過ぎたとき、まだ目覚めていない世は揺り起こされて、朽ちるべき世界は滅びる。(七29—31)

したがって、メシアがシオンに登場して始まる四百年間の支配は、宇宙史の終末ドラマの時系列の上では、世界最終戦争と新しい世の出現の中間の段階、つまり最後から一つ手前の段階なのである。そのためにそれは、研究上「メシアの中間王国」と呼ばれる。それは永遠のものではなく、永遠の「新しい創造」の前段階にとどまるのである。ここで、エルサレムの再建と諸国民の参集を夢見る伝統的かつ民族的終末待望が相対化されていることは明白である。『第四エズラ記』の著者は、それを自分自身の超越的・宇宙的終末論の中へ持ち込んで、それに限定を加えようとしている。地上の民族史・世界史の終末論から距離を取って、それを宇宙史の終末待望の中へ総合しているのである。

トポス8　万人の復活と最後の審判

メシアの中間王国が終わると、すべての死者の魂が呼び出され最後の審判が行われる。それは「新しい世」の出現とも重なっている。『第四エズラ記』では、前段で引用した七章29―31節に続けて、次のように語られる。

32大地は地中に眠っている人々を地上に返し、塵はその中に黙して住んでいる人々を戻し、陰府の部屋はそこに預けられていた魂を外に出す。33そしていと高き方が、裁きの座に姿を現す。もはや憐れみはなく、寛大さは跡形もない。34そこには裁きがあるのみである。（七32―34）

最後の審判の場に引き出されるのは、それまで「陰府の部屋に預けられていた魂」である。それは死者が復活することと同義である。すなわち、ここでは「魂」の復活が問題なのである。その際、人間が魂と肉体からなるという二分法が前提されていることは紛れもない。その証拠に、『第四エズラ記』は、他の箇所で、魂が「朽ちる体の器から離れて」（七88）安息に至るまでに、陰府の部屋を含めて七つの段階を経なければならないことを明言しているのである（七91―99）。しかもその最終段階は、至高神の「御顔を見る」ことだと言われる（七98）。

この復活観は前章第九節で確認した『アブラハムの遺訓』と完全に並行している。他方、旧約聖書入門のどの教科書にも、人間を「魂」(ネフェシュ)と言い、「肉」(バーサール)と言っても、それはアスペクト(視点)が違うだけで、そのつど人間は不可分の全体と見られていると書かれている。『第四エズラ記』は『アブラハムの遺訓』と共に、初期ユダヤ教黙示文学の実情がそれとまったく異なっていることを証明している。

さらに注意を要するのは、最後の審判がすべての死者の「魂」に対して行われることである。対象となる死者たちが「選民イスラエル」あるいは「ユダヤ教徒」に限られてはいないのである。ということは、「選民イスラエル」に属することが、もはやそれだけでは救いの保証にならないということである。イスラエル民族の伝統的な集合的選民意識はここで突破されて、救いが積極的な意味で個人主義化されているのである。それを『第四エズラ記』は、「だれも他人のために赦しを願うことは決してない。人は皆おのおの自分の不正な行い、あるいは正しい行いの責任を負うのである」(七105)と言い表している。最後の審判は個々人の生前の行為の総合計に対して下されるのである。だからこそ、それは死後にしか行われ得ない。「最後の審判」は宇宙の破局の枠内で描写されるが、実存的には「死後の審判」であることを見逃してはならない。

トポス9　最初の創造と新しい創造

一般に宇宙史の終末論は「今の世」と「来るべき世」という二世界論を基軸として展開される。『第四エズラ記』の場合、それはきわめて鮮明に概念化されて、前者は「最初の創造」(六55)、後者は「新しい創造」(七60)と呼ばれる。

それでは「最初の創造」から「新しい創造」への移行はどう考えられているのだろうか。もちろん、すでに取り上げたどのトポスも、多かれ少なかれその移行について語っているのである。しかし、ここではそれとは別の角度から問題を考えてみたい。すなわち、新しい創造は最初の創造とまったく同じ「無からの創造」なのかどうかである。「来るべき世」について語られるとき、「今の世」の基体(substantia)は保存されたまま、その変貌が待望されているのか。それとも、神は「今の世」の基体そのものを放棄して、「来るべき世」で置き換えるのか。新しい創造は最初の創造の「置き換え」なのか、それとも「変貌」なのか。置き換えならば両者の間には断絶が、変貌ならば連続性が保持されることになる。

この点については、実は宇宙史の終末論を示す文書の多くで、二つの見方が並存したままであり、『第四エズラ記』も例外ではない。「七日間が過ぎたとき、まだ目覚めていない世は揺り起こされて、朽ちるべき世界は滅びる」(七31)は置き換えモデルに準じている。しかし他方では、次の文章のように、明瞭に変貌モデルに従うものもある。「それは終末についての言葉である。大地の基は、それが自分についての言葉であることを悟り、震えおののくであろう。大地の基は、終末に自分が変わら(commutari)ねばならぬことを知っているからである」(六15―16)。

置き換えモデルであれ、変貌モデルであれ、重要なのは宇宙史全体の方向性である。『第四エズラ記』はそれをこう表現している。

112今の世は到達点(finis)ではないのだ。神の栄光は、今の世に常にとどまるものではない。(中略)
113裁きの日はこの世の終わり(finis)であり、来るべき不死の時代の始まり(initium)となる。(七112―

括弧内に挿入したのは、現在の『第四エズラ記』のラテン語本文である。見てのとおり、この邦訳（新共同訳続編）では、同じラテン語「フィニス」（finis）が、一方では「今の世」あるいは「この世」が目指している「到達点」（目標）を、他方では「今の世」あるいは「この世」そのものの「終わり」を指す二重の意味で用いられている。この点で、ラテン語訳に先行するギリシア語版では、前者には「テロス」（telos）、後者には「エスカトン」（eschaton）が当てられていたと推定される。この区別はギリシア語に独特なものである。「エスカトン」は単純に順列上の「最後のもの」を指すにすぎないが、「テロス」はその順列全体が向っている「目標」を意味するのである。それは宇宙史の終末論の持つ方向性をよく表している。「目標」（テロス）は「終わり」（エスカトン）の彼方にあるのである。しかし、ラテン語にはこれに相当する単語の区別はなく、両方ともに同じ「フィニス」（finis）が使われる。前掲の邦訳は、いみじくもそのことを汲んだ苦心の訳である。

『第四エズラ記』の論点は以上見て来た合計九のトポスに尽きるわけではない。ここで特に強調しておかねばならないが、実は著者は、本書が第Ⅲ章で踏査した「天上の神殿」の表象も承知しているのである。その証拠は次の二箇所である。

シオンは整えられ、建てられた姿で到来し、すべての人々に現れる。（一三36）

20永遠に生きられる主よ、あなたの目は天の高みにあり、21あなたの玉座は比類なく、栄光は計り知

れません。天使の軍団はおののきつつあなたに仕え、22御言葉に従って、風にでも火にでも変わります。（八20―22）

後者は「上昇の黙示録」（P・シェーファー）に属する一連の文書における天上の神殿の描写に一歩も引けを取らない。前者は、シオンの丘にメシアが降臨する文脈に属する。その降臨には「天上の義人たち」が随伴するのであった（トポス5）。してみれば、シオンとは彼らを含む天上の神殿のことに他ならず、それがメシアと共に降りてくるということになる。

ちなみに、来るべき王国（統治権）が時間軸で接近してくるのみならず、空間軸でも天上から地上へ下降してくるというイメージは、ダニエル書にも認められた（Ⅲ二、五三―五四頁参照）。『エチオピア語エノク書』の『たとえの書』でも、「義人の教団」は天上に先在していて、終わりの時に地上に出現するのであった（Ⅲ四、六一頁参照）。『第四エズラ記』にも同じ見方が認められるわけである。イエスの「神の国」のイメージ・ネットワークとの重なりもこの点にある。そこでも、「神の国」は「人の子」が「父の栄光に輝いて、聖なる天使たちと共に来る」ときに地上で現前化するからである（マコ八38―九1）。さらに、ヨハネ黙示録の花嫁のように用意を整えて「天から下降するエルサレム」（黙二一1―2）のイメージも重なってくる（後出XVI八を参照）。

しかし、『第四エズラ記』の著者は天上の神殿の表象をこれ以上に前景に押し出すことをしない。なぜなら、彼はすでに文書の冒頭で、この観念から距離を取ることを宣言ずみだからである（四23、トポス1参照）。彼はその観念群の存在を知った上で、全被造物の行方に焦点を絞っているのである。その宇宙史の終末論は創造論とも結びつき、イスラエルの民族史も包含している。『第四エズラ記』

はほぼすべての定型場面を総合しているのである。この意味でそれは初期ユダヤ教黙示文学の完成形の一つだと言える。

二　『シリア語バルク黙示録』

『シリア語バルク黙示録』もローマ帝国によるエルサレム陥落を知っている（四―八章）から、原本は『第四エズラ記』と同じ頃、後一世紀の後半に成立したものと考えられる。原語がギリシア語とヘブライ語のいずれであったかは今なお未決着であるが、唯一翻訳として現存するシリア語訳は、遅くとも後四世紀までには完成していたと推定されている。(5)

物語上の設定も『第四エズラ記』とよく似ている。主人公バルクは預言者エレミヤの書記であり（エレ三六4）、バビロン捕囚がすでに始まっていることを前提としている（第一章）。バルクの予言の大半が事後予言となることも、『第四エズラ記』と同じ仕掛けであり、著者が待望するのはメシアによる新しい世界秩序がローマの支配に取って代わることである。

主人公バルクはバビロニアの軍勢に包囲されたエルサレムで、聖所（神殿）、シオンの丘、ケデロンの谷など、さまざまな場所を移動しながら、ある時は至高神（主）に祈り、直接対話する。また、断食をして繰り返し幻を見る。その解き明かしのために到来する天使（レミエル）と会話を交わす。さらに、エルサレムの住民との会話も繰り返し挿入される。最後は、バルクがすでにバビロンへ捕囚となっている者たちに送った手紙で結ばれる。この全体の構成は緊密で隙間がない。しかしそれをここで要約することは控えたい。むしろ、前段で『第四エズラ記』について確認した定型場面（トポス）を規準にして、該当する箇所を拾い出し、同時に『シリア語バルク黙示録』ならではの特徴を明らかにしてみよう。

『シリア語バルク黙示録』も『第四エズラ記』と同じように、神の正義に対する疑義（トポス1）から始まる。なぜ選民イスラエルが見捨てられ、エルサレムの神殿が救われなかったのか。終末がくる前に、神は異教徒たちにしかるべき罰を加えてくれるのか。これらの問いは定型どおりである。独特なのは、人類史と宇宙史からの神義論の問いである。宇宙はやがてその本性に戻り、世界は原初の沈黙に帰ってしまうのか（三章）。それとも人類のために造られたはずの世界が存続し、人間は滅びてしまうのか。著者の視点はすでに冒頭から人類史と宇宙史に注がれている（以上三―一二章、一四18―19参照）。

それに対応して、著者の歴史についての思考法は、宇宙万物の歴史の発端（創造）から終わり（最後の審判）までの全体を一気に俯瞰するものになる。しかも著者はそれを「歴史の流れ」、「世界の長さ」、「世界の歴史」のように、明確な概念で表現する。当然ながら、それは終始神の予定と時の升目（前出第一節トポス2）によって差配されるプロセスである。この点はこの文書の最大の特徴であるから、典型的な該当箇所を挙げておく。

一四章1節　あなた〔主〕はわたしに歴史の流れと、こののちに起こるべきことを知らせてくださいました。

二〇章6節　わたし〔神〕はきみ〔バルク〕に姿を現わし、きみと真理を語り、歴史の流れについてきみに教えてあげよう。それ〔時期〕は必ずやって来る。遅れはしない。

五四章1節　主よ、ひとりあなたのみが世界の歴史をあらかじめご存知であり、歴史の中で生起することをあなたは御自分のことばによって招来し、……

五六章2節　〔天使レミエルの台詞〕「全能者は、すでに過ぎ去った時および来るべき世でこれからめぐって来るであろう時の経過を、その創造の発端から終極に至るまで確かにきみに教えられた。」

五六章3節　全能者がこの世界を造ろうと思い定めて造られたところの世界の長さ……

これらの文章に出る「世界」は宇宙万物のことであり、通常の意味の世界史のことではない。人間の歴史が視野に入って来る場合にも、それは人類史のことである。至高神は宇宙に生まれて来る人類の数を予め知っていると言う（二一8—10、二三4、四八46参照）。一見したところでは、イスラエル民族史の振り返りのように見える場合にも、実体は宇宙史だということがある。その典型が五三—七六章である。ここではアダムの創造以降メシアの出現までのイスラエルの民族史が合計十二の時代に分けられている。バルクはそれぞれの時代を幻で見るのだが、その中では黒と白の水を含んだ雲が海から沸き起こり、それぞれ六回ずつ降り注いで全地を覆う。もちろん黒い水は艱難《かんなん》、白い水は平穏を現している。一番最後の「澄み切った水」がメシア時代のことである。ここでイスラエル民族史が宇宙史の出汁《だし》にすぎないことは明らかである。

　メシアの出現にはその「しるし」が先立つ（トポス3）。それは宇宙規模の天変地異と艱難であり、やはり十二に区分されて描写される（二七章）。当然ながら、メシア自身も、民族的であると同時に宇宙的かつ超越的救済者である（トポス4）。そのメシアには敵対者たちが戦いを挑む（トポス6、七〇

6―10参照）。

その戦いの後、メシアは神の民で生き残った者たちを集める（四〇2―3）。その支配は次のように描写される。語り手は神である。

> 1そのとき起こることは全地にかかわる。（中略）3〔それが〕完了したときメシアがはじめて姿を現すであろう。4またベヘモートがそのねぐらから姿を現し、レビヤタンは海中からのぼってくるであろう。この二匹の巨獣は創造の五日目にわたしが創って、そのときまで生き残る者たちの食糧としてとっておくのである。5大地もその実を一万倍産するであろう。一本のぶどうの蔓が千本の枝をはり、一本の枝が千の房をつけ、一つの房が千の実を結び、一つの実が一コル〔約四五〇リットル〕の酒を産するであろう。6飢える者は〔飽きて〕楽しみ、また、日々不思議を目にするであろう。7わたしの前から風が吹き出していって朝ごとにかぐわしい果実の香りをもたらし、一日の終わりには雲がいやしの露をあたり一面にまき散らす。8そのときにはまたマナの倉が上から下ってきて、その時代には人々はこれを食するであろう。彼らは時の終わりに到達した人々である。（二九1―8）

桃源郷を思わせるこの描写は、新しい創造（トポス9）において実現する楽園のことではなく、実はメシアの中間王国（トポス7）のことである。なぜなら、この引用に直続して、「そののち、メシアの滞在の時が充ちて彼が栄光のうちに帰還されるとき、そのとき、彼に望みをつないでいたものはみな復活するであろう。そのとき、一定の数の義人の魂のしまってある倉が開き」（三〇1―2）と言われるからである。ここで「メシアの滞在の時」は、それに続く文言から明らかなように、死人の復活と最後の審判（トポス8）よりも前の期間、つまりメシアの中間王国のことである他はない。『第四エズラ記』も中間王国を「喜び」の時としていた（Ⅳエズ七28）。『シリア語バルク黙示録』はそれを誇張して桃源郷の喜びにしているのである。そのメシアは、『第四エズラ記』のメシアのように中間王国の終わりに「死ぬ」（Ⅳエズ七29）必要もない。なぜなら、彼の王国はすでにイスラエル民族史の枠を脱して、十分以上に宇宙大のものとなっているからである。彼はただ「栄光のうちに」神のもとへ帰還して行く。

メシアの中間王国に続くのは、万人の復活と最後の審判（トポス8）である。終わりの時になると、大地はいま受け入れて預かっている死者を、受け取ったままの形で返すであろう（五〇2―3）。そして不義を行った者たちは拷問にかけられる。しかし義人たちに関してはこう言われる。

8今はまだ目に見えない世界を見、今はまだ隠されている時を見るであろう。9もはや時は彼らを老いさせないであろう。10彼らはその世界の高みに住い、天使に似たものとなり、星と肩を並べ、自分の好きなように姿を変え、美から華麗へ、光から栄光の輝きへと変わるだろう。11彼らの眼前で楽園の境界は押し広げられるだろう。玉座の下に侍るあまたの生き物〔エゼ一章のケルビム〕の美しさとともに――今はまだ姿を現さないようにわたしの言葉によって抑えられ、出現の時までその場所に待機しているように命じられている――天使の全軍勢が彼らの前に姿を現すであろう。12そのときには、義人たちの方が天使よりも優勢となるだろう。13先の者はかねてから待ち続けてきた後の者を迎え、後の者はとうにあの世に移ってしまったと聞かされていた者たちを迎えることになるだろう。（五一8―13）

この段落では、「天上の神殿」の観念が明確に表明されている。特に顕著なのは「玉座」（五一11）という文言である。その周囲には天使の群れが侍っている。終わりの時に身体の復活を遂げた義人たちは、さらに「天使に似たものとなる」（五一10）。

この変容は、前章で見た『スラブ語エノク書』（Ⅲ五）、『イザヤの昇天』（Ⅲ七）、『ゼファニヤの黙示録』（Ⅲ八）の主人公たちが天上の神殿に向かって上昇しながら遂げる変容とまったく同じものである。すなわち、『シリア語バルク黙示録』は「上昇の黙示録」（P・シェーファー）の系譜を十分以上に承知して、自分の宇宙史の終末論の中へ織り込んでいるわけである。

事実、著者は作品が始まって間もない箇所（四3―6）で、天上の神殿と地上のエルサレム神殿と対比させて、「きみたちの間にいま建っているこの建物は（中略）楽園をつくることをわたしが思い定めたときから、あらかじめ天上にそなえられてある建物ではない」（四3）と神に宣言させている。さらに、神はそれをかつてアブラハムとモーセには見せた上で、「今は、楽園と同様、わたしが預かっている」（四6）と言う。

『第四エズラ記』も天上の神殿の表象を承知していたが、意識してそれから距離を取っていた。それに比べると、『シリア語バルク黙示録』は、むしろ積極的にこの表象を取り上げて自分の作品の中に統合しているのである。

最後に、『シリア語バルク黙示録』も、随所で最初の創造と新しい創造（トポス9）について語る（たとえば三二1、6、四四13―15）。特筆に値するのは、二つの創造の関係が「置き換え」なのか、「変容」なのかの問題を明確に定式化していることである。

しかし、全能者よ、もう一度お伺いします。また、万物をお造りになったおかたに憐れみを乞い求めます。あなたの日に生きる者はどういう形で生きるのでしょうか。また、そののち彼らの姿はどういう形で残るのでしょうか。そのときもいまのままの形で、この桎梏の肢体をまとうのでしょうか。(中略)それともあなたは、世界そのものと同様、この世界に現れたものも変えてしまわれるのでしょうか。(四九章)

こうして見てくると、『第四エズラ記』と比べて『シリア語バルク黙示録』に欠けているように思われるのは、トポス5「天上の義人たち」だけである。その代わりに、『第四エズラ記』が意識的に抑制していた「天上の神殿」と主人公の変容の観念を積極的に取り上げている。その結果、トポス論的に見て、第四エズラ記に優るとも劣らないライン・アップになっている。『第四エズラ記』と並んで初期ユダヤ教黙示文学の完成形の一つと目されるに相応しい。

最後に、イエスの「神の国」のイメージ・ネットワークとの並行性にも、著しいものがある。最も顕著なのは、人間は復活すると「天使のようになる」という観念である。『シリア語バルク黙示録』はこれを五〇章2節と五一章10節で表明し、イエスはマルコ福音書一二章の「復活問答」でそうしている(マコ一二25)。

また、『シリア語バルク黙示録』は、同じ文脈で、天上の神殿で天使に変容した義人たちに関して、「先の者はかねてから待ち続けてきた後の者を迎え、後の者はとうにあの世に移ってしまったと聞かされていた者たちを迎えることになるだろう」(五一13)とも言う。その文脈から推せば、「とうにあの世に移ってしまったと聞かされていた者たち」(四3—6)には、アブラハムとモーセが含まれる。

これはイエスが「神の国」について、アブラハム、イサク、ヤコブやすべての預言者たちが先に入っているところへ、東西南北から人々がやって来て宴会の席に着く（ルカ一三28―29／マタ八11）と言うのと見事に並行する。さらに、イエスが「神の国」についての譬え話を、繰り返し「後の者が先になり、先の者が後になる」（マタ二〇16他）という定型句で結ぶこととの並行性も見逃せない。

第Ⅴ章　イエス時代の政治主義的メシア運動

本書はここまで、バビロン捕囚以後、とりわけ前二世紀以降に著された初期ユダヤ教文書に焦点を絞りながら、地上的・政治的終末待望（第Ⅱ章）、「天上の神殿」の表象と神秘主義（第Ⅲ章）、宇宙史の終末論（第Ⅳ章）の展開を時系列に沿って踏査してきた。その際、紀元前と紀元後の境界を越えて、部分的にはキリスト教徒の手が加わった文書も取り上げてきた。

次の第二部では、最初に歴史上のイエスの終末論、すなわち「神の国」の宣教を取り上げる予定である。その際、以上の三つの系譜にわたる初期ユダヤ教の終末待望との突き合わせが重要なポイントとなる。ただしその前に、地上的・政治的終末待望（第Ⅱ章）に関する論述をもう少し延長しておかなければならない。その論述は「ダビデの子メシア」の系譜で終わっていた。しかし、前一世紀以降イエスの登場を経て新約文書が書かれて行く時代までのユダヤ教の中では、「ダビデの子メシア」の待望と並行しながら、それとはまた別の終末論的運動が広まっていたのである。それは過去の偉大な人物、言わば信仰の英雄が再来することへの待望である。

一　再来のエリヤ

その一人がエリヤである。エリヤはアモス（第Ⅰ章参照）よりも一世紀早く、前九世紀の前半に活躍した預言者である。しかし、彼が語った言葉はアモスのようにまとまった書物としては残っておらず、その事績が列王記上一七章―同下二章に記されているにすぎない。北王国イスラエルの王権の堕落をはげしく批判し、それと熾烈な戦いを繰り広げた後、最後は、神が送った「火の戦車」に引かれて、生きたまま嵐の中を天に上げられたと伝えられている（王下二3、11）。

バビロン捕囚から帰還後の初期ユダヤ教文書では、マラキ書三章23節に、「見よ、わたし（ヤハウエ）は大いなる恐るべき主の日が来る前に、預言者エリヤをあなたたちに遣わす」とある。さらに前二世紀前半の外典『シラ書』四八章10節には、「あなた（エリヤ）は、書き記されているとおり、定められた時に備える者。神の怒りが激しくなる前に、これを鎮め（る者）」と言われている。

この見方は、新約聖書時代以降のユダヤ教でも変わらない。エリヤは天に上げられた後も神のもとで生き続けていて、メシアが出現する終わりの時には、その先駆けとして、再び出現すると考えられていた。さまざまな個人の危機に際しても、奇跡的な救済者としての出現が期待された。とりわけ手近な事例は他でもない福音書である。まずマルコ福音書には次のような記事がある。

> 14イエスの名が知れ渡ったので、ヘロデ王（ガリラヤ領主ヘロデ・アンチパスのこと、前四―後三九年在位）の耳にも入った。人々は言っていた。「洗礼者ヨハネが死者の中から生き返ったのだ。だから、奇跡を行う力が彼に働いている。」15そのほかにも、「彼はエリヤだ」と言う人もいれば、「昔の預言者のような預言者だ」と言う人もいた。（六14―15、他の福音書の並行記事も参照）

さらに、イエスが三人の弟子を連れて高い山に登ったとき、その姿が変わって真っ白に輝いた。その後、自分が間もなく殺されて死者の中から復活することを予告すると、弟子たちは、それでは「なぜ、律法学者は、まずエリヤが来るはずだと言っているのでしょうか」(マコ九11)と問い質す。するとイエスは「確かに、まずエリヤが来て、すべてを元どおりにする」と答える。そして実は洗礼者ヨハネがその再来のエリヤなのだと示唆する(マコ九12—13)。

また、イエスが十字架上で最期の息を引き取る前に、「エロイ、エロイ、レマ、サバクタニ」(わが神、わが神、なぜわたしをお見捨てになったのですか)と断末魔の絶叫を挙げると、それを聞いたユダヤ人たちが「そら、エリヤを呼んでいる」、あるいは「待て、エリヤが彼を降ろしに来るかどうか、見ていよう」と言い合っている(マコ一五34—36)。

なぜ、ここで突然エリヤの名が出てくるのか、不思議に思う読者も少なくないかも知れない。興味深いことに、その理由は、イエスの絶叫中の「エロイ、エロイ」(Eloi, Eloi)が音の響きの上で「エリヤ」(Elia)と聞こえたからだ、という有力な学説がある。実際にイエスがそう絶叫したかどうかは、もちろん分からない。それは別としても、この場面のもともとの語り手がそう意図していることは、おそらく間違いないであろう。その語り手も自分と同時代のユダヤ教徒の間に、「再来のエリヤ」への待望が生き続けていることを承知していたのである。

新約聖書より後の時代では、後二世紀半ばに、キリスト教護教論者のユスティノスが『ユダヤ人トリュフォンとの対話』の中に残している証言がある。すでに本書第Ⅱ章七節で引照したものであるが、ここでもう一度読んでおこう。そこでは、ユダヤ人トリュフォンが、キリスト教徒たちの考え方を論駁する文脈で、「まずエリヤが来て」メシアに油を注ぐはずだと述べている。

しかし、キリスト〔メシア〕がすでにどこかに生まれているとしても、まずエリヤが来て彼に油を注ぎ、すべての者にそのことを明らかにするまでは、誰もそうとは知らず、彼自身も自分がメシアだとは思っておらず、力も持っていないのだ。お前たち〔キリスト教徒〕は馬鹿げた噂を聞いただけのことであって、自分勝手にメシアを造り上げたに過ぎない。（『ユダヤ人トリュフォンとの対話』八4）

二　モーセのような預言者

エリヤに勝って「再来」が待望されたのはモーセである。旧約聖書の中でその根拠とされたのは申命記一八章15節である。物語上はモーセの遺言の一部である。そこでモーセはエジプトを脱出した後一緒に荒れ野を遍歴してきた民全体に向かって、「あなたの神、主はあなたの中から、あなたの同胞の中から、わたしのような預言者を立てられる。あなたは彼に聞き従わねばならない」と語っている。注意したいのは、これはモーセ自身がやがて復活するという話ではないことである。個人としては別の人間がやがて預言者として登場して、かつてのモーセのように神による救いの業をやり遂げるだろう、という予告なのである。

後代のユダヤ教徒がこの予告を真に受けていたことを示す証拠が複数ある。まず、マカバイ戦争が終結してから三〇年あまり後に著された『第一マカバイ記』である。マカバイ戦争の頂点は、アンチオコスⅣ世がエルサレム神殿の中に立てた「荒廃をもたらすもの」（ゼウスの立像）をユダ・マカバイが粛清する場面である。そこでは、やがて「預言者が現れて」粛清の細部について指示を与えることが待望されている（Ⅰマカ四46）。また、戦争終結後にハスモン王朝が正式にスタートする場面では、ハスモン家の支配が許されるのは、「忠実な預言者の出現するまで」に限られている（同一四41）。

死海文書の母体クムラン教団も、おそらく『第一マカバイ記』とほぼ同じ時期に創設されたものと推測される。この教団の文書の一つ『宗規要覧』のある箇所でも、終わりの時には、祭司系と非祭司系の二人のメシアと並んで、「一人の預言者」（九11）の出現が待望されている。

新約聖書の福音書も「再来のエリヤ」と並べて「モーセのような預言者」のことを繰り返し証言している。すでに前節で引いたマルコ福音書六章14―15節の末尾には、洗礼者ヨハネのことを「エリヤだ」という人もいれば、「昔の預言者のような預言者だ」と言う人もいたとあったとおりである。その他にも、次の箇所が証拠として挙げられる。

マルコ福音書　一三章21―22節

21〔イエスの発言〕そのとき、「見よ、ここにメシアがいる」「見よ、あそこだ」と言う者がいても、信じてはならない。22偽メシアや偽預言者が現れて、しるしや不思議な業を行い、できれば選ばれた人たちを惑わそうとするからである。」

ヨハネ福音書　六章14―15節

14そこで、人々はイエスのなさったしるしを見て、「まさにこの人こそ、世に来られる預言者である」と言った。15イエスは、人々が来て、自分を王にするために連れて行こうとしているのを知り、ひとりでまた山に退かれた。

ヨハネ福音書　七章40―42節

40この言葉を聞いて、群衆の中には、「この人は、本当にあの預言者だ」と言う者や、41「この人はメシアだ」という者がいたが、このように言う者もいた。「メシアはガリラヤから出るだろうか。42メシアはダビデの子孫で、ダビデがいた村ベツレヘムから出ると、聖書に書いてあるではないか。」

もっとも、これらの事例では、それぞれで言及されている「預言者」とかつてのモーセとの関係は必ずしも一義的に明らかではない。最後の記事では、「ダビデの子メシア」とも混同されている。しかし、民衆の待望レベルでは、このような混同が現実に起きていたのだと思われる。

反対に、待望されている預言者が「再来のモーセ」であることが端的に明らかなのは、ヨセフスがユダヤ戦争（後六六—七〇年）について報告する中で語る一連の事例である。ヨセフスはこの戦争にユダヤ側から参戦した。しかし、途中で転向し、戦後はローマで安楽な余生を送る間に、『ユダヤ戦記』と『ユダヤ古代誌』という二つの書物を著したのである。その中では、ユダヤ教徒がローマの支配からの脱出を目指して起こした叛乱が繰り返し言及されている。ユダヤ戦争はその頂点であった。それぞれの叛乱のリーダーは預言者を自称するか、追随者たちからそう呼ばれた。ヨセフスの報告は多数の事例にわたっているが、ここでは代表的な事例を二つだけ読んでみよう。

ヨセフス『ユダヤ古代誌』第二〇巻九七—九九節

ファドゥスがユダヤの総督時代（後四四—四六年）に、テウダス（使五36のテウダと同じ）というぺてん師が大勢の民衆に向かって、全財産を持ち自分にしたがってヨルダン川まで行くように説いたことがあった。彼の言葉によれば、彼は預言者であり、彼が命ずればヨルダン川は二つに割れ、彼らは簡単にそこを通れるのだ、と。彼はこのようなうまい話で多くの者を欺いた。しかし、ファドゥスは、連中がこのような騙りで甘い汁を吸うようなことはさせなかった。彼は騎兵大隊を彼らに差し向け、不意を襲って彼らの多くを殺したり生け捕りにしたりした。テウダス自身は捕らえられて首をはねられ、その首はエルサレムに送られた[1]。

ヨセフス『ユダヤ戦記』第二巻二五八―二六三節

この連中〔シカリオイ＝短剣派〕のほかにもう一群の悪人どもが起こって来た。前者よりは手はきれいなのだが、心の中はよりいっそう邪悪で神を畏れない者たちであり、暗殺者に劣らず都の平安をぶちこわした。詐欺師やいかさま師どもが神の霊感を受けたとよそおって革命的な変革をつくり出そうとし、大衆を説き伏せて神がかりのようにさせて荒野に連れ出した。荒野で神が彼らに解放のしるしを示してくださる、というのである。

ここに至って総督フェリックス〔在位後五二―六〇年〕はこれを反乱のきざしと見なし、騎兵と重装備の歩兵を派遣して多くの群衆をうち滅ぼした。

もっと大きな災いをユダヤ人にもたらしたのはエジプト人の偽預言者である。この詐欺師はユダヤの土地にあらわれ、自分を預言者と信じこませて約三万人の追随者を集め、荒野からオリブ山と呼ばれる丘まで彼らを引きまわし、そこからさらにエルサレムに押し入るかまえを見せた。ローマの守備兵を威圧したのち、自分といっしょに侵入した者たちを護衛として民衆に君臨するつもりだった。

しかし、総督フェリックスは彼の攻撃を予期していたので、重装備のローマ歩兵を率いて迎えうった。住民もすべて彼に加わって防衛にあたったので、戦闘の結果は、エジプト人がわずかの手兵をつれて逃走し、彼の仲間の大部分が殺されるか捕虜になるというありさまであった。残りの者は散りぢりになってひそかにおのおの自分の家に帰って行った[2]。

これらの事例は、総督ファドゥスとフェリックスの統治時代のものであるが、ヨセフスはその他の総督の時代についても、繰り返しユダヤ人の武装グループがローマの支配に対して叛乱に立ち上がったことを報告している（特に『ユダヤ古代誌』第二〇巻一一六、九七—二二四節参照）。とりわけ、ローマが総督を通してユダヤを初めて直轄支配下に置いた時（後六年）に、「ガリラヤのユダ」をリーダーとして勃発した叛乱は、その後「熱心党」（ゼーロータイ）運動と呼ばれて、ユダヤ戦争の終結（後七四年）まで反ローマの武装闘争の中心勢力であった（ヨセフス『ユダヤ古代誌』第一八巻四—二四節、『ユダヤ戦記』第二巻一一八、四三三節参照）。

私はこれらの叛乱を政治主義的メシア運動と呼んでいる。(3) ただし、「メシア運動」と言っても、それぞれのリーダーが「ダビデの子メシア」を自称するか、そう他称されたという明確な証拠は見当たらない。むしろ、血統によらず、純粋に神による召命を確信して立ち上がったのだと思われる。そのカリスマ性は、アモスに代表される旧約聖書の預言者たちに通じている。

むしろ注目されるのは、この運動がかつての出エジプトの指導者モーセをモデルとしている点である。前掲の二つの事例に「預言者」と出て来るのは、「モーセのような預言者」のことであると見て間違いはない。その他の事例を通してみても、運動が「荒野」を目指していたことが鮮明に読み取れる。そのつどのリーダーは「再来のモーセ」であり、彼らが追随者に約束する奇跡は、かつて出エジプトの民に起きた奇跡の再演なのである。どの奇跡も此岸的・地上的で、宇宙論的な広がりと超越性に乏しく、垂直軸のイメージを喚起しない。政治主義的メシア運動の思考法は水平方向での脱出モデルなのである。

第二部　イエスと新約聖書の終末論

第Ⅵ章 「神の国は近づいた」——イエス

われわれの次の課題は、歴史上の人物としてのイエスの終末論、すなわち「神の国」の宣教をつまびらかにすることである。

その宣教には、相前後する時代のユダヤ社会に吹き荒れた政治主義的メシア運動（前章参照）との際立った違いがある。それは旧約聖書以来のモーセ伝承への固着が見られないということである。出エジプトの民に起きた大規模な奇跡の再演を思わせるようなものは一つもない。むしろイエスが「神の国」を宣べ伝えながら精を出したのは、さまざまな病気や悪霊憑きに苦しむ小さな者たちを癒して歩くことであった。

それでは、イエスは「神の国」を宣べ伝えるに当たって、一体他のどのような伝承に依拠したのだろうか。それとも「神の国」は全くのイエスの独創、文字どおり「無からの創造」であったのか。もちろん、「神の国」の究極的な意味あるいは本質については、イエスが初めてそれを「見つけた」ということが、あり得るに違いない。(1) その意味あるいは本質を現代人にも分かる言葉で取り出すことは重要な課題である。しかし、イエスがそれを同時代人にどのような言葉とイメージで語って行ったかは、それとは区別して考えられるべき重要な問いである。(2) そしてイエスの使うそのイメージの多くが初期ユダヤ教の中の特定の系譜、すなわち「上昇の黙示録」（P・シェーファー）の系譜に見られるイメージ群と重なっているのである。それは本書第一部第Ⅲ章で、すでに先取りして言及してきたとおりである。重要なのは、イエスがそれらのイメージをもらい受けながら、どのような独自のネットワークを紡ぎ出して行ったか、そのネットワークの中で個々のイメージに、どのような新しい意味と役割を与え直して行ったかということである。

もっとも、研究史を繙《ひもと》けばすぐ分かることであるが、洗礼者ヨハネこそがイエスに先立って「神の国」の福音を語り始めた人物だとする学説が有力だった時期があり、それが今なお一般読者に及ぼしている影響には根強いものがある。その有力な根拠の一つとされたのが、マタイ福音書三章2節と四章17節の文言が一致していることである。前者では洗礼者ヨハネが、後者ではイエスが「悔い改めよ、天の国は近づいた」と一字一句同じ言葉で、それぞれ公の宣教を始めている。しかし、この学説は成り立たないというのが現在の定説である。私の前著『イエスという経験』も詳しい根拠を挙げて、それを積極的に論証している(3)。いずれにせよ、「神の国」はイエスが洗礼者ヨハネから独立した後に初めて唱えたものであり、洗礼者ヨハネのメッセージではなかったのである。むしろヨハネはイエスとは対照的に、神の根源的な審判が切迫していることを告知の中心としていたのだと考えなければならない。なぜそう言えるのか。

一　洗礼者ヨハネとその遺産(4)

―「後から来るべき強い方」

洗礼者ヨハネはヨルダン川沿いの荒野に登場した。しかし、政治主義的メシア運動とは無縁だった。彼はどこまでも独立自尊の単独者だった。荒野で単独者として活動する者が、徒党を組んで荒野へ脱出する者たちと同日の断であるはずがない。らくだの毛ごろも、腰には革の帯というでたち、いなごと野蜜というその食物（マコ一6）は、ヨハネが旧約聖書の「ナジル人」以来の禁欲主義の伝統（民六章）に固着して、文明化、世俗化した目の前のユダヤ教の現実を告発する預言者であったことを証明している。その告発のメッセージはほぼ次のとおりであった。

7まむしの裔め、やがて来るべき怒りから逃れるようにと、誰がお前たちに入れ知恵したのか。8ならば回心にふさわしい実を結べ。9そして、「俺たちの父祖はアブラハムだ」などと心の中でうそぶくな。なぜなら、私はお前たちに言う、神はこれらの石ころからでも、アブラハムの子らを起こすことができるのだ。10すでに斧が木の根元に置かれている。だから、良い実を結ばない木はことごとく切り倒され、火の中に投げ込まれるのだ。11私はお前たちに、回心に向け、水によって洗礼を授けている。しかし私の後から来るべき方は私よりも強い。私はその方の皮ぞうりを脱がしてあげる値打ちすらもない。その方こそ、お前たちに〔聖霊と〕火によって洗礼を施すだろう。12彼は箕を手に持ち、脱穀場を隅々まで掃除し、麦を倉に集めるであろう。しかし、もみ殻は消えない火で焼き尽くすだろう。（マタ三7—12）

この記事はマルコ福音書にはなく、マタイとルカ福音書の二つに見られる。ルカ（ルカ三7—8、16—17）では途中に他の文言が挿入されて分割されている。マタイの方が元来の形を保持していると考えられるので、ここではそれに準じることとする。

その上で、この記事だけを見る限り、これが何よりも「さばき」のメッセージであることは一読するだけで明らかである。アブラハムの子孫であることを誇るいわゆる選民イスラエルの意識に対する審判が宣言されている。「すでに斧が木の根元に置かれている」というのであるから、その審判は、文字どおり、根源的である。審判者は、ヨハネの「後から来るべき」、彼より「強い」方である。その審判は「火の洗礼」と表現される。それを免《まぬか》れたければ、今すぐに回心して、ヨハネから水の洗礼を受け、罪の赦しを受けておかねばならない。まず回心のないところに、来るべき救いもない。これがヨハネのメッセージに含まれた不可逆の順番である。

ただし、この記事を前後の文脈の中で読もうとすると、必ずしも「さばき」のメッセージとしてだけは読めない事情がある。とりわけ、ヨハネの「後から来るべき強い方」とは誰のことなのか。これについては、並行記事のマルコ福音書一章7節にも言及がある。そのマルコ福音書も含めて、マタイ、ルカ、マルコのどの福音書も、現在の文脈では、それはその後直ぐに登場してヨハネから洗礼を受けるイエスのことだと読ませようとしている（マコ一9―11／マタ三13―17／ルカ三21―22）。

しかし、明らかにこれは、イエスを自分たちの救い主・神の子・キリストと信じる者たち、つまり、三人の共観福音書記者も含む原始キリスト教が、自分たちの視点から、生前のイエスを公生涯のそもそもの発端から洗礼者ヨハネの上位に置くために行った事後的な創作なのである。したがって、史実を反映するものではない。この創作は、「私〔ヨハネ〕はその方の皮ぞうりを脱がしてあげる値打ちすらもない」（マコ一7／マタ三11／ルカ三16）の一文はうまく転釈できた。すなわち、「皮ぞうり」を履いているのはイエスだというわけである。しかし、それに続く根源的な審判の予告にはいささか手こずった。イエスは審判者ではなく、後述するとおり、何よりも実現しつつある無条件の救い、つまり「神の国」を述べ伝えた人であったからである。そこで同じ創作者は、「火による洗礼」という元来の文言の前に新たに「聖霊」の語を挿入して（前掲の引用では〔　〕で指示）、キリスト教信仰の文法に多少でも引き寄せようとしたのである。

すると、前掲の洗礼者ヨハネのメッセージは、前後の文脈とは切り離して、基本的にそれだけで読解しなければならない。その場合、それが初期ユダヤ教黙示文学を基本軸としていることは一目瞭然である。それも、われわれが第一部で行った類型区分に準じれば、宇宙史の終末論（第Ⅳ章参照）に属する。なぜなら、「火による洗礼」に喩《たと》えられた審判は宇宙論的な広がりを示しているからである。「後から来るべき強い方」と表現された審判者の到来が垂直軸でイメージされていることも宇宙史の終末論のメシア論と親和的である。もちろん、火による審判は、何よりもアブラハムの子孫に向かって宣告されている。しかし、宇宙史の終末論を基本の枠組みとして、その中で民族史の終末論を取り上げることは、すでに見たとおり、『第四エズラ記』と『シリア語バルク黙示録』でも起きていることなのである。

それでは改めて、ヨハネ自身が自分の「後から来るべき強い方」と呼んだのは、いったい誰のことだったのか。そのすぐ前に「神はこれらの石ころからでも、アブラハムの子を起こすことができるのだ」（マタ三9）と言われていることからすれば、それは他でもない神自身のことであったと、まずは考えられるだろう。しかし、それならなぜ、そのまま「神」を主語として続けないで、その後直ぐに「私の後から来るべき強い方」などという曖昧な言い方をしたのか。さらに、「その方の皮ぞうり」とか「彼は箕を手に持ち、脱穀場を隅々まで掃除し、麦を倉に集めるであろう」も、たとえ比喩的表現だとしても、神をあまりにも人間化（いわゆる神人同形論）するものではないか。

この難点を超えるために、最近の研究では、神の審判の代行者でありながら、もう少し「人間のような」存在、すなわちダニエル書七章13―14節の「『人の子』のような者」が指示されているのではないかという仮説が提出されている。(5) 私はこの仮説に積極的に賛同する。というのも、ダニエル書七章のこのイメージがイエスの「神の国」のイメージ・ネットワークと大きく重なっていることは、すでに第一部(Ⅲ二、五四頁)で言及ずみである。とりわけ「人の子」が「父の栄光に輝いて聖なる天使たちと共に来るとき」(マコ八38、九1)という言葉が注目に値する。この点については、この後直ぐに改めて述べる予定である(本章二6参照)。イエスをしてこの「人の子」のイメージに注目させることになった媒介項は、他でもない洗礼者ヨハネにあったと想定することができる。

2 ユダヤ教黙示文学におけるアブラハム伝承

洗礼者ヨハネの基本軸が宇宙史の終末論にあったとすると、もう一つ別の問いが浮上する。それは、なぜアブラハム伝承が棄却されるのかという問いである。それが棄却されていることは、「『俺たちの父祖はアブラハムだ』などと心の中でうそぶくな。(中略)神はこれらの石ころからでも、アブラハムの子を起こすことができるのだ」(マタ三9)に端的に明白である。ところがユダヤ教黙示文学では、アブラハム契約は、モーセ契約の破綻を越えて、神の選びが永遠に存続することの根拠なのである。なぜ、洗礼者ヨハネはアブラハム契約を廃棄できるのか。この問いを解くためには、ユダヤ教黙示文学におけるモーセ契約とアブラハム契約の関係を確認しなければならない。

出エジプトとモーセ伝承は、アブラハム伝承と並んで、イスラエル民族の伝統的な選民意識を支える二つの柱の一つである。ところが、ユダヤ教黙示文学には、出エジプト伝承は本質的に不在だと言ってよい。もちろん、ユダヤ教黙示文学も、当然のことながら、モーセの名前に繰り返し言及する。しかし、それは定型的なトポスの一つである「事後予言」の枠内でのことに過ぎない。しかも、その大半は、シナイ山での律法授受の仲介者としてのモーセ、あるいはその律法そのもの（モーセ律法）を指している。そして、そのモーセ律法がイスラエルの歴史の中でないがしろにされてきたし、現在のユダヤ教徒たちの間でも相変わらずそうであるという認識がほとんどの黙示文書に共通して認められる。「罪人」とはシナイ山でモーセの仲介によって結ばれた神との契約（シナイ契約あるいはモーセ契約）を破っている者たちのことであり、反対に「義人」とはそのモーセ契約に立ち戻ろうとする例外的少数者のことである。それは同時に、それぞれの黙示文書の背後にいる実際の著者と読者の自己表現でもある。彼らによれば、イスラエルの歴史と目の前のユダヤ教の現実の中で、モーセ契約は破綻しているのである。

すでにダニエル書の著者は、前二世紀の半ば、セレウコス朝シリアの圧政下で強いられている自分たちの屈辱を視野に入れながら、ダニエルの口を通してこう述べていた。「全イスラエルがあなた〔神〕の声に聴き従わずに、あなたの律法を犯し、離反しました。そこで、神の僕モーセの律法に書かれている呪いと誓いの結果が、私たちの上に降りかかりました。私たちがあなたに対して罪を犯したからです。」（ダニ九11）

後一世紀末、今度は『第四エズラ記』の著者が、ローマ帝国の支配下で選民イスラエルが強いられている屈辱の原因を果敢にも神に向かって問いかけていた。「わたしは、高遠な道を尋ねているのではありません。常日ごろ、わたしたちの目の前に起こっていることがらについて問いたかっただけなのです。なぜイスラエルは不名誉にも、異邦人に渡されたのか、なぜあなたが愛された民を、神を恐れぬやからに渡されたのか、なぜわたしたちの先祖の律法は滅び去り、書き記された契約はうせたのか、ということなのです。」（四23）

『シリア語バルク黙示録』にも、モーセ契約が現に破綻しているという認識は、繰り返し読み取られる（一五6、一九3、四一3、四八38―41、六七6、七七3―4、七九2、八四4―5）。

もちろん、そうだからと言って、モーセその人が否定的あるいは消極的に評価されるわけではない。このことは『モーセの遺訓』に端的に明らかである。ここではモーセの名が文書全体の表題に掲げられているだけではない。モーセは「被造物に関するその（神の）企て」を明らかにするために「世界の初めから準備されていた仲介者」（一13―14）、「全世界にわたる使命を持つ神的預言者」、「この世の最も完成された教師」（一一16）だと称揚されるのである。ところがまさにそれゆえにこそ、このモーセは自分が仲介する神の律法が来るべき世代によって放棄されることを見通している（二7）。彼らが義から外れて不正を働くことも予言する（五3）。つまり、この文書の著者にとっても、モーセ契約はやはり破綻しているのである。彼はモーセを物語の主人公、すなわち、イスラエルのその後の歴史に関わる黙示の受け手および語り手にはしているが、その破綻を越えて実現するべきイスラエル（ユダヤ教徒）の救済を保証する者としては描いていない。その保証はアブラハムの役割だというのがユダヤ教黙示文学のテーゼである。

『モーセの遺訓』はモーセ契約の破綻を越えて実現するはずの救済を、こう請い求めている。「アブラハムの神、イサクの神、ヤコブの神よ、あなたが彼らと結ばれた契約を、そしてあなたがご自身をさして、彼らの子孫を、あなたが彼らにお与えになったその地から棄て去ることは決してないと誓われたあの誓いを思い起こしてください」（三9）。『第四エズラ記』の著者も、選民イスラエルにはモーセ契約の破綻という現実を越えて、なおも救済の可能性があることを信じている。前掲の引用箇所（四23）に続けて、「しかし、わたしたちに与えられた御名のために、神は何をなさろうとするのでしょうか。わたしはこのことを尋ねているのです」（四25）とあるのがそのことを示している。この確信の根拠もまたアブラハム契約である。

12地の面《おもて》に住む人々が増え始め、子供たち、民族、多くの種族が増えたとき、人々は以前にも増して神に背く業を重ね始めました。13彼らが御前《みまえ》で悪を行うと、あなたは一人の人、アブラハムを御自分のために選ばれました。14あなたは彼を愛し、夜ひそかに〔創一五12〕、彼一人に時の終わりをお示しになりました。15あなたは彼と永遠の契約を結び〔創一七9以下〕、彼の子孫を決して見捨てることはないと約束されました。（三12―15）

これは物語上の場面としては、ノアの洪水直後の場面とアブラハムへの神の約束をエズラが回顧しているところである。しかし、注意すべきは、「彼一人に時の終わりをお示しになりました」（14節）という文章である。ここでアブラハムは、モーセに率いられた出エジプトの民がカナンの約束の土地に入るという約束の担い手（創世記からヨシュア記までの「六書」の歴史観）でも、バビロンから「第二の出エジプト」を遂げて再びパレスチナに帰還しようという捕囚の民の希望の根拠（創世記から列王記までの「九書」の歴史観）でもない。否、それよりははるかに大きなスパンで、被造世界全体の普遍史の「終わり」までのすべての秘儀を神からあらかじめ啓示（黙示）された存在、さらにその「終わり」の向こうに、モーセ契約の破綻を越える救済（新天新地）があることを保証する存在である。「アブラハムにはこのときイスラエルの運命と世の終わりにかかわる秘儀が啓示されたと考えられた。黙示文学的秘儀の伝承の由来が説明されているわけである」[6]。ユダヤ教黙示思想にとってのアブラハム契約の有効性をこれほど明瞭に証言する箇所も少ない。

『シリア語バルク黙示録』も同じように、黙示文学的秘儀の伝承の由来をアブラハムに帰すと同時に、モーセ契約の破綻を越える宇宙史的救済の根拠もアブラハムへの神のかつての約束に見ている。

3わたしはそれ〔天上のエルサレム〕をアダムに、彼が罪を犯す以前に見せた。だが、彼が掟に背いたとき、それは、楽園と同様に彼から奪い取られた。4そののちわたしはそれをわが僕アブラハムに、夜中に、割かれたいけにえ〔の動物〕の間で見せた〔創一五12〕。5さらにまたモーセにも、わたしがシナイ山で彼に幕屋の型とその調度品の一切を見せた折に〔出二五章〕それを見せた。（四3―5）

1そののちきみ〔バルク〕は澄み切った水を見た。これはアブラハムとその子孫の起源、彼の子、孫等々の到来〔を意味するの〕である。2その時代には文字こそなかったが律法は彼らの間に知られており、掟の業は実行され、未来の審判に対する信仰がおこり、世界更新の希望ができあがりつつあった。また現世につづく生命の約束が植えつけられつつあった。（五七1―2）

特に二番目の引用中の「その時代には文字こそなかったが律法は彼らの間に知られており、掟の業は実行され、未来の審判に対する信仰がおこり」という文章はきわめて興味深い。モーセ契約の破綻という目の前の現実を知っている著者は、モーセよりもはるか昔の、したがってモーセ律法などまだなかったはずのアブラハムの時代に、すでに「律法は彼らの間に知られており、掟の業は実行されていたと言うのである。それればかりではなく、来るべきモーセ契約の破綻もすでにアブラハム時代に見通されていて、「未来の審判に対する信仰」がすでに起こっていたのだと言う。その「未来の審判」とは著者にとってもこれから訪れるはずのものである。その審判の彼方には、「天上のエルサレム」、「世界更新」と「現世につづく生命」が待望されている。アブラハム契約は民族史を越えて、宇宙史の終末論へ統合されるのである（第Ⅳ章二、一〇八頁参照）。

3　洗礼者ヨハネにおけるアブラハム伝承――断絶と接続

以上から明らかなように、アブラハム契約は、ユダヤ教黙示思想の類型区分を越えた全体にわたって、圧倒的に重要な位置を与えられている。この背景に照らして見るとき、洗礼者ヨハネがアブラハム伝承を棄却することの過激さが改めて浮き彫りになる。「『俺たちの父祖はアブラハムだ』などと心の中でうそぶくな。なぜなら、私はお前たちに言う、神はこれらの石ころからでも、アブラハムの子らを起こすことができるのだ。すでに斧が木の根元に置かれている。だから、良い実を結ばない木はことごとく切り倒され、火の中に投げ込まれるのだ」という断言は、ほとんど革命的である。

洗礼者ヨハネは、大きく見れば、ユダヤ教黙示思想の宇宙史の終末論を背景にして登場してきたと考えられる。しかし、アブラハム契約の棄却という見方においては、その宇宙史の終末論からも訣別しているのである。ましてや、モーセ伝承についてはなおさらであろう。たしかに、洗礼者ヨハネの告知の中に、モーセ契約についての直接の言及はない。しかし、それまでのイスラエル思想史において一貫してその上位におかれてきたアブラハム契約が根源的に棄却されているのであるから、モーセ契約（シナイ契約）の破綻はもちろん、その有効性も根源的な危機に曝《さら》されているというのがヨハネの見方だと考えるべきである。

それでも最後に、もう一つの問いが残されている。洗礼者ヨハネのメッセージには、「救済」のモメントは皆無だったのか。それは百パーセント審判の告知に尽きていたのか。おそらく、そうではない。なぜなら、彼が「回心に向け、水によって」施した一回限りの洗礼は、来るべき「火の洗礼」によって滅ぼされることからの救いを「今ここで」先取りするものであったからである。洗礼者ヨハネの告知に含まれる「救済」のモメントは、確かなところとしては、唯一この一点にすぎない。

しかし、それを超える救いのメッセージは、果たして本当になかったのか。こう問うとき、改めて問題になるのは、「神はこれらの石ころからでも、アブラハムの子らを起こすことができるのだ」（マタイ三9／ルカ三8）というヨハネの断言である。その意味するところは、全く神の審判にのみ尽きないように思われる。たしかに、伝統的な救済史の意味での「アブラハムの子ら」は根源から棄却された。しかし、ヨハネがそれに代わって、新しい「アブラハムの子ら」が「石ころ」から創造されること、つまり全くの「無」からの創造として「起こされる」ことに望みをつないでいた可能性はないだろうか。イエスが新たに紡いだ「神の国」のイメージ・ネットワークの中に、アブラハムが登場するのは、そのような新しい創造としてのアブラハムであり、「アブラハムの子ら」なのではないであろうか。そこにイエスが師ヨハネから継承しながら、同時に師を超えて行った新しさがあるのではないか。そのことを明らかにするためには、まずはイエスが「神の国」について編み上げていたイメージ・ネットワーク全体を先に明らかにする必要がある。

二　「神の国」のイメージ・ネットワーク

イエスが「神の国」を宣べ伝える中で繰り広げて行ったイメージの多くは、とりわけ初期ユダヤ教の中の「上昇の黙示録」の系譜に見られるイメージ群と重なっている。本書第一部第Ⅲ章では、その重なりを「上昇の黙示録」に属する個々の文書の側からあらかじめ確認しておいた。その同じ重なりをイエスの個々のイメージの側から整理し直すことが、この節での課題である。

以下では、イエスのイメージ・ネットワークが全部で七項目（1—7）に分けられる。その大半について、私はすでに前著『イエスという経験』で、立ち入った検討を行っている。そこでは、それぞれのイメージにとって、どの福音書のどの記事が出典となるか、それぞれの記事には並行記事があるか否か、それらの記事同士は伝承史的あるいは文献学的にどういう関係なのか、などについてもそのつど詳しく論じられている。しかし、ここではそれらの議論は可能な限り省略して、それぞれの記事から喚起されるイメージに焦点を絞ることとする。(7)

1　サタンの墜落

ルカによる福音書一〇章1—7節には、イエスが「十二弟子」以外にも七十二人を選抜して「神の国」の宣教に送り出す場面がある。その七十二人がイエスのもとへ戻ると、次の会話が交わされる。

17七十二人は喜んで帰って来て、こう言った。「主よ、あなたの名前を使うと、悪霊たちさえも私た
ちに従います。」18するとイエスが彼らに言った。「私はサタンが稲妻のように天から落ちるのを見てい
た。御覧なさい、19私は蛇やさそりを踏みつけ、あの敵〔サタン〕のあらゆる力に打ち勝つ権威をあな
たがたに授けた。だから、あなたがたに害を加えるものは何もない。20しかし、悪霊があなたがたに服
従することを喜ぶな。むしろ、あなたがたの名が天に書き記されていることを喜びなさい。」（ルカ一〇

この記事はルカ福音書にしかないものである。明らかに、福音書記者ルカ自身がさまざまな伝承を編集して作り上げた場面である。サタンが天から稲妻のように落下するのをイエスが見たという文章（18節）も、そのようにして集められ、編集された伝承の一つで、もともとはそれだけで独立して伝わっていた言葉であったと考えられる。そしてその言葉は生前のイエス自身の発言と考えなければならない。というのは、この言葉には原始教会のキリスト論的な関心がまったく読み取れないからである。ここで「キリスト論的な関心」というのは、イエスがキリストあるいは神の子である度合いを増長させようとする関心のことである。生前のイエスは、むしろ全く受動的な立場で、サタンが墜落する幻を見たのだ。「稲妻のように落ちるのを」と言われるときの「落ちる」は、原語のギリシア語では自動詞（のアオリスト分詞）であるが、多くの研究者が言うように、「神によって投げ落とされた」という受動態とほぼ同義である。つまり、ドラマの隠れた主体は神なのである。

ところが、イエスが幻を見たとすることに抵抗を覚える読者が少なくないに違いない。しかし、かつてテコアの牧者アモス（前八世紀）は「一籠の夏の果物」の幻（アモ八1）、イザヤ（前八世紀）は神の衣の裾が天高き御座からエルサレム神殿いっぱいを覆っている幻（イザ六1）、エレミヤ（前七世紀後半—前六世紀前半）は「煮えたぎる鍋」が北（バビロン）から傾いてくる幻（エレ一13）、最後にエゼキエル（前六世紀）は光り輝く「四つの生き物」の幻（エゼ一5）を見て、それぞれ預言者の使命へ召し出されたのであった。もちろん、これらの幻には、現在読むことができる形では、文学的な装飾や定型が少なからず含まれている。しかし、幻視体験と召命の結合そのものは、早くから旧約聖書の使命預言者たちの間に深く根を張っているのである。

イエスの幻もその線上で理解可能である。しかもそこには、文学的装飾らしきものは一切ない。それは端的な体験報告と見做すことができる。生前のイエスの預言者としての活動は、神話的・前論理的な幻と共に始まったのである。幻視体験というものに対するわれわれ現代人の違和感がどれほど大きかろうと、だからと言って、それが古代人にとって有していた体験としての真実性を端から否定することはできない。イエスは古代ユダヤ教というイメージ共同体、それも明らかに黙示文学とその周辺に存在していたイメージ共同体の一員だったからである。

天から墜落するサタンというイメージも、イエスによる全くの独創、独自体験だったのではなく、いろいろな形ですでにイエスに相前後する時代のユダヤ教の中にあったのである。

真っ先に注目に値するのは、ヨハネ黙示録一二章7―18節である。もとより、ヨハネ黙示録は一世紀末に著わされたキリスト教の文書である。しかし、以下の記事に見られる表象はそのままユダヤ教黙示文学からの遺産と見て差し支えない。

7それから、天上で戦いが起こった。ミカエルと彼の天使たちとが竜と戦うためであった。竜とその使いたちも戦った。8しかし、竜は勝つことができず、彼らの居場所も、もはや天上には見出せなかった。9この強大な竜は投げ落とされた。この太古の蛇、悪魔とかサタンとか呼ばれる者、全世界を惑わすもの、この者が地上に投げ落とされ、また彼の使いたちも、彼もろともに投げ落とされた。」（一二7―9、小河陽訳）

終わりの時に神がサタンと天上で戦い、遂にはサタンを天上から地上へ放逐するという観念は、それ以外にも死海文書の『戦いの書』(1QM)一五章12節―一六章1節と『モーセの遺訓』一〇章1―2節にも見出される。『レビの遺訓』一八章12節では、天上で立てられる「新しい祭司」がベリアル(サタン)を捕縛し、自分の子らに悪霊を踏みつぶす力を与えると言われる。これは目下のルカ福音書一〇章18―19節に文字通りに並行していることは、すでに見たとおりである(Ⅲ三、六〇頁参照)。『ソロモンの遺訓』(後一世紀の成立)二〇章14―17節では、神の計画によって終末が訪れると、悪霊たちが「稲妻のように地に落ちる」と言われる。

サタンの墜落を神が人類の始祖アダムを創造したことと関連付ける事例も見つかる。その典型は『アダムとエヴァの生涯』と呼ばれる文書である。その成立年代は前一世紀末から後一世紀前半と推定されている。(8) 基本的にアダムとエヴァが楽園から追放された後、どのような生涯をたどったかを物語るものであるが、部分的に黙示文学的な体裁を施されている。その一二、一五―一六章では、サタンが天上から投げ落とされたのは、アダムに対する妬みの所為《せい》だったとされる。すなわち、自分の方がアダムより先に造られたのに、そのアダムを拝むように神が強制したので、それを拒んだところ、神の怒りにふれて追放処分になったのだと言う。『スラブ語エノク書』(後七〇年より前の成立、前出Ⅲ五参照)二九章4―5節(長写本)でも、神が天地創造の次第を振り返って、ほぼ同じことを語っている。すなわち、天使長の一人が神と同じになりたがったので、「わたしは彼を天の高みから、彼に従う天使たちとともに投げ落とした」のだと言う。

こうして見れば、イエスの幻が虚空の中で起きた体験から事後的に抽出されたものではないこと、むしろイメージ共同体としてのユダヤ教があってこそ初めて可能となった体験であることは明らかである。一般論としても、イメージが体験から抽出されるのではなく、逆にイメージが体験を可能にする消息を、真剣に考えることが必要だと私は思う(9)。

ただし、すでにそこにあったこれらのイメージ群とイエスが異なるのは、サタンの墜落が太古の創造の時のことではないのはもちろん、これから起きるはずの未来のことでもなくて、今目の前で起きたことだという点である。それを見届けた後のイエスの目には、あたかも雷雨のあがった直後に大気が澄みわたるように、今や天地万物が変貌し、まったく新しい姿で立ち現れている。それはルカ福音書一二章22―31節／マタイ福音書六章25―33節に最も鮮明である。

22だから私はあなたがたに言っておく。いのちのことで何を食べようか、体のことで何を着ようかと思い煩うな。23いのちは食べ物よりも大切であり、体は着るものよりも大切なのだから。24カラスをつぶさに見なさい。蒔かず、刈らず、納屋もなければ、倉もない。しかし、神は彼らを養っていてくださる。(中略)27草花がどのように育つものか、つぶさに見なさい。紡ぎもせず、織りもしない。しかし、私はあなたがたに言う。栄華を極めたソロモンでさえ、その一つほどにも装ってはいなかった。28もし、今日は野にあっても明日は炉に投げ込まれる草をさえ、神はこのように装ってくださるのなら、ましてあなたがたにはなおさらのことではないか。信仰の薄い者たちよ。29何を食べようか、何を飲もうかと求めるな、また、あくせくするな。(中略)31むしろ、神の国を求めなさい。そうすれば、これらのものはあなたがたに添えて与えられる。(ルカ一二22―31)

この記事はマルコ福音書にはなくて、ルカとマタイにしか見られないものである。両者の間に、文言レベルの微妙な違いはあるものの、内容上の違いはほとんどない。それでも研究上は、ルカの本文の方が元来の形により近いと見做されているが、そのまま全体が生前のイエスの発言だとは考えにくい。しかし、ここでは細かな議論には立ち入らない(10)。

重要なのは、ここに表明されている自然観が洗礼者ヨハネに対して示すコントラストである。「すでに斧が木の根元に置かれて」いて、間もなく「良い実を結ばない木はことごとく切り倒され、火の中に投げ込まれる」という洗礼者ヨハネの見方(マタ三10)に比べると、何という変貌ぶりであろうか。さらに、「三日の後に天変地異を見るであろう。突如として夜中に太陽が輝き、真昼に月が照る。その上、木から血が滴り落ち、石が声を発し、人々は恐慌を来し、星は軌道を脱するだろう」(Ⅳエズ五4―5)という黙示文学の自然観と比べれば、その変貌ぶりは、写真のネガとポジ、モノクロとカラーほどの違いである。イエスの自然観は間違いなく、変貌モデル(前出Ⅳ一トポス9、一〇一頁参照)に属する。

最近の研究の中には、このようなイエスの自然観を「神の国」から引き離して、もっぱら知恵文学(旧約聖書の『箴言』、旧約外典の『(ソロモンの)知恵の書』、『シラ書』など)の背景から説明する趨勢があるが、私は賛成しない。知恵文学は、伝統的に既存の社会秩序の中での幸福を追求するための行動の指針を提示しようとするものであった。

ところが、目下のイエスの発言は、具体的な行動への訴えを一切含んでいない。それはひたすら、自然が啓示、すなわち、神から人間への語りかけとなっていることに聴衆の注意を喚起しようとしている。確かに、イスラエルの知恵の権化とも言うべきソロモンの名が出る(ルカ一二27)。しかし、よくよく注意して読まねばならない。イエスは「栄華を極めたソロモンでさえ」野の草花の一つほどにも装ってはいなかったと言っているのである！　伝統的な知恵の権化の名を持ち出しながら、それより大いなるものを指示しているのである。その「ソロモンより大いなるもの」とは、詳しくは後述するように（後出第4項参照）、ルカ福音書一一章31―32節／マタイ福音書一二章41―42節に出る「ソロモンより大いなるもの」と同じもの、つまり、今すでに天上で始まっている神の国を指している。

仮に旧約聖書の中で、目下のイエスの自然観に最も近いものを探すとすれば、むしろ詩編一〇四篇とイザヤ書三五章を挙げるべきである。前者は大小さまざまな動植物と人間の営みを一体のものと見て、天地万物が創造主なる神の慈愛の中に保たれていることを謳い上げる。後者は、来るべき神の支配の時に、砂漠には一面の花が咲き乱れ、荒れ野には水が湧き出る様、つまり、自然の変貌について語る。仮に詩編一〇四篇を広い意味で「知恵の詩篇」と呼び得るとしても、やはりそこにあるのは行動への指針ではない。むしろ、天地万物が現に無条件で肯定され、育まれている「いのち」に変貌して見えているのである。

2　天上の祝宴と地上の祝宴

イエスのイメージはさらに広がっていく。サタンが追放された天上では、すでに喜びの祝宴が始まっている。その席に着いているのは、アブラハム、イサク、ヤコブという太古の族長たちである。このことは、まずルカ福音書一三章28―29節のイエスの言葉から知られる。

28そこで〔あなたがたは〕泣きわめき、歯ぎしりするだろう。アブラハム、イサク、ヤコブやすべての預言者たちが神の国に入っているのに、あなたがた自身は外へ放り出されているのを目の当たりにする時には。29そして人々は、東から西から、また、南から北からやって来て、神の国で宴会の席に横た

わるだろう。(ルカ一三28―29)

この言葉にはマタイ福音書八章11―12節に並行記事がある。ただし、全体の組み立てがルカとマタイでは逆対応になっている。この点では、おそらくマタイの方が本来の順番を保っていると考えられるが、個々の文言レベルでは、マタイも改変の手を加えている。しかし、本書でのわれわれの問題設定にとっては、その点にこだわる必要はない。便宜的にルカに従っても実害はないと思われる。

この文章はほぼそのまま生前のイエスの言葉(verba)をとどめていると考えられる。「東から西から、南から北から」やってくる大勢の者たちとは、明らかに異邦人のことで、「あなたがた」はその対極、つまり、ユダヤ教徒の中でも異邦人を排除して止まない者たちを指す他はない。これはそのような者たちへの論駁なのである。「神の国の宴会」そのもののためには、イエスは何の役割も果たしていない。彼はその主宰者でもなければ、客でもない。むしろその祝宴のことを地上でひたすら述べ伝える者に留まっている。つまり、この文章にイエスが神の子・キリストである度合いを増長させようという関心は一切認められないのである。それゆえ、これは原始教会の産物ではあり得ない。

重要なのは、天上で始まっている祝宴の現在性である。アブラハム、イサク、ヤコブはすでにその席に着いているのである。確かに、「大勢の人がやってきて」は文字どおりには「やってくるだろう」であり、「宴会の席に横たわるだろう」、「放り出されるだろう」、「歯ぎしりするだろう」と、全体としては未来形が優勢である。しかし、それはこれから神の国の祝宴に加わりにやってくるであろう地上の大勢の者たちについて言われているのであって、「族長たちの祝宴である神の国そのものがこれからやってくる、と言っているわけではない。(中略)族長たちはこの世を超えた世界にある

『神の国の中』に生きており、そこでは神の国は『到来』するのではなく、永遠の現在となっていると考えられている」(11)のである。ということは、アブラハム、イサク、ヤコブという過去の人物が今の時代の異邦人とユダヤ人の頭上を飛び越えて「神の国」へ先回りし、彼ら大勢の者たちがやがてその「神の国」に加わるためにやってくるのを待っているということである。過去は未来へ先回りして、未来から現在へ回帰してくるわけである。この意味で、このイエスの言葉は彼の独特な時間理解をイメージ的に表現しているのである。そこでは、過去と現在と未来が一つに凝縮されている。私はそれを「全時《ぜんじ》的今《てきいま》」と呼んでいる(12)。

さて、天上で始っている祝宴のイメージという点では、もう一つ重要な記事がある。洋の東西を問わず、これまでのイエス研究が最も手を焼いてきた「金持ちとラザロ」(ルカ一六19―31)の話である。

19一人の金持ちがいた。紫の衣や柔らかい麻布を着て、毎日ぜいたくに遊び暮らしていた。20この金
持ちの屋敷の門前にラザロという名の貧乏人が横たわっていた。その身はできものだらけで、21金持ち
の食卓から落ちるもので腹を満たしたいと思っていた。ところが、犬まで寄って来ては、そのできもの
を舐める始末であった。
22やがて、この貧乏人は死んで、天使たちによって、アブラハムの懐に〔新共同訳＝宴席にいるアブ
ラハムのすぐそばに〕運ばれた。金持ちも死んで葬られた。23金持ちが陰府の業苦の中から目を上げる
と、はるか彼方に、アブラハムとその懐にいるラザロが見えた。24そこで彼は声を上げて言った。「父
アブラハムよ、私を憐れんでください。ラザロをこちらによこして、指先を水に浸し、私の舌を冷やさ
せてください。私はこの業火の中でもだえ苦しんでいるからです。」
25しかし、アブラハムは言った。「子よ、思い出すがよい。お前は生きている間に良いものを受けてい

たが、ラザロは反対に悪いものをもらっていた。しかし、今ここでは、彼は慰められ、お前は悶え苦し
むのだ。26加えて、私たちとお前たちとの間には、大きな淵があって、こちらからお前たちのところ
へ渡ろうと思ってもそれができないし、そちらからわたしたちのところへ超えてくることもできないの
だ。
27すると彼は「父祖さま、それではお願いします。彼を私の父の家へお送りください。28と言います
のは、私には兄弟が五人おります。彼が彼らに厳しく警告してくれれば、彼らもまたぞろこの業苦の場
所へやって来るようなことにならずに済むでしょうから。」29だが、アブラハムは言った。「彼らにはモ
ーセと預言者たちがいる。彼らはその者たちに聞くがよかろう。」30しかし、彼は言った。「そうではな
いのです。父アブラハムさま、もし死者の中から誰かが彼らのもとへ赴いたなら、彼らも悔い改めるに
ちがいないのです。」
31しかし、アブラハムは彼に言った。「彼らがモーセと預言者たちに聞かないならば、たとえ誰かが
死者の中から甦ったとしても、彼らが説得されることはないだろう。」（ルカ一六19―31）

これはルカ福音書にしかない記事である。しかし、全部がルカの創作ではない。私の判断では、三つの段階を経て今ある形になったと考えられる。最も古いのは19―26節である。そのポイントはラザロと金持ちの境遇が逆転したことを端的に確認しているだけで、その理由は一切述べていない。生前の金持ちが悪人で、ラザロが道徳的な善人であったというような倫理的価値判断もない。

ところが、それに事後的に付加された27―30節では、一転して、倫理的教訓が濃厚である。その上で、富者の「悔い改め」、そのための使者の必要が説かれる。ポイントはもはや貧富の逆転ではなく、悔い改める者と改めない者の来生での運命の違いである。

最後に31節は福音書記者ルカが書き加えたものである。「たとえ誰かが死者の中から甦ったとしても」は、ルカ二四章で語られるイエスの復活の先取りである。死者の中から甦る「誰か」とはイエスのことであって、ラザロのことではない。もちろん、31節も直接話法によるイエスの語りの一部である（ルカ一六15参照）。すなわち、ここではイエスの語りの中に、イエス自身が登場して、自分自身を指示しているのである。物語論的には何とも独特な話であるが、福音書では随所で起きている現象である。

では、最も古い部分19―26節は、生前のイエスの発言であり得るだろうか。そうではあり得ないという判断に傾く研究者は、この部分に「およそイエス独自の思想などというものではない」、「古代人に広く見られる一種の因果応報の思想[13]」を読み取ろうとする。しかし、これは27―30節から19―26節を読むからであって、19―26節だけを問題にする場合には、そのような判断は、すでに述べたとおり、当たらない。

19―26節は生前のイエスその人の発言と見て間違いない。そう考える根拠を挙げれば、まず第一に、この記事にもキリスト論的関心が一切不在である。原始教会が後からわざわざこの話を創作したと考えるべき理由がまったく見当たらないのである。話の中にイエスは全く登場しないし、ラザロと金持ちの死後の運命が逆転しても、それでイエスの神の子・キリストである度合いが増すわけではない。それより何より、この記事はイエスが今や抱懐しつつある神の国のイメージ、すなわち、天上の祝宴と見事に符合するからである。

前掲の本文で「アブラハムの懐に」と訳したところを、新共同訳は「宴席にいるアブラハムのすぐそばに」と訳している。どちらも正しいが、イエスが抱いているイメージからすれば、新共同訳の方が当たっている。それは横臥しながら行われる宴席のイメージである。イエス時代のユダヤ人は、家庭での普通の食事は机と椅子で取ったが（マコ七28参照）、客を招いたり、客に招かれたりしての正餐では、長椅子に横臥しながら、そのつど給仕が運び込む料理をそれぞれ取り皿に取り分けながら飲食した。最後の晩餐もそのとおりで、マルコ福音書一四章18節の「席について」は、正しくは「席に横たわると」である。イエスが会食の席に着くその他の場面でも、イエスは「席に横たわる」のである（マコ二15、一四3、マタ二二10、ルカ七36、37、49、一一37、一四8、10、ヨハ一三12他）。前節で扱ったマタイ福音書八章11節／ルカ福音書一三章29節も同様で、アブラハム、イサク、ヤコブは天上の祝宴の「席に横臥している」のである。

加えて、祝宴の食事の席が問題になっていることを示す決定的な証拠がもう一つある。24節の「指先を水に浸し」がそれである。ユダヤ人は正餐でもパンを箸代わりにしたから、どうしても指が穢れた。それで、その都度「指先を水に浸して」洗ったのである。

このように、大小の証拠に照らして、ラザロは天上の祝宴でアブラハムの「懐」にいるのである。その祝宴はマタイ福音書八章11節／ルカ福音書一三章29節と同じ祝宴と考えるのが当然であろう。もちろん、ルカ福音書一六章19―26節とマタイ福音書八章11―12節／ルカ福音書一三章28―29節で提示される「神の国の宴会」は比喩である。ただしその比喩は、例えば「大宴会の譬え」（ルカ一四15―24／マタ二二1―14）のように、やがてイエスが公の宣教活動の場で、「神の国は……に譬えられる」と言いながら語った譬え話とは、文字どおりレベルが違う。ルカ福音書一六章19―26節については、これを敢えて一種の譬えと見ることはたしかに不可能ではないとしても、前掲のマタイ福音書八章11―12節／ルカ福音書一三章28―29節を譬えだとは誰も呼ばないだろう。

それゆえ、この二つの記事に含まれた祝宴のイメージは、より根源的なレベルでの「神の国」のメタファーなのである。それはやがてイエスがさまざまな聴衆に向かって語ることになる多くの「神の国」の譬え話と、さらにはさまざまな人々と繰り返した会食の根柢にあって、それらを支え、意味づけているものである。神の国のルート・メタファーの誕生である。後にパウロは「神の国は飲み食いではない」（ロマ一四17）と断言するが、これほど生前のイエスの見方に反する言もない。生前のイエスによれば、神の国は何よりもまず「飲み食い」なのだ。

「神の国の宴会」というイエスのルート・メタファーも全くの無からの創造ではない。第一部第Ⅲ、Ⅳ章で確認したとおり、すでに初期ユダヤ教のイメージ世界に、直接の並行例ではないものの、その足がかりとなるものが見つかるのである。

『レビの遺訓』一八章14節では、終わりの時に「新しい祭司」が登場すると、アブラハム、イサク、ヤコブが天上で欣喜雀躍すると言われる。『たとえの書』（エチオピア語エノク書）六二章13―14節、七〇章4節によれば、終わりの時に、義人たちは天上の住居で太古の先祖たちとともに住むだけではなく、「人の子」とも寝食を共にすることになる。『ゼファニヤの黙示録』（九4―5）によれば、第五天にアブラハム、イサク、ヤコブのみならず、エノク、エリヤ、ダビデなどが住んでいて、その対極に陰府の大海が広がっている。その構図はルカ福音書一六章19―26節と並行している。

『シリア語バルク黙示録』五一章13節は、先に天上の神殿で天使に変容した者はかねてから待ち続けてきた後の者を迎え、後の者はとうにあの世に移ってしまったと聞かされていた者たちを迎えることになるだろうと言う。これはイエスが「神の国」について、アブラハム、イサク、ヤコブやすべての預言者たちが先に入っているところへ、東西南北から人々がやって来て宴会の席に着く（ルカ一三28

―29／マタ八11）と言うのと見事に並行している。

3　復活すると天使になる

前項で見たとおり、アブラハム、イサク、ヤコブという遠い過去の人物がすでに「天上の祝宴」の席に着いているのであるから、論理的には、すくなくとも彼らはすでに死から甦っているのでなければならない。「金持ちとラザロ」の記事のポイントは、たしかに富者と貧者の死後の境涯の逆転であって、死者の復活ではない。しかし、少なくともラザロは死んですぐに天上のアブラハムのもとへ運ばれた（ルカ一六22）のであるから、論理的には復活しているのでなければならない。ただし、どちらの記事でも、当事者たちの復活は論理的な前提にとどまっているから、それが身体を伴わない言わば魂だけの復活なのか、それとも身体を伴った復活なのかは不詳のままである。

ただし、イエスは二つの記事で身体を伴わない言わば魂だけの復活――もちろんこの文言は現れないが――を念頭に置いていると考えるべき事情がある。なぜなら、彼は人間は「復活すると天使になる」と考えていたからである。これを証明するのが、マルコ福音書一二章18―27節の「復活問答」である。

> 18復活というものはないと言っている何人かのサドカイ派の者たちが彼〔イエス〕のところへ来て質
> 問した。19「先生、モーセは私たちに書き残しています。『ある人の兄弟が死に、妻を後に残して子が
> ない場合、彼の兄弟がその女を娶って、自分の兄弟の後継ぎをもうけねばならない』と。20ところで、
> 七人の男兄弟がいました。長男が妻を娶りましたが、後継ぎを残さずに死にました。21次男がその女を

娶りましたが、跡継ぎを残さずに死に、三男も同様でした。22 こうして、七人とも後継ぎを残しませんでした。最後に、その女も死にました。23復活の時、〔もし彼らが復活すると〕、その女は誰の妻ということになるのでしょうか。七人ともその女を妻としていたのです。」

24イエスは彼らに言った。「あなたがたは聖書も神の力も知らないから、そんな思い違いをしているのではないか。25彼らは、死者の中から復活する時には、娶ることも嫁ぐこともなく、天にいる天使たちのようになるのだ。

26死者が復活することについては、あのモーセの書〔出エジプト記〕の『柴』の箇所で、神が彼にどう言われたか読んだことがないのか。『私はアブラハムの神、イサクの神、ヤコブの神である』（出三6）とあるではないか。27神は死者たちの神ではなく、生ける者たちの神なのだ。あなたがたはとんでもない思い違いをしている。」（マコ一二18―27）

この記事は初めから一連のものであったとは考えられない。19―25節では、死者の復活の有無が直接の論点ではない。もちろん、サドカイ人はそのようなことを信じる立場（ファリサイ派がそうであった）の不合理を突きたくて罠をかけるのだが、イエスの方は死人の復活があることは当然のこととして前提した上で、復活後についてまで申命記二五章5―6節の定め（レヴィラート婚）が妥当すると信じて疑わない質問者の愚を突き返す。

このイエスの回答が死者の復活の有無の問題からズレていることを修正しようとするのが、続く26節の初めの「死者が復活することについては」という文言である。そして、これが記事全体の導入句として置かれた18節「復活というものはないと言っている何人かのサドカイ派の者たちが彼（イエス）のところへ来て質問した」と連動しているのである。この18節の導入句は明らかに後から加えられた状況設定であるから、26節の前述の文言もその時点で付け加わった「つなぎ」と考えなければならない。それ以下の26節と27節は、もともと19―25節とは独立の伝承であったはずである。

26―27節は共観福音書の中でも、研究者の解釈が最も激しく分かれてきた箇所である。しかし、そのまま読めば、26節と27節の論理的な関係は、前者が後者の根拠、後者は前者からの論理的帰結になっている。つまり、アブラハム、イサク、ヤコブは現に「生ける者たち」なのである。これほど「アブラハムの神、イサクの神、ヤコブの神」という旧約の定型句に対する意表をつく解釈はない。このような強引な解釈をしてまで、三人の太古の族長を現に「生ける者」として、事後的に生前のイエスの発言とする必要が原始教会にあったとは考えにくい。キリスト論的な視点も関心もこの言葉には、認められない。したがって、これは間違いなく、生前のイエスの発言（ipsissima verba、本章の注10参照）である。イエスの趣旨は明らかである。アブラハム、イサク、ヤコブは現に生きて、すでに天上の祝宴の席に着いているのである。その際、イエスは彼らが死から復活したとは明言していないが、それは当然の論理的前提である。

19―25節について言えば、結びの24―25節はやはり生前のイエスの発言と見做すことができる。論争相手の質問から論点をずらして反問を突きつけるのは、これまでの多くのイエス研究によって指摘されてきたように、生前のイエスの得意としたところだからである。加えて、死から復活した者は「娶ることも嫁ぐこともなく、天にいる天使たちのようになるのだ」という25節の発言は、イエスの死後福音書の成立までの原始教会にとっては、わざわざそれを創作して生前のイエスの口に入れる理由が見当たらない。パウロ以外の「他の使徒たち、主の兄弟たちやケファ〔ペトロ〕」は伝道旅行にも妻を帯同したのである（Ⅰコリ九5）。反対に、今新たに成立しつつあるイエスの神の国のイメージ・

ネットワークには、「天使」もしっかり組み込まれている。事実、前節で見たラザロは、死後天使たちによってアブラハムのもとへ運ばれたのである（ルカ一六22）。さらに、詳しくは後述するとおり（後出第6項）、イエスは「人の子」が「天使たちと共に」到来することを予告したのである（マコ八38／マタ一六27／ルカ九26、ルカ一二8）。天使のイメージに寄せるイエスの関心は大きかったのである。人は死から復活すると「娶ることも嫁ぐこともなく、天にいる天使たちのようになるのだ」（マコ一二25）という断言もその一環に他ならない。

25節のこの断言をアブラハム、イサク、ヤコブは復活しているという26―27節の論理的前提と合わせれば、この三人の族長は「天使になって」今現に復活の命を「生きている」のである。これが、前項で見た「天上の祝宴」（ルカ一三28―29／マタ八11）と「金持ちとラザロ」（ルカ一六19―31）の記事で前提されている当事者の復活を肉の身体を伴わない言わば魂だけの復活と見做すべき理由である。天使に肉の身体はないからである。この関連で、マタイ一〇28には「体は殺しても魂を殺すことのできない者を恐れるな。むしろ、魂も体も地獄で滅ぼすことのできる方を恐れなさい」というイエスの言葉があることを思い起こしておくことも無意味ではないだろう。

さて、イエスがすでに死んだ人間が今現に復活の命を生きていると見ていたことを示すもう一つ別の重要な言葉がある。

2ヨハネは牢の中で、キリストがしていることについて聞いたので、自分の弟子たちを送って、3彼
に尋ねさせた。「あなたが『来るべき方』ですか。それとも私たちは他の方を待つべきでしょうか。」4
するとイエスは答えて彼らに言った。「行ってヨハネに、あなたがたが聞いていること、見ていること

を伝えなさい。5盲人は見え、足の不自由な者は歩き、らい病人は浄められ、耳の聞こえない者は聞こえ、死者は起こされ、貧しい者は福音を告げ知らされている。6私に躓かないものは幸いである。」（マタ一一2―6）

これはガリラヤ領主ヘロデ・アンチパスによって投獄されていた洗礼者ヨハネが、イエスの活動ぶりを聞き知って、イエスが「来るべき方」であるかどうかを尋ねさせる場面である。ここに掲げたのはマタイ福音書の本文である。ルカ福音書にも七章18―23節に並行記事があるが、全体が少しドラマ仕立てに膨らまされている。

さらにこの場面には、死海文書の中に重要な並行記事がある。すなわち、最近刊行された断片『メシアについての黙示録』（4Q521断片2・第Ⅱ欄）には、次のような文章が記されているのである。

〔1なぜなら、もろもろの天〕と地は彼のメシアに耳を傾けるだろうから。2〔そして〕、それらの内にある〔もの全て〕が、聖なる戒めから逸れることがないだろうから。3勇気を出しなさい、主をその礼拝の中に探し求める者たちよ、あなたがたは勇気を出しなさい。〔……〕4心の中に希望を抱く者たちよ、あなたがたすべてが主に会うのは、その中においてではなかろうか。5なぜなら、主は敬虔な者と義人をその名によって呼びたまい、6貧しい者の上にご自分の霊を注ぎ、信じる者をその御力をもって新たにされるであろうから。7なぜなら、主は敬虔な者を永遠の王座につけて敬い、8牢獄に捕われている者たちを解き放ち、盲人に視力を与え、身体の萎えた者を真直ぐにするであろうから。9私は永久に、望みを抱く者たちの仲間でいよう。彼は憐れみをもってさばくだろう。10そして、善き〔行いの〕

実は誰にも遅れることがないだろう。11そして主は、語られたとおり、これまでなかったような驚くべき業を行われるだろう。12なぜなら、彼はひどく傷ついた者を癒し、死者を生かし、卑しい者に福音を告げ、13〔貧しい者に〕惜しみなく与え、追われた者を導き、餓えた者を飽かせるであろうから。(14)

特に傍点を付した部分は、マタイ福音書一一章5節と同じように、イザヤ書三五章5―6節と六一章1節からの混合引用である。しかも、特に注目に値するのは、「死者の甦り」という文言がイザヤ書のこの箇所には含まれていないのに、前掲のマタイ福音書の記事とこの死海文書の両方に含まれていることである。死海文書の大半は、紀元前二世紀から遅くともイエスと同時代までに書かれたものである。したがって、この断片は、イエス時代のユダヤ教の中に、広い意味のメシア論の枠内でイザヤ書三五章5―6節と六一章1節を混合させて引用し、しかもそこに「死者の甦り」の項目を加えることが、一定程度広まっていたことを示している。

しかし、マタイ福音書一一章5節（ルカ七22）とこの死海文書4Q521の間にも、見逃してはならない重要な違いがある。すなわち、4Q521では、主語は終始「主」（＝神）あるいはその代名詞「彼」であり、それに応じて、傍点を付した部分の動詞はすべて能動形である。それに対して、マタイ福音書一一章5節（ルカ七22）では、「盲人は見え、足の不自由な者は歩き、らい病人は浄められ、耳の聞こえない者は聞こえ、死者は起こされ、貧しい者は福音を告げ知らされている」と、動詞はすべて自動詞か受動形であり、能動形は一つも用いられていない。そのことによって、文の焦点は行為の主語ではなく、生起している事柄そのものに当てられる結果になっている。

さらに4Q521の動詞はすべて未来形である。傍点を付した「死者を生かし」（12節）も未来形である。つまり、来るべき終わりの時に神が死人を甦らせるだろうという意味である。それは初期ユダヤ教の黙示文学の定型的なトポス（Ⅳ―トポス8参照）の一つにすぎない。それとは対照的に、前掲のイエスの言葉「盲人は見え、足の不自由な者は歩き、らい病人は浄められ、耳の聞こえない者は聞こえ、死者は起こされ、貧しい者は福音を告げ知らされている」の動詞はすべて現在形なのである。つまり、イエスにとっては、今現に目の前で起きていることへの指示が重要なのである。まして、イエスは自分がそれらの奇跡を実行している張本人だなどと言いたいのではない。むしろ、それらの受動形は隠れた行為主体が神であることを含意している（いわゆる神的受動形）。

もちろん、神を奇跡の主体とする点では、4Q521と神学的な相違があるわけではない。しかしイエスは、「あなたは何者ですか、あの来るべき方ですか」という問いを携えてやって来た質問者（ヨハネの弟子？）の関心をずらすわけである。問題はこの「私」が何者なのかではない。今君たちが見聞きしていること、現に起きていることが問題なのだ。「私」が何者か、などにこだわったら、君たちは躓《つまず》かなくてよいところに躓いてしまうことになる。

この意味で、「私に躓かないものは幸いである」（マタ一一6／ルカ七23）は、この一見すると結び（ヨハネの反応）がないかのように見える前掲の記事全体の見事な結びなのである。このように読む時、この記事には一切のキリスト論的関心が不在である。それどころか、イエスは自分がメシア論的な詮議の対象にされることを峻拒しているのである。マタイ福音書一一章4―6節／ルカ福音書七章22―23節は、間違いなく、生前のイエスの発言（ipsissima verba）である。イエスは当時の広義のメシア論の共通言語を用いながら、自分ではなく、自分が仕えている事柄、自分の仕事を指し示したのである。するると、イエスは今現に「死者は起こされている」と見ていたことになる。それはすでに見た「復活問答」（マコ一二18―27）で、アブラハム、イサク、ヤコブが復活して天使のようになって、「今現に生きている」と考えられているのと軌を一にしている。

このようなイエスの考え方と発言に、現代人の常識が躓くのは当然である。しかし、安易な精神主義化や非神話化は禁物である。イエスのイメージはどこまでも具象的だったのだ。しかも、それは聴衆たちにとっても、決して全く突飛なものではなかったのだと思われる。なぜなら、同じイメージが相前後する時代のユダヤ教文書に広範に認められるからである。それは同時代のユダヤ教徒によって広く共有されたイメージであったに違いない。

第一部第Ⅲ―Ⅳ章で指摘済みの並行関係をもう一度整理してみよう。まず『ヨベル書』三一章14節では、天上の神殿に引き上げられたレビに、「天使たちにも比すべきものとなる」ことが約束されていた。『たとえの書』（エチオピア語エノク書）では、「救いの日」に死から甦った義人たちは「みな天使になる」（五一1―4）と言われる（一〇四4も参照）。『スラブ語エノク書』では、エノク自身が主の眼前で天使に変容する（九章／二二10）。『イザヤの昇天』でも、アダム以来の義人たちはすでに天上の宮殿で栄光の天使たちに変容している（九9）。『ゼファニヤの黙示録』によれば、第五天にアブラハム、イサク、ヤコブのみならず、エノク、エリヤ、ダビデなどの義人も住んでいる。彼らはすべて天使となっている（九4―5）。主人公ゼファニヤ自身もそこで天使に変容する（八3）。『アブラハムの遺訓』（長い版）の結びは、他でもないマルコ福音書一二章18―27節の復活問答に基づいて、後代のキリスト教徒が事後的に付加したものだという見方が提案されるほど、マルコのこの記事との並行性が顕著である。『シリア語バルク黙示録』も、人間は終わりの時に復活すると「天使のようになる」という観念を鮮明に打ち出している（五〇2、五一10）。

これらの事例には三つのケースが含まれている。（1）一つは、過去の族長や義人たちがすでに天上で天使のようになって生きている場合である（『イザヤの昇天』、『ゼファニヤ黙示録』）。（2）もう一つは、来るべき宇宙史の終わりに義人たちが死から甦らされて天使になる場合（『シリア語バルク黙示録』）。（3）残る一つは、それぞれの文書の登場人物が天に引き上げられる幻視体験の中でのことである（『ヨベル書』、『スラブ語エノク書』、『ゼファニヤ黙示録』）。

イエスはこれら一連のイメージを同時代人と共有していたのである。そして（1）のイメージに基づきながら、死海文書4Q521の未来形「死者を生か（すだろう）」を現在形「死人は甦り」に変形したとき、アブラハム、イサク、ヤコブは復活して天使のようになって、今現に生きているという独自のイメージが結ばれたのである。

それでは、イエスは（2）については、どういうイメージを抱いていたのか。これが次項の問題である。

4　魂の昇天と身体の復活

宇宙史の終わりに起きる死者の復活という初期ユダヤ教黙示文学のトポス（Ⅳ―トポス8）は、イエスも承知していた。そのことは、「天からのしるし」を欲しがる群衆に向ってイエスが発する次の言葉から端的に明らかになる。

31南の女王はさばきの時、今の時代の者たちと共に起こされ、彼らを罪に定めるだろう。彼女は地の果てからソロモンの知恵を聞くためにやってきたからである。しかし、見よ、ソロモンより大いなるものがここにある。32ニネベの人々はさばきの時、今の時代の者たちと共に立ち上がり、この時代を罪に定めるだろう。彼らはヨナの宣教を聞いて、悔い改めたからだ。しかし、見よ、ヨナよりも大いなるものがここにある。（ルカ一一31―32）

これにはマタイ福音書にも並行記事（マタ一二41―42）があるが、ここに掲げたのはルカ福音書の本文である。新共同訳刊行以前のいわゆる口語訳（日本聖書協会、一九五四年）は、31節と32節それぞれの最後の文章を、「しかし見よ、ソロモンにまさる者がここにいる」、「しかし見よ、ヨナにまさる者がここにいる」と訳している。明らかにこの訳は、この記事全体を、イエスが最後にソロモンとヨナに「まさる者」としての自分自身に言及したもの、従って、強度にキリスト論的な内容の発言と見る解釈に基づいている。つまり、何よりもイエスが自分は何者であるかにこだわった発言と見做している。もしそれで正しければ、生前のイエスの発言であるよりは、原始教会の信仰の産物と見做すべきことになる。

ところが、この訳のように「者」と訳すためには、該当するギリシア語は男性名詞であってもらいたいところである。しかし、実際には中性名詞なので、いささか抽象的に「もの」と訳すべきである。すると、ソロモンとヨナより「大いなるものがここにある」となり、俄然新たな意味の地平が開けてくる。もはや語り手イエスの自己言及は消滅し、イエスは自分とは異なる何か「大いなるもの」を指示していることになる。

その「大いなるもの」とは、すでに天上の祝宴として始まっている神の国と解することができる。すでに見たように（前出第2項参照）、その神の国には「やがて東から西から、また南から北から、大勢の人がやってきて、アブラハム、イサク、ヤコブと共に宴会の席に横たわるだろう」（ルカ一三29／マタ八11）とイエスは語っていた。「ニネベの人々」と「南の国の女王」（王上一〇章）はその大勢の人の一部だと考えられる。

しかし、彼らはいずれも過去の人物であるから、まずは死から甦らされなければならない。前掲の本文中の31節の「起こされ（るだろう）」（自動詞として「起き上がり」も可）と32節の「立ち上が（るだろう）」がそのことを示している。注意しなければならないのは、この二つの未来形で意味されている復活が、すでに死から復活して今現に天上の祝宴の席に着いている者たち（前出第2、3項参照）とは異なることである。それは、なお未来の復活を指している。しかし、それは遠い将来ではない。「今の時代」の内に来るはずの「さばきの時」がその時だと言う。

しかもイエスは、わざわざ文の主語をニネベの人々と南の国の女王に替えながら、同じさばきのことを「今の時代の者たちと一緒に立ち上がり、この時代を罪に定めるだろう」とほぼ同じ表現で、二度も繰り返しているのである。重要なのは、この「今の時代の者たちと一緒に立ち上がり」という文言を、地上での身体の復活の意味に取る他はないことである。なぜなら、「今の時代の者たち」が身体なしで生きているはずがないからである。たしかにイエスは、人間が死ぬと、その魂が肉の身体を離れて天使になるという復活観を知っていた。それはすでに前項で見たとおりである。しかし、イエスは同時に、来るべき未来の身体の甦りの観念も承知していたのである。

すると、当然ながら、そこから一つの新たな問いが起こってくる。かたや身体の死後すぐに起きるはずの魂の復活（ラザロ！）、かたや来るべき未来の身体の復活――この二つの関係をイエスはどうイメージしていたのか。二つの復活の間のタイムラグはどうなるのか。実は、その時間差こそイエスの

「神の国」の宣教に残された時間であったというのが、私の判断である。しかし、魂の復活の後、地上に残された身体はどうなるのか。来るべき宇宙史の終わりを待つべきなのか。

この点で興味深いのは、本書第Ⅲ章九節で見た偽典文書『アブラハムの遺訓』である。特に注目に値するのはその復活観である。神はアブラハムとの会話を中断して戻ってきたミカエルから中間報告を受けた後、アブラハムの息子イサクに夢を送って父の最期を告知する。イサクから夢の報告を受けたアブラハムが訝《いぶか》ると、B版ではミカエルがこう説明する。「お前の息子イサクの言ったことが当たっている。つまり、それはお前のことなのだ。お前も天に迎えられるだろう。しかし、お前の身体はこの地上に残されるであろう。七千年の時が満ちるまで。その時になれば、すべての身体が甦らされるだろう」（七16—17）。

ここから何が読み取れるであろうか。明らかに語り手はアブラハムの遺体が墓の中で七千年もの間、朽ちずに存続するかどうかには無頓着である。彼の関心は被造世界の七千年にわたる全歴史が終わる時、すべての死人が地上の身体と共に甦るという一点にある。その終わりが到来するまで、アブラハムの魂は身体を離れて天上の神のもとで復活の命を生きて行くというのである。

もちろん、イエスが『アブラハムの遺訓』を直接知っていたという証拠はない。しかし、彼が未決のまま残していた問いは、相前後するユダヤ教の中でも意識されていたのである。

人間の死後の魂の昇天と身体の復活についてのイエスの見方が以上のとおりであったとすると、最後になお一つの疑問が残されるかも知れない。すなわち、アブラハム、イサク、ヤコブがすでに魂だけの復活を経て、天上で「天使のように」なっているのだとすれば、そもそも天上の祝宴の席に着いていることと矛盾するのではないのか。なぜなら、祝宴は飲み食いであり、身体性を前提するはずだからだ、という疑問である。

この疑問に対しては、こう答えることができる。復活した魂もまったく身体性を持たないわけではなく、むしろ天使の身体に変容するのである。確かに肉の身体は死後地上に残される。しかし魂はそれとは別に新たに天使と同じ身体を着るのである。事実、「上昇の黙示録」に属する一連の文書は、そのことを「天使の衣を着る」（あるいは類似の表現）で言い表していた。

たとえば、『スラブ語エノク書』では、天使たちが「エノクの地上の衣服を脱がせ、香油を塗り、栄光の衣服を着せる」（九章／二二8）。『イザヤの昇天』によると、第七天ではアダム以来の義人たちが、すでに「肉の衣を脱いで」、「上界の衣をまとい」、「天使のように」なっている（九9）。『ゼファニヤの黙示録』でも、主人公ゼファニヤはアブラハム、イサク、ヤコブのみならず、エノク、エリヤ、ダビデなどの義人が住んでいる場所で、自分も「天使の衣」を着て天使に変容する（八3）。『レビの遺訓』でも、終わりの時には「アブラハム、イサク、ヤコブは歓喜し、わたし（レビ）も喜び、聖者はすべて喜びの衣をつける」（一八14）。『たとえの書』（エチオピア語エノク書）によれば、義人たちと選民たちは「地から立ちあがって」、「天上の住居で、生命の衣をまとい」、「人の子とともに住み、食事や寝起きを永遠にともにする」（六二13—15）。

これらの箇所に共通して現れている「衣」とは、身体性の比喩である。古い肉の身体に対する「新しい身体」のことである。パウロは同じことを、コリントの信徒への第二の手紙五章1—5節で「（わたしたちの）地上の住みかである幕屋」と対比して、たとえそれが「滅びても、裸のままでいるのではなく」、「天から与えられる住みかを上に着たい」と述べている。またコリントの信徒への第一の手紙一五章では、「自然の身体」と「霊の身体」（44節）の対比として言い表している[15]。このあたりでのパウロの用語法には、一連の「上昇の黙示録」に見られる神秘主義と深く重なるものがある。同じことは、パウロがコリントの信徒への第二の手紙一二章1―4節で、第三の天の楽園にまで引き上げられた自分自身の神秘体験を振り返って、それが「体のままか、体を離れてかは知りません」と二度繰り返すときにもあてはまる。こう語るパウロは明らかにイエスと同じ系譜上にいる。神秘体験と身体性の問題は截然とした概念化に馴染まないというのが、おそらく一番当たっているのである。

イエスは「復活問答」（マコ一二18―27）、「天上の祝宴」（ルカ一三28―29／マタ八11）および「金持ちとラザロ」（ルカ一六19―31）についての発言で、族長たちをすでに今現に復活の命を生きている者として語っていた。たしかにその時のイエスには、パウロのような「自然の身体」と「霊の身体」という区別は見られない。しかし、だからと言って、彼の復活観を肉体と魂を不可分一体と見做す旧約聖書以来の伝統的古典的な人間観の枠内に閉じ込めてはならない。初期ユダヤ教黙示思想がそのような伝統的古典的な人間観を明瞭に突破していたことは、『第四エズラ記』七章があますところなく証明していたとおりである（Ⅳ一トポス8、九九―一〇〇頁参照）。

5　神の国の位階

前出第3項「復活すると天使になる」では、洗礼者ヨハネの問いに答えたイエスの言葉について検討した。マタイ福音書でもルカ福音書でも、それに続く場面は同じである。イエスはヨハネから遣わされてきた使者に、ヨハネについての自分の評価を伝え、最後に次のように結んでいる。

はっきり言っておく。およそ女から生まれた者のうち、洗礼者ヨハネより偉大な者は現れなかった。

しかし、神の国で最も小さな者でも、彼よりは偉大である。（マタ一一11／ルカ七28）

この言葉はイエスの「神の国」のイメージ・ネットワークの中で、どのような位置を占めるのか。この点について、拙著『イエスという経験』はあまり立ち入った分析をしていない。わずかに、「神の国で最も小さな者」が「神の国に現にいる最も小さな者」という現在形の意味であることを強調している。そしてこの現在性がアブラハム、イサク、ヤコブが今現に天上で復活の命を生きている現在性と同じであることを指摘している。「アブラハム、イサク、ヤコブの三人は言わば代表として名前を挙げられているのであって、すでに天上で始まっている神の国には、より『小さな者』たちもいるはずである。(16)」

ということは、天上で始まっている「神の国」には、明瞭な位階の違いがあるということである。この点で注目されるのは、イエスに相前後する時代のユダヤ教の中に、とりわけ第Ⅲ章で取り上げた「上昇の黙示録」の中に繰り返し現れる天使たちの位階差である。

『寝ずの番人の書』では、天使たちの間の位階差はまだ大雑把である。一方では、堕天使たち、他方では、天上に踏みとどまった天使たちという二大別が行われるにすぎない（Ⅲ一、四六頁参照）。『レビの遺訓』では、第四の天には聖者たちがおり、第五天には「主に仕える天使たち」と彼らに仕えるより位の低い天使たちがいる（二―五章）。ここでは、天上の住人たちの間の位階差が明瞭に区分されている（Ⅲ二、五九―六〇頁参照）。『スラブ語エノク書』は、第一天から第七天までに住む天使たちの位階差とそれぞれの役割を描写する点で群を抜いている（Ⅲ五、六七、七一頁参照）。『イザヤの昇天』もその点は同様である。第一天から第五天までは、それぞれに玉座があり、その右側と左側に天使がいる。第六天では、左側の天使はおらず、右側の天使たちのみがさらに上の第七天にいる神とキリストに向かって賛美を捧げている（Ⅲ七、七五―七七参照）。

このように、天使間の位階差は「上昇の黙示録」の系譜全体を横断して明瞭に確認されるイメージである。イエスは「神の国で最も小さい者」について語ったとき、おそらくこのイメージのことを具体的に考えていたのである。もっとも、念のために付言すれば、目下の箇所の文言は、イエスの死後に残された弟子たちが、洗礼者ヨハネの死後に残されていた弟子たちと競合関係に入った時に、自分たち（「神の国で最も小さい者」）の優位性を誇って語ったものという可能性も排除できない。いずれの場合にも、この文言を、たとえば「神の国」の素晴らしさはそれほどのものなのだ、という具合に曖昧な精神論あるいは価値論に一般化しないよう注意が必要である。これは従来の研究でも、意外と気づかれずにきたことなので、ここで強調しておかねばならない。

6 「人の子」の到来

正典四福音書では、「人の子」という語句が頻出する（合計一〇三回）。研究上はすでによく知られていることであるが、その「人の子」の指示対象は、（1）終末時の宇宙規模の「さばき」のために到来する審判者、（2）地上を歩みながら宣教の業《わざ》を遂行中のイエス、（3）自分に十字架上の刑死が迫っていることを予告するイエスの三つにわたっている。共観福音書でのその分布状況を一覧表にすると、次頁のようになる。ただし、ヨハネ福音書の「人の子」は、独特で共観福音書と同列に扱えないため（後出XIV二参照）、除外している。

共観福音書の著者たちは揃って、これらすべての箇所の「人の子」が常に物語の主人公イエスと同

表1 「人の子」の三つの指示対象と出現箇所（[ ] 内は並行箇所）

	(1) 終末の審判者	(2) 地上の活動	(3) 受難・復活予告
語録資料（Q）	Mt10, 32-33 [Lk12, 8] Mt24, 27. 37. 39 [Lk17, 24. 26. 30] Mt24, 44 [Lk12, 40]	Mt8, 20 [Lk9, 58] Mt11, 19 [Lk7, 34] Mt12, 32 [Lk12, 10]	
マルコ福音書（Mk）	Mk8, 38 [Mt16, 27-28 / Lk9, 26] Mk13, 26-27 [Mt24, 30-31/Lk21, 27] Mk13, 29 [Mt24, 33 / Lk21, 31] Mk14, 62 [Mt26, 64 / Lk22, 69]	Mk 2, 10 [Mt9, 6 / Lk5, 24] Mk 2, 28 [Mt 12, 8 / Lk6, 5] Mk10, 45 [Mt20, 26]	Mk8, 31 [Lk9, 22] Mk9, 9 [Mt17, 9] Mk9, 12 [Mt17, 12] Mk9, 31 [Mt17, 22 / Lk9, 44] Mk10, 33-34 [Mt20, 18/Lk18, 31-33] Mk14, 21 [Mt26, 24 / Lk22, 22] Mk14, 41 [Mt26, 45]
マタイ福音書（Mt）	Mt10, 23 Mt13, 37. 41 Mt16, 28 Mt19, 28 Mt25, 31	Mt16, 13	Mt12, 40 Mt26, 2
ルカ福音書（Lk）	Lk11, 30 Lk17, 22-24. 26 Lk18, 8 Lk21, 36	Lk6, 22 Lk11, 30 Lk19, 10 Lk22, 48	Lk17, 25 Lk24, 7

じものだと考えている。彼らにはこの点について、微塵の疑いもない。この点では、ヨハネ福音書についても同様である。彼らにとって、「人の子」は自分たちの救い主イエス・キリストを言い表すための重要なタイトル（キリスト論的尊称）の一つなのである。そしてそのことは福音書の著者たちが始めたことというよりも、すでに彼らに先立って伝承を担ったパレスチナのキリスト教徒たちの間で始まっていたものと思われる。

しかし、そのことを理由に、すべての箇所の「人の子」を一様にイエスの死後の原始キリスト教会が創造したものと見做すことはできない。たしかに（2）と（3）については、そう見做すことができても、（1）については、生前のイエス自身の発言にまで遡る可能性が否定できない。これが研究上の定説である。

（1）に属する箇所の中でも、伝承史的にも古い形を保持していて、イエス自身の発言にまで遡る可能性が考えられるのは、まずマルコ福音書八章38節である。そこには、「この不貞で罪深い世代でわたしとわたしの言葉を恥じる者を、人の子も彼の父の栄光のうちに聖なる天使たちと来る時に、恥じるだろう」とある。この文章では、語り手の「わたし」が「人の子」と明確に区別されている。語り手の「わたし」は、現に今自分が発している宣教の言葉に対して、誰であれ個々の人間がどのような態度を取るのか、それを受け入れるのか、それとも「恥じる」のか、その決断がそのまま、やがて「人の子」が来る時にその者に下される運命を決するという意見である。これは尋常ならざる主権意識、自分が全権を委託されているという意識と言う他はない。前掲の一覧表では語録資料Q[17]の欄に掲出したルカ福音書一二章8節からも、ほぼ同じことが読み取られる。

生前のイエスはそのような意識で、自分とは異なる「人の子」の到来を待望し得ただろうか。その可能性は小さいと考える研究者たちは、イエスの「神の国」の切迫性を理由として挙げる。「神の国」の最終的実現以前に、そんな出来事が入り込む余地はないと言う。この見解を退けて、生前のイエスが「人の子」の到来を待望し得たとする研究者たちは、イエス自身が「神の国」の実現と共に「人の子」に変えられて、審判者の役割を果たすと信じていたとする。

それに対して私が拙著『イエスという経験』で提示したのは、さらに別の道である。それは、マルコ福音書八章38節の「人の子」をダニエル書七章13節の「人の子のような者」との類比で集合的人格の意味で読解することである。ダニエル書のこの文言は後続の七章22、25、27節では「いと高き者（神）の聖者ら」あるいは「いと高き方の聖なる民」と同定されている。この表現はダニエル書を生み出した者たちの自己呼称である。つまり、「人の子のような者」とは、明らかに集合的人格なのである。イエスはおそらくこのダニエル書の用語法を意識している。

マルコ福音書八章38節の「人の子」も同じ集合的人格として解釈すべきである。その理由はこの言葉それ自体の中にある。なぜなら、「人の子」は単独で到来するのではなく、「聖なる天使たちと共に」やって来るからである！　この随伴する天使たちのモチーフは、前掲の（1）に属する本文の中では、マタイ福音書一〇章32節を唯一の例外として、マタイ福音書一六章27節／ルカ福音書九章26節とルカ福音書一二章8―9節、さらにはマルコ福音書一三章24―27節並行にも現れるから、伝承の途中で加わったものではなく、当初から目下の言葉に属していたと考えるべきである。ここで言う「人の子」とはアブラハム、イサク、ヤコブを始めとして天上の祝宴の席に着いている者たち、つまり端的に天上の「神の国」の総称である。その者たちは「復活して天使のようになっている」者たちであるから、「人の子」と「天使たち」は二詞一意の同義語と言ってもよい。「人の子」と共にやって来る「天使たち」とは、すでに復活して天上の祝宴の座についている族長たちのことであっても一向に構わない。というよりも、イエスの言う「人の子」とは、天上の祝宴に集っている人々のことだと言う方がよいであろう[18]。

マルコ福音書八章38節でもう一つ注目しておきたいのは、「人の子」は天使たちを伴って、天から地へ下降して来臨するとイメージされていることである。現代のイエス研究は、国内と欧米の別を問わず、「神の国」の接近の時間的な側面（マコ一15「今この時は満ちている」）ばかりに一面的にこだわってきたように思われる。しかし、イエスのイメージの空間的な力動性を無視してはならない。「神の国」はすでに天上の祝宴として実現していて、今やそこから地上に向って下降し始めているのである。

天上から地上へという垂直軸のイメージでも、イエスの発言はダニエル書七章の「人の子のような者」に通じている。なぜなら、この「人の子のような者」は、天上で至高神から委託された統治権をやがて地上で、「いと高き者（神）の聖者ら」あるいは「いと高き方の聖なる民」として（七22、25、27）揮《ふる》うことになるからである。ただし、ダニエル書七章の「人の子のような者」は、死から復活して今現に天上の神のもとに置かれている者とは考えられていない。統治権を神から委託されるためにのみ神の前に出ている。それを著者は幻の中で見ているのである。他方、イエスの「人の子」（マコ八38）、すなわち「神の国」は、たしかに同じように垂直軸でやってくるが、すでに死から復活して今現に天上にいる人間たちのことである。予め天上にいる者たちが、地上へ下降してくる。これに並行するイメージはイエスに前後するユダヤ教の中に発見されるだろうか。

私は『エチオピア語エノク書』の『たとえの書』（Ⅲ四）に一つの並行例があると思う。特に注目されるのは三八章1節と六二章8節である。この二箇所では、最後の審判の時に「義人たちの教団」が地上に出現することが語られる。五一章1―5節では、それは「選ばれた者」（＝メシア）による最後の審判の日であり、死人が復活して「みな天使になり」、義人と聖徒たちが選抜される時である。しかし、到来（出現）する「義人の教団」は、そこで初めて選抜される義人や聖徒たちとは別に、すでに前もって存在していた集団のはずである。

その「義人の教団」はそれまでどこにいたのか。彼らは「天の果て」（三九3）に先在し、霊魂の主（神）を賛美している（三九6―7）。その住いは「義人たちの園」（六〇8、23）、「命の園」（六一12）、

「義人たちのための場所」（七〇3）とも呼ばれる。そこには義人たちとともに「太古の先祖たちも住んでいる」（七〇4）。エノクももともとそこに居場所を与えられていたのであるが（三九8）、地上から取り去られた後、そこで「人の子」とされた（六〇8、七一14）。そして「そこにともに住み、食事や寝起きを永遠にともにする」（六二14）ことになった。そこには「高齢の頭《かしら》」あるいは「霊魂の主」、つまり至高神もいる。エノクは天使たちから、その「建物」（神殿・王宮）とその中にある「栄光の座」を垣間見ることを許される（七一章）。

もう一つの並行例は『第四エズラ記』に見られる。この文書によれば、遠近を問わず過去の聖徒たちが、すでに天上のメシアのもとに集められて、来るべき終末に備えているのである。まず六章26節では、世界が終焉を迎える時のこととして、救われる者たちは「生涯死を味わうことなく天に受け入れられた人々を見るだろう」と言われる。一三章52節では、「海の深みに何があるかを、だれも調べたり、知ったりすることができないように、その日まで、わたしの子〔メシア〕や、彼と共にいる人々を見ることはできない」とある。さらに一四章9節では、エズラ自身に向けて、「あなたは人々の中から挙げられて、わたしの子〔メシア〕と、あなたのような人々と共に、時が終わるまで暮らす」と言われる。七章27―28節で「わたしの子〔メシア〕[19]が彼に従う人々と共に現れ、生き残った人々に四百年の間、喜びを与える」と言われるのは、そのようにして天上のメシアのもとに集められた者たちのことである。終わりの時にメシアとともに下降してくるのは彼らなのである。ここではマルコ福音書八章38節とのイメージ上の並行性が顕著である（以上、第Ⅳ章一トポス5参照）。

さらに、一連の「上昇の黙示録」の主人公が解釈天使に伴われて行う天空の旅の途中で、罪人たちには責め苦が下され、義人たちには至福が与えられている様子を垣間見せられる場面も、この関連で注目に値する。これはすでに第一部で取り上げた文書の中では、『アブラハムの黙示録』二一章以下と『ゼファニヤの黙示録』の前掲箇所（七八頁参照）に、さらには『シリア語バルク黙示録』（後一世紀後半）五〇―五一章に典型的な形で見られる。これらの場面は、天上のメシアや、すでに死から復活して今現に天上でメシアの側に置かれている義人たちのことを指すわけではなく、むしろやがて地上世界に到来するはずの最後の審判を先取りしたものである。つまり、地上世界の未来（終末）が天上へ先取りされているわけである。地上では未決の事柄が天上ではすでに解決されているのである。この結果、来るべき歴史の終末と最後の審判は、論理的に当然のことであるが、天から地へ降りてくる形でイメージされることになる。

7　「手で造らない神殿」

イエスは「神の国」を時間的に接近するのみではなく、垂直軸で天から地へ降りて来るものとしてイメージしていた。そのイエスが自分の宣教活動をどう見ていたのかという観点から重要なのは、「洗礼者ヨハネとイエス」の問答（マタ一一4―6並行）である。この問答でのイエスは、「お前は何者か」という問いに対しては答えずに、自分が行っている癒しと悪霊祓いの奇跡だけを指示していた（前出一五一―一五四頁参照）。同じことを、別の箇所では「わたしが神の指で悪霊を追い出しているのであれば、神の国はあなたたちのところに来ているのだ」（ルカ一一20並行）とも表現している。イエスにとって癒しの奇跡と悪霊祓いは、天から地上へ追放されてきたサタン（ルカ一〇18）とその手下の悪霊どもを「踏みつけ」、その「力に打ち勝つ」戦いであった。天上で実現している神の国は、そのイエスの一挙手一投足とともに地上に実現し、広がっていくのである。これが「下降する神の国」

のイメージのダイナミズムに他ならない。

こうして見ると、イエスの終末論が本書第Ⅱ章四―七節で「ダビデの子メシア」というキーワードで呼ばれたタイプとは、ほど遠いことが分かる。「ダビデの子メシア」に、病人や悪霊祓いの奇跡が期待されることはなかったからである。そのためイエスには、ダビデゆかりの王都エルサレムが「神の国」の中心になるという伝統的な待望は微塵もない。たしかに彼は最後にエルサレムに上って行った。しかし、彼がそこでしたのは手荒く神殿の境内を粛清することと、間もなく神殿全体が壊されて、「手で造らない別の神殿」に取って代わられるだろうという予言だった。それはエルサレム上京の途上の言葉、「ああ、エルサレム、エルサレム、（中略）見よ、お前たちの家〔神殿〕は見捨てられる」（ルカ一三34―35）で始まり、次に神殿を眺めながら、「これらの大きな建物を見ているのか。一つの石もここで崩されずに他の石の上に残されることはない」（マルコ一三2並行）、最後に大祭司による裁判の場面で、「わたしは手で造られたこの神殿を壊し、三日の後に、手で造られたのではない別の神殿を建ててみせる」（マコ一四58並行、使六14）という言葉で頂点を迎える。イエスの発言のもともとの文言（ipsissima verba）がどういうものであったのか。その厳密な再構成の問題はここでは別としよう。いずれにせよ、イエスがこの倒壊予言を行ったということ（ipsissima vox）、さらにその後神殿の境内を「粛清」する挙に出たこと（マコ一一15―18並行）の史実性に疑いはない。

では、イエスのこの予言と行動はどういう動機によるものだったのか。現在の福音書叙述は、イエス伝承と福音書記者たちによる編集・改変を受けているとしても、もともとが偶発的な出来事ではなく、イエスの明確な意図による象徴行動であったことを示している。[20] しかし、その動機が何であったのか。この点が現代の多くのイエス研究においてもブラック・ボックスなのである。拙著『イエスという経験』は、その欠を指摘した上で、「〔イエスは〕自分で目の前の神殿を破壊すると言ったのではない。『神の国』によって除去されるだろうと言ったに違いない」（前掲書二〇〇―二〇一頁）と述べている。では、その「神の国」はどこにどう実現するのか？　同じ拙著は「それは文字通り『ユートピア』なのだ。なぜなら、それは宇宙大のものだからだ」と結論づけている。当時、この結論は論理的な推論であった。ここではその背後に、天上の神殿とそれを中心とする天上のエルサレムあるいは神の王国という、同時代のユダヤ教からの観念が働いていることを明らかにしてみよう。

まず注目に値するのは、一連の「上昇の黙示録」の主人公たちが天へ向って上昇して行く途中と頂点で、至高神の玉座を垣間見るとともに、その周りで天使、義人、聖徒たちが一斉に賛美の声を挙げているのを見聞きすることである。

『エチオピア語エノク書』の『寝ずの番人の書』（前二世紀前半）では、エノクは幻視を体験して、天上の宮殿とその中の玉座に坐っている至高者を垣間見る（一四8―25）。その場面はエゼキエル書一章のパラフレーズになっているから、[21] 天上の宮殿は同時に神殿でもあると考えるべきだろう。『レビの遺訓』（前二世紀後半）も『寝ずの番人の書』と同じサークルに由来するものである。少なくとも現存のギリシア語写本の段階では、全編を貫いてエルサレム神殿（第二神殿）の祭司職と祭儀に対する批判を繰り広げている。その批判の裏返しとして、天上の神殿での清い（血のない）犠牲（三6、第六天）が語られる。七つの天全体が神殿（一八6）または王の宮殿（五1）のイメージで表象されている。そこからはすでにサタン（ベリアル）が追放され、アブラハム、イサク、ヤコブが歓喜の宴に着いている（三3、一八10―14）。

『エチオピア語エノク書』の『たとえの書』（前出）七一章では、すでに見たとおり（Ⅲ四、六三―六四頁)、天上の「建物」(神殿・王宮)とその中の「栄光の座」に、「高齢の頭《かしら》」あるいは「霊魂の主」、つまり至高神が座っており、太古の先祖たちと義人たちも共に住んでいる。『スラブ語エノク書』(後一世紀後半)では、エノクは二人の天使に伴われて上昇し、第七天で「玉座に座られた主を遠くから」見る。そこでは輝かしい栄光の天使たちが集って賛美の歌を捧げている(九章/二〇1、3、二一1)。『スラブ語アブラハムの黙示録』については、すでに第Ⅲ章六節で見たとおりである。特にその一八章では、天使たちが天上の神殿で行っている礼拝儀礼の様子(unio liturgica)が、エゼキエル書一章に準じて詳細に描写される。

以上の事例はすべて天上の神殿あるいは王宮のイメージを証言するものである。しかし、それ以外に、必ずしも天上の神殿には言及しないものの、現実の第二神殿が終末時に新しい神殿によって取って代わられることを語る外典偽典文書がいくつか存在する。『トビト記』(前二世紀前半)は、すでに再建されて久しい第二神殿を指して「再建されても、定められた時がくるまでは、元どおりにはならない」(一四5)と言う。著者にとっての理想は「元どおり」、すなわちソロモンが建立した第一神殿(王上六章)の栄華が再び取り戻されることなのである。否、神殿のみならず、エルサレムの街全体がありとあらゆる宝石で飾られたものでなければならない。そのようなエルサレムこそが全世界の中心となるはずである(一三11、17)。『エチオピア語エノク書』の『夢幻の書』(前二世紀中葉)は、第二神殿の供物がすべて穢れているとして(八九73)、やがて廃止され、それに代わる「大きくて高く新しい家」(九〇29)、「永久に残る豪華な、大王のための家」(九一13)が建つことを夢見ている。

最後に、クムラン文書に数えられる『神殿の巻物』でも、終末時に実現されるはずの新しい神殿と祭儀の手順が、微に入り細を穿って描写されている。そこにはやはり現実の第二神殿の在り方への批判は読み取れるものの、それが天上の神殿の観念と結びついている跡は見られない。

以上の考察から証明されることは、まず、イエスに前後する時代のユダヤ教には、第二神殿の祭司職への批判と終末時にそれが更新されることへの待望が、かなり広範囲に存在していたことである。さらに、その批判と裏腹に結びついた形で、天上の神殿・王宮で、天使たちと太古からの義人や聖徒たちによって真の礼拝が現に行われているという観念が見られることである。ただし、天上の「神殿」なのか、それとも「王宮」なのかは、いささか微妙である。しかし、多くの出典の背後にエゼキエル書一章の幻が強烈に働いている。シェーファーによれば、エゼキエルの幻は宇宙全体を真の神殿と見做して、今なお存続しているソロモンの第一神殿を批判しているのである。[22] 以上の出典文書でもそれに準じて、宇宙大の神殿が考えられているとすれば、そこでは神殿は同時に王宮であり、宇宙はそれを中心とする「新しいエルサレム」ひいては「神の王国」ともはや厳密には分けられないことになる。話は少し飛ぶが、ヨハネ黙示録四章の「子羊の即位」の舞台（玉座）、さらには二一章の「新しいエルサレム」についても、同じことが言えるはずである。[23] 否、それ以前にパウロがコリントの信徒への第二の手紙五章1節で、天上には「人の手で造られたものではない」神の永遠の建物があると語る時にも、同じ表象が読み取られる（後述Ⅷ三3、二六五—二六六頁参照）。

イエスもこの表象連関を知っていたに違いない。その上で彼はただ現実の第二神殿の在り方だけを批判したわけではない。両替人や供犠の鳩を売る商人の台をひっくり返したとする記述（マコ一一15）からは、往々にしてそういう推論が行われる。しかし、E・P・サンダースが周到に論証したとおり、イエスは過激にもエルサレム神殿そのものの倒壊を予言したのである。明らかにイエスは目の前の神殿が天から降りてくる「手で造られたのではない別の神殿」によって、間もなく置き換えられることを考えているのである。「一つの石もここで崩されずに他の石の上に残されることはない」とは、その置き換えが根源的であることを表現している。[24] 加えてもし、イエスが野の花を指差しながら「ソロモンの栄華」に優ると言ったとき（マタ六29並行）、また「ソロモンよりも大いなるもの」（マタ一二41―42並行）について語ったとき、実は「神の国」のことを指していたのだとすれば、[25] 第二神殿どころかソロモンの第一神殿さえイエスの攻撃の的なのである。

「アブラハム、イサク、ヤコブやすべての預言者たちが神の国に入っているのに（中略）、人々は、東から西から、また南から北から来て、神の国で宴会の席に横たわるだろう」（ルカ一三28―29並行）というイエスの言葉では、天上から降りて来る「神の国」が「新しいエルサレム」と考えられている。それは明らかに、異邦人がエルサレムに参集するという古くからの伝統的な待望（イザ二1―4、ミカ四1―3、トビ一三11他）を打ち直したものである。

つまりイエスにおいては、「神の国」、天上の神殿、「新しいエルサレム」は互いに交替可能な同義語なのである。それゆえ、イエスがこのイメージ複合を通して語る「神の国」が「宇宙大」の「ユートピア」だと述べたかつての私の見方は当たっているのである。天は神の玉座であり、地はそこに座す方の足台なのである（マタ五34―35）。イエスの神殿倒壊予言の動機は、現代人から見れば、何とも超自然的で神話論的なのだ。ただ一つ、イエスの宴会好きだけが追体験可能である。そこに「ユートピア」が可視的に現前化する。

8　まとめ――初期ユダヤ教文書との重なり

以上、われわれはイエスの「神の国」のイメージ・ネットワークを七項目に分けて、初期ユダヤ教文書（特に「上昇の黙示録」）との重なりを確かめてきた。ここでその重なりを一覧表にしてみると、次のようになる。

（1）サタンの墜落（ルカ一〇18―19）
レビの遺訓　一八章12節
アダムとエヴァの生涯　一二章、一五―一六章
ソロモンの遺訓　二〇章14―17節
スラブ語エノク書　二九章4―5節

（2）天上の祝宴と地上の祝宴（ルカ一六19―31、一三28―29／マタ八11）
レビの遺訓　一八章14節
たとえの書　六二章13―14節、七〇章4節
ゼファニヤの黙示録　九章4―5節
シリア語バルク黙示録　五一章13節

（3）復活すると天使のようになる（マコ一二25）
ヨベル書　三一章14節
たとえの書　五一章1―4節
スラブ語エノク書　九章／二二章10節

イザヤの昇天　九章9節
ゼファニヤの黙示録　八章3節、九章4―5節
アブラハムの遺訓（長い版）結び
シリア語バルク黙示録　五〇章2節、五一章10節
（4）魂の復活と身体の復活（マタ二二41―42／ルカ一一31―32）
アブラハムの遺訓（B版）七章16―17節
（5）神の国の位階（ルカ七28／マタ一一11）
寝ずの番人の書　六―一三章
レビの遺訓　二―五章
スラブ語エノク書　九章／二〇章3節
イザヤの昇天　七―九章
（6）「人の子」の到来（マコ八38―九1）
ダニエル書　七章13、22、25、27節
たとえの書　三八章1節、六二章8節
第四エズラ記　六章26節、七章27―28節、一三章52節、一四章9節
（7）「手で造らない神殿」（マコ一四58）
寝ずの番人の書　一四章8―25節
ヨベル書　三一章14節
レビの遺訓　二―五章、八、一八章

たとえの書　七一章
スラブ語エノク書　九章／二〇章1、3節、二一章1節
スラブ語アブラハムの黙示録　一八章

私は前著『イエスという経験』の第Ⅳ章の結びで、イエスが神の国のイメージ・ネットワークに編み上げた個々のイメージはどこから来ているのかという問いを立てて、「祝宴としての神の国」と「アッバ父」なる神という二つのルート・メタファーがイエスの実経験に深く根ざしていることを指摘した。しかしそれと同時に、それ以外の多くのイメージもすべて彼の具体的な実経験に根ざしている必要はないと述べた。考えてみれば、それは至極当然のことである。どのような社会も一定量のイメージを共有する言わば「イメージ共同体」なのであり、イエスもそのようなものとしての当時のユダヤ社会の一員として生まれ育ったのだからである。彼が引き合いに出すイメージの大半は、まさにそのようにして彼が聴衆と共有しているイメージなのである。逆にそうでなければ、コミュニケーションの媒体にはなり得なかったことであろう。

以上で明らかになったとおり、イエスのイメージは相前後する時代のユダヤ教文書の中でも、とりわけ「上昇の黙示録」と呼ばれる文書群と広範囲にわたって重なっている。その重なりは私が前著で指摘したところをはるかに越えている。さらには、「上昇の黙示録」以外の文書からもらい受けているイメージがあっても一向に構わない。いずれにせよ、イエスの独創性はそれらのイメージそのものを創造したことにあるのではない。むしろ、既存のイメージをもらい受けて、独自のイメージ・ネットワークに組み替え、自分の宣教を聴く者たちとのコミュニケーションに用いたことにある。

ただし、個々のイメージについて、どの文書のどの箇所から取られたものであるかまで、文献学的・歴史的に論証することは不可能であり、大した意味もない。なぜなら、イメージ・ネットワークは統一された教義の体系ではないからである。それは文字通り「網目」であって、当事者の頭の中では、複数のイメージが多くの隙間を残しながら緩やかにつながっているからである。

以上で取り上げた一連の「上昇の黙示録」は、P・シェーファーのこの見解に準じてわれわれの結論を言い換えれば、「ユダヤ教神秘主義の起源」と目されるものである。シェーファーによれば、イエスの「神の国」のイメージ・ネットワークの背景には、最初期のユダヤ教神秘主義があることになる。

イエスをそもそも「神秘主義」から説明することには、一般読者はもちろん、おそらく専門の研究者も少なからず戸惑うに違いない。このことに関して、私には忘れられない経験がある。拙著『イエスという経験』の構想を練っていた頃、多くの講演会でイエスのイメージ・ネットワークについて語る度に、「えー！　イエスはサタンや地獄の存在を信じていたのか」と訝られたのである。岩波書店の『思想』(九三六号、二〇〇二年)の巻頭言を書いたときの編集部の最初の反応もほぼ同じだった。その後、私の意図は徐々に理解されるようになった。しかし『イエスという経験』を繙き始めたものの、本人曰く「読むに耐えなくなって、途中で放り出してしまった」読者もいる。それは、他でもない私が長く敬愛してきた牧師であり、それまで内外の批判的なイエス研究を数多く読みこなしてきた人物なのである。

これらの反応が一致して示しているのは、抜きがたい近代主義である。弟子たちなど他の者はともかく、イエスだけは、何としても、あまりに古代的・前近代的な表象からは完全に解放された存在で

なければならないのである。しかし、改めて考えていただきたい。そのような近代主義からは一体どのようなイエス像が描き出されてきただろうか。それはイエスの神殿倒壊予言と十字架上の絶叫を謎の空白のまま残したイエス像に他ならない。それは欧米の名だたる研究者に始まって、日本でも追随者が少なくない。八木誠一の宗教的直接経験の分析の後に残されるそれも、「イメージ」の実体化をほぼ完全に乗り越えた例外者である。

そこから改めて明らかになることは、非神話化によってイエスを現代へ翻訳する以前に、イエスを彼自身が生きていたイメージ世界へ「戻す」必要があるということである。言い換えれば、「再神話化」する必要があるのである。イエスが神話的イメージを実体化する危険から決して自由ではなかったことも率直に認めるべきである。再神話化を十分に経ないままで遂行される非神話化は、史的イエスの重要な象徴行動の動機を未解明のまま放置してしまうのである。誤解のないように繰り返すが、私は非神話化する解釈が必要ないと言うのではない。まずその手前で、再神話化の手順が必要だと言うのである。

第Ⅶ章　「人の子」イエスの再臨――パレスチナの原始教会

一　原始教会とは？

イエスが十字架上に処刑されたとき、直弟子たちは離散してしまったが、その後間もなく再びエルサレムに戻り、小さな集団を形成した。最も狭い意味での「原始教会」とは、その集団を指し、「エルサレム原始教団」とも呼ばれる。彼らはもともとユダヤ教徒で、日常語はアラム語であった。やがて、その影響はエルサレム以外のパレスチナ地域にも広がって行ったはずである。それは「パレスチナ・ユダヤ人キリスト教」と呼ぶことができる(1)。

しかし、当時のユダヤ教はすでに数世紀にわたって、地中海世界とオリエント世界に拡散しており、エルサレムそのものにもギリシア語を日常語とするユダヤ教徒が住んでいた（使二3、六1、9、九29）。当然ながら、そうしたユダヤ教徒の間からも同調者が現れた。彼らは「ヘレニズム・ユダヤ人キリスト教」と呼ぶことができる。タルソで生まれ、エルサレムで修行し、やがて地中海世界を股にかけて宣教したパウロは、その典型的な代表者の一人である。

ヘレニズム・ユダヤ人キリスト教による宣教によって、もともとユダヤ教徒ではなく異教徒だった者たちからも同調者が現れた。彼らの日常語は基本的にギリシア語であったから、「ギリシア語を話

す異邦人キリスト教」と呼ぶことができる。

通常「原始キリスト教」と呼ばれるものは、以上の三つの系譜を指す。歴史の時系列の上でもこの順で展開したものと見て間違いはない。そのうち、「原始教会」と呼ばれるものは、パウロの時代までのパレスチナ・ユダヤ人キリスト教を指す。その中心であったエルサレム教団は、後七〇年にエルサレムがローマ軍の前に陥落したとき、歴史の舞台から消えてしまった。彼らを含むパレスチナ・ユダヤ人キリスト教のその後の動向を記した独立の文書は、新約聖書の中に存在しない。その点は、パウロ以前のヘレニズム・ユダヤ人キリスト教についても同じである。そのため、その動向について知るには、パウロの手紙（後四〇年代―五〇年代）と正典新約聖書に収められたマルコ、マタイ、ルカ、ヨハネの四福音書および使徒言行録（後七〇年代―一世紀末）に保存されている古い伝承を探り出して再構成する他はない。しかし、それらはすべてすでにヘレニズムの領域で書かれたものなので、とりわけパレスチナ・ユダヤ人キリスト教の伝承は一定のズレを被《こうむ》っていると考えなければならない。

二 「復活信仰」の成立とその帰結

1 思想史的前提条件

イエスが十字架で処刑される直前、それまで彼につき従ってきた直弟子たちは離散してしまった。その彼らが再びエルサレムに結集した直接のきっかけは何であったのか。それは殺されたイエスが何人かの弟子に「現れた」（Iコリ一五5―7）、あるいは弟子たちの側から言えば、そのイエスを「見た」（Iコリ九1）という幻視体験だったという説が有力である。それをさらに心理学的に説明する試

みもあるが、ここではその問題には立ち入らない。重要なのは、その体験が「イエスは死人の間から甦らされた」と解釈されたこと、そしてその解釈は一定の思想史的な前提条件があって初めて可能だったことである。

その前提条件には二種類あったと考えるべきである。一つは一般的前提である。すなわち、初期ユダヤ教黙示思想の終末論は、すでに見たとおり（Ⅳ章一トポス8参照）、来るべき宇宙史の終わりに、メシアの到来と万人の復活と最後の審判を待望していた。しかし、弟子たちにとって、より具体的な前提として重要だったのは、生前のイエス自身が宇宙史の終わりにおける死者の復活の待望を初期ユダヤ教黙示思想と共有していた事実である。この事実については、われわれはすでに第Ⅵ章の「魂の昇天と身体の復活」の項（二4）で、立ち入って確認ずみである。すなわち、「南の国の女王」と「ニネベの人々」が終わりの時に、「今の時代の人々と共に起こされ」、彼らを「罪に定めるだろう」というイエスの言葉（マタ一二41―42／ルカ一一31―32）のことである。直弟子たちがどちらの前提条件も共有していたことは間違いない。

これら二つの前提条件の土俵上で前述の幻視体験が解釈されたとき、イエスの「現れ」は来るべき万人の復活の先取りだと解釈されたのである。イエスの復活は死人の中からの初穂であり、宇宙史の終わりの到来の徴《しるし》と解されたのである。この解釈は、研究上「復活信仰の成立」と呼ばれる。

2　組織論的帰結

復活信仰の成立はもちろん観念上の出来事であったが、観念の次元を越えて、弟子たちの実際上の生活様式と組織にまでおよぶ重大な帰結をもたらした。

まず、エルサレムへの再結集について考えよう。その再結集の結果、エルサレム原始教団が成立したことは本章冒頭ですでに触れた。それはアラム語を話すパレスチナのユダヤ人キリスト教の言わば中央教団であった。改めて考えたいのは、その再結集を動機づけた神学的理念である。

この点で注目されるのは、「アブラハム、イサク、ヤコブやすべての預言者たちが神の国に入っているのに……、人々は、東から西から、また南から北から来て、神の国で宴会の席に横たわるだろう」（ルカ一三28―29並行）という生前のイエスの言葉である。ここでは、天上から降りて来る「神の国」が言わば「新しいエルサレム」と考えられていた。すでに見たとおり（Ⅵ二7、一七四頁参照）、それは明らかに異邦人がエルサレムに参集するという古くからの伝統的な待望（イザ二1―4、ミカ四1―3、トビ一三11他）を、イエスが独自に打ち直したものであった。「わたしは人間の手で造ったこの神殿を打ち倒し、三日あれば、手で造らない別の神殿を建ててみせる」というイエスの神殿倒壊預言（マコ一四58）も、現実のエルサレム神殿を指差したものであった。それゆえ、今や復活信仰に到達した直弟子たちにとって、今後の神の救済計画がどう進展するかは、エルサレムの運命と不可分だったのである。彼らが離散先から再びエルサレムを目指したのは当然と言うべきである。

ちなみに、後七〇年のローマ軍によるエルサレム神殿の破壊をすでに前提している『第四エズラ記』にとっても、来るべき超越的なメシアは他でもない「シオンの山〔エルサレム〕の頂きに立つ」はずなのである（Ⅳエズ一三35、および本書Ⅳ一トポス6、7も参照）。この待望はエルサレムに再結集したときのイエスの直弟子たちの心境と通じるものがあるように思われる。

もっとも、使徒言行録二章46―47節には、これと一見矛盾するかのような記事がある。すなわち、原始エルサレム教団は「毎日ひたすら心を一つにして神殿に参り、家ごとに集まって〔パンを〕裂き、喜びと真心をもって一緒に食事をし、神を賛美していた」と言われる（同五42も参照）。ここには、生前のイエスによる神殿倒壊の預言は微塵も痕跡を残していないかのようであり、あたかもエルサレム神殿がさらに存続していくことは当然の前提であるかのようである。

しかし、この記事は使徒言行録の著者のルカが意図的に理想化して描き出したもので（同四32―37参照）、歴史的実像に合致するものではないというのが研究上の定説である。歴史的実態を探る上で重要な手がかりになるのは、むしろパウロがおそらく後四八年頃に開かれたいわゆる「使徒会議」のためにエルサレムへ上ったときの報告（ガラ二1―10）である。そこでパウロは、会議での決議について記すついでに、原始エルサレム教団では、ヤコブ（主の兄弟）、ケファ（ペトロ）、ヨハネ（ゼベダイの子）の三人が主要人物であって、「柱」と呼ばれていると記している（ガラ二9）。「柱」とは、日本語の「大黒柱」と同じように、建造物を前提とする表現である。そこからは、原始エルサレム教団は自分たちを「新しい神殿」と理解していたことが窺われる。彼らは目の前のエルサレム神殿から、内面的に一定の距離を保っていたに違いない。たしかに、この文脈で突然「主の兄弟」ヤコブが原始エルサレム教団のリーダー格で筆頭に挙げられるのは不思議である。その立場は保守的であったというのが定説である。しかし、そのことを根拠に、原始エルサレム教団が一枚岩でエルサレム神殿の存続を当然として、その祭儀に参加していたと見做すことはできないであろう。

そのようなイメージを描き出している使徒言行録の著者ルカ自身が、同じ使徒言行録六章では、エルサレム原始教団そのものの内部にギリシア語を話す集団（「ヘレニスタイ」）があったこと、その代表格であったステファノが、生前のイエスの神殿倒壊預言を引き合いに出しながら「この聖なる場所（神殿）と律法をけなして、一向にやめようとしない」（使六13―14）と記されている。もちろん、ルカはこれはステファノを誣告《ぶこく》するためのユダヤ教徒の偽証であったとしている。それにもかかわらず、エルサレム原始教団の中にイエスの神殿倒壊預言が影響を及ぼし続けていたことは確実だと思われる(2)。

ルカの叙述によれば、やがてユダヤ教の側から原始エルサレム教団に対する大規模な迫害が起きて、「使徒たちの他は皆、ユダヤとサマリアの地方に散って行った」（使八1）と言う。この事件を起点にして、そこからキリスト教は「ユダヤ、ガリラヤ、サマリアの全地方へ」（使九31）、さらには「フェニキア、キプロス、アンチオキアまで」（使一一19）伝播して行ったと言う。しかし、これもルカ独特な図式に基づく叙述であって、歴史的実態のせいぜい一断面を示すものに過ぎないと見做すべきである。パウロの報告によれば、彼が前述の使徒会議よりも前、回心後三年ほどしか経たない頃、最初にエルサレムに登った時にすでに、ユダヤにはエルサレム原始教団以外の「諸教会」が存在していたのである（ガラ一22）。パウロがそこで報告しているのは、文脈から推して、エルサレム以外の地域に定住している信徒の群れのことだと思われる。

しかし、パレスチナのアラム語を話すユダヤ人キリスト教を構成したもう一つ重要な現象を忘れてはならない。それは生前のイエスによる「神の国」の宣教を継続するために、故郷、家族、財産を放棄して無防備な遍歴の生活に身を委ねた者たちの運動である。一旦はその挫折だと見えたイエスの十字架による刑死が、今や復活信仰の光の下では、実は神の救済計画による出来事なのである。そうであれば、生前のイエスが告知した「神の国」の約束も生き続けるのが当然である。イエスの「神の国」のための運動が継承されたのは、復活信仰の成立がもたらした神学的帰結の一つなのである。後述するように、彼らこそが生前のイエスの言葉を蒐集・伝承し、やがて文書化（語録資料Q）して行ったのだと考えられる。その運動は「遍歴のラディカリズム」（G・タイセン）と呼ばれて、今や研究上しっかりと定着している。当然ながら、彼らはエルサレムの中央教団とも、地域に定住する信徒の群れとも区別されなければならない。

ただし、彼らが蒐集・編集したイエスの言葉は独立の文書として存在するものではなく、現在は共観福音書の中に埋め込まれている。そのため、そこから歴史的な問い返しによって再構成される他はない。その上、そこでは生前のイエスの言葉遣いが変形されている可能性も小さくない。それゆえ、その再構成は、生前のイエスの生涯と宣教の再構成と同じように、仮説性を免れないのは当然である。

すでに拙著『イエスという経験』で詳しく論じたとおり、生前のイエスの宣教はパレスチナのユダヤ教徒を対象とするものだった。伝統的な言い方をすれば、「イスラエル十二部族」である。そのことは、イエスがいわゆる「十二弟子」を選んで宣教に派遣したことから端的に読み取られる。また、「人の子が栄光の座に座るとき、あなたがた（十二人）も、わたしに従って来たのだから、十二の座に座ってイスラエルの十二部族を治めることになる」（マタ一九28）という言葉からも明らかである。もちろん、イエスは「神の国」の祝宴には、やがて「東や西から大勢の人が来て」共に着席するとも述べていた（マタ八11／ルカ一三29）。しかし、それは「神の国」が宇宙史の終わりに地上に現前化するときの神の行動である。それまでの限られた残りの時にイエスと十二人が宣教してめぐる対象は「イスラエルの家の失われた羊」（マタ一〇6）に限定されていたのである。(3)

使徒言行録一章が伝えるところでは、復活信仰を踏まえてエルサレムに成立した原始教団がいわゆる「裏切り者ユダ」の脱落の後を補充するためにくじ引きをしたところ、マッティアに当たったと言う（使一21―26）。もしこれが史実であれば、原始エルサレム教団も生前のイエスの宣教理解を継承したことになる。しかし、それを間違いなく、しかも集中的に継承したのは、前述の遍歴のラディカリストたちであった。彼らは自分たちのことを、イエスの宣教に応答した「イスラエルの家の失われた羊」と理解していたはずである。神とのあるべき関係から外れてしまっていた状態から、あるべき関係に呼び戻された「新しいイスラエル」と言うこともできる。

彼らが継承した「神の国」の宣教の中では、来るべき審判者「人の子」は、イエスとは別の存在ではなく、イエス自身のことだと考えられている。この点で生前のイエスの見方が解釈替えを被ることは、まもなく後述するとおりである。この新しい解釈に照らせば、遍歴のラディカリストたちの自己理解には、差し迫った審判に先立って「選ばれた者」、来るべき審判を生き残るはずの「残りの者」という意識も含まれていたかも知れない（ルカ一二32、イザ四一14参照）。

3　神学的・解釈学的帰結

以上は復活信仰が原始教会の言わば組織面と生活様式の上で結んだ帰結である。しかし、復活信仰が結んだ帰結には、それ以外にも、より純粋に観念の領域、誤解を恐れずに言えば、神学的思考の領域に限られるものもある。次にそれを問わねばならない。問題になる帰結は複数ある。しかし、それらの帰結が時間的・空間的に、どういうつながりで結ばれたのかは厳密には分からない。もちろん、いろいろな学説があるが、ここではそれには立ち入らず、事柄上の観点からのみ整理することにする。ここでも主たる焦点は最古のアラム語を話すパレスチナの原始教団に絞られる。

まず最初に挙げるべき帰結は、イエスの役割、人格、そして本性についての問い返しである。この問い返しは、専門用語ではキリスト論という。つまり、復活信仰はキリスト論を生んだのである。誕生間もないキリスト論のよい例は、ローマの信徒への手紙の冒頭におかれた次の文章である。

3御子《みこ》は、肉によればダビデの子孫から生まれ、4聖なる霊によれば、死人からの復活以来、神の子と定められたのです。この方がわたしたちの主イエス・キリストです。（ロマ一3―4）

もちろん、ローマの信徒への手紙はパウロが書いたものである。しかし、その冒頭におかれたこの文章は、研究上の定説にしたがえば、パウロ以前の伝承にさかのぼるものである。注目されるのは、ここには「御子」、「ダビデの子孫」、「神の子」、「主」、「キリスト」と、いずれもイエスの尊厳を表現するための称号（いわゆるキリスト論的尊称）が揃っていることである。新約聖書の中でイエス・キリストに当てはめられている重要な称号でここで抜けているのは、「人の子」だけである。このことはパウロが依拠している伝承が、そのまま全体としてパレスチナのユダヤ人キリスト教にさかのぼるのではなく、すでにヘレニズム・ユダヤ人キリスト教の手を経ていることを示している。「人の子」は、次項で改めて詳論するとおり、あまりにも深くパレスチナのユダヤ人キリスト教に根を張ったイメージであったために、意識的に退けられ、その代わりに「主」の称号に置き換えられたのである。それ以外の「御子」、「ダビデの子孫」、「神の子」、「キリスト」もヘレニズム・ユダヤ人キリスト教で理解可能な称号である。

しかし、その点は別として、文章のより根本的な構造と内容に注意しなければならない。文章の第一肢「肉によればダビデの子孫から生まれ」（一3）は、一見すると、伝統的なダビデの子メシアの観念（前出Ⅱ四参照）を下敷きにしているように思われる。もちろん、そのことを否定する決定的な理由はない。その場合にも、パレスチナのユダヤ人キリスト教による起源が否定されるわけではない。

しかし、生前のイエスは事実ダビデの血統であった歴史的可能性も考慮しなければならない（前出Ⅱ七参照）。その場合には、伝承は格段に古いものとなる。

同じことは、文章の第二肢「聖なる霊によれば、死人からの復活によって神の子と定められた」（一4）からも言える。ここでは、イエスは神（聖霊）によって死から甦らされたことによって初めて「神の子に定められた」と言われる。ということは、生前の肉の生涯の間のイエスは人間であって、確かに「ダビデの子孫」ではあっても、生まれつきの「神の子」ではなかったのである。死からの復活は、言わば人間イエスが「ダビデの子孫」から、さらに高い「神の子」という身分へ高められた出来事になる。これは、敢えて後代の教理史の用語を使えば、「養子説キリスト論」に他ならない。

マルコ福音書一二章36―37節もこれと似たキリスト論を示している。そこでは、イエス自身の発言として、こう言われている。

> 36ダビデ自身が聖霊を受けて言っている。「主〔神〕はわたし〔ダビデ〕の主〔メシア〕にお告げになった。『わたしの右の座に着きなさい。わたしがあなたの敵をあなたの足もとに屈服させるときまで』と。」37このようにダビデ自身がメシアを主と呼んでいる。では、どういう意味で、メシアはダビデの子なのか。

ここで「　」で括った部分は詩編一一〇篇1節からの引用である。詩編のこの箇所は、ユダヤ教の中ですでに早くから、ダビデの作でメシアを予言するものとされていた。その伝統を知っていた原始教会は、「このようにダビデ自身がメシアを主と呼んでいる。では、どういう意味で、メシアはダビデの子なのか」と問い返す。もちろん、現在のマルコ福音書の文脈では、そう問い返しているのはイエスである。しかし、実際にはそれは、すでにイエスは死から復活して神の右に高められていると信じる原始教会が発している問いなのである。その心は、イエスが「ダビデの子」であることを否定することではない。しかし、イエスは死からの復活を経て、さらに「神の右」にまで高められて、今現に「メシア」（キリスト）の任に就いているのである。それに比べれば、イエスが「ダビデの子」であったのは、彼の生前の時に限られる。これが原始教会の見方である。ローマの信徒への手紙一章3―4節の場合と同じように、ここでも初期ユダヤ教の伝統的なダビデの子メシアの観念が、原始教会の復活信仰から変形されるわけである。

その後のヘレニズム文化圏のキリスト教の一部は、この見方を継承せずに、イエス・キリストが「神の子」として万物に先立って「先在」したという見方（フィリ二6―11、コロ一15―17、ヨハ一1―3）を生み出して行った。また別の一部では、養子説キリスト論の形での思考が継承されたが、その場合にも、イエス・キリストが「養子」（神の子）とされる時点は、死からの復活ではなく、それに先行する地上の生涯にさかのぼって、ヨルダン川で洗礼を受ける時点（マコ一10―11／ルカ三22）、あるいは母マリアの胎に聖霊によって宿る時点（ルカ一35）とされた。この展開に照らし合わせれば、前掲のローマの信徒への手紙一章3―4節の文章は、基本的には、きわめて古い伝承、場合によっては原始エルサレム教団の周辺にまでさかのぼる可能性があると思われる。

第二に挙げるべき帰結は、イエスの受難（刑死）の意味についての問い返しである。逃亡の際の弟子たちにとっては、イエスの十字架上の刑死は、それまで彼が宣べ伝えてきた神の救済計画、すなわち「神の国」の挫折に他ならなかった。しかし、今や神が処刑されたイエスを死から甦らせたのであるから、イエスの受難もすでに初めから神の救済計画の中に組み込まれていたはずである。そこから、イエスの受難の必然性を探し求めて、旧約聖書の読み直しが始まった。そこから最初に生み出されたのが、いわゆる受難物語と呼ばれるまとまりである。

それは現在の正典四福音書では、ほぼそれぞれの最後の晩餐の場面以降（マコ一四27／マタ二六31／ルカ二二31／ヨハ一八1以下）に相当する。最も古い形のものは、マルコ福音書の該当部分の背後に前提されているものである。その元来の起源は、おそらくパレスチナのユダヤ人キリスト教徒たちがイエスの命日に墓前で捧げた礼拝にまでさかのぼるとする学説が有力である。物語はイエスの最期の日々を時系列で辿るもので、今ここでは立ち入ることはできないが、仔細に分析すると、至るところに旧約聖書からの引用あるいは暗示が織り込まれている。該当する旧約聖書の箇所の中でとりわけ目立つのは、詩編の中で「苦難の義人」のキーワードで総称される一群の詩篇である。イエス・キリストは神への信頼ゆえに不当な苦難の中に死んだ義人として描写されるのである。

やがてパレスチナの原始教団は、そのイエス・キリストの死が自分たちにとって持つ意味についても問い返し、それを「キリストは、聖書に書いてあるとおりわたしたちの罪のために死んだ」と言い表した（Ⅰコリ一五3）。ここで「聖書」というのは、現在の旧約聖書に当たる。その中の一定の箇所に照らして、イエスの死は神の意志にしたがって起きた贖罪の出来事として解釈される。神の目的は、自分たちがモーセ律法を破って犯していた罪を代わりに贖うことであったという。いわゆる贖罪信仰がこうして成立した。前掲の文言は、パウロがコリント人への第一の手紙一五章の冒頭で、自分も古い伝承として「受けたもの」だと断って引用している定式文（一五3b―7）の一部である。おそらくは、その定式文全体がパウロが原始エルサレム教団から継承したものであると考えられる。ここで言われる「贖罪」は、イザヤ書五三章の「苦難の僕」の歌を念頭においた代理贖罪なのか、それともレビ記一六章の祭儀的贖罪を念頭においたものなのか。この点については、研究上の論争があるが、ここでは立ち入らない。いずれにせよ、それは十字架による残酷な刑死という躓きを乗り越えるための解釈であった。

復活信仰の後の視点から生前のイエスの生涯における出来事を振り返って、そこに隠されていた意味を新たに発見し直す。これはすぐれて解釈学的な事態である。その振り返りはまずイエスの最期の日々に対して行われて受難物語を生んだのであるが、もちろんそこに留まりはしなかった。やがて最期の日々からさらに時間軸をさかのぼって、生前のイエスの宣教の遍歴の道すがらに起きた出来事、行動と語られた言葉も、同じ見直しの対象となった。

その見直しを行う当事者たちの視点は、生前のイエスと宣教の遍歴を共にしていた者たちも含めて、今や復活信仰の成立という決定的な出来事を経ることで一変してしまっている。その結果、彼らが今や新たに発見する意味は、生前のイエス自身が自分の行動や発言に込めていた意味から、しばしばズレることになる。その最大のポイントは、生前のイエス自身には思いも寄らなかったところで、前述のキリスト論的な尊称が挿入されて、単なる人間であることを越えた尊厳が、しかもしばしばイエス自身の口で、強調されることである。このズレを含みながら、今や生前のイエスの行動と言葉が伝承されて行き、やがては蒐集されて、文書化もされることになった。すなわち、原始教会による伝承史の始まりである。その伝承史はパレスチナのユダヤ人キリスト教徒の間で始まったが、やがてヘレニズム・ユダヤ人キリスト教徒の間にも広がって行った。現在の共観福音書の著者たちは、そうして蒐集・文書化された伝承をそれぞれ利用しているのである。すでに触れたイエスの言葉伝承、とりわけ語録資料Qはその典型である。それ以外にも、マルコ福音書に限ってみても、譬《たと》え話集（四章）、論争物語集（二1―三6）、信仰問答集（一〇章）が相当の蓋然性をもって想定される。

復活信仰成立後のパレスチナのアラム語を話す原始教団による見直しによって、生前のイエスが語った言葉も、彼がもともと込めていた意味と大きなズレを被ることになった。中でも、「人の子」についての発言こそ、その最たるものであった。問題のズレは、生前のイエスの終末待望が、復活信仰成立後のパレスチナの原始教団において、再編成されて行くことと深く関係している。それは新約聖書の終末論に焦点を当てる本書にとっては、きわめて重要なポイントであるから、項を改めて論ずることにしよう。

4　イエス・キリストこそ「人の子」

共観福音書で「人の子」の語句がどのように現れるかについては、すでに一覧表にして掲出したとおりである（Ⅵ二6、一六四頁）。以下この項では、もう一度その一覧表を参照しながら話を進めることにする。

一覧表の説明の中でも述べたように、共観福音書の著者たちは揃って、すべての箇所の「人の子」が常に物語の主人公のイエスと同じだと考えている。つまり、「人の子」は彼らが自分たちの救い主イエス・キリストを言い表すために用いた重要なタイトル（キリスト論的尊称）の一つであったのである。この事情は、彼らに先立って伝承を担ったパレスチナのユダヤ人キリスト教徒たちの場合も同じであった。

そのことは、地上を歩みながら宣教のわざを遂行中のイエス（2）[4] と自分の受難を予告するイエス

（3）については端的に明白である。とりわけ、後者の場合には、エルサレムへ上る途中のイエスがそこで自分を待ち受けている受難の運命を「人の子」の運命として予告しているのであるから、「人の子」がイエスの自己言及であることは明々白々である。これは明らかに、すでにイエスの受難を歴史的事実として前提している原始教団の視点からの発言である。

注目すべきは、同じ受難予告はルカ福音書一七章25節にもあるが、そこでは、終末時の宇宙規模の「さばき」のために到来する審判者イエス（1）と結合されていることである。つまり、ルカにとっては（1）の「人の子」もイエス・キリストの自己言及である点で、（2）および（3）とまったく同列なのである。まもなく宇宙史の終わりに到来するべき「人の子」は、生前地上で「神の国」を宣べ伝え、その最後に十字架の受難を遂げたイエスと同一なのである。この同一化は、もちろんマルコ福音書とマタイ福音書でも同じであるが、彼らの段階で初めて起きたものではなく、それ以前のはるかに古い段階、つまりアラム語を話すユダヤ人キリスト教徒の間で起きたものと考えなければならない。

その証拠の一つが、思わぬところに残っている。それはパウロがパレスチナからはるかに隔たったコリントの信徒たちに宛てた第一の手紙である。その末尾（一六22）に「マラナ・タ」（われらの主よ、来てください）という祈りが記されている。「マラナ・タ」はギリシア語ではなく、アラム語である。宛先のコリント教会の信徒たちにとっては、言語としては理解不可能であったにちがいない。パウロはそれを承知の上で、すでに定型化した祈りの文言として記しているわけである。ここに出る「主《マル》」は、パウロ書簡で他の随所に現れるギリシア語の「主」（キュリオス）とは、区別しなければならない。それはすでにアラム語の定型句の中にあったものだからである。さらにギリシア語の「キュリオス」は明確にキリスト論的称号であり、復活のイエスの世界支配を意味している。しかしアラム語の「マラナ」〔われらの主〕は、もともと目下の者が目上の者との対面状況において用いた呼びかけの慣用句であって、未だキリスト論的称号ではなかったのである。パレスチナの原始教会は、礼拝その他の儀式の共同の祈りの中で、イエスに「マラナ」と呼びかけながら、その再臨を待望していたわけである。そのイエスは「初臨」のイエス、つまり殺される前の生前のイエスと同一であった。もちろん原始教会にとっては、再臨のイエスと初臨のイエスのどちらも今や「人の子」なのであるが、共同の祈りの中では「人の子イエスよ、来てください」と呼びかけるわけには行かなかった。なぜなら、「人の子」は生前のイエス以来、三人称単数の称号としての用法が定着していたからである。イエスに向き合って発せられる祈りでは、呼びかけの慣用句「マラナ」でしかあり得なかったのである。

復活信仰成立後のパレスチナの原始教団は、たしかに生前のイエスの三人称単数の「人の子」の用法を引き継いだ。しかし同時に、それに重要な一点で解釈替えと再編成を加えた。生前のイエスが「わたし〔イエス自身〕とわたしの言葉を恥じる者は、人の子もまた、父の栄光に輝いて聖なる天使たちとともに来るときに、その者を恥じる」〔マコ八38〕という言葉で語っていた「人の子」は、いわゆる集合的単数で、すでに天上で実現している祝宴の参加者たちが最終的に地上に下降して現前化することを同時代の黙示文学のイメージで表現したものだった〔VI二6、一六六頁参照〕。イエスはその「人の子」を三人称で表現し、自分とは区別された審判者と考えていたのであった。その「人の子」が今や死から甦らされているイエス・キリスト自身に他ならないと解釈され直すのである！　「人の子」の三人称単数は、今やイエスが自分で自分を「人の子」と言い換えているに過ぎないと解されるのである。

この再解釈にも、生前のイエスの場合と同じように、相前後する時代のユダヤ教黙示文学の終末論のイメージが働いていることは明らかである。そこでは、「人の子メシア」(エチオピア語エノク書「たとえの書」)あるいは「神の子メシア」(Ⅳエズ)の出現は、すべての死者の復活および最後の審判のイメージと結びついていたからである(Ⅲ四、六一頁とⅣ一トポス8参照)。

パレスチナの最古のユダヤ人キリスト教徒たちは、イエスの復活の中に黙示文学的な出来事を見て取ったのである。それはイエス一人に起きて終わったのではなく、すべての死者の復活が間近に迫っていることの徴、言わば「初穂」であった。万人が死から復活した後、彼らを裁き、選ばれた者を集めるのは「人の子」の役割である。イエスはその「人の子」として間もなく再臨し、生前約束していた神の国を最終的に実現するだろう。これが復活信仰に到達した最古の原始教団の確信であったに違いない。ユダヤ教黙示文学では、「人の子」の到来は宇宙史の終末に一度限り待望される。しかし、原始教団にとって、イエスはすでに地上で人間としての生涯を歩み終わっているのだから、来るべき「人の子」としての到来は、二度目の到来、つまり「再臨」となるのである。それゆえ、彼らの確信は「再臨待望」と呼ばれる。

この終末待望を担った者たちは、イエスの十字架の処刑の意味についての問い返しと復活信仰のことも、もちろん承知していたにちがいない。しかし、切迫した再臨待望に比べれば、それは副次的なものだったと推定される。E・ケーゼマンはこの燃えるような再臨待望を「復活後の熱狂主義」と呼んだ。この表現はその後の研究の中でも重要なキーワードとなっている。(5)

前述の言葉伝承を担った集団も、この最古の原始教団の再臨待望を強く継承している。前掲の一覧表(Ⅵ二6、一六四頁)を改めて見てみると、(1)の終末時の審判者として到来する「人の子」イエスは、とりわけ言葉伝承、それも語録資料Qの中で、大きな役割を果たしている。ということは、今述べた解釈替えと再編成は、継承された神の国運動の中でこそ行われたということになる。なぜなら、もともと言葉伝承は「神の国」の宣教を継続して行くためにこそ、蒐集・伝承されたと思われるからである。そこでは、生前のイエスの発言ばかりではなく、実際には原始教会の預言者によって語られた言葉も、今や復活して彼らの宣教活動の隠された主体として活動し続けているイエスによる発言と考えられて、区別されずに合体されて行った。しかし、その「言葉伝承」がやがて文書化された段階（語録資料Q）でも、イエスの受難と復活については、明瞭な言及がないままである。彼らにとっては、むしろ再臨待望それ自体が復活信仰の第一義的な内容であったのだと思われる。

その言葉伝承をもう少し立ち入って分析してみよう。すでにわれわれはマルコ福音書八章38節やルカ福音書一二章8節が、原始教団による解釈替えと再編成を受ける以前、おそらく生前のイエスにまでさかのぼるものだと見做した。しかし、同じように一覧表の（1）に分類されるその他の言葉についてはどうであろうか。

この点でも、思わぬところから、分析の手がかりが得られる。それはテサロニケの信徒への第一の手紙四章15―17節である。パウロの手紙の中で最も古いもので、おそらく後五〇年頃に書かれたものである。

15主の言葉に基づいて次のことを伝えます。主が来られる日まで生き残るわたしたちが、眠りについた人たちより先になることは、決してありません。16すなわち、合図の号令がかかり、大天使の声が聞こえて、神のラッパが鳴り響くと、主御自身が天から降って来られます。するとキリストに結ばれて死んだ人たちが、まず最初に復活し、17それから、わたしたち生き残っている者が、空中で主と出会うために、彼らと一緒に雲に包まれて引き上げられます。このようにして、わたしたちはいつまでも主と共にいることになります。

パレスチナの原始教会には、霊を通して復活のイエスの言葉を取り次ぐ「預言者」たちがいたことが知られている。目下の箇所の冒頭の15節に「主の言葉」とあるのは、その「預言者」たちによって取り次がれた言葉のことだと、見做すべきだろうか。事実、そう考えることが研究上は有力である。(6)

しかし、パウロが「主の言葉」あるいは「主の命令」と断って引いてくる言葉には、歴史的に生前のイエスにまでさかのぼるものも少なくない（Ⅰコリ七10―12、25、九14）。それに準じて考えれば、目下の言葉が少なくともパレスチナのユダヤ人キリスト教徒によって担われたイエス（主）の言葉伝承の段階にまでさかのぼる可能性は小さくないと言わねばならない。

パウロがこの箇所で、伝道用に定式化された古い伝承に依拠していることは、同じ手紙の冒頭の一章9―10節からも証明される。そこでは、「さらにまた、〔マケドニア州とアカイア州にいるすべての信徒たちは〕あなたがたがどのように御子が天から来られるのを待ち望むようになったかを〔言い広めているからです〕。この御子こそ、神が死者の中から復活させた方で、来るべき怒りからわたしたちを救ってくださるイエスです」と言われている。すなわち、テサロニケの信徒たちがかつてのパウロの伝道によって受け容れた信仰個条が再び念押しされているのである。注目されるのは、その信仰個条がやはり直前の一章8節で「主の言葉」と呼ばれていることである。信仰個条の内容も、イエスの復活を再臨待望へ直結させている。これはパレスチナの原始教団の「復活後の熱狂主義」（E・ケーゼマン）そのものである。

ただし、パレスチナの原始教団の場合は、「人の子」イエスの再臨への待望であったはずである。それがこの箇所のパウロの引用では、「御子」の再臨になっている。おそらく、パウロがテサロニケというギリシア都市の信徒たちも理解できるようにするために、「人の子」を「御子」に言い換えたものであろう。それと同じ可能性は、もちろん四章15節の「主の言葉」にも想定されるべきである。すなわち、「主」（キュリオス）というギリシア語は、彼らにも分かるようにとパウロが「人の子」の代わりに置き換えたという可能性である。

テサロニケの信徒への第一の手紙四章15―17節の「主の言葉」と似ている点で目を引くのが、実はマルコ福音書一三章24―27節である。そこでも「人の子」の来臨の様子が同じような筆致で描き出される。E・P・サンダースはマタイ福音書の並行記事の方にとくに注目している[7]。ここではマタイ版から適宜補って読んでみよう。

> 24それらの日には、このような苦難の後、太陽は暗くなり、月は光を放たず、25星は空から落ち、天体は揺り動かされる。26そのとき、人の子が大いなる力と栄光を帯びて雲に乗ってくるのを、人々は見る。27そのとき、人の子は〔マタ二四31＝大きなラッパの音を合図に〕天使たちを遣わし、地の果てから天の果てまで、彼によって選ばれた人たちを四方から呼び集める。

顕著なのは、「人の子」が天使たちを伴って天から下降してくることについて語る傍点部である。この点は、マルコ福音書八章38―九章1節とも並行している。そこでも、すでに見たとおり（Ⅵ二6、一六六頁）、「人の子」イエスが天使たちとともに栄光の中に来臨することによって、「神の国が力をも

表2 「人の子」の到来とイエスの再臨

イエス(マコ8,38-9,1、マタ12,41-42並行)〔 〕は著者による補充	マコ13,26-27〔 〕はマタ24,31から補充	Ⅰテサ4,15-17
人の子が 父の栄光に輝いて 聖なる天使たちと共に 〔降りて〕来るときに 恥じる〔裁く〕。 神の国が力にあふれて現れるのを見る。	人の子が大いなる力と栄光を帯びて雲に乗ってくる。 人の子は〔大きなラッパの音を合図に〕天使たちを遣わし、 人々は見る。	主御自身が 神のラッパが鳴り響くと 大天使の声と共に 天から降って来られる。
ニネベの人々と南の国の女王は 今の時代の者たちと 一緒に立ち上がり〔復活し〕 彼らを罪に定める〔裁く〕だろう。	選ばれた人たちを四方から呼び集める。	キリストに結ばれて死んだ人たち、 それから生き残っている者たちが 復活し、一緒に引き上げられ、 空中で主と出会うだろう。

って」地上に現前化する。

さらに類似性が注目されるのは、マタイ福音書一二章41—42節/ルカ福音書一一章31—32節である。これも、すでに見たように(Ⅵ二4)、「神の国」が地上に最終的に現前化する際の死者の復活と裁きについて語るもので、やはり生前のイエスの言葉である。

かたやパウロがテサロニケの信徒への第一の手紙四章15—17節で引いている「主の言葉」、こなたマルコ福音書一三章26—27節、さらに最後に挙げた生前のイエスの二つの言葉(マコ八38—九1並行とマタ一二41—42並行)。この三つの言葉群の間に見られる並行関係を、キーワードで対観させてみると、上の表2のようになる。ただし、対観の都合上、それぞれの語順をいささか変更せざるを得ない。

当然のことながら、イエスでは切迫した「人の子」(神の国)の到来に焦点があり、パウロでは復活して今は天上にいるイエスがやがて再臨することに焦点がある。しかし、到来に関する神話論的なイメージの並行性はいかにも顕著である。イエス（マコ八38）では、「人の子」は天使をともなって栄光のうちに、天から下降し、神の国を現前化する。そのとき、過去の死者たちも甦り、人の子による裁きが行われる。

マルコ福音書一三章26—27節（マタ二四30—31）でも、その基本要素は変わらない。ただ一つ、マタイ版では、天使たちの「ラッパ」のモチーフが追加されて、黙示文学的な最後の審判のイメージがより前景に出されている。これは生前のイエスから、復活後の原始教会の言葉伝承への経過の中で起きた変化だと思われる。

テサロニケの信徒への第一の手紙四章15—17節の「主の言葉」でも、「ラッパ」を含むその言葉伝承の形が保持されている。ただし、新しいのは、再臨に際しての死者の復活が明瞭に言及されることである。言葉伝承では、死人の復活は明示的には「人の子」の再臨と結びつけられていないからである。

ただし、死人の復活そのものについての言及は、マタイ福音書一二章41—42節／ルカ福音書一一章31—32節のイエスの言葉には並行している。しかし、そこでのイエスは「すべての死人の復活」を念頭に置いているのに対して、テサロニケの信徒への第一の手紙四章15—17節では、「キリストに結ばれている者たち」の中の死者が「最初に」復活し、生き残っている者が「次に」主に受け入れられるという順序づけになっている。

全体として見ると、生前のイエスの発言（マコ八38）からテサロニケの信徒への第一の手紙四章15—17節への連続性は否定できないと思われる。ただし、伝承史の途中で、ユダヤ教黙示文学からくる神話論的な表象言語がより大きな役割を果たすようになって行ったことが明らかである。

さて以上では、終末に再臨する審判者イエス（1）に分類される箇所を取り上げてきた。最後に、それ以外の（1）の箇所については、どう考えるべきだろうか。もちろん、すべての箇所をここで取り上げることはできない。その中でも最も重要と思われる箇所は、マタイ福音書二四章37―41節（ルカ一七26―27、34―35）である。

37すなわち、ノアの時代とちょうど同じように、人の子の来臨の時もなるであろう。38大洪水の前の時代には、人々は食らったり呑んだり、娶ったり嫁いだりしていた。そうしている間にノアが箱船に入った。39しかし、大洪水がやって来てすべての者をさらってしまうまで、彼らは何一つ気がつかなかった。人の子の来臨もそのようになるであろう。40その時、二人の者が畑にいると、一人は取り去られ、一人は残される。41二人の女が引き臼で粉を挽いていると、一人は取り去られ、一人は残される（マタイ二四37―41）。

拙著『イエスという経験』ですでに述べたとおり、この記事では、日々の時間（クロノス）に追われて危機に気づかない同時代の者たちの姿が描写される。それは日常性に埋没して、イエスの「神の国」の告知に耳を傾けず、彼の苛立ちを買った聴衆の姿と重なる。その限りでは、パレスチナの原始教会が切迫した「人の子」の再臨待望から生み出した言葉としてだけ見做して、生前のイエスにまでさかのぼる可能性を抹消することはむずかしいように感じられる。一義的な判断を保留せざるを得ない。

5　再臨の遅延

「マラナ・タ」の祈り（Ⅰコリ一六22）に定式化されたパレスチナのアラム語を話す原始教団の切迫した再臨待望は、その後間もなくむずかしい問題に直面した。それは「人の子」の再臨が遅延し始めたことである。それは早くも言葉伝承そのものの中に痕跡を残している。典型的なのは、「目を覚ましていなさい」をキーワードとする一連のイエスの言葉である。

まずマルコ福音書一三章32―36節が挙げられる。ある家父長が家事を家僕たちに任せて旅に出る。しかし、その「帰り」はいつになるか分からない。したがって、家僕たる者は常に「目を覚ましていなさい」と言う。その家父長が「人の子」を指すことは、この言葉の直前のマルコ福音書一三章29節に「人の子が戸口に近づいていると悟りなさい」とあることで明らかである。「その日、その時は誰も知らない。天使たちも子も知らない。父だけがご存じである」（一三32）という文章も、「人の子」が天使たちと共に到来するイメージ（マコ八38）を想起させている。

語録資料Qは、再臨の「人の子」を夜のいつごろやってくるか分からない泥棒に譬えて、だから「目を覚ましていなさい」と言う（マタ二四43―44／ルカ一二39―40）。マタイ福音書二四章45―51節／ルカ福音書一二章42―46節の「忠実な僕《しもべ》と悪い僕」の譬えも同じ語録資料にさかのぼる。この譬えでは、主人の留守中、言われたとおりにする忠実な僕と、主人の「帰りは遅い」（マタ二四48／ルカ一二45）と思って暴飲暴食の宴会を始める僕が対比される。そしてやはり、常に「目を覚ましている」ことが説かれている。もちろん、その「主人」は「人の子」と呼ばれている。しかし、それは当然の前提であり、その「帰り」とはイエスが「人の子」として再び到来することである。それが「遅い」とは、それまで大いなる切迫感をもって待望されてきた再臨が遅延しているということに他ならない。

前述のテサロニケの信徒への第一の手紙四章15—17節は、パレスチナのユダヤ人キリスト教徒の間で浮上したこの問題と基本的には同じ問題が、遠くギリシアのテサロニケの信徒たちの間でも生じていたことを示している。注目に値するのは、そのきっかけである。パウロがその直前（Ⅰテサ四13—14）に記しているところから推すと、その原因はその地の信徒たちの間から肉体の死（眠り）を迎える者が出たことである。逆に言えば、テサロニケの信徒たちの再臨待望もそこまで熱狂的なものだったということである。彼らのそれまでの確信では、今現に生きている信徒たちが肉体の死を迎える前に、「主」イエスの再臨は起きるはずであったのである。パウロはテサロニケの信徒たちのこの動揺に答えるために、彼が承知していたパレスチナのユダヤ人キリスト教徒たちからの伝承「主の言葉」を伝えるわけである。その際に、彼がその伝承に新たに加えた解釈については、次章の該当する箇所で改めて確かめよう（後出Ⅷ三—1参照）。

第Ⅷ章　過去の中に到来している未来――パウロ

前章の第二節3項で触れたとおり、パレスチナのユダヤ人キリスト教の原始教団における復活信仰はキリスト論の誕生という帰結をもたらした。その後のヘレニズム文化圏のキリスト教では、やがてイエス・キリストが「神の子」として万物に先立って「先在」したという見方が生み出されて行った。そのイエス・キリストは先在の場所から歩み出て、人間となり（受肉）、地上の生を歩んで、十字架上に死んだ。しかし復活して、神の右に挙げられ、万物の支配者となっている、という見方も生み出されて行った（フィリ二6―11）。

パウロもこの見方を、自分のキリスト論の大きなフレームとして内面化している。ただし、パウロはこの見方をそれ自体として論述の対象にすることはない。彼の七通の真筆（ロマ、Ⅰ、Ⅱコリ、ガラ、フィリ、Ⅰテサ、フィレ）のほとんどは宛先の教会が抱えたさまざまな具体的な問題を解決するために書かれたものだからである。しかし、パウロの頭の中にこの見方がインプットされていることは、彼がそのようなさまざまな問題について論じる行間から、明瞭に読み取ることができる。

ただし、以下でわれわれが問うのは、パウロがこのキリスト論との係わりで、歴史の行方をどう見ているのか、ということである。そのためには、パウロが自分の「今」をどう理解しているのか、という問題から出発しなければならない。パウロは自分の「今」を過去および未来、とりわけ宇宙史の終末とどう関係づけているのだろうか。

一 「今」、「今この時」(1)

パウロが「今」について行う発言には、副詞による場合と名詞による場合がある。副詞は「ニュン」(nyn) と「アルティ」(arti) の二種類である。七通のパウロの真筆全体で、「ニュン」は四六回、「アルティ」は一一回用いられている。両者の間にほとんど意味上の違いはない。従って、厳密な使い分けがされているわけでもない。

名詞は「ホ・ニュン・カイロス」(ho nyn kairos) である。これは男性単数の定冠詞 (ho) と男性名詞 (kairos) で副詞「ニュン」を挟んだものである。この場合、「ニュン」は形容詞的に働くことになる。また、「カイロス」は「クロノス」が線分的な長さをもつ時間を意味するのに対して、時の点、すなわち「時機」を表わす。したがって、「ホ・ニュン・カイロス」は「今この時 (時機)」と訳すことができる。これはわずかにロマ書三章26節、八章18節、一一章5節の三回しか用いられない。しかし、すぐに見るように、パウロの時間論との関連では、いずれもきわめて重要な箇所である。

それに対して、「ニュン」と「アルティ」の用例の中には、パウロ固有の時間論と直接関係せず、むしろきわめて一般的・日常的な語法に数えられるべきものが多い。それゆえ、これらの用例は除外して、パウロの時間論にとって有意味な箇所を、可能な限り主題的にまとめながら検討してみよう。

21しかし、今や（nyni）、律法なしに、しかも律法と預言者たちとによって証しされて、神の義が明白
にされてしまっている。22すなわちイエス・キリストへの信仰をとおしての、そして信じるすべての者
たちへの、神の義である。実際、そこでは差別はまったくない。23すべての者が罪を犯したからであり、
そのゆえに神の栄光を受けるのに不十分だからである。24むしろ彼らは神の恵みによりキリスト・イエ
スにおける贖いをとおして、無償で義とされている。25―26a神はその彼〔キリスト・イエス〕を、信仰を
とおしての、また彼の血による贖罪の供え物として立てた。それはすでに起きてしまった罪過を神は忍
耐して見逃すことによって、自ら〔神〕の義を示すためであった。26bそれは今この時（ho nyn kairos）
に神の義を示すためであった。それによって、神は義なる方であり、イエスへの信仰によって生きる者
を義とする方である、ということが明らかになったのである。

傍点を付した二カ所の「今」の意味を理解するには、これに先行する部分でのパウロの筆の運びがきわめて重要である。そのことは冒頭21節の「しかし、今や」という言い方からして明らかである。パウロはそれによって、先行する三章20節までの段落に対して、対照的な論旨を新しく導入しようとしている。その先行段落はロマ書一章16節から始まっている。ロマ書一章16―17節は手紙の宛先であるローマの教会への挨拶部分の結びであると同時に、続く一章18節から三章20節までの段落への導入句でもある。

16事実、私は福音を恥じはしない。なぜならば、それはすべての信じる者たちにとって、ユダヤ人を
はじめとしてギリシア人にとっても、救いへと至る神の力だからである。17神からの義はその福音にお
いて啓示されるのであり、それは信仰から出て信仰へと至るのである。次のように書かれている。信仰

によって義とされた者は生きるであろう。

ここには、一章18節から三章20節までで取り上げられる複数の主題が凝縮されている。（1）福音、（2）「すべての信じる者たち」、（3）「ユダヤ人」、（4）「ギリシア人」、（5）「神の力」、「神からの義」の「啓示」、（6）信仰による義、（7）いのち（動詞の未来形）。

まず一章18節―二章16節では、このうちの（2）が反対側から主題化される。すなわち、「すべての神なき不信心や不義」の者たちにも、「神について知られていることがら」は明らかであるから、彼らも神の怒りを免れない（一18―19、二1、12）。

続く二章17節―三章20節は（3）の「ユダヤ人」を主題化する。特に彼らとモーセ律法の関係に焦点が当てられる。三章20節はその結びで、「なぜならば、律法の業によっては、いかなる人も神の前で義とされることはないからである。実際、律法によっては、罪（単数）の認識が生じるのみである。」前述の三章21節の「しかし、今や」はこの文章に反接するのである。

パウロの時間論の側面からまず注意したいのは、一章16節から三章20節の段落全体が終始、原則として現在形で書かれていることである。つまり、ここでは「すべての人」にとっての現実あるいは現実的可能性が問題にされている。その全体の導入句に当たる一章16―17節も、最後の「信仰によって義とされた者は生きるであろう」（これは旧約聖書ハバ二4からの引用である）の未来形以外はすべて現在形である。福音は「神の力である」。「神の義は福音において啓示されている」のである。段落冒頭の三章21節の「しかし、今や」の「今」は、その一章16―17節の現在形をもう一度受け取り直しているのである。同じ三章21節は続けて、「神の義が明白にされてしまっている」と言うが、これは時称的には現在完了形である。三章21節はこのように強く現在に焦点を絞っている点で、一章16―17節との間に枠構造を構成している。枠構造と言う点では、その他に、三章22節が「神の義」と「信じる者すべて」について語ることも、一章16―17節が提示している主題の内の（2）と（6）に対応している。

もちろん、三章21節は同時に、一章16―17節を超える新しい主題も導入する。それは（A）「律法なしに」と（B）「しかも律法と預言者たちとによって証しされて」の二つである。この内（A）は、三章27節「それではユダヤ人の誇りは何処にあるのか。それは排除されたのである」に始まる段落以下、八章までにわたって展開される。

それでは（B）はどう扱われるのか。まさにこの点と関連して重要なのが、三章21節と三章27節の間に挟まれた三章22―26節をどう読解するかである。その内の三章22―23節については、問題はない。この部分は先行する一章18節―三章20節の結論をまとめているのである。問題は続く三章24―26節である。研究上の定説によれば、この部分の背後には、パウロよりも古い伝承、それも贖罪信仰に由来する伝承が存在する。私の判断で、その伝承にパウロが自分の責任で手を加えていると思われる部分に傍点を付して示すと、ほぼ次のようになる。

24〔むしろ〕彼らは神の恵みによりキリスト・イエスにおける贖いをとおして、無償で義とされている。25―26a神はその彼〔キリスト・イエス〕を、信仰をとおしての、また彼の血による贖罪の供え物として立てた。それはすでに起きてしまった罪過を神は忍耐して見逃すことによって、自ら〔神〕の義を示すためであった。26bそれは今この時（ho nyn kairos）に神の義を示すためであった。それによって、神は義なる方であり、イエスへの信仰によって生きる者を義とする方である、ということが明らかになったのである。

傍点のない部分でパウロは自分よりも古い伝承を用いていると考えられる。25節の「贖罪の供え物」(hilastērion)という表現は、パウロではここ以外には用例がない。新約聖書全体について見ても、他にはヘブライ人への手紙九章5節の「贖いの座」に同じ単語が一回だけ現れるに過ぎない。ヘブライ人への手紙のこの箇所では、贖罪の儀式に使われる台座(出二五18―22)が問題になっているが、ロマ書三章25節はその台座に供えられる犠牲の方が問題になっている。Iヨハネ書二章2節、四章10節では復活して神のもとへ高挙されたイエス・キリストが「贖いの供え物」(hilasmos)と呼ばれている。いずれも、すでに言及した原始エルサレム教会の贖罪信仰(Ⅶ二3、一九一―一九二頁)に源を発する伝承と見て差し支えない。もう一点、ロマ書三章26節の「神の忍耐」も、他にはロマ書二章4節に一回現れるのみで、新約聖書全体でもその他には用例がない。したがって、パウロが古い伝承を使っていること、その伝承が伝統的な贖罪信仰の系譜に連なるものであることは明らかであろう。

では、なぜパウロはその伝承を他でもないまさにこの場所で用いるのか。私の見るところでは、パウロはこの伝承によって、三章21節で新たに導入した主題のうちの(B)を解説したいのである。というのは、この伝承は「贖罪の供え物」という表現が示すように、レビ記一六章13―15節の贖罪の儀式の規定を暗黙の前提としているからである。レビ記はもちろんモーセ律法の固有の一部である。イエスはあらかじめ「律法〔と預言者たちと〕によって証しされて」、「贖罪の供え物」となったというのである。

しかし、パウロは同時に、傍点部分を挿入することによって、その伝承の贖罪信仰を(A)に向かって牽引しているのだと見なければならない。傍点部分は（A）への解説なのである。パウロは三章24―26節という同一の文章の内部で、（A）と（B）の解説を同時に行おうとしているわけである。その結果、この文章は詰め込み過ぎの、実に難解なものとなってしまっている。

すでに触れたように、パウロは三章27節以下では、（A）の「律法なしに」の方に焦点を絞る形で発言する。しかし、その発言は、「それでは私たちは、その信仰のゆえに律法を無効にするのか。断じてそうではない。むしろ私たちは、律法を確立するのである」という命題（三31）で結ばれる。ここで「律法を確立する」というのは、27節でのパウロの表現を使えば、モーセ律法を「人間の業のための律法」から解き放って、「信仰のための律法」へ、「行いの律法」から「信仰の律法」へ転換させることに他ならない。「律法なしに」信仰のみによって義とされた者は、同じモーセの律法を新しく「用いる」ことができる。その時初めて、律法は神からの義を「証し」するという本来の役割を果たすことになる。

ロマ書三章21節の「しかし、今や」と三章26節の「今この時に」は、お互いがお互いを指示しあって枠構造を構成している。ここで強調される「今」とは、神が「今や」、「律法なしに」――すなわちモーセ律法の枠外で――全く新たに起こした行動が完了している現在である。その神の行動とは、神がその独り子を凄惨な十字架上の刑死に遺棄した出来事に他ならない。それはすでに完了している過去の出来事なのである。

しかし、それが不信心な者を義とする神の行動であることを信じる者にとっては、その出来事に啓示された「神からの義」は、過去として過ぎ去ることなく、今なお「明白にされてしまっている」（三21、現在完了形！）、つまり、新しい現実として継続している。このように、ロマ書三章21―26節では、「今」への視線が優勢である。

しかし、三章21節と枠構造を構成する一章17節の「信仰によって義とされた者は生きるであろう」には、すでに触れたとおり、未来への視線も明瞭である。パウロの「今」は過去から根拠づけられながら、未来に向かって開かれている。

2　神との和解、新しい創造――Ⅱコリント書五章16―21節、ガラテヤ書二章15―21節

16かくして私たちは、今後は（apo tou nyn）、誰をも肉によって知るということはしない。たとえ私
たちが肉に従ってキリストを知ってしまっていたとしても、しかし今は（nyn）もはやそのようには知
るということをしない。17かくして、もしもある人がキリストのうちにあるのなら、その人は新しく創
造された者なのである。古きものは過ぎ去った。見よ、新しくなってしまったのである。18しかし、す
べてのものは、キリストをとおして私たちをご自身に和解させ、そして私たちに和解のための奉仕を与
えられた神から出ている。19なぜならば、神はキリストにあってこの世界をご自身に和解させ続けてき
たからである。その際神は、人間の罪過を彼らに帰すことをせず、私たちのうちに和解の言葉を託され
たからである。
20それゆえに、神が私たちをとおして勧めておられるので、キリストに代わって私たちは、その使者
としての務めをする。私たちは、キリストに代わって請い求める、あなたがたが神と和解するように。
21神は罪を知らない方を、私たちのために罪とされたのである。それは私たちが、その方にあって神の
義となるためである。（Ⅱコリ五16―21）

ここでの「今」は、これまでの「肉による」知の在り方からの訣別の時である。「たとえ私たちが肉に従ってキリストを知ってしまっていたとしても、しかし今は（nyn）もはやそのようには知るということをしない」は、不用意に読み流すと、今やパウロは肉によるキリスト、つまり生前のイエスへの関心を放棄することを宣言しているかのように誤解されやすい。しかし、パウロがこの関心を放棄していないことは、すでに見たように、ロマ書一章3節b「〔私たちの主イエス・キリストは〕肉によればダビデの子孫から生まれ」という発言に明瞭である（前出Ⅶ二3参照）。加えて、パウロが稀にではあるが、福音書に伝えられる生前のイエスの発言を知っていたと思われる書き方をしている事実（Ⅰコリ四11―13、七10、一一23―25、Ⅱコリ六8―10、Ⅰテサ四15）も同じ関心を証明する。むしろ、「肉による」は認識の対象を限定するのではなく、認識の仕方に関わっているのである。特にパウロが念頭においているのは、コリントの教会に「自己推薦」（Ⅱコリ五12）をして、自分たちの来歴と能力を「誇っている」論敵たちの振る舞いである（Ⅱコリ一一章参照）。人間の価値と無価値をそのような来歴や能力で量ることが「〔誰かを〕肉によって知る」という行為である。

　パウロがそれに対置するのが、前掲の引用中の17節の「新しく創造された者」である。パウロの時間論の上で注意したいのは、それに続く「古きものは過ぎ去った。見よ、新しくなってしまったのである」という文章である。「新しくなってしまったのである」は、ギリシア語の原文でも現在完了形（gegonen kaina）である。パウロはすでに過去において起きた出来事の結果が現在にまで継続していると見ているのである。その過去の出来事は、21節で「神は罪を知らない方を、私たちのために罪とされたのである」と語られる。すなわち、神が独り子を「律法の呪い」としての十字架（ガラ三13）に遺棄した出来事に他ならない。この出来事が目下の段落では、神の側から実現された「和解」の出来事（五18―19）として述べられる。この和解の出来事を受け入れた者は、すでに新しく造り直された存在だと言うのである。

人間を含む被造物のすべてが新しく造り直されるというのは、元来、ユダヤ教黙示思想の宇宙史の終末論に特徴的な観念である（前出Ⅳ一トポス9参照）。この観念は、やがてキリスト教の終末論の中にも場所を占めることとなった（Ⅱペト三8―13、黙二一章）。ただし、そこではそれは常にまだ未来のこととして表象されている。

パウロはもちろんこの表象を知っていたわけである。ところが彼は今や「新しい創造」について現在完了形で語る。時間論として見る時、ここでパウロの視点はきわめて複線的・複層的である。これまで未来のこととして待望されてきたことが、すでに過去の十字架の出来事において、起きてしまっている。それを「和解」の出来事として受け入れる者は、すでに「新しくなってしまったのである」。ここでは、未来がすでに過去において実現し、それが過去から現在まで継続している。「新しくなってしまったのである」の現在完了形には、この意味で未来完了の視線が含まれていると言うべきかも知れない。しかも、パウロは同じ「新しい創造」がなおかつ現在から未来にかけての可能性であり続けていることもしっかり見据えている。それはガラテヤ書六章15節「新しく創造されることこそが重要なのである」という文章に明らかである。つまり、パウロのここでの視線は、未来↓過去↓現在↓未来と動いている。未来がすでに過去において実現し、そこから現在へ継続し、しかもなお未来の可能性であり続ける。

さて、目下の段落Ⅱコリント書五章16―21節は、最後の21節で「神の義」について語る。この点ですでに扱ったロマ書三章21―26節につながっている一方、ガラテヤ書二章15―21節にもつながっている。これは「信仰による義」を主題とする重要なテキストであるが、その20節に「今」が現れる。19節からのつながりで読んでみよう。

> 19実際私は、神に対して生きるために、律法をとおして律法に対して死んだのである。私はキリストと共に十字架につけられてしまっている。20もはや私が生きているのではなく、キリストが私のうちで生きておられるのである。今（nyn）、私が肉において生きているこのいのちを、私を愛し、私のために自らを死に引き渡された神の子への信仰において、私は生きているのである。（ガラ二19―20）

ここで興味深いことに、19節の「私はキリストと共に十字架につけられてしまっている」という文章は、ギリシア語の原文では、再び現在完了形（synestaurômai）である。十字架の出来事によってすでに提供されている神との和解を受け入れることは、受け入れる者にとっては、「キリストと共に十字架につけられる」ことに他ならない。逆にそのことによって、十字架の出来事はそれぞれの信徒の現在であり続ける。そこから、間もなく見るとおり、「十字架につけられたままのキリスト」（Ⅰコリ一23、二2、ガラ三1）という表現が現れてくる。ただし、この二つの現在完了形の場合は、未来がすでに過去において実現し、そこから現在へ継続し、しかもなお未来の可能性であり続けるという複線性・重層性は認められない。キリストの十字架はすでに歴史的に確定した一度限りの事件であり、未来になお待望され続けるものではあり得ないからである。この意味で、「私はキリストと共に十字架につけられてしまっている」と「十字架につけられたままのキリスト」という二つの現在完了形は、単純に過去が現在まで継続していることを表わしているに過ぎない。言わば、単線的・単層的な現在完了と言うことができるかも知れない。
パウロは「キリストと共に十字架につけられてしまっている」ことを、20節で「もはや私が生きているのではなく、キリストが私のうちで生きておられるのである」と言い換える。この時、パウロの「今（nyn）、肉において生きているこのいのち」は、それまでと全く同じ「肉」のいのちでありながら、今や一つの超越的次元を獲得する。Ⅱコリント書五章17節とガラテヤ書六章15節が言う「新しい創造」とはそのことを言うのである。

3　罪と誡めからの解放――ロマ書六章19―22節、七章6、17節、八章1―2節、ガラテヤ書四章4―9節

「キリストと共に十字架につけられてしまっている」パウロは、「神に対して生きるために、律法をとおして律法に対して死んだのである」（ガラ二19）と言う。パウロがこのように言う場合の「律法」とは、行いの規範、すなわち「誡め」へと頽落し、「罪」に機会を与えるものとなってしまっている限りでの律法のことである。ロマ書八章2節はそれを「罪と死の律法」と表現する。

他方で、同じロマ書八章2節によれば、信じる者は「生命の霊の律法」によって、その「罪と死の律法」からすでに解放されている。「それゆえに、キリスト・イエスのうちにある者たちにとっては、今や（nyn）神による断罪はない」（同八1）。

注意しなければならないのは、この場合の「生命の霊の律法」が「罪と死の律法」と並ぶもう一つ別の律法なのではないという点である。それはむしろ、イエス・キリストの十字架の出来事から逆に照射されて、本来の姿において捕らえ直された――パウロの言い方では、「確立」（ロマ三31）された――かぎりでのモーセ律法のことである。パウロが続くロマ書八章4節で「律法の義なる定めが、肉

に従ってではなく霊に従って歩んでいる私たちにおいて、満たされるためである」と語り、さらには八章7節で「神の律法」について語ることができるのは、そのためである。

パウロは自分の「今」を、「罪と死の律法」への隷属から「生命の霊の律法」へと解き放たれた時として理解している。彼が繰り返し、古い隷属状態へ逆戻りしてはならないと訓戒するのはこの理由からである。例えば、ガラテヤ書四章8—11節では次のように言う。

8しかし、未成年者であったその時、あなたがたは神を知らずに、本性上神ではない神々に奴隷として仕えたのである。9それなのに、今や（nyn）あなたがたは神を知りながら、否、むしろ神によって知られておりながら、どうして再びあの弱々しくて貧しい諸力へと立ち帰ろうとし、再び新たに奴隷としてそれらに仕えることを欲するのか。10あなたがたは日を、そして月を、そして季節を、そして年を、守ろうとするのか。11私は、自分があなたがたに対して無駄な労力を費やしてしまったのではないかと、あなたがたのことが心配でならない。（ガラ四8—11）

パウロがここで「律法」という用語は用いずに、「本性上神ではない神々」という言い方をしているのは、おそらく異邦人出身のキリスト教徒を念頭においてのことであろう。「今」は、異教的な慣習であれ、モーセ律法の「誡め」であれ、それらに奴隷として縛られていた「未成年」が、神を「アバ、父よ」と呼ぶことが許される「子」の身分へと、「贖い」出されている時である。そのことは前掲の引用に先立つガラテヤ書四章4—5節でこう述べられる。

4しかし、時が満ちた時、神は一人の女から生まれ、律法のもとに生まれた自らの子を、送ってくださった。5それは、律法のもとにある者たちを彼が贖い出すためであり、私たちが神の子としての身分を受けるためであった。

ただし、ここでは十字架の出来事にではなく、イエス・キリストの誕生の出来事（「女から生まれ」）の方に焦点が合わせられている。しかも、「時が満ちた時」という言い方では、一定の長さを持った、言わば線分的な時間が意識されている。これが救済史的な歴史観に属することは否定できないであろう。そういう目で見れば、ガラテヤ書三章17節がアブラハムに与えられた神の約束とモーセ律法の関係について、次のように述べることにも注意が必要である。「しかし、私の言いたいのは次のことである。すなわち神によってあらかじめ有効とされている契約（＝アブラハムへの約束のこと）を、四百三十年後にできあがった律法が無効にして、約束を破壊するようなことはないのである。」

おそらくパウロはこのような発言に際しては、当時のユダヤ教の律法学者の間に知られていた共通の見解を前提にしているのだと思われる。アブラハムとモーセの間の時間的な開きを四百三十年だと規定するのは、明らかに救済史的な見方に属する（出一二40参照）。パウロは歴史を一定の長さから成る救済史と見る見方を知っているのである。Ⅰコリント書二章7節が「むしろ私たちは、奥義の中にあって今に至るまで隠されてきた神の知恵を語るのであって、それを神は、世々の創造以前に、私たちの栄光のために、あらかじめ定めておかれたのである」と言うときも同じである。ここで言う「神の知恵」とはイエス・キリストのことに他ならない。イエス・キリストにおいて起きたことは、神によって「あらかじめ定めておかれた」ことだと言うのである。この見方は摂理史的と呼ぶことができる。

パウロがこのように救済史的・摂理史的に捉えているのは、ユダヤ人が「罪と死の律法」に、異教徒は「本性上神ではない神々」に奴隷として仕えていた時のことである。しかし、「今や」、イエス・キリストの出来事、とりわけ、十字架の出来事によって、同じモーセ律法を「生命の霊の律法」として受け取り直す道がすでに開かれている。

しかし、パウロが繰り返し同じ奴隷状態へ逆戻りしないように訓戒するのにはもう一つ訳がある。すなわち、律法は今なおいつでも「罪と死の律法」に頽落し得るからである。それはロマ書七章6節と17節から読み取られる。ロマ書七章6節は「しかし今や（nyni）、私たちが拘束されていたもの、すなわち律法に対して死んで、律法から解放された」と言う。七章17節ではパウロは、律法は「霊的なもの」、「良いもの」であることを知りながら、自分では欲しないことをしてしまっている自分について、「しかし今や（nyni）、もはや私がそれを行っているのではなく、むしろ私のうちに住んでいる罪がそれを行っているのである」と言う。ここでは、律法が「誡め」として「罪」の働く機会となる「今」と、そのような律法からすでに解放されている「今」、この二つの「今」が同時に成り立っていると見る他はないであろう。

4　進展する時と認識――ロマ書一三章11―12節、フィリピ書一章5節、Ｉコリント書一三章12節他

さらに、パウロの「今」についての発言には、十字架の出来事から、あるいは、より正確に言えば、それを個々の信徒が自分自身も「キリストと共に十字架につけられてしまった」出来事として受け取った時点から、つまり、それぞれの信徒の信仰告白の時点から一定の幅の進展を経た時機と見ている

ものがある。「今や、（nyn）私たちの救いは、私たちが信仰に入った時よりも、さらに近づいている。夜はふけた。日が近づいている。それゆえに私たちは、闇の業を脱ぎ捨てようではないか。そして光の武具を着けようではないか」（ロマ一三11―12）、「あなたがたがキリストを信じるに至ったはじめの日から今（nyn）にいたるまで」（フィリ一5）。この視点は特にフィリピ書に顕著で、信仰の持続性を強調している（その他に一20、30、二12、三18）。

反対に、パウロが自分の「今」からきたるべき完成を望見する視線もある。

実際私たちは、今は（arti）鏡において謎のようなかたちを見ているが、しかしその時には、顔と顔とを合わせて見るであろう。今、私は部分的に見ているが、しかしその時には、顔と顔とを合わせて見るであろう。今（arti）、私は部分的に知っているにすぎないが、しかしその時には、私が知り尽くされたように、私も知り尽くすことであろう（Iコリ一三12）。

この文章を含むIコリント書一三章8―12節全体が、現在与えられている「知識」の部分性を「愛」の全体性と対照させている。「愛」は今のまま廃れることなく存続するのに対し、今ある「知識」はやがて完全なる知識が到来するときには（10節）、機能不全になる。

このようなこれからなお来るべき終末への視線を、われわれは以下では「終末論的視線」と呼ぶことにしたい。この意味での終末論的視線は、もちろん知識論だけにとどまらない。パウロの苦難論と「残りの者」の表象にも同じ視線が認められる。

5　苦難論——Ⅰコリント書四章11、13節、Ⅱコリント書六章2節、ロマ書八章18、22節

パウロが苦難について論じるテキストのいくつかは、「今」についての言表を含んでいる。まず、Ⅰコリント書四章11—13節は、コリント教会でパウロが対峙した論敵たちの「強さ」に、「今この時にいたるまで」パウロが経てきた苦難が「弱さ」と「恥辱」の徴として対置される。

> 11今（arti）この時に至るまで、私たちは飢え、そして渇き、そして裸同然であり、そして殴られ、そして放浪し、12そして自らの手で働きながら苦労している。罵られながら祝福し、迫害されながら耐え忍び、13誹謗されながら慰めの言葉をかけている。私たちは今（arti）に至るまで、この世界の塵芥、すべての者のうちの屑のようになったのである。

Ⅱコリント書六章3—10節でも、パウロは自分が経て来た苦難の数々を列挙した後、Ⅰコリント書四章11—13節と似た言い回しで、「私たちは人を惑わす者のようでいて、同時に真実な者であり、人に知られていない者のようでいて、同時に認められたものであり、死んでいる者のようでいて、同時に、見よ、生きている者であり、懲らしめられている者のようでいて、同時に殺されることのない者であり、悲しんでいる者のようでいて、しかし常に喜んでいる者であり、物乞いのようでいて、多くの人を富ませる者であり、何ももたない者のようでいて、同時にすべてを持っている者である」（Ⅱコリ六8—10）と言う。このすべてを導入するのがⅡコリント書六章2節である。はじめに「私（神ヤハウェ）はふさわしい時に、あなたに聞いた。そして救いの日に、私はあなたを助けた」というイザヤ書四九章8節を引用した後、パウロは次のように宣言する。

見よ、今（nyn）こそ絶好の時（kairos）である。見よ、今（nyn）こそ救いの日である。

苦難に満ちた「今」がそのまま「絶好の時」（時機）、「救いの日」だというのである。この逆説は、続く部分で「……のようでいて、（実は）……ではない／……である」あるいは「……する者たちは、あたかも……しないかのように」と言われている逆説を時間論として言い直したものに他ならない。それは、「使命」（召命）は「苦難」と「弱さ」を滅却したところで遂行されるのではなく、それを「用いて」遂行されるという逆説である。「使命」が「苦難」と「弱さ」を乗り越えるのである。パウロが前掲の宣言の前後に、「さて、共に働きながら、私たちはまた勧める」（Ⅱコリ六1）、「私たちはこの奉仕が人々から誹られないために」（同六3）と語るのはそのことを意味している。

さて、「今」を苦難の時と見るパウロの視線は、伝道者あるいは信仰者の実存という次元だけにとどまってはいない。それは人間以外の被造物全体が現におかれている苦難にまで及ぶ。このことを示す重要なテキストがロマ書八章18―25節である。

18事実、私は、今この時（ho nyn kairos）の苦難は、私たちに啓示されるはずの来るべき栄光に匹敵
するものではない、と考えている。19実際、被造物の切なる思いは、神の子たちの出現を待望している。
20なぜならば、被造物は虚無へと服従させられたが、それは自発的にではなく、むしろ服従させた方に
よってであり、しかも一つの希望をもってのことであった。21つまり、被造物自身も、朽ちゆくものへ
の隷属状態から自由にされ、神の子供たちの栄光のもつ自由に至るであろう、との希望を、である。22

すべての被造物が今〔nyn〕に至るまで、共にうめき、共に産みの苦しみを味わっていることを、私たちは知っている。23それのみならず、霊の初穂をもっている者たち自身、すなわち私たち自身も、子とされること、すなわち私たちのからだの贖いを待望しながら、自分自身のうちでうめいている。24なぜならば私たちが救われたのは希望によってだからである。目に見える希望は希望ではない。なぜならば現に見ているものを誰がなお望むであろうか。25もしも私たちが見ていないものを望むなら、私たちは忍耐をもって待望する。

一読して明らかであるが、パウロの視線は被造物全体に及んでいるだけではなく、同時にその「今に至るまで」の歴史と来るべき解放の時への待望にも及んでいる。被造物全体は「宇宙」（Universum）と言っても同じである。ここではその宇宙がたどる歴史、すなわち「宇宙史」が問題になっているのである。

その宇宙史の発端について述べるのが20節の「被造物は虚無へと服従させられたが、それは自発的にではなく、むしろ服従させた方によってであり」で表現されている。「被造物は虚無へと服従させられた」は、禁断の木の実を取って食べてしまったアダムに神が宣告する「呪い」のことである（創三17—19）。従って、全被造物を「虚無へと服従させた方」とは神（ヤハウェ）に他ならない。ここで「虚無」と訳されたギリシア語（mataiotês）は、すでにロマ書一章21節にも現れている。「なぜなら、神を知りながら、神としてあがめることも感謝することもせず、かえって、むなしい思いにふけり、心が鈍く暗くなったからです。」この文章で言う「むなしい思い」がロマ書八章20節の「虚無」と同じ単語である。全被造物は、アダムの堕罪に加えて、異邦人かユダヤ人かの別を問わず「すべての神なき不信心と不義」（ロマ一18）によって偶像として崇められるようになってしまった。それによって、「虚無」に服従させられてしまった。服従させたのは神であるが、「虚無」そのものは人間の罪過に由来している。言わば、被造物全体が人間の罪過の巻き添えを食って、「今に至るまで、共にうめき、共に産みの苦しみを味わっている」（ロマ八22）のである。

これらすべてはユダヤ教黙示思想の中の宇宙史の終末論の見方そのものである。ただし、それとの重要な違いも見逃せない。ユダヤ教黙示思想の宇宙史の終末論では、アダムの堕罪以来の人間の罪の巻き添えを食って苦しむ被造物は「老化して、若いときの力を失って」いるのである（Ⅳエズ五55）。来るべき歴史の終末においては、その老化した被造物は「古い創造」として、「新しい創造」（新天新地）によって置き換えられるというのが、ユダヤ教黙示思想では優勢であった。われわれはこの終末論を「置き換えモデル」と呼んだ（Ⅳ－トポス9参照）。

ところが、前掲のテキストにおけるパウロは被造物の苦難と連帯し（「共にうめき」）、共にその苦難からの解放（自由、21節）を待望している。これはユダヤ教黙示思想との対照で、「連帯・解放モデル」と呼ぶことができる。しかも、全被造物が「虚無への服従」から解放されるのは、人間が「今この時の苦難」から解放されることに依存する。それはちょうど、かつて被造物全体が人間の罪過の巻き添えを食って「虚無」に服従させられたことに逆対応する事態である。パウロはこのことを「実際、被造物の切なる思いは、神の子たちの出現を待望している」（19節）、「つまり、被造物自身も、朽ちゆくものへの隷属状態から自由にされ、神の子供たちの栄光のもつ自由に至るであろう」（21節）と言い表す。「神の子たちの出現とその栄光」に参与することが被造物の「希望」（21節）なのである。

では「神の子たちの出現」とは何のことなのか。この言い方はいささか難解と思われるかも知れない。しかし、いずれにせよ、パウロはやがて来るべき歴史の終末に、何かまったく未知の人間種族《アロゲネース》が出現すると考えているわけではない。パウロが言う「神の子たち」とは、実際の存在としては、今現に苦難の直中にある自分たちのことに他ならない。すでに見たように、パウロはガラテヤ書二章20節で「もはや私が生きているのではなく、キリストが私のうちで生きておられるのである。今、私が肉において生きているこのいのちを、私を愛し、私のために自らを死に引き渡された神の子への信仰において、私は生きているのである」と述べていたことを思い起こそう。パウロが今現に「肉において生きているこのいのち」は、すでに一つの超越性の次元を獲得しているのであった。パウロは目下の段落では、同じことを「霊の初穂をもっている者たち、すなわち私たち」と言い表す。

ただし、それはまだ「初穂」に過ぎない。「みのり」そのものはまだこれからやってこなければならない。それが続く「私たちのからだの贖いを待望しながら」の意味である。注目したいのは、パウロは「からだからの贖い」ではなく、「からだの贖い」について語っていることである。ここで「贖い」と訳されたギリシア語「アポリュトゥローシス」(apolytrôsis)は、字義通りには「解放」を意味する単語である。「からだ」そのものが「今この時の苦難」からの解放を待ち望んでいるというのである。青野太潮はパウロのこの発言について、「ここにはパウロの、律法違反の罪の贖いという理解を越えた全人格的（からだ！）な『贖い』理解がある」とコメントしている。[2] パウロが「神の子たちの出現」、あるいは「神の子供たちの栄光」と言うのは、まさにこの意味で全人格的に解放された人間の在り方を指している。これがパウロの「希望」である。この「希望」によって、信仰者はすでに今現に「救われた」者（24節）なのである。24節のこの「救われた」は原文では不定過去（アオリスト）形である。それはガラテヤ書二章20節の「今、私が肉において生きているこのいのち」と同じものを指している。現下の「肉にあるこのいのち」、「今この時の苦難」の直中《ただなか》にある「からだ」は、パウロの「希望」においては、「神の子たちの栄光」へ連続しているのである。パウロがⅠコリント書一五章44節で、個人の肉体の死を超えた「霊のからだ」への復活について語り、あるいはその他いくつかの箇所では、端的に「永遠の生命」（ロマ五21、六22―23、ガラ六8）について語る場合も、この連続性が視野に収められている。この連続性は、生前のイエスが「いのち」について語ったときにも認められるもので（マコ三4、八35―37、九43―47、マタ六25、七13―14）、パウロとイエスを結ぶ最も重要な共通項である。(3)

6 「残りの者」――ロマ書一一章5、30、31節

これまで、「今」についてのパウロの発言をたどってきた。最後にもう一つ重要な箇所が残っている。それは、「そのようにして、今この時にも（en tôi nyn kairôi）また、残りの者が、恵みの選びに従って生じているのである」というロマ書一一章5節の文章である。

冒頭の「そのようにして」は、先行する一一章2―4節が旧約聖書から引いている出来事を指している。それは紀元前八世紀のイスラエルの預言者エリヤが周辺異民族の神バアルに帰依する者たちとの間で繰り広げた闘いである。神はイスラエルの中で「バアルに膝をかがめなかった七千人の男を残した」という（王上一九18）。パウロはこの出来事を「今この時に」キリストを信じる者たちが「生じている」ことへの予型（テュポス）と見ているのである。ここでは特に「〔残りの者が〕生じているのである」という部分が、原文のギリシア語では、現在完了形（gegonen）であることに、注意を喚起しておきたい。

「残りの者」という観念は旧約聖書の預言書に繰り返し現れる。そのことは、すでに本書第I章二節で触れたとおりである。繰り返しになるが、イスラエルが「神の選民」であるのは、神の側でのそのような一方的な選び（愛）に基づく「契約」なのである。イスラエルはそれに応答して生きなければならない。そのために手引きとして与えられたのがモーセの律法であった。しかし、やがてイスラエルはその「契約」（選び）を恒常的な「身分」保障と誤解した。現にイスラエルの内部に、富める権力者が貧しい者を抑圧するという悪が存在するに至っているのは、その結果に他ならない。神は今や、強大な異国の力を用いてまで、そのようなイスラエルを滅ぼそうとしている。これが預言者たちの告発である。

しかし、この告発はイスラエルの全面的な棄却では終わらない。もしイスラエルが悪を憎み、善を愛し、正義を貫くならば、神は「残りの者を憐れんでくださることもあろう」（アモ五15）。このアモスの言葉に代表されるように、預言者たちにおける「残りの者」とはつねに未来に待望される可能性であった。

ところがロマ書一一章5節のパウロは、同じ「残りの者」の観念を引き合いに出しながら、それを「今この時にも（en tôi nyn kairôi）また、残りの者が、恵みの選びに従って生じているのである（gegonen）」と現在完了形で語るのである。

G・アガンベンがいみじくも言うとおり、「彼（パウロ）にとっては、残りの者とはもはや預言者たちにおけるような未来に関する観念ではなく、彼がメシア的な『今』と定義する現在的な経験なのだ」[4]。否、現在完了形の「生じているのである」を厳密に取れば、それはすでに過去において生じたことなのであり、その結果が現在にまで継続してきているというのである。その過去とは、もちろんイエスの十字架の処刑の出来事に他ならない。未来（「残りの者」の待望）がすでに過去において実現し、その結果が現在にまで及んでいるのである。この意味で、ここでのパウロの視線は、未来↓過去↓現在と動いている。

これはわれわれがすでにⅡコリント書五章17節の「見よ、新しくなってしまったのである」の現在完了形について見たのとまったく同じである。しかも、この「新しい創造」の現在完了形は、なおも未来への視線（ガラ六15）につながっていた。時間論的には、未来↓過去↓現在↓未来という複線的・複層的な視線になっていた。

同じことが、目下の「残りの者」についての発言についても言える。すなわち、パウロはロマ書一一章5節で「残りの者」について語って後間もなく、一一章30―31節で次のように述べる。

30あなたがたはかつては神に対して不従順であったが、しかし今は（nyn）、彼らの不従順のゆえに憐れみを受けている。31そのように、彼らもまた今は（nyn）あなたがたが受けた憐れみのゆえに不従順になったが、しかしそれは、彼らもまた今憐れみを受けるためなのである。

この発言もロマ書一一章5節と同様に、パウロが選民イスラエルの将来を論じる文脈（九―一一章）に属する。この発言では「彼ら」とあるのがイスラエル、つまりユダヤ教徒を指しており、「あなたがた」とあるのが、もともと異邦人でキリスト教に改宗した信徒たちを指す。発言の最後に「彼らもまた今憐れみを受けるためなのである」と言われていることが示すとおり、パウロは現在不従順なユダヤ人たちにも立ち帰りの可能性が残されていることを確信している。パウロの視線は明瞭に未来に向かっている。そして、ユダヤ人たちのその立ち帰りが起きる時、その時が「残りの者」が完成する時に他ならないはずである。預言者たちが未来に待望していた「残りの者」はすでに過去において実現し、現在にまでその結果は及んでいる。しかし、その完成はユダヤ人が立ち帰って、異教徒出身の信徒たちに「接ぎ木」(一一23―24)されるときに初めて実現する。ここでE・ユンゲルの表現を使えば、「パウロにおいては、現在は過去から、希望の時としての未来へ向かって開かれる」のである。(5)

したがって、パウロが「残りの者」と呼ぶものは、その組成から見れば、異教出身の信徒とユダヤ教出身の信徒の両方から成る信仰共同体のことである。そのとき、ユダヤ教出身の信徒はそれまで「選民イスラエル」の一部でありながら、今やそれからはみ出し、「恵みの選び」(一一5)による新しい信仰共同体の一部として、古い全体、つまり「選民イスラエル」を凌駕している。アガンベンが「残りの者は全体の部分に対する過剰であると同時に、部分の全体にたいする過剰でもあるのであって、格別の救済論的装置として働くのである。このようなものとして、それはメシア的な時間にのみかかわっており、メシア的時間のなかにおいてのみ存在する」(『残りの時』九三頁)と述べるのは、この事態を指しているのだと思われる。

7 現在完了形

(一) 単線的・単層的と複線的・複層的

前節では、「今」、「今この時」についての発言を手掛かりに、パウロの時間論を踏査した。その途中で、われわれは繰り返し、いくつかの現在完了形でのパウロの発言も時間論的にきわめて重要な意味をもつことを確かめた。すでに分析の対象としたものを、もう一度念のために列挙すれば、次のとおりである。

1　ロマ書一一章5節――そのようにして、今この時にもまた、残りの者が、恵みの選びによって生じている。

2　Ⅰコリント書一章23節――それに対して私たちは、十字架につけられてしまっているキリストを宣教するからである。（他にⅠコリ二2、ガラ三1参照）

3　Ⅱコリント書五章11節――しかし、神に対しては、私たちは露わにされてしまっている。

4　Ⅱコリント書五章17節――古きものは過ぎ去った。見よ、新しくなってしまったのである。

5　ガラテヤ書二章19節――私はキリストと共に十字架につけられてしまっている。

このうち、2と5をわれわれは「単線的・単層的」と呼んだ。それはそれぞれイエスの十字架刑とパウロの回心という純粋に過去の一回的な出来事が、その効果を現在にまで継続させていることを表わす現在完了形である。その過去の出来事は、それまで伝統的に未来に待望されてきたことを実現するものではない。この現在完了形の時間論的な視線は、過去→現在という動きである。それに対して、1、3、4では、それまで伝統的に未来に待望されてきたことが過去においてすでに実現し、その結果が現在にまで及んでいるのみならず、さらに未来における完成を望見する現在完了形である。その時間論的な視線は、未来→過去→現在→未来という動きになる。われわれはこれを「複線的・複層的」と呼んだ。

単線的・単層的現在完了形は、その他にもいくつか現れる。まずイエスの復活についての発言に現れる。すなわち、パウロはそれを不定過去形で、例えば「神はイエスを死者たちの中から起こした」（ロマ一〇9、その他、Ｉコリ六14、一五15、Ｉテサ四14）と語ることができるが、他方では「キリストが（死者の中から）起こされている」と現在完了形で語ることもできる（Ｉコリ一五4、12―14、16―17、20）。イエスの復活も十字架と同じように、パウロの「今」に存続している現実なのである。Ｉコリント書二章7節の「奥義の中にあって今に至るまで隠されてきた神の知恵」の現在完了形も摂理史的である。と同時に単線的・単層的でもある。

以上のキリスト論に関わる発言の他に、パウロが自分自身あるいは信徒の生について行う発言にも、単線的・単層的現在完了形が少なからず現れる。

6　Ｉコリント書九章22節――すべての人に対して、私はすべてのものになっている――あらゆる方法で何人かを救うためである。

7　Ｉコリント書一三章11節――しかし私は大人になってしまった時、幼児的なものを放棄してしまっている。

8　Ⅱコリント書一二章9節――すると主は、私に言われたのである。「私の恵みはあなたにとって十分である。なぜならば、力は弱さにおいて完全になるからである」。

9　フィリピ書三章7節――〔しかし〕私にとって益であったものすべてを、然りそれらを、私はキリストのゆえに損失と思うようになってしまっている。

いずれの場合も、過去における一回的な決断が現在にまで継続していることを表わしている。未来への視線ももちろん含まれてはいるが、明示的ではない。8の「すると主は、私に言われた」の現在完了形について、青野太潮は、回心の際にパウロに現れた「主の言葉が今なお耳に響いているニュアンスがある」とコメントしている(6)。

いささか微妙なのは、ガラテヤ書三章24―25節で、「かくして律法は、キリストへと至る私たちの養育係となっているのである。それは私たちが信仰によって義とされるためである。しかし、信仰が到来したからには、私たちはもはや養育係のもとにはいない」と言われる場合である。ここでは「養育係となっている」が現在完了形である。25節の「私たちはもはや養育係のもとにはいない」と言う言明からすれば、24節は純粋に過去形で「私たちの養育係となったのである」となるのが論理的には自然ではないのか。にもかかわらず、なぜパウロは現在完了形で、今なお律法には「養育係」としての働きが継続しているかのように言うことができるのだろうか。

まさにこれはパウロの律法論の核心に触れる問題に他ならない。われわれはこの問題をすでに他のところで立ち入って論じているので(7)、ここでは繰り返さない。要は、「誡め」、すなわち行いの規範に頽落し、「罪」の働く機会となってしまった律法は、まさにそのことによって、信仰による義を準備したのである。しかし、本章第一節3項(前出二一九頁)で見たように、律法がそのように「罪」の働く機会となる「今」と、そのような律法からすでに解放されている「今」、この二つの「今」が信仰者においてさえ、同時に成り立っているのであるから、「養育係」としての律法の役割も今なお存続しているのである。

単線的・単層的と複線的・複層的の二つの現在完了形の視線の動きを、試みに図化すれば次頁の図1のようになる。

A　単線的・単層的

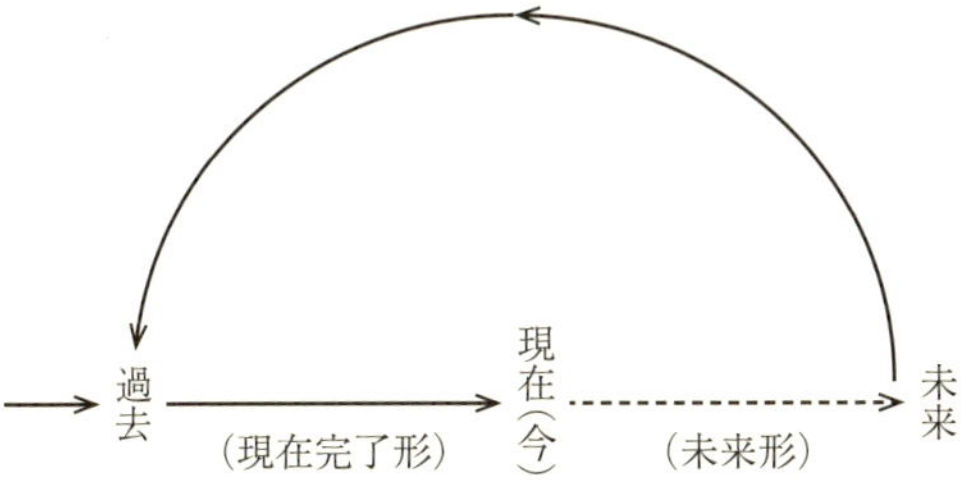

B　複線的・複層的

図１

図が示すように、単線的・単層的現在完了形は複線的・複層的現在完了形の一部（底辺）として、その中に包摂されると見ることができる。したがって、複線的・複層的現在完了形こそパウロの時間論の基軸であると考えるべきであろう。パウロの時間論の視線の基軸は、未来→過去→現在→未来という動きなのである。その際、円弧の「未来→過去」の部分の視線のベクトルは、図に見るとおり、底辺の「過去→現在→未来」（特に「現在→未来」）のそれとは逆向きになる。パウロの「今」はこの二つのベクトルに挟まれた「今」である。それは次のように図式化できる。

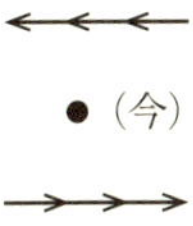

図２

パウロの時間論が「すでに」と「いまだ」の間で緊張していることは、これまでのパウロ研究が繰り返し明らかにしてきた定説である。われわれの図式も新奇なことを述べるものではなく、その定説をいささか単純に図式化したものに他ならない。
さて、以上に挙げた現在完了形の他に、パウロの時間論そのものと直接関係する現在完了形がなお二つ残っている。Iコリント書七章29節と同一〇章11節の二箇所である。その重要性から、それぞれ独立の項として扱うに値する。いずれもこの図式に照らしてはじめて、十分に理解される。

（2）Iコリント書七章29節

この箇所のギリシア語の原文の主語は「カイロス」、すなわち「時機」あるいは「時点」であり、動詞は synestalmenos estin である。synestalmenos は動詞 systellō（syn + stellō）「一緒に置く」の現在完了受動分詞、最後の estin は英語の be に相当する動詞の三人称単数現在形に当たり、現在完了分詞の後に置かれると、過去において生じた出来事の結果が現在にまで及んでいるという状態的意味を強調する（廻説的用法と呼ばれる）。
これを新共同訳と岩波版新約聖書（青野太潮訳）はそれぞれ次のように訳している。

新共同訳　定められた時は迫っています。
岩波訳　時は縮められてしまっている。

新共同訳が読者に喚起するイメージは、「定められた時（カイロス）」が近未来の特定の時点としてあって、今やそれが向こう側から「迫って」きているというものである。これはおそらく、この文章と同じ段落の内部で先行する七章26節に「今危機が迫っている状態にあるので」（新共同訳）とあることを意識した訳である。「迫っている（これも現在完了能動分詞）危機」とは、「再臨」を指す。つまり、新共同訳は「カイロス」を「再臨」の時の意味に解している。それはパウロの「今」のことではないという意見なのである。この新共同訳が苦しいのは、七章29節の synestalmenos estin を七章26節に準じて「迫っています」と訳す点である。なぜなら、如何《いかん》せん、元になっている動詞 systellō には、「迫っています」に見合う語義はないからである。もちろん、この動詞は新約時代のギリシア語では、それ以前の古典時代とは違って、多様な語義を持つに至っている。特に目下の七章29節のように、受動形の場合には自動詞の意味になって、「縮む、凝縮する、かがむ、寄り合う」という意味で用いられる。しかし、未来から特定の時点が迫ってくるという語義にはならない。新共同訳の解釈はあまりにアナログ的で救済史的に過ぎると言わなければならない。

その点では、岩波版（青野訳）の「時は縮められてしまっている」の方が当たっている。受動態が自動詞の意味になることを考えれば、「縮んでしまっている」としてもよい。ただし、読者に喚起するイメージがアナログ的であることは岩波版も新共同訳と変わらない。というのは、「カイロス」が「時」と訳されることによって、一定の時間の幅がイメージされるからである。その幅が今や「縮められてしまっている」のだと読める。

新共同訳と岩波版の別を問わず、アナログ的な解釈は、パウロの時間論の「未来→過去→現在→未来」という視線で言えば、最後の「現在→未来」の部分に含まれる「残された」時間の幅——あるいは前掲の図1のAとBの「現在」から「未来」への点線部分——に重点をおく見方である。そのため、どちらの訳でも、同じ七章29節で目下の文章の直後に続く to loipon というギリシア語は、「今からは」（新共同訳）／「これからは」（岩波訳）と訳されることになる。もちろん、これは間違いではない。

最後の「現在→未来」の部分は確かにパウロの視線の一部であり、そこでは一定の時間の幅が視野に入ってこざるを得ない。しかも、ギリシア語「カイロス」(kairos)には、すでに挙げた「時点」、「時機」という語義以外に、一定の幅を持った「時」を表わす用法も確認できないわけではないからである(マコ一〇30)。

しかし、それではパウロの「今」を深く規定している逆向きのベクトルが十分考慮されないことにならないだろうか。パウロは前掲の図2の意味で、「今」が緊張した時機であることを言いたいのではないのか。「今この時(時機)」は、二つのベクトルが「一緒に置かれた」時、その意味で「凝縮された時」なのである。パウロの「今」は、図式的に言えば、二つのベクトルのどちらでもあると同時に、どちらでもない。パウロは「今」に含まれている時間の「質」を問題にしているのであって、時間の「量」を問題にしているのではない。

もちろん、パウロの言う「今」そのものにもアナログ的にのみ表象可能な「量」の側面は明瞭に含まれている。そのことは本章第一節4項「進展する時と認識」で前述したとおりである。十字架の出来事から再臨・終末までは、そのような「今」がそのつど繰り返されてゆく時に他ならないのである。しかし、その全体が十字架までの「古いアイオーン(世、時間)」と歴史の終末で完成されるはずの「新しいアイオーン」の間に挟まれた時、しかも、まさにそのように挟まれることによって、その両側の二つのアイオーンをそれぞれの個性において認識することをはじめて可能にするような時なのである。

私の見るところ、それはちょうど単語と単語を分かつ字間の余白のようなものである。古代の文書の多くは、ギリシア語に限らず、ラテン語やヘブライ語の文書の場合にも、いわゆる連続筆写

(scriptio continua) された。すべての文字が大文字で、しかも単語と単語を区切らずに書き写されたのである。新約聖書のもっとも重要な写本でもそのとおりである。読みにくさは甚だしい。だからこそ、その読解の訓練が職業訓練として行われたのである。それに対して、語間に余白を入れて単語と単語を区切って分節すると、読解は圧倒的に容易になる。しかし、なぜ容易になるのか。当然視しないで真剣に考えてみることが必要である。もちろん、語間の余白は先行する単語と後続の単語のどちらでもない。しかし、同時にそのどちらでもある。語間の余白があればこそ、前後の二つの単語は区別されると同時に結合される。この意味で、語間の余白も「読まれている」のである。もちろん、それを「読む」のにかかる時間は計測不可能なほどの瞬間にすぎない。しかし、われわれはそれを「読み」ながら、前後の単語のつながり、ひいては文章全体の意味を構成する (読み取る) ために不可欠な操作をしているのである。同じことは、印刷された本 (例えば本書) が章と章の間で「改頁」、すなわち最後の頁に余白を残したまま新しい章を次頁から始める場合にも言えるであろう。余白頁を繰る時間は、本全体の読解のために必要な操作時間なのである。

ここで私が「操作時間」と呼んだものは、アガンベンがフランスの言語学者G・ギヨームの『時間と動詞』(初版一九二九年) のものとして紹介する「操作時間」とまったく違わないどころか、それを意識したものである。ギヨームによれば、時間は普通、過去・現在・未来を含む線分で表示されるが、それは「構成された」時間イメージであって、それが人間の思考の中で構成されることとそのことにも、別の種類の時間がかかっている。どのように迅速な心的操作にも一定の時間がかかるからである。そこで、人間の心がある時間イメージを実現するために必要な時間、これが「操作時間」と定義される。それは構成された時間が線分として図式化され得るのに対して、図式に可視化され得ない。

アガンベンはパウロの「今」をこの意味の「操作時間」に他ならないと見る。Ｉコリント書七章29節の to loipon は、「たんに『あとは』という意味ではなくて、残っている時間としてのメシア的時間を指している」（『残りの時』一一一頁）。ここで言う「メシア的時間」は、さらに次のように定義される。「時間の終わりへとわたしたちを向かわせる時間」、「クロノロジカルな時間のなかで湧き出し、それに働きかけ、それを内側から変容させる操作時間なのであって、時間を終わらせるためにわたしたちが必要としている時間――この意味において、わたしたちに残されている時間なのだ」（同一一〇頁）。Ｉコリント書七章29節で「使徒〔パウロ〕に関心があるのは、最後の日、時間が終わる瞬間ではなく、収縮し、終わり始めている時間である。あるいは、こう言ったほうがよければ、時間とその終末との間に残っている時間なのである」（同一〇二頁）。

（3）Ｉコリント書一〇章11節

次にＩコリント書一〇章11節を見てみよう。新共同訳と岩波訳は、それぞれこの箇所を次のように訳している。

新共同訳　これらのことは前例として彼ら〔荒野を放浪中のイスラエル〕に起こったのです。それが書き伝えられているのは、時の終わりに直面しているわたしたちに警告するためなのです。

岩波訳　さてこれらのことは、〔私たちへの〕警告としてかの人たちに起こったのである。それは、世の終わりが到達してしまっているこの私たちへの訓戒のために、書かれたのである。

問題は傍点部分である。まず、新共同訳は文の主語を「わたしたち」にしているが、これは説明的な意訳であり、ギリシア語原文の主語は「世の終わり」（ta telê tôn aiônôn）である。「直面している」のギリシア語の定動詞 katêntêken は動詞 katantaô の現在完了三人称単数形である。これは前置詞 kata と動詞 antaô という二つの部分から成る合成動詞である。後半の antaô（=antiaô）は「出くわす、出会う、衝突する、敵対する」という意味の動詞であることを考慮すると、全体は「わたしたちに今現に向かってきている世の終わり」と訳すことができる。従って、全体としては、「世の終わりが到達してしまっているこの私たち」という岩波（青野）訳の方が、新共同訳の「時の終わりに直面しているわたしたち」よりも、ギリシア語の原文の構文を忠実に映していると言える。

さて、前項でも触れたG・アガンベンはギリシア語の原文を「時間の終わりが互いに向かい合っている状況に直面しているわたしたち」と読解する（前掲書一二〇頁）。しかし、だからと言って、新共同訳あるいは岩波訳といったいどこがどう違うのかと訝る読者が少なくないことであろう。ところが違いは重大なのである。

アガンベンの場合、「時間の終わりが互いに向かい合っている」という読解が明瞭に示すとおり、二種類の時間の対向が考えられている。すなわち、ユダヤ教黙示思想の終末論が言う「古い世《アイオーン》」と「新しい世《アイオーン》」の間の対向である。目下の箇所で「アイオーン」（aiôn）が複数形（tôn aiônôn）で言及されるのは、アガンベンによれば、まさにこの二つの「アイオーン」を指しているのである。その複数形によって限定される「終わり」（ta telê）はそれぞれの「アイオーン」の「先端」を意味する。だから、それは複数形でなければならないのである。その二つの「アイオーン」の「先端」が互いに対向し合っている。これが目下の箇所でのパウロの時間論だとアガンベンは考える。

これに対して、新共同訳と岩波訳はどちらも、複数形の「アイオーン」は「古い世（時間）」だけを指示するもので、やはり複数形の「終わり」（ta telê）はその「古い世（時間）」の最後の部分を集合的に表現するものと見ているのである。現在完了形の「直面している」、あるいは「到達してしまっている」が三人称単数形である理由も、主語の「終わり」（中性複数）が集合的単数で受けられているからだということになる。この解釈の場合には、二種類の時間の対向というアガンベンのイメージはまったく生まれない。むしろ、喚起されるイメージは単線的である。われわれが繰り返し言及してきた原始キリスト教（およびパウロ）の基本文法に準じて言えば、イエスの誕生に先立つ「古い世（時間）」だけが視野に入っているのである。イエスの誕生と十字架の出来事によって、「古い世（時間）」の「終わりが到達してしまっている」のである。

さて、かたやアガンベンの解釈と、かたや新共同訳・岩波訳の解釈と、われわれはそのいずれに軍配を挙げるべきであろうか。文献学的には、明らかに後者に分がある。その理由は次のとおりである。
（1）パウロが基本文法の言う「古い世（時間）」を、一定の幅をもったクロノロジカルな時間と捉えていることは、すでにガラテヤ書四章4節について確認したとおりである（Ⅷ一3、二二八頁参照）。
（2）パウロは「新しい世（時間）」と対比して古い「この時代（世）」を指す場合には、ほとんど常に単数形の「アイオーン」を用いる（ロマ一二2、Ⅰコリ一20、二6、8、三18、Ⅱコリ四4、ガラ一4）。反対に、複数形の「アイオーン」を用いるのは、「世々限りなく賞賛されるべき方（神）」（ロマ一25、九5）、「世々に栄光があるように」（ロマ一一36、ロマ一六27、ガラ一5）のように、伝統的・定型的な表現に従う場合に限られる。この場合には、「世々」（アイオーンの複数形）は明らかにクロノロジカルな意味で、不窮の時間（永遠）を意味している。その背景には、かつての天地万物の創造から来るべき新しい創造までの宇宙史をさまざまな時代に区分して、救済史的思弁をたくましくしたユダヤ教黙示思想の歴史観がある。もちろん、パウロはそのような黙示思想的時代区分には無関心であるが、その用語法を継承しているのである。目下のⅠコリント書一〇章11節の用語法にもっとも近い類例が、外でもない黙示思想の影響を受けた偽典文書『レビの遺訓』に現れるのは、決して偶然ではない。その一四章1節には、「だから子供たちよ、世々の終わり（ta telê tôn aiônôn）に、お前たちが悪に手をのばして王にそむき、すべての異邦人にばかにされるのを私は知っている」とある。従って、Ⅰコリント書一〇章11節の複数形の「アイオーン」も、新共同訳と岩波訳のように、「古い世（時代）」がこれまで連綿と続いてきた時間の長さを指すものと見るべきである。

（3）アガンベンの解釈では、動詞 katantaô が「互いに向き合っている」と「直面している」の二重に訳されることになっている。しかも、「終わり」の複数形（ta telê）を、新旧二種類のアイオーンの先端に割り振るので、もはや集合的単数には取れなくなる。したがって、本来ならば、三人称単数形（katêntêken）の代わりに三人称複数形が望まれるところである。

このように、「時間の終わりが互いに向かい合っている状況に直面しているわたしたち」というアガンベンの解釈は文献学的には無理である。しかし、それは、すでに図2（二三三頁）で表したように、二つの逆向きのベクトルに挟まれたパウロの「今」を言い表すものとしては当たっている。「そして、この対面、この収縮こそがメシア的な時間なのであって、それ以外のなにものでもないのである。ここでもまた、パウロにとっては、メシア的なものは二つの時間のあいだにある第三のアイオーンではない。そうではなくて、それはむしろ、時間と時間との分割そのものを分割し、それらのあいだに、残りのもの、過去が現在へと移し換えられ、現在が過去へと伸び広がっていく、割り当て不能の無関心地帯を導き入れる切断なのである」（前掲書一二一―一二二頁）。

ここでアガンベンが「時間と時間との分割そのものを分割」するという言い方をするのは、いささか難解かも知れない。まず、「時間と時間との分割」とは、ユダヤ教黙示思想が行う「古い世（時代）」ときたるべき「新しい世」への二分割のことである。ユダヤ教黙示思想の終末論では、この両者は互いに踵を接していて、その間に「余白」はない。ところがパウロの場合には、すでに見たように、両者の間に、どちらでもなくて、かつ、どちらでもある「余白」の時間（操作時間）が挿入されている。アガンベンが「分割そのものを分割」と言うのは、この挿入のことである。

8　まとめ

以上、われわれはパウロが「今」について行う発言と、さまざまな文脈で現れる現在完了形の文章を手掛かりにして、そのパウロの「今」が「すでに」と「いまだ」の間で緊張した複線的・複層的な時であることを明らかにした。この時点で、その図式（二三三頁の図1）をイエスの時間理解と対照させてみよう（図3）。イエスの時間理解は、すでに拙著『イエスの時』が詳細に図式化しているので、ここでは簡略化している。(8)

どちらの図でも、垂線②は歴史の終末における神の超越的介入を表わしている。それはユダヤ教黙示思想の終末論では、なお未来のことと考えられていた。しかし、イエスの場合には、それは「神の国」として、すでに①において、「天上の祝宴」として始まり、今や地上にも拡大しつつある。パウロの場合にも②はすでに①に先取られて実現し、その結果が現在に継続している。と同時に②への視

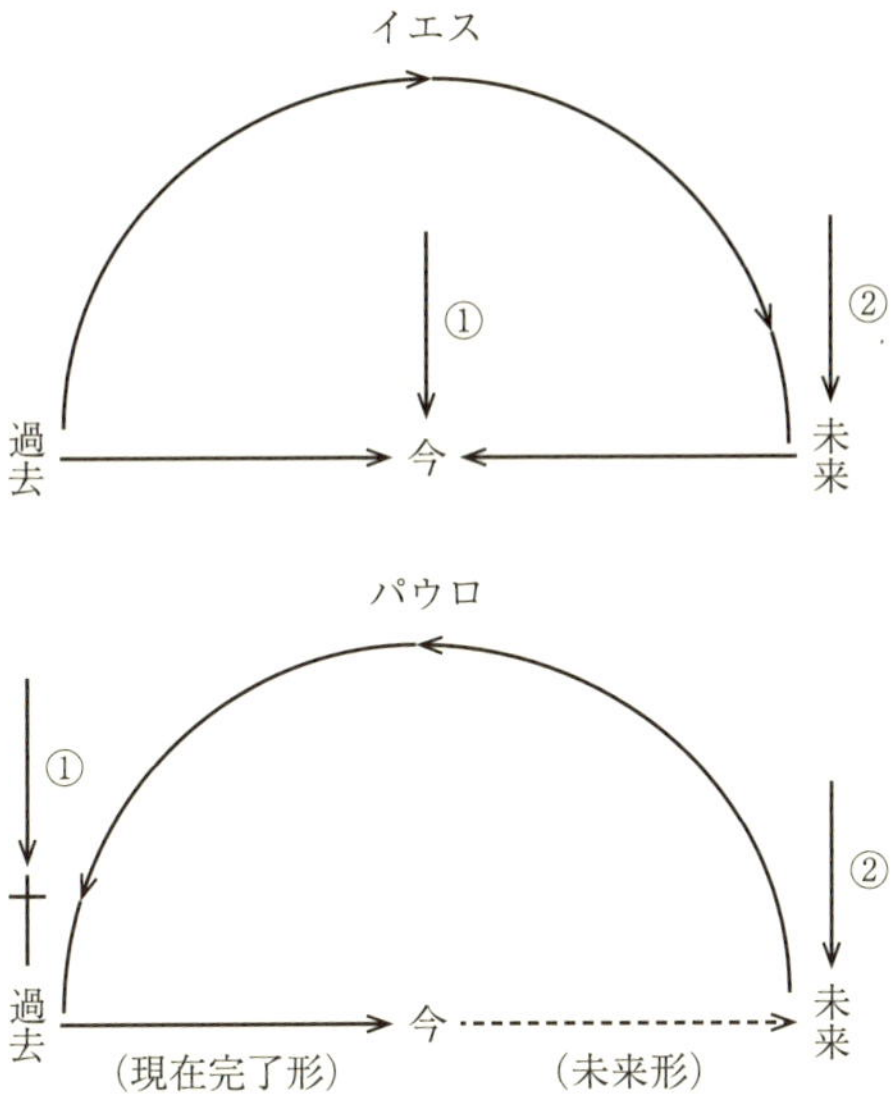

図3

線も存在している。従って、イエスとパウロの間のもっとも顕著な違いは、それぞれの「今」が二つの垂線とどういう位置関係になるかにある。イエスの場合には、垂線①が「今」と一致するのに対して、パウロの場合には、垂線①は「今」より過去、特に十字架の出来事に一致するのである。

この違いをE・ユンゲルは、すでに一九六二年に、次のように命題化している。われわれはこれに賛同する。

> それゆえ、パウロの信仰義認論とイエスの神の国の宣教との相互関係において第一義的に問題になるのは、（中略）終末が歴史に対して立つ関係が歴史的にどう変化しているかである。この点におけるイエスとパウロの間の違いは、時間にかかわる違いである。イエスにおいては、現在はひたすら差し迫った未来からのみ

排他的に規定されている。ところがパウロにおいては、現在は過去から、しかも未来の光に照らす仕方で、見られている。イエスにおいては、現在は未来から見られて、救いと決断の時として性格づけられるが、パウロにおいては、現在は過去から、希望の時としての未来へ向かって開かれる。イエスは、遠い未来のさばきのことと考えられてきたものを、神の支配の接近によって徴づけられた現在に結びつける。他方、パウロは現在を、すでに到来した終末から、キリストの再臨へ向かって、この二つの時の間に挟まれた時として理解する。

イエスとパウロの両者には終末論的な基本モチーフが共通している。しかし、それがそれぞれ終末論的未来と終末論的過去という時間的に異なった見方で表現されるのはなぜなのか。その理由は偏に、パウロは一つの過去の出来事を回顧しているという点に求められる。その出来事のゆえに彼は、すでにイエスにおいて終末が到来したのだと主張することができるのである。イエス・キリストへの信仰はこの出来事のおかげなのである。(前掲書 S. 272)

二　補論・パウロの予型論《テュポス》――過去と現在の往還

パウロの時間論には、これまで見てきた「今」についての直接的な発言と現在完了形の他に、さらにもう一つ重要な問題圏がある。それは新約聖書学の用語で「予型論《テュポス》」と呼ばれるものである。それは新約聖書学の枠を超えて、いわゆる「現代思想」と総称される思想研究の分野でも重要なテーマである。特にW・ベンヤミンの歴史哲学とイメージ論においては、きわめて大きな役割を果たしている。前節で言及したG・アガンベンもパウロの予型論《テュポス》に注目し、実はそれがW・ベンヤミンに大きな影響を及ぼしていることを明らかにしている。

わが国でもベンヤミンとアガンベンは格好の研究対象であるが、現代聖書学で行われている議論を参照する研究者はきわめて少数の例外者に限られている。とりわけベンヤミンの歴史哲学と聖書の終末論との関係に注目する者は少ない。なぜなら、「現代思想」の論壇では、ひたすらベンヤミンを非神学化することが急がれているからである。他方で、聖書学、とりわけ新約聖書学の側で、ベンヤミンとアガンベンの議論を知る研究者はほとんど皆無である。終末論の系譜を主題とする本書としては、両者の間に広がる乖離を少しでも埋めなければならない。以下はそのための補論である。

われわれはすでに第VI章の注9で、ベンヤミンのイメージ論について短く言及しておいた。すなわち、それは抽象的・形而上学的な認識もイメージによる経験によって媒介されることがあるとする。この点で、ベンヤミンのイメージ論は、言わば「経験的形而上学」とも呼ばれてしかるべきである。それはイエスが「神の国」について編み上げたイメージ・ネットワークを解明する上ではきわめて有効である。われわれはそのことを、すでに前著『イエスの時』で詳細に跡づけている（特に第XI章「ベンヤミンとイエス」参照）。

もっとも、ベンヤミン自身が意識していたのは、イエスよりもパウロであった。それも当然である。パウロが随所で展開する予型論《テュポス》こそ、ベンヤミン的に言えば、過去のイメージが現在のイメージとショートして新しい理念の星座を繰り広げるからである。以下の補論では、アガンベンの論も是々非々の立場で参照しながら、パウロに対するベンヤミンの関係について考えてみよう(9)。

予型論《テュポス》を問題にするときには、いわゆる寓喩《アレゴリー》と混同しないように、まず注意しなければならない。仮にある歴史的出来事が寓喩《アレゴリー》的に解釈されるとしよう。その場合には、その歴史的出来事を構成する人物やその他もろもろの事物、およびそれら相互の間の布置関係は、それぞれの史実性において見られることはない。そうではなくて、はじめから語り手の念頭に収まっている特定の、往々にしてきわめて抽象的でほとんど無時間的な観念——あるいは複数のそのような観念の間の布置関係——へ透視されて解釈される。歴史的出来事を構成する事物の一つ一つに、観念の側でもまた一つ一つの対応物が割り振られるのが普通である。

それに対して、予型論では、かつての歴史的事件と最近の歴史的出来事が、それぞれの史実性を保ったまま、「予型」と「本体」という関係に置かれる。つまり、予型論は歴史的過去と現在をどう関係づけるかという歴史解釈のための方法なのである。パウロもその書簡のいくつかの箇所で、この意味での予型論に訴えている。

一 アブラハムと「私たち」——ロマ書四章

まず、ロマ書四章では、創世記一五—一八章のアブラハム物語が参照される。アブラハムは、自分と妻サラ（サライ）の高齢のゆえに子に恵まれることはもはや不可能と思い込んでいたにもかかわらず、天の星のごとくの子孫を約束する神の言葉を信じた。そのことが彼の「義」と認められた（創一五6）。しかも、その時、アブラハムはまだ割礼を受けてはいなかった（創一七24参照）。

パウロは、アブラハムが「義」と認められたこの出来事の中に、自分自身の現下の今において実現している「信仰による義」の予型を見るのである。その時のアブラハムがまだ無割礼であったこと、しかし、その後で神との契約の徴に割礼を受けたこと——この事実は、今現に「無割礼のままで信じたすべての者たち」（11節）、すなわち異邦人出身のキリスト教徒たちが存在すると同時に、「割礼の者たち」（12節）、すなわちユダヤ教出身のキリスト教徒も存在していることの予型なのである。アブラハムは、信仰によって義とされている「私たちすべての者」（16節）の予型である。創世記一五章6節は「ただアブラハムのためだけに書かれたのではなく、私たちのためにも書かれたのである」（23—24節a）。

不可能と見えた子孫をアブラハムに与えた神の行動は、パウロにとって、「罪」に支配されて無きに等しい者であった自分を「お前は有る」と呼ぶために、自らの独り子を凄惨きわまりない十字架の刑死に遺棄した神の行動の予型である。どちらも「死者たちを生かし、そして無なるものを有なるものとして呼び出した」神の行動である（17節）。

また、アブラハムは、当然のことながら、モーセと律法の登場（出エジプト記）よりも歴史的にははるか以前の人物である。そのことの中にパウロは、そのアブラハムに与えられた「多くの民の父」となるという「約束」が後からやってきたモーセ律法を凌駕し、それを超えて存続することの予型を認める。「アブラハムの信仰による者にとってもまた、約束は確固たるものになる」（16節）。

これを時間論として見れば、パウロがここで現在を過去から、過去を現在から読解していることは明らかである。さらに注意すべきは、「その私たちにとっても、すなわち、私たちの主なるイエスを死者たちの中から起こした方を信じる者たちにとっても、義とみなされることはたしかに起こる」（24節）という文章である。最後の「たしかに起こる」（mellei）は、ギリシア語の原文では現在形の動詞であるが、語義そのものが事柄として未来を指示する動詞である。ここには未来への視線が明瞭に含まれている。パウロの視線は、たんに歴史的過去と現在の間を往還するだけではなく、過去、現在、未来の間を往還しているのである。

2　アブラハムの子孫（単数）とキリスト――ガラテヤ書三章15―18節

ガラテヤ書三章15―18節でもパウロは、前項と同じ場面でのアブラハムへの神の「約束」を問題にする。ただし、今度は約束された「子孫」が複数形ではなく、単数形であることに特に注目して、次のように語る。

約束はアブラハムと彼の子孫とに語られた。それは、あたかも多くの者たちにするように、「そして子孫たちにも」とは言っておらず、むしろ一人の人に対するように「あなたの子孫にも」と言っている。それはキリストのことである（16節）。

この約束は、その四百三十年後にできたモーセ律法によって反古にされることはない（17節）。「神は、まさに約束を通してアブラハムに恵みを与えられて、〔今に至っている〕のである」（18節b）。これは岩波訳であるが、訳者が「今に至っている」とわざわざ補っているわけは、「恵みを与えられて」が現在完了形（kecharistai）であるからである。パウロによれば、アブラハムに高齢にもかかわらず息子イサクが与えられたという恵みの出来事は、たしかに過去の出来事でありながら、過去になり切らずに、予型として現在を照らしているのである。

3　ハガルの子とサラの子――ガラテヤ書四章21―31節

ガラテヤ書四章21―31節でもアブラハムへの約束のテーマが継続している。ただし、パウロが今度視野に収めるのは創世記一六章である。高齢のため子に恵まれないサラは自分の女奴隷ハガルを夫アブラハムに与えて、子をもうけさせる。そうして誕生するのがハガルの子イシュマエルである。サラ（サライ）自身が息子イサクを与えられる次第は、かなり先の創世記二一章で語られる。

パウロはまず、アブラハムの二人の妻のうちのハガルについて、彼女は「今日の（têi nyn）エルサレムに相当する。それは、自らの子供たちと共に現在奴隷となっているからである」（25節）と言う。おそらくパウロはユダヤ民族がローマ帝国のくびきの下にあることを考えているのであろう。他方、サラは「天上のエルサレム」であり、「われわれの母」である（26節）。二人の息子のうち、イシュマエルは「肉によって生まれた」（23節）のに対して、イサクは「約束の子供」（28節）、「霊による子」（29節）である。

この対立をパウロは彼の現在におけるユダヤ教徒とキリスト教徒の対立の予型と見る。イシュマエルは「肉によって生まれた」（23節）という表現は、ギリシア語の原文では、現在完了形（gegennêtai）になっている。つまり、パウロの視野には、同時代のユダヤ教徒のことが入っているのである。現在のキリスト教徒たちについては、「あなたがたこそが、イサクにならった約束の子供たちなのである」（28節）と言われる。

さらにパウロは、現在における両者の対立関係を視野に入れながら、「かつて肉によって生まれた者〔イシュマエル〕が霊によって生まれた者〔イサク〕を迫害したように、そのように今もまた（kai nyn）同じことがなされている」（29節）とも述べる。しかし、旧約聖書の中に、これに該当する記事は存在しない。パウロは、同時代のユダヤ教がイシュマエルとイサクの関係について紡ぎ出していた口伝を念頭においているのかも知れない。

この箇所の予型論では、未来への視線は不在であるが、過去と現在の間の往還は明瞭である。過去におけるアブラハム、サラ、イサク、ハガル、イシュマエルの相互的な布置関係が、現在におけるキリスト教徒とユダヤ教徒の間の関係に対する予型として解釈されている。

4 アダムとキリスト（その一）——ロマ書五章12—21節

ロマ書五章12—21節の予型論では、そのような複数の人物の間の布置関係から一転して、「一人の人〔アダム〕」と「一人の人イエス・キリスト」の間の逆転した対応関係が問題となっている。すなわち、創世記三章でアダムが禁断の木の実を取って食べる物語は、「罪」（12、21節）、「不従順」（19節）、「死」が「一人の人間をとおしてこの世界（すべての人間）に入り込んだ」出来事である（12節）。他方、イエス・キリストの出来事は、「一人の人」によって、逆に「従順」（19節）、「恵みの賜物」（15節）、「義なる定め」（16節）、「生命の義」（18節）が世界に到来し、満ちあふれた出来事である。前者（アダム）は後者（来るべき者、人間イエス・キリスト）の予型であるとパウロは明言する（14節）。

ここで時間論の面から特に注意を要するのは、「予型」アダムと「本体」キリストの対応が内容的に逆対応になっているだけではなく、過去と未来の間の対応関係が問題になっていることである。パウロの視線は過去と現在の間を往還しているのではなくて、現在を挟んだ過去と未来の間を往還している。

そのことは、「一人の人の罪過によって、つまり、一人の人をとおして、死が支配したとするなら、……一人の人イエス・キリストをとおして、生命にあって支配することであろう」という17節の文章に端的に見て取れる。「罪が死によって人間を支配したように、そのように恵みもまた、私たちの主イエス・キリストをとおしての永遠の生命へと至るべく、義によって人間を支配するであろう」という21節も同様である。
この21節は、なぜパウロの視線が過去と未来の間を往還するのか、その理由を明らかにしてくれる。つまり、パウロは今や「永遠の生命」(zôê aiônios)を問題にし始めているからである。このテーマを問題にするとき、パウロは自分の「今」を超えて、来るべき完成(終わり)、すなわち、前掲の図3(二四三頁)で言う垂線②を視野に入れないわけにはゆかないのである。

5　アダムとキリスト(その2)——Iコリント書一五章20—22、45—49節

前項で確認した終末論的な未来へのパウロの視線は、Iコリント書一五章20—22、45—49節でも鮮明である。まず、20節でパウロは「今」について発言する。「しかし今や(nyni)キリストが、眠りについている者たちの初穂として、死者たちの中から起こされているのである。」このうち、二つの傍点部分はどちらも動詞の現在完了形である。特に「起こされている」(egêgertai)はキリストの復活がすでに過去の出来事でありつつ、その結果が「今」まで継続していることを表現している。「眠りについている」(kekoimêmenôn)は過去の死者たちが、現に今も来るべき死からの甦りを待っている言わば中間状態を表している。ここにすでに、パウロの視線が過去から現在を経て終末論的未来へ向かう動きが読み取られる。この動きは続く21—22節で、動詞の過去形と未来形の組み合わせによって明示される。

21まさしく、死が一人の人間をとおして生じたのだから、やはり一人の人間をとおして死者たちの甦りも生じるのだからである。22なぜならば、アダムにおいてすべての者が死ぬように、そのようにキリ

ストにおいてもまた、すべての者が生きるようになるだろうからである。

内容的には、アダムとキリストは逆対応である。この点も前項で見たロマ書五章12―21節の場合と同じである。

45―49節でも、予型である「最初の人アダム」と本体である「最後の人アダム」、すなわちキリストが逆対応の関係に置かれる。前者は「自然的ないのち」、「地から出て土で造られた者」であるのに対して、後者は「人を生かす霊」、「天からの者」である。

しかし、話がいささか複雑になるのは、この逆対応にもう一つ別の予型論が重ねられるからである。すなわち、パウロは一方では、自分も含めた人間が「自然的ないのち」(pshyché)として生まれた過去の出来事（出生）を、「最初の人アダム」が「自分に似た、自分にかたどった」息子セトを設けた出来事（創五3）に比定する。これは過去と過去の対応関係である。他方でパウロは、「最後の人アダム」、すなわちキリストがすでに死から復活したという過去の出来事を、やがて自分自身もその復活に与りながら、「霊的なからだとして起こされる」ことの予型と見るのである。これは過去と未来の対応関係である。この二つの対応関係を一つに凝縮するのが49節である。「そして私たちは、土で造られた者の像を担ったように（創五3）、天的な像をもまた担うことであろう。」

Iコリント書一五章20―22、45―49節の予型論が他の箇所のそれにくらべて読みにくいのは、私の見るところでは、パウロの時間論的な視線が過去、現在、未来の間で錯綜しているためである。

Ⅰコリント書一〇章1―11節のパウロは、欲張って実に多くの旧約聖書の事例を詰め込んでいる。まず、1―5節は、モーセに率いられてエジプトを脱出したイスラエルの民がシナイの荒野で、食べ物がないことに不平を漏らしたとき（出一六1―3）、神が天からのマナを与えて食べさせたこと（出一六4以下）、また同じ民が飲み水の欠乏から争ったとき（出一七1―3）、神が岩からほとばしる水を与えたこと（出一七4―7）に言及する。7節は、モーセがシナイ山に登って不在の間に、民は金の子牛を造って、それを崇拝し、その前で飲み食いしたこと（出三二1―6）、そのためついに神がイスラエルの民のほとんどを滅ぼしたこと（出三二10）、続く8節は、民の一部がモアブの娘たちと性交し、彼女たちの神々を崇拝したこと、神がそのためにイスラエルの民に災害を送って、二万四千人を滅ぼしたこと（民二五1―9）、さらに続く9節bは、再び民が食べ物と水の欠乏について不平を言うと、神は蛇を送って民の多くをかみ殺させたこと（民二一4―6）を、それぞれ引照する。ただし、パウロはこれらの事例を常に旧約聖書の本文そのものからではなく、少なくとも部分的には、それぞれ該当する旧約聖書の場面についてユダヤ教の律法学者（特にファリサイ派）が蓄積していた伝承から引用している。

さて、パウロは以上の事例をそのつど現在のキリスト教徒への倫理的な警告として解釈しながら列挙したあと、11節で「さてこれらのことは、私たちへの警告としてかの人たちに起こったのである。それは、世の終わりが到達してしまっているこの私たちへの訓戒のために、書かれたのである」と述べる。このうち、「世の終わりが到達してしまっているこの私たち」の現在完了形については、すでに前述したとおりである（Ⅷ一7（3））。

ここでの問題は、むしろ「警告として」という文言である。これは先行する6節にも現れる。6節が名詞形（ギリシア語 typoi）であるのに対して、11節の方は副詞形（同 typikós）という違いがあるにすぎない。どちらも予型論のことをテュポス論とも言うときの、「テュポス」に当たるギリシア語そのものである。しかし、岩波訳も新共同訳もこれを敢えて「予型」とは訳さず、「警告」（岩波訳）あるいは「前例」（新共同訳）と訳している。「予型」と訳すのがためらわれるわけは、パウロがこれらの出来事に現在の事実を予型論的に対比せずに、もっぱら倫理的に、現在から未来にかけて信徒たちの間に起き得るかも知れない逸脱行為（偶像礼拝）に対する事前の訓戒に用いているからである。この点に、この箇所の特異性がある。たしかに4節bは、出エジプト記一七章4―7節の「岩」に関連して、「ところでこの岩は、キリストであった」と言い、一見予型論を展開しているかのようにも思われる。しかし、実際には、このパウロの発言は、予型論には属さず、むしろ、旧約聖書そのものの中にすでにキリストが「肉をまとわない」形で活動していたのだとするキリスト論（ロゴス・アサルコス論）に属するように思われる。[10] ただし、この段落でのパウロの視線が過去から現在および未来に向かっていることは明らかである。

7　まとめ――W・ベンヤミンとG・アガンベン

以上われわれはパウロの予型論に関わる合計六つのテキストを時間論の観点から分析してきた。そこで繰り返し明らかになったことは、パウロの視線が過去、現在、未来という三つの時間を往還する様子である。一方における歴史的な過去の出来事、さまざまな事物と人物、他方における「今この時」の出来事、さまざまな事物と人物、さらには来るべき未来の出来事、事物と人物。この三者がそれぞれの歴史性を失うことなく保持したまま、三者の間に特定の対応関係が発見されるのである。その対応関係は順対応かも知れないし、逆対応かも知れない。しかし、とにかくそれは気づかれずにいたら、そのまま発見されずに終わったに違いないような対応関係である。パウロの予型論（テュポス論）は過去、現在、未来の間にそのような対応関係を発見して、この三つの時間の間を自在に往還する歴史観である。そこには、パウロがまず具体的な対応関係にそのつど気づいた発見の瞬間、あるいは認識の瞬間があったに違いない。それはおそらく理論的に尋ねて得られた認識ではなく、ふとした瞬間のひらめき、言わば啓示であったのではないかと思われる。

アガンベンはパウロのテュポス論のまさにこの点に、W・ベンヤミンが言う「イメージ（形象）」の「星座的布置関係」と同一の事態を認める。ベンヤミンの言う「イメージ」とは、アガンベンによれば、「過去の瞬間と現在の瞬間がひとつの星座的布置関係のなかで結合し、現在が過去において意味を承認してもらわざるをえず、過去が現在においてその意義とその成就を見いだすことになるようなすべてのもの（器物、芸術作品、文章、記念品、記録資料）なのである」（『残りの時』二二九頁）。ベンヤミン自身は同じ事態を『パサージュ論』のある箇所（N3,1）で、次のように述べている。

イメージ（形象）が歴史的な指標を帯びているということは、ただ単にイメージがある特定の時代に固有のものであるということのみならず、イメージというものはなによりもある特定の時代においてはじめて解読可能なものとなるということを意味している。しかも「解読可能」となるということは、イメージの内部で進展する運動が、特定の危機的な時点に至ったということなのである。そのつどの現在は、その現在と同時的なさまざまなイメージによって規定されている。そのつどの今は、ある特定の認識が可能であるような今なのである。この今においてこそ、真理には爆発せんばかりに時間という爆薬が装塡されている。（他でもなくこの爆発こそが、意図の死なのである。そしてこの死と同時に真に歴史的な時間、真理の時間が誕生するのだ。）過去がその光を現在に投射するのでも、また現在が過去にその光を投げかけるのでもない。そうではなくイメージのなかでこそ、かつてあったものはこの今（das Jetzt）と閃光のごとく一瞬に出あい、一つの星座を作り上げるのである。言い換えれば、イメージは静止状態の弁証法である。（『パサージュ論』N3.1）[11]

ベンヤミンは最後の「（イメージの）静止状態の弁証法」のことを、別のところでは、「事物的な構成要素の星座（Konfiguration／Konstellation）」とも呼んでいる。[12] そして、その「星座」が突発的に成立する瞬間のことを「認識の可能となる『今の時』は、目覚めの瞬間である」とも言う。[13]

ベンヤミンは、後にも見るとおり、パウロの名前を直接引いているわけではない。しかし、ベンヤミンの「イメージの星座的布置関係」は、アガンベンによれば、事態としては、すでにパウロのテュポス論（予型論）のうちに明瞭に認められるものと同一である。パウロが言う「今この時」（ho nyn kairos ロマ三26、八18、一一5）は、ベンヤミンが言う「今の時」（Jetztzeit）、すなわち、過去の事物が読解可能となる目覚めの瞬間と同じものである。パウロにおいて、「今この時」は、そのような認識が可能となっている「今」を指す術語である（『残りの時』一〇一頁参照）。「わたしたちは、すでにパウロにおいて、わたしたちが『予型的関係』と定義したもののうちに、過去と未来のあいだのこれに類似した星座的布置関係に出会っている。ここでもまた、過去のある瞬間（アダム、紅海渡行、聖餅〔マンナ〕等々）はメシア的な今の『予型』（typos）として承認されなければならない。それどころか、すでに見たように、メシア的な『今』（kairos）とはまさしくこの関係のことなのだ。」（『残りの時』二二

九頁)

アガンベンはさらに、G・ショーレムがベンヤミンの二六歳の誕生日に贈ろうとした興味深いテーゼについても言及している。それはヘブライ語文法で俗に「逆転のヴァヴ」と呼ばれる現象に関係している。知る人ぞ知るとおり、ヘブライ語の時称には未完了と完了の二つしかない。ある文章が完了形で始まっていれば、一応問題の行為はすでに完了しているものとして、多くの場合、過去の意味で訳すことができる。しかし、その行為に緊密に連続する行為は、たとえ同じように完了した行為であっても、接続詞ヴァヴ「そして」に未完了形の動詞を結合して表現される。しかし、接続詞ヴァヴの後に動詞以外の品詞が入り込んで、動詞が接続詞ヴァヴから分離されるや否や、その動詞はふたたび完了形に逆転する。逆にある文章が未完了形で始まっている場合には、継続する未完了の行為は、接続詞ヴァヴの後に完了形を続けることで表現される。

ショーレムはここから、メシア的な時間とは完了でも未完了でもなく、過去でも未来でもなく、それらの逆転関係であるというテーゼを引き出した。アガンベンはそれを受けて、「パウロにおけるテュポス論的な関係は、この転換運動を完全に表現している。それは、この使徒が『今の時』と呼ぶ、過去(完了したもの)が現勢化していまだ完了していないものとなり、現在(いまだ完了していないもの)が、一種の完了のかたちを獲得するような星座的布置関係のうちに二つの時間が入り込む、一つの緊張の領域なのである」と言う(『残りの時』一一二頁)。

大変魅力的なテーゼである。しかし、ショーレムが言うような「メシア的な時間とは完了でも未完了でもなく、過去でも未来でもなく、それらの逆転関係である」という事態は、たしかにイエスには見事に当てはまる。なぜなら、イエスの場合には、過去は現在を飛び越えて未来へ先行し、そこから現在へ対向してきているからである（前出Ⅵ二2、一四三頁参照）。しかしパウロの場合には、過去と未来の逆転関係について語ることはできない。未来はすでに過去において実現し、そこから現在へ継続し、なお未来へ進展してゆくのである。過去と未来の往還と言うべきである。アガンベンがショーレムの「逆転関係」という表現を「転換運動」という言い方に緩和しているのは理由なきことではない。

三　パウロの終末待望(14)

さて最後に、パウロが来るべき歴史の終末、あるいはイエス・キリストの再臨をどう理解していたかを見なければならない。これは言葉のもっとも狭い意味で、パウロの終末論についての問いである。すでに繰り返し確認したように、パウロによれば、歴史の終末はすでに「十字架」の出来事において実現し、その結果は現在に継続しながら、さらに未来へ、つまり再び歴史の終末での最終的な完成に向かって進んでいるのである。

その最終的完成とは何なのか。パウロはこの点について、Ⅰテサロニケ書四章15―17節、Ⅰコリント書一五章、ロマ書八章18―25節、同一一章25―32節の四箇所で正面から発言している。以下、順番にこの四箇所を吟味してみよう。ただし、Ⅰテサロニケ書四章15―17節とロマ書八章18―25節については、われわれはすでに立ち入って論じたので（Ⅶ二4、本章一5）、必要な補足にとどめることができる。

1　Ⅰテサロニケ書四章15―17節

この記事は全体として、伝承史的に生前のイエスの発言（マコ八38）につながっている（Ⅶ二4、二〇一頁参照）。伝承史の途中で、ユダヤ教黙示文学からくる神話論的な表象言語が、終始より大きな役割を果たすようになって行ったことも明らかである。

その伝承史に対してⅠテサロニケ書四章15―17節の「主の言葉」が新しい点は、キリストの再臨に際して死者が復活することに明瞭に言及していることである。言葉伝承（Q資料）では、「人の子」イエスの再臨に際して死人が復活するという明示的な言及は見られなかった。確かに言葉伝承はマタイ福音書一二章41―42節／ルカ福音書一一章30―32節で死者の復活に言及している。すなわち、昔の死者たち（ニネベ人と南の国の女王）が「今の時代の者たちと一緒に立ち上がり」という言葉のことである。ただし、この言葉では「すべての死人の復活」が念頭に置かれている。それに対してⅠテサロニケ書四章15―17節では、死者の中でも「キリストに結ばれている者たち」が「最初に」復活し、生き残っている者が「次に」主に受け入れられるという区分と順序づけになっている。

興味深いのは、なぜパウロがここでそのような順序づけにこだわるのか、その理由である。それは「主の来臨」が実現する前に、信徒の中から肉体の死を迎える（「眠る」）者が出たということである（Ⅰテサ四13―14）。テサロニケでも再臨への待望はそこまで切迫したものだったのである。その再臨が遅延し始めていることも、パレスチナのユダヤ人キリスト教徒の場合（Ⅶ二5参照）と同じである。パウロは信徒の動揺に答えるために、彼が生前のイエスの言葉、すなわち「主の言葉」として受け取っていた伝承を伝えるわけである。その際に、今述べた死人の復活の順番をパウロ自身が特に強調したという可能性は大いに考えられるであろう。

2　ロマ書八章18―25節

パウロがさらに終末論を明示的に取り上げる箇所はロマ書八章18―25節である。その本文は、すでに掲出したから（Ⅷ―5）、ここで再び確かめる必要はないであろう。そこでは、解放を求める叫びが、人間を超えて被造物全体にまで拡大される。「からだの贖われること」、すなわち自分の人格全体が解放されることを求める人間の「心のうめき」（23節）が、被造物全体の「うめき」（22節）との連帯において見られるのである。

ただし、解放（自由）のプライオリティーは人間の側におかれている。人間がその自由に与って「神の子」とされるとき（23節）、その自由に被造物全体も与るのである。「神の子たちの出現」（19節）は、決して何かエイリアンの出現のようなものを意味するのではなく、人間が人格全体（からだ）において解放された在り方を指している。重要なのは、その人格の変容が、ここでは被造物全体の解放および変貌と一体のものとして捉えられていることである。

この後者の視点は，ユダヤ教黙示文学の終末論の中の「変貌モデル」（Ⅳ―トポス9参照）と通じるものがある。おそらく、「神の子たちの出現」（19節）という表現にも、終わりの時に天上の聖徒たちの共同体が地上に出現するというユダヤ教黙示文学の表象（Ⅳ―トポス5参照）と通じるものがあるように思われる。

3　Ⅰコリント書一五章20―28、50―56節

パウロが終末論を同じように明示的に取り上げるのは、コリントの信徒への第一の手紙（後五四年

頃の執筆）の第一五章である。その中でも、20―28節と50―56節がとりわけ重要である。まず20―28節の途中から読んでみよう。

23さて、各自は自分自身の順番に従うのである。初穂はキリストであり、次いでキリストの来臨の時にキリストに属している者たちであり、24次に終わりがある。その時、キリストは王国を神すなわち父に渡し、またその時、神はすべての君侯たちと、すべての権威と権力とを壊滅させるのである。25というのも、キリストは、神がすべての敵をキリストの足下におく〔詩一一〇1〕時まで、王国を支配することになっているからである。26最後の敵として死が壊滅させられる。27というのも、神はすべてのものをキリストの足下に従わせた〔詩八7〕からである。さて、すべてのものが従わせられてしまったと聖書が言う時、そのすべてのものをキリストに従わせた方、すなわち神がそこに含まれていないのは、明らかである。28すべてのものがキリストに従わせられる時、その時には御子自身もまた、すべてのものをキリストに従わせた方に従わせられるであろう。それは、神がすべてのものにおいてすべてとなるためである。

ここでは、Ⅰテサロニケ書四章15―17節で問題にされた終末における死者（信徒）の復活の順番の問題を越えて、主の再臨に関連する出来事全体の「順序」が意識的に整理されている。キリストの復活はまず最初にキリストにのみ起きた個別的な復活である。キリスト信徒として死んだ者（眠りについた者）全員の復活は、「各自が自分自身の順番に」従いながら、キリストの再臨のときに初めて起きるのだと言う。すでに起きたキリストの復活は、それを先取りする「初穂」なのである（20節）。

次に50―56節は次のとおりである。

50さて、兄弟たちよ、私はこのことを言っておく。すなわち、肉と血とはそのままで神の王国を受け継ぐことはできないし、朽ちゆくものは〔そのままで〕神の王国を受け継ぐことはない。51見よ。私は奥義をあなたがたに告げる。私たちすべての者が眠るわけではなく、むしろ私たちすべての者は変えられるであろう。――52たちまちのうちに、一瞬のうちに、最後のラッパの鳴り響くうちに。なぜならば、ラッパが鳴ると、死者たちは不朽なる者として起こされ、そして私たちは変えられるからである。53実際、この朽ちゆくものは、不朽なるものを着、この死にゆくものは、不死なるものを着なければならないのである。54この朽ちゆくものが不朽なるものを着、この死にゆくものが不死なるものを着る時、その時書かれている次の言葉が成就するであろう。すなわち、

「死は勝利に呑み込まれた。

55死よ、汝の勝利は何処にあるのか。

死よ、汝の棘は何処にあるのか。」

56さて、死の棘は罪であり、罪の力は律法である。57しかし、私たちの主イエス・キリストをとおして私たちに勝利を与えて下さる神に、感謝すべきかな。

この箇所でのパウロの念頭には、先に見たIテサロニケ書四章15―17節と今見た箇所Iコリント書一五章23―28節の二つの箇所が浮かんでいる。最も顕著なのは、52節の「ラッパ」についての文言である。これは明瞭にIテサロニケ書四章15―17節と並行している。54―55節が死の力に対する最終的な勝利を宣言するのは、Iコリント書一五章26節の「最後の敵として死が壊滅させられる」に対応している。しかし同時に、重要な違いも見逃せない。

キリストの再臨の時に、復活した死者とそれまで生き残っていた者は、Iテサロニケ書四章17節のように「雲に包まれて引き揚げられて、空中で主と出会う」のではなく、「不朽なる者〔に〕……変えられ」（Iコリ一五52）「不死なるものを着」て（Iコリ一五54）、「神の王国を受け継ぐ」のである（Iコリ一五50）。ここで「不朽なる者」あるいは「不死なるもの」と言われるのは、先行するIコリント書一五章44―46節で「霊のからだ」と言われているものと同義であり、「神の王国」は不死の生命、すなわち「永遠の生命」の同義語である。「からだ」（ソーマ）は、この箇所でのパウロの用語法では、人間の人格全体を指しているから、人が「神の王国を受け継ぐ」ことは、古い人格から解放されて、新しい人格に変容する出来事を意味することになる。それが「不朽なる者に変えられる」ことである。ここでは、Iテサロニケ書四章17節に未だ残っていた伝統的な黙示思想的な用語法が、より強く人間の実存に引き寄せられて解釈されている。

それでは、人間の古い人格は、いったい何から解放されねばならないのか。「罪の力から」がその答えである。パウロは前掲の文章の最後を、「死のとげは罪であり、罪の力は律法である」（Iコリ一五56）と結んでいる。この文章は「罪」だけでなく、「死」と「律法」も「力」であることを喝破している。それは個々人を超えて支配する力、言わば宇宙的な広がりを持った力である。その点に黙示文学の核心的な思考法が引き継がれている。

律法が「罪の力」として人間を支配する仕組みは、ローマの信徒への手紙の七章7節以下であますところなく述べられる。その中でも鍵となるのは、「罪は掟によって機会を得、わたしを殺してしまった」（ロマ七8、11）という文章である。「掟」とはモーセ律法を構成する膨大な量の個々の具体的な条項を指している。現代の用語に直せば、六法全書の個々の条項とでも言えようか。

法律というものには、どれほど細かな条項を整えても、必ず「隙間」が残される。その法律が宗教と直接かかわるものであれば、その「隙間」は「宗教的」真面目さの競争を煽る。「隙間」を埋める埋め方の「敬虔さ」次第で、「信仰」の大小と深浅が測られてしまうからである。そうして自我の正しさを立てようとする人間同士の争いが始まる。

その争いがどこまで進むかは、ここでは問わないことにしよう。重要なのは、本来人間を生かすためのものである法律（モーセ律法）が、言わば「隙を突かれて」、「罪」に使い回される道具となってしまうことである。「罪は掟によって機会を得」とパウロが言うのはそのことである。

かつての彼自身が「罪の力」に捕縛されて、律法による「義《ただ》しさ」の点で誰にも劣らない自分を誇る原理主義者だった（フィリ三6）。律法が超個人的な「罪の力」であることを、パウロは端的に「律法の呪い」（ガラ三13）と言い表す。そして「死のとげは罪であり、罪の力は律法です」という前述の文言を逆にたどれば、「律法の呪い」は「死」、つまり「最後の敵」が人間にかけている呪いに他ならない。そこから、「死に定められたこのからだから、だれがわたしを救ってくれるでしょうか」（ロマ七24）という解放への叫びが発せられる。すでに述べたとおり、「からだ」とは人間の人格全体を指すのであるから、これは「このからだ」、つまり現在の古い人格の在り方からの解放を求める叫びなのである。

前掲のⅠコリント書一五章50―56節でもう一つ注目されるのは、「神の王国」あるいは「キリストの王国」が言及されることである（50節）。そもそもパウロが「神の国」に言及する回数はきわめて少なく（ロマ一四17、Ⅰコリ四20、六9、10、ガラ五21、Ⅰテサ二12）、ほとんどの場合、その背後には生前のイエスの「神の国」の宣教にまでさかのぼる伝承がある。

生前のイエスは「神の国」について、どのようなイメージ・ネットワークを紡ぎ出して語り伝えたか。このことについては、すでに本書の第Ⅵ章第二節が明らかにしたとおりである。そのイエスも、すでに繰り返し「神の国」を「いのち」と言い換えていた（マコ九42―48参照）。それは、事柄として見れば、神話論的なイメージで語られる「神の国」を非神話化する第一歩であったということができる。つまり、生前のイエス自身が非神話化への臨界点に達していたのである。目下の箇所のパウロも同じ「神の国」のことを、「最後の敵」（Ⅰコリ一五26）である「死」を超克した「不朽・不死なるもの」と言い換えている。ここでパウロは生前のイエスの延長線上にいる。

「死は勝利にのみ込まれた。死よ、お前の勝利はどこにあるのか。死よ、お前のとげはどこにあるのか」（Ⅰコリ一五54―55）という勝利宣言は、「神の国」で「最後の敵である死」が滅ぼされることと同じである。そのとき「神がすべてのものにおいてすべてとなる」（Ⅰコリ一五28）。これがパウロの終末論の究極である。パウロはこれを語るに語りがたい「奥義」だという（Ⅰコリ一五51）。これは宇宙史の完成がそもそも神話論的にしか表現できないものであることを表明するものに他ならない。しかし、重要なことは、パウロがその上でその「奥義」を、すでに見たように、実際には非神話化していることである。パウロにとってのポイントは、朽ちゆく「肉と血のからだ」が不朽なる「霊のからだ」へ、死にゆくものが不死なるものへ「変えられる」ことにあるのであって、何がどういう順番で起きるかということではないのである。

この関連では、コリントの信徒への第二の手紙五章1―10節が見過ごせない。それはパウロが隠れた形で、死後の人間の魂の運命について、一定の論敵の意見を論駁している箇所である。彼はまず最初に、人間の「地上の住みかである幕屋が滅びても」、「人の手で造られたのではない永遠の住みか」

が、神によって天に備えられていることを、自分は承知していると言う（1節）。その後のパウロの筆の運びでは、その「地上の住みか」とは地上の身体のこと、天にある「永遠の住みか」とは、地上の身体の代わりに、その「上に着る」天上の身体のことだとされる（2―4節）。

しかし、「人の手で造られたのではない永遠の住みか」という表現そのものが指し示しているのは、初期ユダヤ教の「上昇の黙示録」に繰り返し現れる「天上の神殿」のことだと解すべきであろう（前出Ⅵ二7参照）。すなわち、パウロはこの箇所では、論敵との間で、この神秘主義的表象を共通の前提として議論しているわけである。パウロが同じ手紙の一二章1―4節で、かつて第三の天の楽園にまで引き上げられた自分自身の神秘体験を振り返って、それが「体のままか、体を離れてかは知りません」と二度繰り返すときも、おそらく同じ論敵が意識されているに違いない。

おそらく論敵たちは、その上で、「地上の幕屋」の意味を地上の肉体に狭め、それを「脱いで裸になる」ことが、来るべき救いであると考えていたのである。それに対して、パウロは「それを脱いでも、わたしたちは裸のままではいない」（Ⅱコリ五3）と言う。なぜなら、「天から与えられる住みか」、すなわち新しい天上の幕屋、つまり「霊」の身体に着替えるからだと言う。これはパウロがすでにコリントの信徒への第一の手紙一五章で、朽ちゆく「肉と血のからだ」は不朽なる「霊のからだ」へ、死にゆくものが不死なるものへ「変えられる」と言うのとまったく同じことである。肉体の死の後の魂にも、霊の身体性が容認されるのである。それは初期ユダヤ教の「上昇の黙示録」の多くの文書が「天上の衣」あるいは「天使の衣」と表現するものと同じものである（前出Ⅵ二4参照）。

パウロは、その上で、来るべき宇宙史の終わりの最後の審判では、「善であれ、悪であれ、めいめい体を住みかとしていたときに行ったことに応じて、報いを受けねばならない」（10節）と言う。

個々人の死後の運命は、それぞれの生前の行為の総合計に依存し、それは宇宙史の終わりに留保される。こうしてパウロは個人史の終末論を宇宙史の終末論の中へ織り込むのである。

4　ロマ書一一章25—32節

パウロが最後に終末論を正面から取り上げるのは、ローマの信徒への手紙の一一章25—32節である。まずは新共同訳で読んでみよう。


25兄弟たち〔＝ローマの信徒たち〕、自分を賢い者とうぬぼれないように、次のような秘められた計画をぜひ知ってもらいたい。すなわち、一部のイスラエル人がかたくなになったのは、異邦人全体が救いに達するまでであり、26こうして全イスラエルが救われるということです。次のように書いてあるとおりです。

「救う方がシオンから来て、ヤコブから不信心を遠ざける。27これこそ、わたしが、彼らの罪を取り除くときに、彼らと結ぶわたしの契約である。」

28福音について言えば、イスラエル人は、あなたがたのために神に敵対していますが、神の選びについて言えば、先祖たちのお陰で神に愛されています。29神の賜物と招きとは取り消されないものなのです。30あなたがたは、かつては神に不従順でしたが、今は彼らの不従順によって憐れみを受けています。31それと同じように、彼らも、今はあなたがたが受けた憐れみによって不従順になっていますが、それは、彼ら自身も今憐れみを受けるためなのです。32神はすべての人を不従順の状態に閉じ込められましたが、それはすべての人を憐れむためだったのです。

ここでは繰り返しイスラエル人（ユダヤ教徒）の「不従順」に言及される。それはかつてイエスを殺害したこと、その後はパウロの異邦人伝道によって、神の憐れみが自分たちから異邦人へ移ってしまったことを妬んだことを指している（一〇19、一一14参照）。しかし、その妬みは実は神の「秘められた計画」だったのだとパウロは言う。異邦人全体が憐れみを受けることへの妬みという回り道を経させることで初めて、神はイスラエル人全体を救いへ導くというのである。ローマの信徒への手紙の九―一一章全体が、この一大テーマを論じており、ここに引いたのはその結びの部分に当たる。

注目したいのは、25節の「異邦人全体が救いに達するまでであり」という文言である。新共同訳のこの訳文は説明的な意訳である（この点では、岩波版もほぼ同じ）。しかし、原文を忠実に訳せば、「異邦人全体が入るようになるまで」なのである。ただし、何処へ「入る」のか。答えは、文字通り具体的に読解して、「異邦人全体がエルサレム神殿の中へ入るまで」と解するべきだという提案（G・タイセン）がある。その根拠とされるのが、続く26節に「救う方がシオンから来て」とあることである（その後27節まで、イザ五九20―21、二七9からの混合引用[15]）。異邦人が更新されたシオン（エルサレム神殿）に挙って参集するというのは、すでに見たように、パウロに前後する時代のユダヤ教の中に見られる終末待望の一部であった（Ⅱ二、四参照）のみならず、すでに旧約聖書の預言者たちにも認められるものである（ミカ四1―3、イザ二1―5、五六7参照）。

パウロも、地中海世界を股にかけて異邦人の間に福音を宣教しながら、その終末待望の延長線上で「救う方」の再来を、つまり主イエス・キリストの再臨を待望していたことになる。彼の「今」はユダヤ戦争（後六六―七〇年）以前であり、エルサレム神殿はなお厳然と存立していたのである。

ただし、パウロは単純に伝統的なユダヤ民族中心主義を復活させようとしているのではない。なぜなら、彼は前掲の引用部分に続けて、「すべてのものは、神から出て、神によって保たれ、神に向かっているのです」と記しているからである。これはすでに引照したコリントの信徒への第一の手紙一五章28節と同じである。宇宙史が完成されて「神がすべてのものにおいてすべてとなる」（Ｉコリ一五28）とき、地上ではイスラエル人全体が異邦人全体と同じエルサレム神殿に参集しているべきだと言うのである。Ｇ・タイセンによれば、それがパウロの見果てぬ夢であった。だからこそ、彼はいわゆる第三回伝道旅行でギリシア各地の教会から集めた献金をエルサレム教会へ届けた際に、意識して一人の元異邦人の信徒も同行させて、敢えて神殿にも立ち入らせたのだと思われる（使二一28、ロマ一五16）。その結果、ユダヤ教当局に逮捕され、告発されることになった。ユダヤ教を改革しようとしたパウロの夢は差し当たり頓挫したのである。(16)

第IX章 不法を「抑えている者」——テサロニケの信徒への第二の手紙

テサロニケの信徒への第二の手紙は、新約聖書の中でも、比較的目立たない文書である。しかし終末論の観点からは、きわめて重要な問題を含んでいる。パウロが同労者たちと連名で書いた体裁をとっているものの、パウロの真筆ではない。しかし、たしかに真筆である第一の手紙が前提されている。そのことは、二章15節に「ですから、兄弟たち、しっかり立って、わたしたちが説教や手紙〔単数〕で伝えた教えを固く守り続けなさい」という諭しがあることから知られる。したがって、第一の手紙よりも後、おそらくパウロ没後の六〇年代後半に、テサロニケの信徒たちの間に浮上した「主の来臨」をめぐる動揺に対処するため、その段階で指導的な立場にあった者によって、パウロの名の下に執筆された文書だと考えられる。

一 「主の日」をめぐる動揺

その動揺が何であったかは、二章2節に明瞭に記されている。

霊や言葉によって、あるいは、わたしたちから書き送られたという手紙によって、主の日はすでに来てしまったかのように言う者がいても、直ぐに動揺して分別を無くしたり、慌てふためいたりしないでほしい。

ここで「わたしたちから書き送られたという手紙」（単数形）とあるのは、実に微妙な言い方である。仮に実在の手紙を指すとすれば、著者が間違いなく知っている第一の手紙（二15参照）とは別物と考えなければならない。なぜなら第一の手紙には、「主の日はすでに来てしまったかのように言う」箇所は見当たらないからである。[1] むしろ第一の手紙が前提していたのは、信徒の間から死ぬ者が現れていることであった。そしてそれが主の再臨が遅れ始めている徴と見做されて、教会の動揺を呼び起こしていたのである（VIII三1参照）。

この動揺は、逆にそれまでのテサロニケ教会全体がきわめて切迫した再臨待望に包まれていたことを証明するものでもある。主の来臨の遅延が問題になり始めた後も、たとえ遅延してはいても、遅れてやってくる来臨まで「わたしたちは生き残る」はずだと考える者たちがいたのである（Iテサ四15、17）。パウロ自身もその一人だった。すでに第一の手紙のパウロはその状況に対処しようと努めていた。そしてそれ以外にも、その後また直接訪れた際の説教でも同じ努力を重ねたに違いない（IIコリ二13、使二〇1以下）。それにもかかわらず、その後もテサロニケの信徒たちの再臨待望は揺れ動いたのであろう。

その動揺と混乱に関係すると思われる事態が、テサロニケの信徒への第二の手紙の最後の段落（三6以下）に記されている。著者は伝聞の形でこう書いている。

11聞くところによると、あなたがたの中には怠惰な生活をし、少しも働かず、余計なことをしている者がいるということです。12そのような者たちに、わたしたちは主イエス・キリストに結ばれた者として命じ、勧めます。自分で得たパンを食べるように、落ち着いて仕事をしなさい。（三11―12）

「怠惰な生活をし、少しも働かず、余計なことをしている」者たちは、明らかに「自分で得たパン」を食べずに、仲間の信徒たちの稼ぎに寄食しているのである。著者はそれを戒めるために、パウロがテサロニケの信徒への第一の手紙で書いていることを引き合いに出す。すなわち、パウロはテサロニケに初めて滞在したとき、福音宣教を口実にして生活費をかすめ取っていると非難されないように、「だれにも負担をかけまいとして、夜も昼も働きながら、神の福音を伝えた」と言う（Ⅰテサ二5、9）。第二の手紙の著者は、このパウロの模範に倣うように諭しながら、「働きたくない者は、食べてはならない」（Ⅱテサ三10）という、後に諺ともなった言葉を発している。

ここで報告されているような怠惰な生活態度は、本当に「主の日はすでに来てしまったかのように」（Ⅱテサ二2）思い込んだことからきたものと見做すことができるだろうか。もちろん、この問題は、切迫した終末待望そのものの渦中で、あるいはそれが頓挫した直後に、日常生活の営みがどうなるかという観点から、宗教現象学的に一般化して考えることもできるだろう。しかし、われわれはその問題には立ち入らない。むしろ歴史的にほど遠くないところで起きた類似の事件に注目しておきたい。それは後二世紀の教父であるローマのヒッポリュトスが『ダニエル書註解』という著作の中に書き留めている事件である。

その主人公はポントス〔小アジアの黒海沿岸〕にある教会の指導者である。敬虔で温厚な人物ではあるが、聖書に関しては確固たる知識がなく、むしろ自分自身の幻想の方を信じる男であった。彼は第一、第二、第三の夢を見たあと、兄弟たちに向かって預言者のように、こう予言し始めたのである。「見よ、この私が夢で見たこと、それが本当に実現しようとしている。」さらに彼は間違いを犯し続けて、こう言った。「兄弟たちよ、心得ておくがよい。一年以内に最後の審判が起きるだろう。」

兄弟たちは、彼が続けて「主の日が来た」と公言するのを聞くと、昼夜を分たずに泣き呻くばかりだった。なぜなら、彼らは最後の審判を目の前にしていると思っていたからである。かの男は彼らの間にあまりに大きな恐怖と不安を掻き立てた。そのため、彼らは畑を荒れるに任せて放り出し、もはや耕作にも出かけず、すべての財産を売り払ってしまった。かの男は彼らにこう言った。「もし私が予言したとおりに事が起きなかったら、あなたがたはもはや今後聖書を信じるには及ばない。それぞれが好き勝手にすればよい。」そこで彼らは事が起きるのを待っていた。

ところが、丸一年経っても、彼が言ったことは何一つ起きなかった。かの男が嘘の代価として刈り取ったのは、ただ混乱のみだった。たしかに聖書に関しては、彼らはその権威を損なうことはなかった。しかし、すべての兄弟たちが躓いてしまった。そして彼らの娘たちの中には結婚した者、男たちの中には耕作に戻った者もいた。しかし、あまりに向こう見ずだったために、すべての財産を売り払ってしまっていた者たちは、物乞いの生活を余儀なくされた。（ヒッポリュトス『ダニエル書註解』四19(2)）

「主の日が来た」という指導者の宣言に唯々諾々として従った思い込み、土地（田畑）を含む全財産を売り払って、働くことを止め、ただ怯えながら最後の審判を待っている信徒たち。指導者の宣言どおりにならなかった後は、もはや元の生活には戻れず、物乞い（寄食）に頼らざるを得ない。第二の手紙が前提しているテサロニケの信徒たちの状況も、これと多かれ少なかれ似た状況であっただろうと推測される。

二 「今、抑えているもの（者）」

第二の手紙の著者は、「主の日はすでに来てしまったかのように」（二―2）言う煽動に対抗して、次のように警告している。

> 3だれがどのような手段を用いても、だまされてはいけません。なぜなら、まず神に対する反逆が起こり、不法の者、つまり、滅びの子が出現しなければならないからです。4この者は、すべて神と呼ばれたり拝まれたりするものに反抗して、傲慢に振るまい、ついには、神殿に座り込み、自分こそは神であると宣言するのです。5まだわたしがあなたがたのもとにいたとき、これらのことを繰り返し語っていたのを思い出しませんか。6今、彼を抑えているものがあることは、あなたがたも知っているとおりです。それは定められた時に彼が現れるためなのです。7不法の秘密の力はすでに働いています。ただそれは、今のところ抑えている者が退場するまで〔新共同訳＝取り除かれるまで〕のことです。8その時が来ると、不法の者が現れますが、主イエスは彼を御自分の口から吐く息で殺し、来られるときの御姿の輝かしい光で滅ぼしてしまいます。9不法の者は、サタンの働きによって現れ、あらゆる偽りの奇跡としるしと不思議な業を行い、10そして、あらゆる不義を用いて、滅びていく人々を欺くのです。
> （二―3―10）

ここで著者が懸命に言葉を重ねて強調するのは、「今」はまだ「主の来臨」以前の時、それに先立って、むしろ神に敵対する勢力が勢いを増すはずの時だということである。それは宇宙史の終末までのドラマを一定の時系列で考えるユダヤ教黙示思想の定型（Ⅳ一トポス6）に沿っている。とりわけ、サタンの手先である「不法の者」の出現が予告（8節）されるのはその定型に沿っている。しかし独特なのは、その出現を「今、抑えているもの」（6節）および「今のところ抑えている者」（7節）がいるという文章である。これはいったい何のことなのか。

改めて言うまでもないが、新約聖書を歴史的・批判的に読解しようというのが、われわれの基本的な立場である。この立場からすれば、同時代史への目配りがどうしても必要である。事実、前掲の引用に含まれる二章4節そのものがその目配りなしには読解不能である。そこでは「不法の者」あるいは「滅びの子」は、「すべて神と呼ばれたり拝まれたりするものに反抗して、傲慢に振るまい、ついには、神殿に座り込み、自分こそは神であると宣言する」と明言されている。とりわけ、この傍点部は、前述のユダヤ教黙示思想の定型表現の枠にはとても収まらない。なぜなら、その表現に漲《みなぎ》る具体性が黙示思想の定型性を突破しているからである。それはいわゆる「カリグラ危機」と呼ばれる事件を指すものでしかあり得ないのである。

「カリグラ危機」とは、その名のとおり、暴君の極みとして知られる第三代ローマ皇帝カリグラ（本名ガイウス・カエサル）が、エルサレム神殿の聖所に、後三九／四〇年、ゼウスの顕現と銘打って自分の立像を建立しようとした事件のことである。その顚末については、ヨセフス『ユダヤ戦史』第二巻一八四―二〇三節、『ユダヤ古代誌』第一八巻二六一―三〇九節、フィロン『ガイウスへの使節』一九七―三三七節に、詳細をきわめた記録が残されている。

フィロンは、他でもないガイウスのその勅令（建立命令）の撤回を嘆願するためにアレキサンドリアのユダヤ教徒たちがローマへ派遣した使節団の長であった。ガイウスの命令は撤回されたが、それはフィロンたちの嘆願が奏功したためではなく、実行を命じられたシリア総督ペトロニウスが一命を賭して、その中止を諫言した所為《せい》であった。事実、ペトロニウスはそのために自死を命じられた。ところが、それが実行に移される直前にガイウスが暗殺されたため（後四一年一月二四日）、生き延びることができたのである。

そのペトロニウスの面影が使徒言行録一〇章のローマの百人隊長コルネリウスに投影されているのではないかという説は、新約聖書学ではよく知られている。フィロン自身は、危機が過ぎ去った後で、ペトロニウスのことを次のように書き記している。

私が思うには、彼〔ペトロニウス〕には、ユダヤ教の哲学の残滓が宿っていたようなのである。同時に、敬神の念もまたそうであった。その依って来るところは、彼がかねてから教養というものに関心を寄せていて研鑽を積んでいたからなのか、あるいはまた、彼がそれまでに赴任してきた国々では、すなわち、アジアであれ、シリアであれ、ほとんどの都市にも、たくさんのユダヤ人が住んでいたからなのか、あるいはまた、その生まれつきの心性において、熱心な探求に値することについては、自分の耳で聞くこと、自分で判断すること、自分で学んで知ることを旨とする性格であったからではないかと思われる。たしかに、神も善良なる者たちには、善良なる思いをお与えになるものなのである。善良なる者たちは、その善なる思いによって益を及ぼすこともあれば、逆に益を受けることにもなるのである。

（『ガイウスへの使節』二四五節、私訳）

もちろん、その後もユダヤ教徒たちは、同じような危機が繰り返されるに違いないと危惧していた。

そのことについては、何とあの冷徹な年代史家タキトゥスが次のように記している。

> だが、彼〔パッラス〕の弟でフェリクスと称する者は、兄ほど謙遜の美徳を発揮しなかった。ユダヤの統治〔後五二―六〇年〕を委されてから、すでに久しかったが、兄の絶大な権勢を頼み、どんな悪業も罰せられないはずだと高をくくっていた。ユダヤ人は〔ガイウス・カエサルから、彼の像を神殿に安置するように命じられた時〕※、たしかに暴動を起し、不穏な形勢を見せていた。ガイウスの死が伝わって、命令は実行されなかったとはいえ、元首の誰かが、同じような命令を下すだろうという不安は、彼らにいつもつきまとっていた[3]。

以上の一義的に明瞭な文献学的証拠に照らすとき、目下の箇所の「不法の者」とはローマの皇帝権力のこと以外ではあり得ないであろう。

それでは、「今のところ抑えている者」とは何のことなのか。それはその直前の6節に「定められた時」という受け身形に隠された能動主体、つまり「神」のことである。この読解は新約聖書学の領域では、一九六一年にA・シュトローベルによって、死海文書他の証拠資料によって唱えられてから、ほぼ定説となっている[4]。ローマ皇帝の暴虐が繰り返されないように、神自身が一定の時まで抑止しているというのである。

したがって、この読解からすると、7節を「今のところ抑えている者が、取り除かれるまでのことです」と訳す新共同訳の強い否定的なニュアンスには感心しない。また、「舞台から消え失せる時までのことにすぎない」と訳す岩波版でも、否定的なニュアンスが気になるところである。事実、ギリシア語の原文は「舞台から退場する」というごく中立的な表現なのである。つまり、神の抑止が終わる時ということである。

反対に、「今のところ抑えている」というのは、内容的には、テサロニケの信徒への第二の手紙が、後続の三章5節で「キリストの忍耐」と表現するものと同じ意味になる。それはまた、ほぼ十年後に、マルコ福音書が一三章19―20節で、終わりの時の「苦難の日々」を予告して、「主がその期間を縮めて下さる」ことを祈るように諭すのと同じである。マルコ福音書のこの箇所も「カリグラ危機」のことを知っており、同じ危機がその後も事実、後七〇年のエルサレム陥落まで継続したことを前提しているのである（後出XI章一参照）。

三 補論・「今、抑えているもの（者）」をめぐる現代思想の議論

テサロニケの信徒への第二の手紙二章6―7節の「今のところ抑えているもの（者）」については、実は古代教会から始まって現代まで、膨大な議論が繰り返されてきた。ここでそのあらましを補論の形で紹介しておくことにする。

まず代表的なのは、テルトゥリアヌスの『護教論』（三二1）である。それによれば、「不法の者」とは地上世界全体にとっての途方もない破局のことであり、「今のところ抑えているもの（者）」とは、ローマ帝国のことで、その存在そのものがその到来を遅らせているということである。

同じ見方は、ヨハンネス・クリュソストモス（『テサロニケの信徒への第二の手紙註解』四）、ヒエロニュモス（『書簡』一二一）を経て、二〇世紀のドイツの憲法学者・政治理論家カール・シュミット（一

八八八―一九八五年）にまで及んでいる。シュミットによれば、中世ヨーロッパのキリスト教の諸王国は、なるほど自分は神の永遠の王国の体現者ではないものの、歴史の終末におけるその実現までの残された時（アイオーン）については、不法《アノミア》の出現を抑えるために、支配権力の行使を許されているのだ、と理解してきた。そしてこの自己理解は、他でもない前掲のⅡテサロニケ書二章6―7節が世俗化されたものに他ならないと言う(5)。

その後は、いわゆる「現代思想」の論壇でも、シュミットに刺激される形で、目下の箇所についての議論が活発である。

G・アガンベンによれば、「不法《アノミア》」とは、その語源「ア・ノモス」の文言通り(6)、「法の外にあること」である。それはメシアの到来によって、法（律法）が機能停止（katargêsis）の状態におかれることによってもたらされる。ローマの信徒への手紙七章5―6節でパウロはそのことを「わたしたちが肉にしたがって生きているあいだは、罪へ誘う欲情が律法によってわたしたちの五体の中に働いていて、死にいたる実を結んでいました。しかし、今は、わたしたちは律法のその働きの外におかれています（katargêthênai）」と言い表している(7)。他方、メシアによる法（律法）の機能停止の状態を覆い隠しているのが、ローマ帝国によって体現される世俗の権力である。目下の箇所で「抑えているもの／抑えている者」と言われているのは、世俗権力とそれが保っている見せかけの「法」あるいは「正統性」のことである。主イエス（メシア）が最終的に来臨するときには、世俗権力によるその見せかけは「取り除かれる(8)」。

アガンベンのこの読解によれば、その来臨が切迫していることこそ、前掲の引用（Ⅱテサ二3―10）の7節に出る「不法《アノミア》の秘密の力はすでに働いていています」が意味することに他ならない。イエスの来臨は、前述のように、法（律法）の機能停止《カタルゲーシス》をもたらす。だから、七節も積極的な意味で言われているのである。したがって、「不法の秘密の力」という訳では否定的に過ぎることになる。むしろ「法の機能停止」と訳すべきなのである。他方、アガンベンは三節と八―九節に出る「不法の者」については、否定的な意味に解している。すなわち、サタンによって操られ、法を守護するかのように見せかける世俗の権力を指すという。

すなわち、アガンベンは日本語で「不法」と訳されている単語を、積極的と否定的の二つの意味に振り分けるわけである。世俗の政治権力は、終始、二つのうちの否定的な役割へ割り振られる。それはメシアの来臨と「法の機能停止」の始まりを、見せかけの法によって抑止しようと努めるが、メシアの来臨に及んで、滅ぼされる。それゆえ、Ⅱテサロニケ書の目下問題の箇所は、古代教会の教父たちからカール・シュミットに至る前述の伝統的な解釈を支える根拠にはならないのだと言う。

私が見るところでは、アガンベンのこの解釈には大きな困難が伴っている。なぜなら、3節の「不法の者《アノミア》」では、7節の「不法の秘密」と同じギリシア語「アノミア」が使われているからである。3節の「不法の者《アノミア》」が、8―9節の「不法の者《アノモス》」とまったく同じように、否定的な意味であることは、前後の文脈から一義的に明らかであり、当然アガンベンも認めるところである。しかし、そうであるならば、7節の「アノミア」も同じように否定的な意味に取る他はなく、それだけを「法（律法）の機能停止《カタルゲーシス》」という積極的な意味に取ることはできない。アガンベンの読解には興味深いものがあると同時に、にわかに賛成できないものがある。

もう一人、M・カッチャーリも最近の著作[9]で、Ⅱテサロニケ書の同じ箇所を取り上げている。とりわけ注目に値するのは、合同の教会が「今のところ抑えているもの」として果たしてきた役割についての指摘である。この見方も、実はすでに古代教会の中にあったものである（アリスティデス、モプスエスティアのテオドロス、キュロスのテオドレトス）。すなわち、合同の教会が歴史が終わる手前に残された時（アイオーン）を支配して、不法を抑止する役割を負うというのである。

しかしカッチャーリによれば、この解釈はもともと一つの逆説だった。なぜなら、教会は本来は歴史の終わりの彼方に神の永遠の王国を望見するはずのものだからである。ところが、現代では、その逆説すらも失われてしまっている。あらゆる政治権力が不法を抑止するための「予知」を働かせる立場（プロメーテウス）から退場した後、愚かな「後知恵」を働かせる者（エピメーテウス）のみが、我欲しか見ない有象無象の社会・金融・科学システムの「パンドラの箱」を開けてしまったと言う。

第X章　万物の和解と平和——コロサイの信徒への手紙とエフェソの信徒への手紙

一　コロサイの信徒への手紙

コロサイの信徒への手紙は、パウロの真筆とは考えにくいが、その結び（四7以下）の挨拶に名前を挙げられている者たちのうちの多くが、パウロの真筆の一つであるフィレモンへの手紙と重なるので、パウロの死（後六四年）後間もない時期（六〇年代前半）に、彼の影響を強く受けた人物によって書かれたものと考えられる。執筆地は、おそらくローマではないかと推定される。同じ結びでは、著者は自分の手紙がコロサイで読まれた後は、ラオディキアの信徒たちへ転送されることを望むとともに、ラオディキアから回ってくる別の手紙も読み合わせて欲しい旨を記している（四16）。

結論から言えば、この手紙には終末論と呼ぶに値するものは、ほとんど見当たらない。わずかに三章4節に、「あなた方の命であるキリストが現れる時、あなた方も、キリストと共に栄光に包まれて現れるでしょう」とあるのが、なお未来にキリストの再臨があることを示唆しているようにも読めるのみである。それ以外には、信徒に対する倫理的な勧告の中で、不従順な者たちへの「神の怒り」が定型的に予告されるにすぎない（三6）。

どうして終末論がこのように顕著に後退してしまっているのか。その理由を考えてみるのも、終末論を主題とする本書にとって、無意味なことではない。なぜなら、その理由は、実はローマ帝国の政治的イデオロギーとかかわってくるからである。前節で見たテサロニケの信徒への第二の手紙は、ローマ皇帝権力（ガイウス・カリグラ）の自己神格化からくる危機を見据えていたが、コロサイの信徒への手紙はその自己神格化のさらに背後にある支配のイデオロギーを換骨奪胎しようと意図しているのである。

1　同時代の哲学

著者はコロサイの信徒たちが一定の戒律に騙されないように警告を発している。その戒律は飲食（二16）や身振り手振り（二21）など実に細かな点にまで及んでいる。著者はそれを「体の苦行」（二23）と呼んでいる。さらに著者は、コロサイの信徒たちの間では、幻視あるいは夢見が高く評価されているとも報告している（二18）。そのことも、「体の苦行」と関係があるかも知れない。すなわち、幻あるいは夢は、部分的には「体の苦行」によって導入されて、宇宙の「秘められた奥義」（一26―27、四3）が啓示される通路と理解されているのであろう。その宇宙の奥義は「祭りや新月」（二16）、つまり、天文学的な暦法とも関係している。それが「宇宙を司る諸霊《ストイケイア》」（二20）という表現の意味するところだと考えられる。宇宙全体が一つの有機的なつながりにおいて理解されていて、人間の日常生活の一挙手一投足もその中に密接不可分に組み込まれているのである。

これは明らかに一つの哲学的な体系を目指した世界観である。事実、手紙の著者はそれを「巧みな議論」（二4）、あるいは「人間の言い伝えにすぎない哲学」（二8a）と呼んでいる。続けて著者はこう述べる。「それは世を支配する諸霊に従っており、キリストに従うものではありません。キリストの内には、満ちあふれる神性が、余すところなく、有機的（ギリシア語 sômatikôs）に宿っており、あなたがたは、キリストにおいて満たされているのです。キリストはすべての支配や権威の頭《かしら》です」（二8b—10）。

ここで論駁される「世を支配する諸霊」と「すべての支配や権威」は、目に見えない宇宙論的な勢力だけを指すものでは決してなく、具体的な地上の政治権力も包括している。そのことは、続けて「〔神は〕もろもろの支配と権威の武装を解除し、キリストの勝利の列に従えて、公然とさらしものになさいました」（二15）と言われることから、明瞭に読み取られる。問題は政治的イデオロギーにもかかわっているのである。

古代末期においてこのような世界観を説いた哲学の学派は存在するだろうか。私が知る限りでは、これに最も該当するのは、少し時代は下がるが、後三世紀の新プラトン主義者イアンブリコスの『ピュタゴラス伝』である。

そこにはピュタゴラス教徒たちが有魂の生き物（動物や魚類）は一切口にせず、ぶどう酒も飲まなかったことが記されている。その目的は身体を聖潔に、思考を覚醒状態に保って、宇宙の神秘・リズムと合致・調和して生活することであった。睡眠もコントロールの対象だった。それは夢が予言をもたらすと考えられたからである（六五章、一〇六—一〇九章）。

コロサイの信徒への手紙で問題になっている世界観・生活態度と内容はもちろん、用語のレベルでも相当に似通っていることは明らかである。おそらくコロサイの信徒への手紙が書かれた時代には、かつてのピュタゴラス教徒の思想と生活態度が装いを新たに復活していたのであろう。

ただし、コロサイの信徒への手紙で問題になっている世界観と生活態度の場合には、「天使礼拝」

（二18）と「安息日」の遵守（二16）も含まれているから、今触れた新ピュタゴラス主義の立場そのものというよりは、それがユダヤ教と接触して融合した形の世界観と生活態度であったと考えるべきではないかと思われる。

もう一つ重要な事例は『宇宙について』と題された小さなギリシア語の文書である。この文書は、研究上長い間、誤ってアリストテレスの著作と見做されてきた。しかし、実際には、ペリパトス学派の立場をストア派および中期プラトン主義の立場とも折衷しながら書かれた文書である。

匿名の著者は「宇宙国家論」と呼ぶべき世界観を開陳するのだが、それに先立って、まずは宇宙万物の組成、森羅万象の仕組みについて、ほぼヘレニズム末期の天文学と自然学の常道に沿って詳論する。そして宇宙万物の仕組みは、都市と国家が貧富、老若、強弱、善悪の違いを統合した有機体であるのと同じだと言われる（五章）。

ただし、神自身はそのような宇宙万物と森羅万象そのものの中には存在せず、それらをはるかに超絶した高みに安らぎながら、宇宙万物と森羅万象の実際の経営と統治は、それらにあまねく浸透・遍在する「力動性《デュナミス》」に委《ゆだ》ねているとされる。

そのような神の支配の地上的な模像とされるのが、かつてのササン朝ペルシアの大王たちの支配体制である。彼らは実際の政務を重臣たちに任せて、自らは「君臨すれども、統治せず」だったと言う。こうして、宇宙全体が神を超絶的な支配者として頂点に戴く一つの絶対君主制国家として理解されるわけである。

このように、『宇宙について』は絶対的な君主を頂点に戴く国家の政治体制を肯定的に評価した上で、それをモデルとして、より上位の君主制国家、すなわち宇宙を解釈している。明らかにそれは、ローマ帝政期の政治的条件下で生まれた古代哲学である。それは容易に反転して、ローマ皇帝の世界支配は宇宙全体を貫く神的理法によって実現され、それに合致し、それを体現するものだとするイデオロギーに転用されて行く。そこには、当然ながら、いかなる終末論も認められない。「ローマの平和」は永遠でなければならないからである。

2　著者の反対命題

それでは、コロサイの信徒への手紙の著者は、このようなローマ帝国の政治的イデオロギーの宇宙観に、どう対峙するのだろうか。著者の主張がもっとも鮮明に表明される一章15―20節を読んでみよう。とりわけ前半部（18節aまで）には、著者と読者の教会の礼拝で用いられた頌歌が下敷きになっているのではないかと思われる。

> 15御子は見えない神の姿であり、すべてのものが造られる前に生まれた方です。16天にあるものも地
> にあるものも、見えるものも見えないものも、王座も主権も、支配も権威も、万物は御子において造ら
> れたからです。つまり、万物は御子によって、御子のために造られました。17御子はすべてのものより
> も先におられ、すべてのものは御子によって把持されています。18aまた、御子はその体である教会の頭《かしら》
> です。
> 18b御子は初めの者、死者の中から最初に生まれた方です。こうして、すべてのことにおいて第一の者
> となられたのです。19神は御心のままに、満ちあふれるものを余すところなく御子の内に宿らせ、20そ
> の十字架の血によって平和を打ち立てられて、天にあるものであれ、地にあるものであれ、万物をただ

御子によって、ご自分と和解させられました。

まず15節冒頭に「御子は見えない神の姿であり」とあるが、ここで言われる「見えない神」は、前述の宇宙を絶対君主制国家になぞらえる世界観で言えば、「君臨すれども、統治せず」の超絶的な神に当たる。それは『世界について』ではペルシア大王に比定されつつ、実際にはローマ皇帝を指していた。われわれの手紙の著者はそれに対抗して、自分たちが信じる「イエス・キリストの父である神」(一3)こそがその超絶的な神なのだと言う。『世界について』とローマの支配イデオロギーでは、「自然の理法」あるいは「力動性《デュナミス》」が超絶的な神の意を受けて世界万物に内在し、その実際の統治に当たる力であった。われわれの著者は、その力とは実は「すべてのものを把持する御子」のことだと言い換える。

要するに、われわれの著者はローマの支配イデオロギーが想定している宇宙論、世界万物の組成、神の超絶性、その神に代わって世界に内在して働く神的「力動性」の構造はそのまま受け入れた上で、その配役を自分たちの神とその御子イエス・キリストに置き換えるのである。

その結果、当然のことであるが、それまでイエス・キリストが第一に働く場所であった教会が、今や宇宙と同じ大きさに拡大されてイメージされて行くことになる。パウロが教会に当てはめて使った「キリストの体」という概念が今や宇宙全体を指すものとなる。その実際の統治者であるイエス・キリストは、パウロの場合と違って、「体」の「頭《かしら》」として宇宙全体の上位に超出する形になっていく。それは18節aの「御子はその体である教会の頭《かしら》」である、という文章に明瞭に見て取ることができる(二19も参照)。

18節b以下の後半部で注目に値するのは、著者が考えているイエス・キリストは、たしかに「初めの者」と言われるものの、前半部のように、先在の天に在って万物の創造に参与した御子を指すのではなく、十字架上に血を流して殺されたものの、死者の中から神によって最初に復活させられた御子のことなのである。

前半部の頌歌の思考が始原論・創造論の土俵で動いていたのに対して、後半部の思考は十字架と復活、すなわち、救済論と和解論の土俵で動いているのである。分かりやすく言えば、天地万物の中に内在し、それを支えているのは先在の御子ではなく、十字架上に殺され、神によって甦らされた御子なのである。

というよりも、さらに厳密に言えば、著者にとっては、その十字架の出来事そのものが、「世の初めから代々にわたって隠されていた、秘められた計画が、今や神の聖なる者たちに明らかにされた」(一26)事件なのである。つまり、初めにあったものが、終わりから遡行して完成されたという見方なのである。

ここではナザレのイエスの十字架による処刑という歴史的な出来事がしっかりと視野の中に入っている。ローマ帝国から見れば取るに足りないような片隅で起きた一つの歴史的な処刑事件が、今現に宇宙万物をささえる力となっていると信じられているのである。「〔神は〕その十字架の血によって平和を打ち立てられて、天にあるものであれ、地にあるものであれ、万物をただ御子によって、ご自分と和解させられました」(一20)。「〔神は〕もろもろの支配と権威の武装を解除し、キリストの勝利の列に従えて、公然とさらしものになさいました」(二15)。

十字架のキリストこそが、ローマ皇帝を凌ぐ絶対君主であり、全世界の制圧者なのである。ローマ帝国支配を支えている世界観とイデオロギーに対するこれ以上の反対命題はないと言えよう。同時に、超越的な神がすでに万物を自分と和解させ終っているのであるから、宇宙の歴史はすでに完成しているのであり、もはやいかなる終末待望の余地もないわけである。その完成を地上で目に見える形で体現するのが教会に他ならない（三11）。わずかに、教会に連ならない「不従順な者たち」に対して、「神の怒り」と「報い」が予告されてはいるものの（三6、25）、倫理的な勧告の理由付けという以上の役割を担うものではない。

二　エフェソの信徒への手紙

1　コロサイの信徒への手紙との関係

エフェソの信徒への手紙は、パウロの名によって書かれてはいるが、パウロの真筆ではなく、その影響を強く受けた弟子の手による書簡である。この点では、コロサイの信徒への手紙と同じである。ただし、成立年代ははるかに遅く、おそらく一世紀の末と推定される。その理由は後述する（後出第3項）。それにもかかわらず、この章でコロサイの信徒への手紙と一緒に取り上げるわけは、著者が明らかにコロサイの信徒への手紙を目の前に持ちながら、部分的には逐語的に利用しているからである。

ここでは二つの手紙の並行記事をすべて列挙するわけには行かないので、エフェソの信徒への手紙の一――三章に限定して確認しておくことにする。この手紙の重要な神学的議論は主としてこの部分に現れるからである。並行する文言には傍点を付す。

エフェソの信徒への手紙

一7　わたしたちはこの御子において、その血によって贖われ、罪を赦されました。

一10　こうして、時が満ちるに及んで、救いの業が完成され、あらゆるものが、頭《かしら》であるキリストのもとに一つにまとめられます。天にあるものも地にあるものもキリストのもとに一つにまとめられるのです。

一11　キリストにおいてわたしたちは、御心のままにすべてのことを行われる方の御計画によって前もって定められ、約束されたものの相続者とされました。

一23　教会はキリストの体であり、すべてにおいてすべてを満たしている方の満ちておられる場です。

コロサイの信徒への手紙

一20　その十字架の血によって平和を打ち立てられ、天にあるものであれ、地にあるものであれ、万物をただ御子によって、ご自分と和解させられました。

一16―17　万物は御子によって、御子のために造られました。御子はすべてのものよりも先におられ、すべてのものは御子によって把持されています。

一12　光の中にある聖なる者たちの相続分に、あなたがたがあずかれるようにしてくださった御父に感謝するように。

一18―19　御子はその体である教会の頭《かしら》です。（中略）神は御心のままに、満ちあふれるものを余すところなく御子の内に宿らせ、

二14―15　実にキリストはわたしたちの平和であります。二つのものを一つにし、御自分の肉において敵意という隔ての壁を取り壊し、規則と戒律ずくめの律法を廃棄されました。

二21　キリストにおいて、この建物全体は組み合わされて成長し、主における聖なる神殿となります。（四16も参照）

三9　〔わたしは〕すべてのものをお造りになった神の内に世の初めから隠されていた秘められた計画が、どのように実現されるのかを、すべての人々に説き明かしています。

二13―14　神は、わたしたちの一切の罪を赦し、規則によってわたしたちを訴えて不利に陥れていた証書を破棄し、これを十字架に釘付けにして取り除いてくださいました。

二19　この頭《かしら》〔キリスト〕の働きにより、体全体は、節と節、筋と筋とによって支えられ、結び合わされ、神に育てられて成長してゆくのです。

一26　世の初めから代々にわたって隠されていた、秘められた計画が、今や、神の聖なる者たちに明らかにされたのです。

2　宇宙万物に充満するキリストと教会

エフェソの信徒への手紙の広義の終末論、すなわち歴史理解を知る最も重要な手掛かりとなるのは、この対観表にも現れている一章10節である。「あらゆるもの」は、この手紙では他にも繰り返し現れる最も重要なキーワードである。これをわれわれの日常会話で脱色された形で使われる単なる総称概念と勘違いしないように注意が必要である。なぜなら、それは「天にあるものも地にあるものも」と言い換えられているとおり、明確に宇宙万物のことだからである。間もなく、四章10節で「この〔地上に〕降りて来られた方〔キリスト〕が、すべてのものを満たすために、もろもろの天よりも更に高く昇られたのです」と言われることもそのことを証明している。「もろもろの天よりも更に高く昇った」キリストが「頭《かしら》」として宇宙万物の上に君臨し、「すべてのものを満た」すのである。

同じ一章10節には、「まとめられます」という受身形が二回繰り返されている。その直前には「神の御心によるもの」とあるから、その受身形に隠された主語はあくまで神なのである。たしかに「キリストのもとに」と言われるが、これは行為の起動者ではなく、遂行媒体を指している。早くもここで、この手紙の最大の特徴とも言うべき神中心主義が表明されているわけである。(1) 同じ神中心主義は三章9節では「神の内に世の初めから隠されていた秘められた計画」と表現される。ほぼ同じ文言は一章9、11節、三章3節にも現れる。それはさらに、マタイ福音書一三章35節、ロマ書一六章25節、Iコリント書二章7節にも現れるから、後一世紀のキリスト教に、パレスチナかヘレニズム地域かの別を問わず、広く知られていた思考定型である。エフェソの信徒への手紙の著者もそれに準じて、自分の神中心主義を表明しているのである。

それでは、その「神の秘められた計画」はいったいいつ実現したのか、あるいはいつ実現するのか。この問いに著者は一章7節で、自分たち信徒が御子の「血によって贖われ」た時、つまりキリストの受難において、すでに起きたことだ、と答える。続けて一章20―21節では、「神は、この力をキリストに働かせて、キリストを死者の中から復活させ、天において御自分の右に着かせ、すべての支配、権威、勢力、主権の上に置」いたと言う。その時に、神の計画は実現したのである。否、厳密に言えば、実現し始めたのである。

なぜなら、それが最終的に実現されるまでには、なお「時が満ち」なければならないからである

（一10）。信徒の共同体（教会）の「今」（現在）はその途上にある。前掲の対観表にもある一章11節が示すとおり、彼らには神の計画が完成する時に、その「相続者」となることが約束されているのである。その相続の確実さを担保するのが「聖霊による証印」（一13）、つまり洗礼である。

ただし、著者は洗礼によって信徒たちが罪を赦されてキリストと共に復活し、すでに今現にキリストと「共に天の王座に着いている」と断言して憚らない（二5―6）。すなわち、信徒もすでに天上にいると言うのである！

他方、キリストはすでに死者の中から復活し、すべての支配、権威、勢力、主権の上に置かれている。神は宇宙万物をそのキリストの足下に従わせ、キリストを宇宙万物の上にある頭《かしら》として教会に与えているのである（一22）。「教会はキリストの体であり、すべてにおいてすべてを満たしている方の満ちておられる場」（一23）に他ならない。

ということは、今現に、教会＝「キリストの体」＝万物の充満《プレーローマ》という等式が成り立っているということである。教会が宇宙万物を満たすのである。教会は宇宙と合同になる。これはわれわれが前節でコロサイの信徒への手紙一章18節から読み取った宇宙観・教会観と同じである。パウロが教会に当てはめて使った「キリストの体」という概念が今や宇宙全体を指すものとなる。その実際の統治者であるイエス・キリストは、パウロの場合と違って、「体」の「頭《かしら》」として宇宙全体の上位に超出する形になっていく。

ただし著者は、この世を支配する者の権威、勢力、主権もなお現に生き延びていることを確認するのも忘れない。二章1―2節では、「あなたがたは（中略）この世を支配する者、かの空中に勢力を持つ者、すなわち、不従順な者たちの内に今も働く霊に従い、過ちと罪を犯して歩んでいました」と言われる。さらに六章10―12節では、「わたしたちの戦いは、血肉を相手にするものではなく、支配と権威、暗闇の世界の支配者〔悪魔〕、天にいる悪の諸霊を相手にするものなのです」とも戒められる。

もっとも、著者はこの面でも、教会がこの世のもろもろの勢力を、すでに自分の足下に従属させていることを確信している。この確信を彼は三章10節で、「こうして、いろいろな働きをする神の知恵は、今や教会によって、天上の支配や権威に知らされるようになったのです」と表現している。これは教会を地上に縛りつけたままの通常の常識では読解不可能な文章である！　教会が宇宙で敵対的な勢力に向って宣教を繰り広げていると言うのである。「いろいろな働きをする神の知恵」とあるのは、直前の三章9節に出ている「神の内に世の初めから隠されていた秘められた計画」のことに他ならない！　教会の広がりは宇宙万物と合同である。だからその宣教も「天上の支配や権威に知らされる」のである！

しかし、それでは「この世の支配者」、「権威、勢力、主権」たちは、「万物」の一部ではないことになるのか。彼らは「万物」の外側、おそらくその下側にいるのか？　もしそうなら、「万物」は「万物」でなくなるのではないか。この点を著者はどう考えているのか。エフェソの信徒への手紙を坦懐に読む者はだれでも、この疑問を禁じ得ないだろう。

私の見るところでは、著者はこの問題をとことん考え抜いてはいない。しかし、ここで想起に値するのは、一連のグノーシス神話における「万物」の用語法である。私は今この場で、実際のグノーシス神話を引いて分析するわけには行かない。結論のみ言えば、そこで「万物」はもろもろの神的存在《アイオーン》に満ち満ちる「充満界《プレーローマ》」のみを指し、造物神とその配下が体現する悪の領域はそこから除外されることがほぼ通常なのである。[2] そしてこの見方は、ただグノーシス神話だけの専売特許ではなく、古代へレニズム世界の精神が広く共有した定型言語の一つだった可能性が無視できないのである。

それでは最後に、著者は教会の未来をどう捉えているだろうか。彼がここで打ち出すキーワードは「成長」と「建設」である。四章13節では「ついには、わたしたちは皆（中略）一つのものとなり、成熟した人間になり、キリストの満ちあふれる豊かさになるまで成長するのです」と言われる。教会はたしかに今現に「キリストの充満」であるが、なお「成長」して行かねばならないのである（四16も参照）。その最も重要な指標が「一つ」になることである。異邦人キリスト教徒とユダヤ人キリスト教徒の間にあった「隔ての壁」（二14）はすでに取り壊されているのであるから、教会はさらに「神の家族」（二19）、「聖なる神殿」（二21）として「建設」されて行かねばならない。

手紙の後半の四章17節―六章では、他の書簡の例に倣って、倫理的勧告が妻と夫、親と子、奴隷と主人に区分された家庭訓として繰り広げられる。この部分には、伝統的な「再臨」待望や「最後の審判」の用語も一応現れる。例えば、四章30節「神の聖霊を悲しませてはいけません。あなたがたは、聖霊により、贖いの日に対して保証されているのです」、五章6節「神の怒りは不従順な者たちに下るのです」、六章13節「だから、邪悪な日によく抵抗し、すべてを成し遂げて、しっかりと立つことができるように、神の武具を身に着けなさい」などである。

また著者は、同じく伝統的な「今の世」と「来るべき世」の区別も知っている（一21）。しかし、二つの間に断絶は考えられていない。それも当然である。救いの業の完成までは教会が「成長」して行くべき時だからである。「この世の支配者」や「権威、勢力、主権」たちの最後の運命についても何一つ語られない。時間軸の上での伝統的終末待望は、教会に対する倫理的勧告や訓戒を支えるための枠組みとして、単語レベルで言及されるに留まっている。エフェソの信徒への手紙においては、終末論は教会倫理に従属している。この点では、後出の第Ⅻ章で取り上げるマタイ福音書と類似している。「世の初めから隠されていた秘められた計画」（三9）が大きな役割を果たしていることも、マタイ福音書で「世の初めから隠されていること」が果たす役割と類比的である。それと連動して、思考の垂直軸が大きな役割を果たすことも同様である。

エフェソの信徒への手紙の読者がだれしも抱く感想としては、論述の退屈さが否定できないであろう。まず、パウロの真筆の手紙のように、宛先の教会に何か緊急な問題が生じているようにはまったく思われない。使われている用語も、とりわけ倫理的勧告の部分では定型的であり、一応は神学的な深みを感じさせる部分でも、一般的かつ抽象的である。実際の必要に追われて書かれた手紙というよりは、机に座って不特定多数の読者（教会）を念頭において、共通して分かってもらえそうな論題を定型言語で述べているという印象である。公衆に向って配布されることを意図した神学的小論考《トラクト》の趣である。「万物の支配者《パントクラトール》」キリスト像が描かれたドームの下の聖堂で、教会の世界規模の広がりを説き、その一致を呼びかける説教を聴くのと何ともよく似ているのである。なぜそうなのか。その理由は、実はこの手紙の成立事情と深く係っている。

3　最古のパウロ書簡集への付録

そもそもエフェソの信徒への手紙に関しては、その他にも不明な点が少なくない。正典新約聖書の文書配列について多少とも聞いたことのある人は、手紙部分の配列順は大きさ（分量）順であると聞いているはずである。その原則からすると、ガラテヤの信徒への手紙がエフェソの信徒への手紙の前に来てよいのかどうかさえ、微妙なところである。また、フィリピの信徒への手紙とコロサイの信徒への手紙はほとんど同じ長さなのに、なぜ後者は並行記事の多いエフェソの信徒への手紙と並べられずに、前者がその間に割って入ってくるのか。要するに、エフェソの信徒への手紙が現在の新約聖書で置かれている位置は納得が行きにくいのである。

しかし、これらの疑問を氷解させる有力な学説がある。それはゲルト・タイセンによって唱えられたものである。ここではそれを時系列に整理して、分かりやすく敷衍すると、次のようになる。

おそらくパウロの死（後六四年）の後間もない段階で、パウロの手紙の結集作業が始まった。最初に集められたのは、ローマの信徒への手紙、コリントの信徒への第一の手紙、同第二の手紙、ガラテヤの信徒への手紙の合計四通であった。場所はおそらくエフェソである。コリント宛の二通とガラテヤの信徒への手紙は、パウロがもともと第二回伝道旅行の途中、エフェソに滞在した時（五三―五五年頃）に執筆したものであるから、そのコピーが発信地のエフェソに残されていたと考えるのは当然である。定説に従って、コリントの信徒への第二の手紙がもともとは複数の手紙であったとしても、同じことが言える。ただし、ローマの信徒への手紙のコピーまでエフェソに渡っていたのかと不思議に思う人がいるかも知れない。ところが、タイセンによれば、まさにそのとおりなのである。パウロはローマの信徒への手紙を同じ伝道旅行でその後訪れたコリントで書いてローマへ送ったのであるが、その写しをエフェソの教会宛にも送っていたのである(3)。その結果、エフェソでは前記四通のパウロの手紙が揃うこととなった。やがてその四通が一つの書簡集に結集された。その際、大きさ順に並べられた。その段階で、四通を互いに区別するために、現在通称となっている表題が付けられたに違いない。結集前の一つ一つの手紙には、本文冒頭の挨拶だけで十分だったはずだからである。

その後の或る時点で、フィリピの信徒への手紙、コロサイの信徒への手紙、テサロニケの信徒への第一の手紙、同第二の手紙、フィレモンへの手紙の五通の手紙が、やはりエフェソで揃うことになった。その時点で、これら五通の手紙が、ふたたび大きさに従ってこの順に並べられた上で、すでに編集されていた前述の書簡集（四通）に付録として付加された。その際に、その付録全体への総序として書き下ろされたのがエフェソの信徒への手紙なのである。その時期は、おそらく後一世紀の末ではないかと推定される。

エフェソの信徒への手紙の著者が、本章の第二節で見たように、コロサイの信徒への手紙から多くの文言をそのままもらってきたわけは、付録として束ねるべき五通の手紙の中では、この手紙にこそ最も大きな親和性を覚えたからに他ならない。また、同じく前述のように、エフェソ書の手紙の言語がいささか退屈な定型言語で、内容も不特定多数の読者宛になっていることも、まさにそこから説明がつく。

その際、名前不詳の編集者かつ執筆者は、五通の手紙にも、すでにあった書簡集の四通に準じて、表題を付けたに違いない。それが現在のそれぞれの表題となっているものである。そして自分が今まさに書き下ろした手紙にも、自分自身が現にいる場所を念頭において、「エフェソの信徒への手紙」という表題を付けた。その結果、表題の直後の挨拶文の中では、「その地にいる聖なる者たち」（一1）という代名詞的な表記で事足れりとしたのである(4)。

第XI章　「人の子」・殺された神の子メシアの再臨——マルコ福音書

一　著者と読者の歴史的状況

マルコ福音書の読者たちはどのような情勢の中に生きていたのか。その中で著者は歴史の終末をどう語るのか。

言うまでもないことではあるが、福音書は、すでに取り上げたパウロの手紙やテサロニケの信徒への第二の手紙、コロサイの信徒への手紙、さらにはエフェソの信徒への手紙と違い、物語である。物語はすべて過去形で語られる。物語の内側で設定される「今ここ」は、著者および読者から見れば過去であり、自分たちの現在から隔っている。著者マルコもそのことを意識している。そのことは、たとえば物語の流れを中断してまで、「読者よ悟れ」（一三14）という直接的な呼びかけを挿入している事実に明白である。著者の終末論を知るには、物語の「今ここ」を、著者と読者の「今ここ」へ、言わば翻訳しながら読んでいかねばならない。

マルコ福音書の著者と読者の「今ここ」は、後七〇年のローマ軍によるエルサレム陥落の直後だと考えられる。それはローマに対するユダヤ教徒たちの一連の武力叛乱の頂点であった。その叛乱はユダヤ戦争と呼ばれる。その最中の後六八年にローマ皇帝ネロが自殺すると、その皇位の継承をめぐって、帝国各地に駐屯していた軍隊の四人の将軍が互いに争う内戦状態となった。最終的に勝利して皇位を襲ったのは、ユダヤ戦争を途中まで指揮し、その後を息子ティトゥスに任せてローマに戻ったウェスパシアヌスであった。折しも、帝国の新しい支配者は「東方」（パレスチナ）から現れるという待望が民衆の間に広がっていたことを、ヨセフスが伝えている（『ユダヤ戦記』第六巻三一二—三一三節）。エルサレム陥落の直前は、地中海世界の東（ユダヤ）も西（ローマ）も戦火に燃えていたわけである。

その中でマルコ福音書の著者が提示する終末論を把握するために、決定的に重要なのは第一三章である。これは別名「マルコの小黙示録」とも呼ばれる。それはイエスが弟子たちにエルサレム神殿を指差しながら、「一つの石もここで崩されずに他の石の上に残ることはない」（2節）と予言することで始まる。それに続く一三章全体も「一切の事を前もって言っておく」（23節）ための予言である。実際の読者から見れば、その予言の多くは、神殿の崩壊を初めとして、すでに実現している予言、つまり事後予言に他ならない。

しかしそれと同時に、読者自身にとっても未来への予言となっているイエスの言葉も含まれているはずである。私の読解では、その境目は23節と24節の間にある。

3節から23節までで語られる予言は、もちろんすべての片言隻句がそうだというわけではないが、重要なポイントにおいて事後予言である。マルコはさらにその事後予言を「世の終わり」（14—23節）とその前段階（3—13節）の二つに分けている。

まず後者で、読者を取り巻く同時代の世界情勢との関連が注目されるのは、次のイエスの予言である。

5人に惑わされないように気をつけなさい。6わたしの名を名乗る者が大勢現れ、「わたしがそれだ」
と言って、多くの人を惑わすだろう。7戦争の騒ぎや戦争のうわさを聞いても、慌ててはいけない。そ
ういうことは起こるに決まっているが、まだ世の終わりではない。8民は民に、国は国に敵対して立ち
上がり、方々に地震があり、飢饉が起こる。これらは産みの苦しみの始まりである。（マコ一三5―8）

とりわけ、傍点を付した文言は、エルサレム陥落の前年に、地中海世界の東も西も戦火に燃えていた情勢そのものと言うことができる。しかし、それはまだ世の終わりではなく、「産みの苦しみの始まり」に過ぎない、とマルコは言う（8節）。マルコがそれに続けて読者に与える忠告は、そのような世界情勢に惑わされずに、むしろ「自分のことに気をつけている」ことである（9節）。

それに対して、「世の終わり」そのものの始まりについての予言は次のようになっている。

14憎むべき破壊者が立ってはならない所に立つのを見たら――読者よ悟れ――、そのとき、ユダヤに
いる人々は山に逃げなさい。15屋上にいる者は下に降りてはならない。家にある物を取り出そうとして
中に入ってはならない。16畑にいる者は、上着を取りに帰ってはならない。17それらの日には、身重の
女と乳飲み子を持つ女は不幸だ。（マコ一三14―17）

14節の「憎むべき破壊者が立ってはならない所に立つのを見たら」は、ダニエル書（一一31、一二11）以来、ユダヤ教黙示文学の中に定着した表現であるが、この箇所では他でもない後七〇年九月に、ローマ軍がエルサレム神殿に突入して炎上させたことを指していると見るのが最も妥当だと思われる。

マルコ福音書はその後間もない時期に著されたのだとすれば、著者はイエスの事後予言の形に包んで、読者に言わば眼前の非常事態を告げていることになる。マルコの終末論はきわめて切迫した終末待望なのである。

マルコの切迫した終末待望は「人の子」の来臨として表現される。その来臨が一三章24―27節では、「そのとき、人の子が大いなる力と栄光を帯びて雲に乗って来るのを、人々は見る」（26節）と表現され、さらに続く「いちじくの木の教え」では、それまでの一連の予言が、「これらことが起こるのを見たら、人の子が戸口に近づいていると悟りなさい」（29節）と総括される。マルコにとっては、「人の子」の来臨が、現にある世界が終わり、来るべき世が始まる境界線なのである。

もちろん、これらの「人の子」章句をマルコは自分で創作したのではなく、もともとはパレスチナのユダヤ人キリスト教に由来する伝承として受け取ったのであった。この点は、すでに詳細にわたって論じたとおりである（前出Ⅷ二4、5参照）。すなわち、マルコの「人の子」待望はパレスチナの原始教会の切迫した「人の子」待望につながっている。しかし、同時に重大な違いも見逃せない。そのためには、マルコ福音書全体にわたって「人の子」章句を改めて吟味してみなければならない。

二　イエスおよびパレスチナの原始教会の「人の子」待望との違い

すでに繰り返し確かめたとおり、初期ユダヤ教の黙示思想（とりわけ宇宙史の黙示文学）に現れる「人の子」は、一義的に終末論的な形姿であった。ダニエル書七章13―14節しかり（Ⅲ二、五〇―五一頁）、『たとえの書』（エチオピア語エノク書）四六章1―3節、四八章1―6節他しかり（Ⅲ四、六二―

六三頁）であった。さらに『第四エズラ記』では、宇宙的メシアは「人の子」と明示的に同定されないものの、神によって「終わりまで取って置かれたメシア」である（一二32、Ⅳ一トポス3、九三頁）。生前のイエスの場合も、自分とは違う終末論的審判者としての「人の子」の到来を待っていたのであった（Ⅵ二6、一六四―一六六頁）。つまり、「人の子」は一義的に終末論的存在だったのである。

事情が決定的に変わったのは、復活信仰成立後のパレスチナの原始教会が、「人の子」とは再臨のイエスに他ならないと言う新しい確信に到達したときであった。しかも、イエスは「再臨」のときに初めて「人の子」になるというのではない。そうではなくて、すでに生前の地上のイエスが「人の子」であったというのである。

その結果、パレスチナの言葉伝承（とりわけ語録資料Q）においては、生前のイエスにまでさかのぼる「人の子」章句のみならず、すべての「人の子」章句が例外なくイエス自身を指すこととなった。マルコ福音書の著者もこの点はまったく同じである。彼が自分の福音書に書き込んでいる「人の子」章句（Ⅵ二6、一六四頁の一覧表を参照）は、すべてイエスのことなのである。

ところが、その言葉伝承とマルコ福音書を隔てる決定的な違いがある。すなわち、言葉伝承を担った者たちにとっては、生前のイエスの神の国運動を継承しながら「人の子」イエスの再臨を待望することが第一義的な関心事であった。それに比べると、イエスの受難と復活は副次的な関心事であった（Ⅶ二4、一九七頁参照）。それとはまったく対照的に、マルコにとって再臨の「人の子」とは、十字架の刑死を通して初めて「神の子」とされたイエスに他ならないのである。

この差異はマルコ福音書の終末論を正しく理解するためにきわめて重要なポイントである。それゆえ以下の論述の結論を先取りして、われわれのテーゼをここで提示しておくことにする。マルコは、生前のイエスを初めから「人の子」として描きながら、まさに地上の生涯を十字架の刑死まで歩んだことによって初めて、終末の審判者「人の子」とされたという逆説を提示するのである。イエスが「人の子」であるのは、初めから最終的に決定済みなのではない。その地上の歩みの終わりから最終的に決定されるのである。そして、その決定はもう一つの逆説とワンセットにされる。すなわち、生前のイエスはたしかに初めから「神の子」として歩み出すのだが、その終わりから、つまり十字架上の受難を経て初めて、「本当に神の子」と決定されるのである。イエスが「神の子」であるのも、初めから最終的に決定済みなのではない。地上の歩みの終わりから決定されるのである。この二つの逆説によって、終わりの時に審判者として再臨する「人の子」イエスは、同時に「本当に神の子」として再臨するのである！

ただし、マルコはこの逆説を読者に向けて直接語りかけたわけではない。書簡の形で著述したパウロには、それが出来た。そこに書かれていることは、その時々の時事的な問題や事件に係ることも多い。しかし、それらを度外視すれば、ほとんどそのまま現代のわれわれにも理解できる概念的な論述も少なくない。

マルコが採ったのは、それとは対照的に物語による語りかけだった。前述したように、物語は過去形でしか語れない。読者への語りかけとしては、それは回り道なのである。著者マルコが読者に伝えたい終末論を読み取るためには、彼が自分の物語に埋め込んださまざまなシグナルを手がかりにしなければならない。つまり、いささか専門的な言い方をすれば、物語論的分析が不可欠なのである。その重要な手がかりとなるのは、前記二つの逆説に現れた「人の子」と「神の子」というキーワードである。二つの逆説はどちらも、イエスの身分（人の子と神の子）が初めから決定されているのではなく、終わりから決定されるということであるから、われわれの物語論的分析も物語の初めから終わりまでを視野に収めた大きなスケールで遂行されねばならない。と同時に、その物語の全体が細部における仕込みによって支えられていることにも注意を払わねばならない。全体は部分に現れ、部分は全体に仕えるのである。

三 「人の子」の配置

「人の子」というキーワードの初出箇所である二章10節では、中風を患う男を癒すイエスが「人の子」として示される。続く二章27―28節には、「安息日は人間のために定められた。人間が安息日のためにあるのではない。だから、人の子は安息日の主でもある」と言われる。ここでも、マルコは地上を歩む一人の人間イエスを「人の子」として示している。同時代のユダヤ教の常識では、「人の子」は宇宙と世界史が終わる時に初めて、最後の審判と万物の更新のために神から遣わされて来る超越的存在であった。その常識を引きずってくる読者にとっては、すでにこの二箇所からして、つまずきが大きい。

福音書の後半に入ると、今述べたユダヤ教の「人の子」待望に無理なく沿う文言も配置されている。すでに繰り返し取り上げた文言であるが、改めて読んでおこう。

神に背いたこの罪深い時代に、わたしとわたしの言葉を恥じるものは、人の子もまた、父の栄光に輝いて聖なる天使たちとともに来るときに、その者を恥じる。(八38)

そのとき、人の子が大いなる力と栄光を帯びて雲に乗って来るのを、人々は見る。そのとき人の子は、天使たちを遣わし、地の果てから天の果てまで、彼によって選ばれた人たちを四方から呼び集める。（一三26―27）

あなたたちは、人の子が全能の神の右に座り、天の雲に囲まれて来るのを見る。（一四62）

しかし、他方では「人の子」の受難が繰り返し予告される。最初は八章31節である。そこには、「それからイエスは、人の子は必ず多くの苦しみを受け、長老、祭司長、律法学者たちから排斥されて殺され、三日の後に復活することになっていると、弟子たちに教え始められた」とある。同じ予告は、さらに九章31節と一〇章33節でも、より詳しく繰り返される。それとは別に、九章12節「それなら、人の子は苦しみを重ね、辱めを受けると聖書に書いてあるのはなぜか」、一四章21節「人の子は、聖書に書いてあるとおりに、去って行く。だが人の子を裏切る者は不幸だ。生まれなかった方が、その者のためにはよかった」、および同41―42節「時が来た。人の子は罪人たちの手に渡される。立て、行こう。見よ、わたしを裏切る者が来た」も、「人の子」イエスが直前に迫った自分の受難について行う予告である。イエスの十字架による処刑は、それら一連の予告の成就なのである。

このように配置された「人の子」の道のりを初めから終わりへと読み通すとき、マルコ福音書の読者には、いったい何が起きるだろうか。明らかに彼は自分たちのそれまでの思考のパラダイムを変換しなければならなくなるはずである。読者はこう言うだろう。「ええ、そうなんですか。でも『人の子』って、世界の終わりに初めてやって来る超越的存在のことじゃないのですか。」著者マルコの答えはこうである。「いや、そうじゃないのだ。地上で人間の罪をゆるし（二10）、律法主義の専横から守り（二27―28）、仕えられるのではなく、多くの人に仕えた（一〇45）イエス、その挙げ句に十字架に殺されたイエスこそが『人の子』なのだ。来るべき『人の子』とは、そのイエスが神の委託を受けてもう一度天からやって来ることに他ならないのだ。」

明らかにマルコは伝統的なユダヤ教黙示思想の「人の子」待望を前提した上で、それを「受難の人の子」に変えようとしている。それは言葉伝承の「人の子」の再臨待望では後景に退いているものだった。それを前掲に押し出しているわけである。その背後には、言葉伝承とは系譜が異なる別の伝承の後押しがあったものと考えられる。それは研究上「ケーリュグマ伝承」と呼ばれるものである。「ケーリュグマ伝承」とは、本書の第Ⅶ章二節3で言及した復活信仰の成立が結んだ神学的帰結の内の第二項、すなわち、イエスの受難（刑死）の意味とその必然性について述べることを自分たちの宣教《ケーリュグマ》の核とした立場のことである。エルサレム原始教会がその中心だったと考えられる。マルコは前述の三回にわたる人の子の受難予告を、そのケーリュグマ伝承の系譜からもらって来ているのである。

しかし、ここに一つの問いが残されている。なぜ「人の子」は受難しなければならないのか。その「ねばならない」は、ほとんど神の決定として提示されている。それがすでにマルコ以前のケーリュグマ伝承の系譜の中に含まれていたのだとしても、今やマルコはそれをどういう意味付けのもとに、自分の福音書の中に織り込んでいるのか。ここでもわれわれの結論を先取りしよう。受難（十字架）こそ「人の子」が「本当に神の子」となる出来事だから、というのがその解答である。イエスが洗礼以来与えられている「神の子」の身分（一11）が本当に完成される出来事（一五39）だからである。その完成が、「人の子」が「神の子」メシアとして再臨するために（一四62）不可欠な条件だからである。

四 「神の子」の配置

マルコ福音書における「神の子」とその同義語の使用頻度は、「人の子」に比べて少ない。しかし、物語の展開にとってきわめて重要な箇所に配置されている。

まず最初は、福音書の劈頭（一1）に掲げられた「神の子イエス・キリストの福音のはじめ」という標題である。

続いてイエスが洗礼者ヨハネから洗礼を受ける場面では、イエスがヨルダン川の水から上がってくると、「天が裂けて」、「あなたはわたしの愛する子、わたしの心に適《かな》う者」という神からの声が聞こえてくる（一10―11）。これは神が人間イエスを自分の「子」として受け入れたこと、言わば「養子」としたことの宣言である。すでに述べたように、復活信仰の成立後間もないエルサレム原始教会では、御子は「聖なる霊によれば、死者の中からの復活によって力ある神の子と定められた」（ロマ一4）とされていた。マルコの目下の箇所でも「神の子」が「養子」とされることである点は同じである。しかし、この箇所では、「養子」縁組みが行われた時点がイエスの復活から、公の活動の開始に先立つ洗礼の時点へ前倒しされている。

以上の二箇所はいずれもマルコ福音書の序文に当たる一章1―15節の一部である。狭い意味の物語は、続く段落でイエスが四人の弟子を選ぶところから始まる（一16以下）。その直後にイエスは汚れた霊に取り憑かれた男を癒す話がある（一21―28）。そこでは汚れた霊がイエスのことを「神の聖者だ」

と言い表す（一24）。するとイエスはその霊に「黙れ」（一25）と沈黙を命じる。しばらく後には、「また、多くの悪霊を追い出して、悪霊にものを言うことをお許しにならなかった。悪霊はイエスのことを知っていたからである」（一34）と言われる。悪霊たちが口にする「神の聖者」が「神の子」の同義語であることは、続く三章11―12節から明らかになる。そこでは「汚れた霊どもは、イエスを見るとひれ伏して、『あなたは神の子だ』」と叫けぶと、やはりイエスは霊どもを厳しく戒めて、沈黙を命じている。

その次に問題になるのは、山の上でイエスの姿が突然変貌して輝く場面（九1―13）である。突然の出来事に三人の弟子たち（ペトロ、ヤコブ、ヨハネ）が驚いていると、雲の中から「これはわたし〔神〕の愛する子。これに聞け」という声がする（九7）。するとイエスは三人に「人の子が死者の中から復活するまでは、今見たことをだれにも話してはいけない」と厳しく戒める（九9）。興味深いのは、この場面でも、悪霊祓いの場面と同じように、イエスが「神の子」であることが開示されるや直ちにその公言が禁じられることである。

「神の子」の最後の用例は一五章39節である。イエスが十字架上に息を引き取ったのを見届けたローマの百人隊長が、「本当に、この人は神の子だった」と言い表す。

さて、以上のように配置された「神の子」（およびその同義語）についての文章を、物語の大きな遠近法の中で、相互に関連させて読もうとすると、何とも不思議な現象に直面する。たとえば、山上の変貌に居合わせた前記の三人の弟子たちは、悪霊祓いの現場にもいたのである（一21、29参照）。だからすでにそこで、「汚れた霊」とはいえ、イエスを「神の聖者」と告白したのを、また、イエスがその霊に沈黙を命じたのを聞いていたはずなのである。同じことは、三章11―12節にもあてはまる。ここでも弟子たちがイエスに同行したことになっている（三7、9）のだから、彼らはやはり三章11節で「汚れた霊ども」が「あなたこそ神の子です」と告白したのを、また、それに対するイエスの沈黙と公言禁止の命令を聞いていたはずなのである。ところが、山上の変貌の場面では、あたかも同じ弟子たちは、そこで下った神の言葉（九7）によって初めて、イエスが「神の子」であることを聞かされたかのように描かれるのである！

この不整合は、本文表面での物語の内部にとどまって、何とか話の辻褄を合わせるやり方では説明がつかないものである。たとえば、悪霊たちの告白は、内容的には妥当だったのだが、それを告白したのが他でもない悪霊だったので、イエスは沈黙を命じたのだ、というような解釈である。これは何とも稚拙な心理主義である。

問題はむしろ著者マルコの戦略と深く関わっているのである。すなわち、彼は往々にして物語の遠近法の整合性よりも、読者の読み行為に対するコントロールを優先するのである。マルコの念頭には物語の中の登場人物たちの主観に即した整合性という問題は存在しない。登場人物たち（イエスや弟子たち）の内的意識の発展や変化を、本文表面の物語の展開の中で隙間なく、かつ矛盾なく跡付ける必要を感じていないのである。彼の主たる狙いは読者の読み行為をリードすることにある。

五　読者の前理解の組み替え(1)

では、マルコは読者の読み行為をどうリードしたいのか。そこで必要なのは、物語の内側にいる登場人物のレベルと物語の外側にいる実際の読者のレベルを、明確に区別することである。

まず、物語の内側にいる「弟子たち」について見てみよう。彼らの中の最初の四人（シモン・ペトロとアンデレ、ゼベダイの子のヤコブとヨハネ）は、すでに触れたとおり、一章16節以下で初めて登場する。ガリラヤ湖のほとりで漁網の手入れをしていた時に、通りすがったイエスに弟子として召し出される場面である。彼らは、物語の中の登場人物であるから、物語が始まる前に置かれた序文（一1―15）を読んではいない。それを読んで知っているのは、物語の外側にいる読者だけである。これはあまりに当たり前であるために、かえって見過ごされやすいので、くれぐれも注意しなければならない。それによって読者は以下の物語の主人公であるイエスを「神の子」という視点から読むようにリードされているのに対し、物語の内部の「弟子たち」にはそのような情報はまだ与えられていない。読者の認識はすでにこの時点で、つまり物語の冒頭で、「弟子たち」の認識に先行しているのである。

ただし、本文の外にいる読者には、例外なく、「神の子」と聞けば、ああ、それはこういうものだ、という常識があったはずである。むずかしく言えば、「前理解」である。今からマルコ福音書を読み始めようとしている時点、つまり序文（一1―15）を読んでいる時点では、それぞれがその常識による「予断」を抱えているのである。どのような読者もそれ以外ではあり得ない。

マルコ福音書の当時の読者には、ユダヤ教からきた読者もいれば、それ以外のヘレニズム文化圏からきた読者もいたに違いない。その違いによって、「神の子」に関する常識も違っていたはずである。どのような背景からくる読者であれ、彼らが「神の子」と聞いて連想したのは、今なおわが国の平均的な宗教意識や会話の中でも繰り返し見られるのと全く同じで、どのような奇跡でもやってのける異能と全能、つまり超人ということであった。

一章24―25、34節、三章11―12節でのイエスは、彼を「神の子」と見抜いた悪霊に沈黙と公言禁止を命じていた。実はそれは著者のマルコが自分の読者に送っているシグナルである。彼はイエスの命令を借りて、他でもない物語の外にいる読者が抱えている常識と予断をこそ、ペンディングにしようとしているのである。いずれの文言も文脈上、イエスの癒しと悪霊祓いの奇跡と密接に結合されていることは決して偶然ではない。マルコは意図してそうしているのである。なぜなら、それらの異能行為こそ読者が常識的に知っている「神の子」には相応しいからである。ところが、マルコによれば、それらの奇跡をやってのけるイエスを、どれほど自分たちが持ち合わせる常識に収めて事足れりとしたくても、そうしてはならないのである。

ではマルコは、今や浮動状態におかれた読者の「神の子」の常識を、新たにどこへ連れて行こうというのか。結論から先に言おう。マルコはそれを独特な「受難のイエスこそ神の子なのだ」という逆説へ組み替えたいのである。どのような奇跡でもやってのける全能の神の子が、十字架上に処刑されるはずがない。それが常識である。ところが、マルコは受難のイエスこそが真の意味の「神の子」だと言うのであるから、これは逆説である。この逆説は「マルコの十字架の神学」とも呼ばれる。病苦に悩む者をさまざまな奇跡によって救い、律法のくびきのもとに喘ぐ者を解き放ってきたイエスは、物語の最後の場面で、「お前が神の子なら、自分で十字架から降りて自分を救ってみろ」と罵られる。しかし、もちろんそうすることはできない（一五29―32）。ついに絶望の叫びを挙げながら息絶える他はなかった（一五33―37）。マルコはそれを見届けた登場人物（ローマの百人隊長）の台詞を通して、そのイエスこそが「まことに神の子であった」（一五39）ことを読者に伝えている。これがマルコの目標である。

マルコはこの戦略に基づいて、彼の福音書全編の中に「神の子」にかかわる文言を配置している。

それは登場人物の台詞には限られず、物語の地の文にも含まれる。最後に挙げた一五章39節が福音書劈頭の標題（一1）と大きな呼応関係（インクルージョン）にあることは、よく知られている。たしかに、劈頭の「神の子」は、実は重要な写本で欠けていることもあって、もともとのものではなく、むしろ後から付け加えられたものではないかとも言われている。しかし、もしそうだとしても、一章11節の「わたし〔神〕の愛する子」と一五章39節の「本当に、この人は神の子だった」との間に、大きな呼応関係があることは微塵も揺るがない。一五章39節で、ローマの百人隊長が「まことに神の子」と叫ぶ直前に、神殿の幕が上から下まで真っ二つに「裂けた」（一五38）とマルコが記すのは、洗礼を受けたイエスが「わたし〔神〕の愛する子」と宣言（一11）される直前に、もろもろの天が「裂けて」聖霊が下ったと記していることと見事に呼応している。明らかにそれはマルコの意図的な操作である。

それでは次に、山上の変貌の場面での他言禁止の命令（九9）については、どうであろうか。そこでは悪霊たちではなく、弟子たちが他言を厳しく戒められていた。実はこれときわめて似た場面がもう一つある。それは八章27—30節である。イエスはエルサレムに向う途中のフィリポ・カイサリア地方にあったとき、同行の弟子たちに「わたしのことを何者だと思うか」と尋ねる。最後にペトロが「あなたは、メシア〔キリスト〕です」と答えると、イエスは自分のことを誰にも話さないようにと戒めて、他言を禁ずる（八30）。

たしかにこの場面で問題になっているのは、イエスが「メシア」（キリスト）であるか否かであって、「神の子」の文言は現れない。しかし、他言禁止は山上の変貌の場面と完全に一致している。さらにイエスがペトロを「戒めた」と言われるときのギリシア語は、すでに見た悪霊祓いの場面（一25、三

12）と共通している。したがって、われわれは九章9節に八章30節も加えた形で、マルコが読者とのコミュニケーションの次元で追求している戦略を明らかにしなければならない。

この関連で見ると、八章30節と九章9節は、物語の登場人物である「弟子たち」が物語の外の読者の認識にやっと追いつく地点と見なすことができる。もちろん、物語の外の読者は、イエスの正体、つまりイエスが「神の子」、「メシア」であることの本当の意味を、すでに認識しているわけではない。しかし、彼らが事前に持っていた常識と予断、「前理解」には、すでに悪霊祓いの場面での他言禁止によって、少なくとも疑問符が付されている。それはぐらつき始め、言わば浮動状態におかれている。その浮動状態に、物語の内側の登場人物である「弟子たち」は、今やっと八章30節と九章9節で追いつくのである。彼らは物語の筋の展開上ここで初めて、それまでの「前理解」をペンディングにされ、イエスが「神の子メシア」であることの真の意味への問いに直面する。どうやら、イエスをただ単に常識どおりの意味で「神の子」、「メシア」と言い表すのでは、足りないらしい、と気づくべきなのである。物語の外の読者はそこに、すでに一章24―25、34節、三章11―12節以降おかれている自分たち自身の浮動状態を再発見するわけである。

ところが、「弟子たち」、特にペトロはこの後も最後まで、この浮動状態をついに抜け出したようには描かれない。わずかに福音書のギリギリ末尾の一六章7節で、彼らがやがてガリラヤで復活のイエスに出会えることが示唆されているに過ぎない。しかし、読者の浮動状態は、すでに見たような仕組みで、その後一五章39節までの間に、「受難のイエスこそ神の子」というマルコの逆説へ組み替えられるわけであるから、読者の認識の方が福音書の始めから最後まで終始「弟子たち」のそれに先行すると言うことができる。

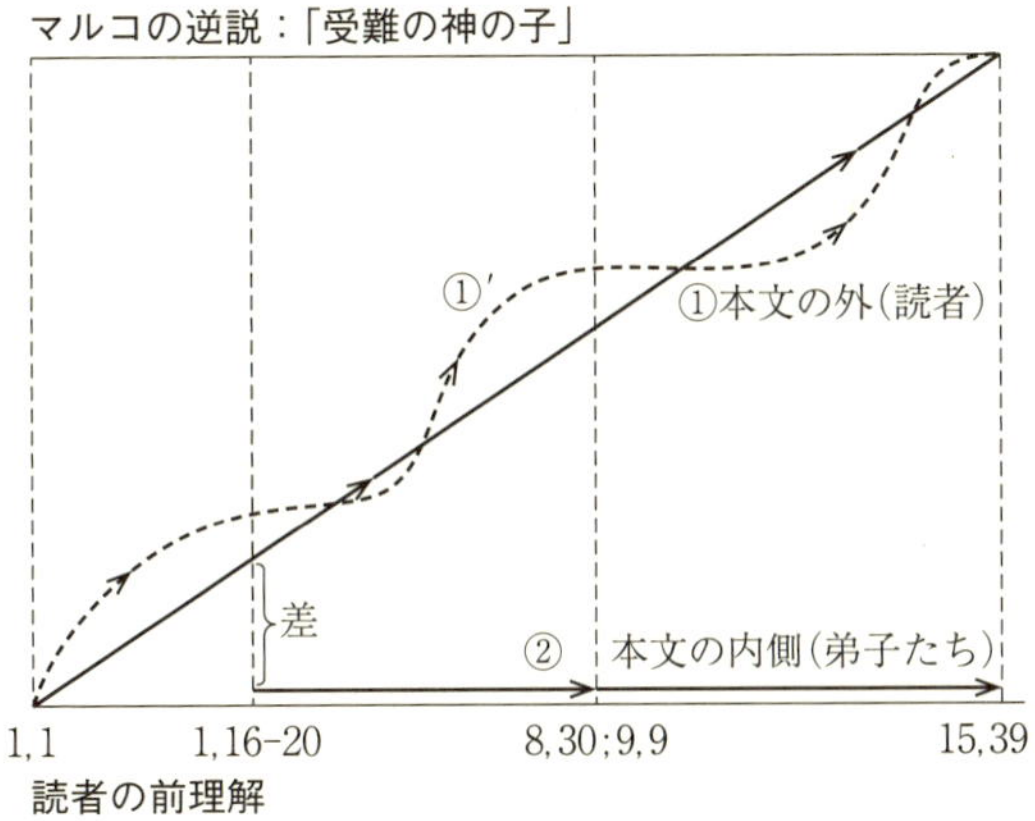

図4　読者の思考の組み替え

ただし、彼らの思考の組み替えが終わる前に、つまり物語を最後まで読み終わる前に、イエスの正体が分かったなどと早合点してはならないのである。八章29節で「あなたはメシアです」と口にしたペトロが、その直後に、イエスから「サタンよ、引き下がれ」（八33）と叱責されるのは、語り手マルコが読者に送っている注意信号である。

　イエスが「神の子」であることをめぐるマルコと読者の間の以上のようなコミュニケーションを、試みに図示すれば上のようになる。

　実線①は物語の外の読者が福音書を始めから終わりまで読み通すうちに、それぞれが引き摺ってきた常識から、「受難のイエスこそ神の子」というマルコの逆説へと、言わば「引っ張られ」てゆくことを表す。しかし、厳密に言えば、この「引っ張り」の強度は決して終始一様というわけではない。それは、当然ながら、場面ごとに異なっている。点線の①′はこのように箇所により「引っ張り」の強度が異なることを表す。実線の①はその平均値を取ったものである。

マルコが福音書全編を通して追求しているこの戦略に照らして見るとき、なぜ彼がそれ以前、イエスが「神の子」と呼ばれるたびに他言禁止のブレーキをかけてきたのか、その理由が了解される。それは、イエスの「神の子」であることは、受難を経て初めて完成されるからである。たしかにマルコは手に入れていた伝承に従って、イエスの「神の子」の身分を洗礼の時点から開始させた。そこでイエスは神の「養子」とされたのである。しかし、マルコ福音書全編によって彼が打ち出す見方によれば、その身分が真に完成されるのは、受難とそれに続く復活によってなのである。マルコが十字架上のイエスの最期を見届けたローマの百卒長に、「本当に、この人は神の子だった」（一五39）という台詞を語らせているわけもそこにある。「神の子だった」という過去形になっていることも意図的である。イエスが「神の子」であることは、受難と復活から洗礼にまで遡って完成されるということである。

こうして、マルコがイエスは復活によって初めて「神の子」（養子）とされたというエルサレム教会の見方（ロマ一3―4）を継承すると同時に、それをイエスの生前の公の活動の始め（洗礼）に前倒した意図が納得される。イエスは公の活動と受難を経て初めて「本当に神の子」とされたメシアなのである。それまでの生涯の途中のどの局面でも、イエスが「神の子」であることは未完である。未完なものがすでに完成しているかのように見る誤解には、ブレーキをかけなければならない。

六　マルコの二重の戦略

以上われわれは、マルコが「人の子」と「神の子」を福音書全編にどう配置しながら、どのような読者戦略を追求しているかを分析してきた。その結果明らかになったのは、マルコが二つのキーワードに係る読者の前理解を同時にひっくり返して組み替えようとしていることである。この意味でマルコの戦略は二重である。当然ながら、この二重の戦略が互いに無関係であるはずはない。

二つの戦略が互いに密接に関係し合っていることは、九章9節の他言禁止から明瞭に見て取れる。イエスは「これはわたし〔神〕の愛する子」という声があったことの他言を禁じるのだが、それは「人の子が死者の中から復活するまで」だと言われる。もう一つ、八章30節の他言禁止にも注意したい。そこで他言が禁止されるのは、イエスが「メシア」であることである。その直後に最初の受難予告（本章第三節参照）の場面がくる（八31─32）。その予告をするのも「人の子」イエスである。ペトロはその予告を受けると、イエスを傍へ引き寄せ、そんな予告はやめて下さい、と戒める。するとイエスは弟子たち全員に聞こえるように、「サタン、引き下がれ。あなたは神のことを思わず、人間のことを思っている」（八33）と言って、逆にペトロを戒める。その「戒める」のギリシア語はすぐ直前の八章30節と同じである。したがって、八章30節で他言禁止を命じるのも、遡及的に「人の子」イエスであることになる。

これは知る人ぞ知る事実であるが、マルコ福音書の主人公イエスは、自分自身を指すときには、もちろん「わたし」と言う場合もあるが、好んで「人の子」という言い方をする。自分のことを三人称で呼ぶというのは、たしかに奇妙である。しかし、よく似たことは現代でもときどき起きる。たとえば、幼い子供が自分の名前で自分を指すのに「……ちゃんは」という言い方を好んでするのと通じている。マルコ福音書の「人の子」は終始例外なくイエス自身の口に置かれた自己呼称なのである。

それとは対照的に、「神の子」はやはり例外なくイエス以外の第三者の発言の中に置かれている。

つまり、物語の他の登場人物がイエスを指して口にするか、物語の語り手が地の文の中で使うのである。すでに見たように、一章1節では、福音書全体の標題の中で、一章11と九章7節では、イエスに聞こえてきた天（神）からの声の中で使われている。三章11節と五章7節では、イエスに追い祓われる瀬戸際の悪霊が、一五章39節では、十字架でのイエスの最期を見届けたローマの百人隊長が、それぞれ「神の子」の呼称を使っている。「神の子」がイエスの自己呼称として使われる例は一つもないのである。「人の子」と「神の子」のこの使い分けは際立っている。それがマルコの意識的な操作であることは間違いない。

ところが、この使い分けが実質的に破れる点が一点だけ存在する。一連の「人の子」章句の最後でもある一四章62節がそれである。場面は、イエスがエルサレム神殿から商人たちを手荒に追い出して逮捕され、ユダヤ教の大祭司と最高法院による裁判に引き出されて、尋問を受けるところである。まず、61節から63節までを通して読んでみよう。

61しかし、イエスは黙り続け何も答えなかった。そこで、重ねて大祭司は尋ね、「お前はほむべき者の子、メシアなのか」と言った。62イエスは言われた。「わたしがそれである。あなたたちは、人の子が全能の神の右に座り、天の雲に囲まれて来るのを見る。」63大祭司は衣を引き裂きながら言った。「これでもまだ証人が必要だろうか。諸君は冒瀆の言葉を聞いた。どう考えるか。」一同は死刑にするべきだと決議した。（マコ一四61―63）

61節の大祭司の尋問の中にある「ほむべき者の子」とは、「神の子」のことに他ならない。それに対してイエスは、続く62節で、「わたしがそれである」と明確に肯定している。つまり、ここでは「ほむべき者の子」と「人の子」がイエス自身の口において、実質上統合されているのである。

加えて大祭司の問いには「メシア」（キリスト）の言葉も出るから、ここでは「神の子」、「人の子」、「メシア」という、マルコのキリスト論にとって重要な三つの尊称が束ねられているわけである。その際、マルコがこの裁判の場面のために特定の伝承を材料にしている可能性はもちろんあるが、三つの尊称をこのように緊密に束ねたこと自体は、マルコ自身の最高に意図的な、かつ創造的な行為であると考えなければならない。彼は「神の子」と「人の子」にかかわる読者の前理解をひっくりかえして組み替えようという二つの戦略を、一四章61―62節に収斂させているのである。

もちろん、「神の子」にかかわる読者の思考の組み替えは、一四章61―62節を越えて、前述の一五章39節のローマの百人隊長が「本当に、この人は神の子だった」と告白するところで完了する。したがって、マルコの戦略から見ても、読者の読み行為において生じる効果から見ても、「神の子」に係る組み替えの方が、より大きなスパン（一1、11―一五39）で起きるべきものであり、「人の子」にかかわる組み替え（二10―一四63）は、その中に包摂されるという関係にある。

しかし、いずれの組み替えも質的には差がない。一四章62節でイエスの回答を聞いた大祭司が自分の衣を「引き裂いた」（一四63）のは、やがて十字架上のイエスの最期の絶叫とともにエルサレム神殿の至聖所の幕も「上から下まで真っ二つに裂け」（一五38）、ローマの百人隊長の信仰告白を引き出すことに呼応している。物語本文の表面でのこの呼応関係は、一四章63節と一五章39節で完了すべき前記二つの組み替え効果が、互いに同質のものであることを示すために、マルコが物語の中に埋め込んだシグナルに他ならない。

われわれは前出の第三節の終わりで、なぜ「人の子」イエスは受難しなければならないのかという問いを提起しておいた。われわれの解答は、すでにそこで先取りして述べたとおりである。受難（十字架）こそ「人の子」が「本当に神の子」となる出来事だから、というのがその解答である。イエスが洗礼以来与えられている「神の子」の身分（一11）が本当に完成される出来事（一五39）だからである。その完成が「人の子」が「神の子」メシアとして再臨するために不可欠な条件だからである（一四62）。

こうしてマルコはイエスが全能の「神の子」であることを、最初から決定済みであるかのように見做す常識をひっくり返すわけである。イエスは「受難の神の子」という逆説においてのみ「神の子キリスト」なのである。同時にマルコは、「人の子」を何よりも宇宙史の終わりに初めて到来する審判者と見做すユダヤ教黙示思想と、イエスを第一義的にはその審判者として待望する原始教会（言葉伝承）の「人の子」論を定義し直すのである。再臨の「人の子」とは、すでに受難と復活を後にして、今現に「神の右に座っている神の子」（一四62）である。そのイエスの再臨が現に「戸口に近づいている」（一三29）のである。

第XII章 世の初めから隠されていること——マタイ福音書

マルコ福音書と同様、マタイ福音書も後七〇年のエルサレム陥落の出来事をすでに過去のこととして前提している。その何よりの証拠は、二二章1—14節の譬《たと》え話で、王子のために婚宴を催す王が自分の招待を断った者たちに対して「怒り、軍隊を送って、この人殺しどもを滅ぼし、その町を焼き払った」（7節）と言われることである。ここでは、著者の現在が生前のイエスによる譬え話の中へ時間をさかのぼって投影されている。「王」は神の暗喩であるから、ユダヤ国家の滅亡は「神の怒り」によることとが宣言されているわけである。マタイはこの出来事からおそらく十年ほど経った八〇年代に生きているものと思われる。

著者は自分の福音書を編集するに当たって、現在の形でのマルコ福音書を目の前に持っていた。それ以外に、イエスの言葉を集めた資料（語録資料Q）を手に入れていた。さらに、この二つとは別のルートで伝わってきた伝承も材料にしている。われわれの主たる関心は、マタイが自分の福音書の読者たちに、どのような終末論を提示しようとしているかである。それを読み取るためには、マルコ福音書の場合と同じように、何よりもマタイが自分の福音書全体の筋立てに込めている戦略に注目しなければならない。

一　全体の構成について

マタイの関心は何よりもイエスの言葉にある。彼は仕入れたイエスの言葉を大きな五つのブロックに分けて、自分の作品の中にはめ込んだ。

その一つが一三章の譬え話集である。その導入部は地の文で、「その日、イエスは家を出て、湖のほとりに座っていた。すると、大勢の群衆がそばに集まって来たので、イエスは舟に乗って腰をおろした。群衆は皆岸辺に立っていた。イエスは譬えを用いて彼らに多くのことを語られた」（一三1―3）となっている。その終わりは、「イエスはこれらの譬えを語り終えると、そこを去り、故郷に帰った」（一三53）と結ばれる。その間は、イエスの直接話法の話で埋まっている。その始めと終わりがしっかりと枠取りされているのである。

さらに大きなブロックが、一三章よりも前の五―七章に置かれている。通常「山上の説教」と呼ばれる箇所である。事実、その導入部で、イエスは「山に登り、腰を下ろして」弟子たちに語り始める（五1）。世上よく知られたイエスの名言の多くがここに出てくる。その全体を通して読むわけにはゆかないので、主なキーワードを拾ってみよう。それだけでも、ああ、あの言葉かと思い当たる方が少なくないであろう。

心の貧しい人々は幸いである／あなたがたは地の塩、世の光である／腹を立ててはならない／姦淫してはならない／離縁してはならない／誓ってはならない／復讐してはならない／敵を愛しなさい／御心が行われますように、天におけるように地の上にも（主の祈り）／天に宝を積みなさい／体のともし火は目である／神と富とに仕えることはできない／野の百合、空の鳥を見よ／人を裁いてはならない／求めなさい、そうすれば与えられる／狭い門から入れ／良い木は良い実を結ぶ／岩の上の家、砂の上の家

場面の最後には、地の文で「イエスがこれらの言葉を語り終えられると、群衆はその教えに非常に驚いた」（七28）と言われる。さらにその後は、「イエスが山を下りると、大勢の群衆が従った」（八1）と続く。語り手マタイは、場面の始めで主人公イエスを山に登らせていたことを忘れていないのである。始めと終わりの枠取りが、ここでも際立っている。

その次の大きなブロックは一〇章である。イエスが十二弟子を「天の国」の宣教に送り出す場面である。その始めは「イエスは十二人を派遣するにあたり、次のように命じられた」（一〇5）とある。その後、例えば次のような名言が続いている。

わたしはあなたがたを遣わす。それは、狼の群れに羊を送り込むようなものだ。だから、蛇のように賢く、鳩のように素直になりなさい。（16節）

体は殺しても、魂を殺すことのできない者どもを恐れるな。むしろ、魂も体も地獄で滅ぼすことのできる方〔神〕を恐れなさい。（28節）

わたしが来たのは地上に平和をもたらすためだ、と思ってはならない。平和ではなく、剣をもたらす

ために来たのだ。……わたしよりも息子や娘を愛する者も、わたしにふさわしくない。（34、37節）

あなたがたを受け入れる人は、わたしを受け入れ、わたしを受け入れる人は、わたしを遣わされた方を受け入れるのである。（40節）

場面の最後は、やはり地の文で、「イエスは十二人の弟子に指図を与え終わると、そこを去り、方々の町で教え、宣教された」（一一1）と結ばれる。ここでも、始めと終わりの枠取りは明瞭である。

さらに四番目の大きなブロックは一八章である（一八1）。ここでは、「天の国」で一番偉い者はだれかをめぐって、イエスと弟子たちの間で問答が始まる（一八1）。その後、イエスの回答が章末まで続く。その中に、百匹の羊の中の一匹が迷い出る譬え話（10―14節）が出てくる。自分は主人から巨額の借金を免除されながら、仲間に貸し付けている自分の小金は容赦なく取り立てる悪い家僕の譬え（21―35節）もここに出てくる。最後は、「イエスはこれらの言葉を語り終えると、ガリラヤを去り、ヨルダン川の向こう側のユダヤ地方に行った」（一九1）と結ばれる。ここでも、始めと終わりの枠取りは明瞭である。

最後の大きなブロックは二四―二五章である。ここでも、イエスは最初、山（エルサレムの町に向き合ったオリーブ山）の上で座っている（二四3）。そして弟子たちから、世が終わるときにどんな徴《しるし》があるのか、と尋ねられる。それに対するイエスの回答が延々と二五章の終わりまで続く。イエスは、終わりの時には、エルサレムの神殿が倒壊し、各地に戦争、飢饉、地震が起きて、大きな苦難が人々を襲うこと、やがて最後の審判のために「人の子」が雲に乗って到来する時に、天変地異が起きることを予告する。その時まで誰もが目を覚ましていなければならない。そのためにイエスが語るのは、主人の留守の間、忠実にその指図を果たす僕《しもべ》と飲み食いを始める僕の譬え（以上二四章）、待っている間に灯火の油を切らしてしまう乙女と切らさず待っている乙女の譬え、主人の留守の間、与った金を活用した僕とそうしなかった僕の譬えである。その後に、最後の審判で「人の子」が、羊飼いが羊を分けるように、義人を永遠の命へ、罪人を永遠の刑罰に分ける様子が描かれる（以上二五章）。最後は「イエスはこれらの言葉をすべて語り終えると」（二六1）で結ばれる。またもや、始めと終わりの枠取りが際立っているばかりか、ここでは「すべて」というマタイの口癖もはっきり現れている。

以上五つのブロックは、始めと終わりの枠取りがはっきり示しているように、文字通りの「ブロック」、つまり「型箱」である。マタイは語録資料Qを初めとする言葉伝承から大量に仕入れたイエスの言葉をその中へ目一杯詰め込んだのである。

しかも、マタイ福音書でイエスの言葉が現れるのは、この五つの型箱だけではない。それ以外にも、「天の国」についての譬えが単発で出てくることがある。「ぶどう園の労働者」の譬え（二〇1―20）や「婚宴」の譬え（二二1―14）がそうである。また二三章は全体が、ファリサイ派に対するイエスの非難演説である。それに加えて、イエスが弟子たちや律法学者たちなどと、さまざまなテーマをめぐって交わす問答と論争がある。例えば、離婚についての問答（一九1―12）、金持ちの青年との問答（一九16―30）、納税問答（二二15―22）、復活問答（同23―33）、最大の掟についての問答（同34―40）などである。そこでは、問答の相手は脇役であって、主人公イエスの発言が圧倒的なスペースを占めている。

こうして見ると、マタイがイエスの言葉に大変な関心を寄せていることが分かる。マタイ福音書全体が言わばイエスの言葉集なのである。たしかに、言葉以外にも、イエスの宣教の足取りとその途中での出来事も語られている。しかし、その足取りを時系列で造形すること、つまり「筋立て」には、マタイは大した関心を示さず、ほとんどマルコを踏襲するだけですませている。例えば、マルコが自分の福音書の中に配置した「人の子」と「神の子」章句は、たしかに少なからずマタイにも残されている。しかし、マルコがその配置に結びつけていた戦略（XI五、六参照）は、マタイではもはや見る影もない。マルコの「筋立て」は繰り返し、イエスの言葉が目一杯つまった「型箱」で、文字通りブロックされてしまうのである。その「型箱」の中では、終始イエスの直接話法の発言が続くから、物語が先へ進まないからである。短い時間（スペース）でたくさんの出来事が起きたことにするマルコのようなスピードは失われる。イエスの通時的な足取りは、彼の言葉を詰め込むための外枠にすぎない。

しかし、本当にマタイは、イエスの生涯の時間的な筋立てに、何のメッセージも込めてはいないのか。もちろん、そうではない。ただし、そのメッセージはマタイが世界の空間的な広がりをどう捉えているという問題と無関係には論じられない。

二　歴史的世界の広がり

マタイは自分の福音書で、物語の空間的な広がりをどのように造形しているだろうか。ただし、一口に空間的広がりと言っても、歴史的な人間世界の広がりと、宇宙的世界の広がりがある。前者は水平軸、後者は垂直軸での広がりである。垂直軸での広がりについては、後ほど見ることにして、まずは歴史的な世界がどう描かれているかを見てみよう。

マタイ福音書を始めから終わりに向かって読んで行くとき、読者が最初に出会うのは、幼子イエスがエルサレムに近いベツレヘムで、乙女マリアから生まれる物語である。そこへ占星術の学者たちが「東の方から」やって来て、幼子イエスの誕生を見届けると、また自分たちの国へ帰って行く（二1―12）。「東の方」にあるその国の名前は記されていない。しかし、占星術とのつながりを考えれば、当然読者はメソポタミア（バビロニア）を連想する。占星術の学者たちが帰った後、ヨセフに天使が現れて、大王ヘロデの追っ手を逃れるため、マリアと幼子を連れて、エジプトへ避難するように命じる。聖家族はそれに従う。そしてヘロデが死んだ後、エルサレム（ユダヤ）ではなく、ガリラヤのナザレに戻って、そこに住む（二13―23）。こうして読者は最初から、古代オリエント世界の広大な広がりの中へ引き込まれる。ただし、主人公イエスは未だ幼子であるから、その広がりとは無縁である。

主人公のイエス自身が広大な歴史的世界を目にするのは、洗礼者ヨハネから洗礼を受けた後、荒れ野で悪魔から誘惑を受ける場面（四1―11）である。すでに二回の誘惑に失敗した悪魔は、最後の三回目に、「イエスを非常に高い山につれて行き、世のすべての国々とその繁栄ぶりを見せて」（8節）、もしイエスが自分を拝むなら、そのすべてを与えようと誘惑する。

その誘惑も退けたイエスは、ガリラヤ湖畔に移動して、「天の国」の宣教を開始する。マタイは、それがパレスチナ全体にとって、夜明けの瞬間であったことを、預言者イザヤの言葉を引いて、「ゼブルンの地とナフタリの地、湖沿いの道、ヨルダン川のかなたの地、異邦人のガリラヤ、暗闇に住む民は大きな光を見、死の陰の地に住む者に光が射し込んだ」（四15―16）と述べている。マタイはこれを地の文に埋め込んでいるから、何よりも読者の空間イメージを広げようとしているのである。マタイはその後の四章23―25節に要約的報告を置いている。そこでも、イエスの宣教がパレスチナ全体に及んだことを束ねて報告している。

その後に続く「山上の説教」（五―七章）と奇跡物語集（八―九章）では、歴史的地理の広がりに大きな変化は生じない。すべてがガリラヤ湖の周辺で起きているからである。

しかし、続く一〇章で十二人の弟子たちが宣教に派遣される場面では、重要な変化が見られる。そこでイエスが真っ先に与える指図は「異邦人の道に行ってはならない。また、サマリア人の町に入ってはならない。むしろ、イスラエルの家の失われた羊のところへ行きなさい」（一〇5―6）というものである。この言葉の背後には、歴史上の人物イエスが「神の国」の宣教を何よりもまずパレスチナに限定していたことがあるに違いない。それはマタイが仕入れた伝承の一部だったのであろう。それが今やマタイ福音書という物語の中にはめ込まれることによって、この福音書の空間イメージの造形に重要な役割を果たしている。すなわち、「天の国」の空間的広がりは、ここでいちばん狭くなる。しかもそれが、主人公イエスによって与えられる指図であるから、読者だけではなく、物語の中の他の登場人物たちも、それを聞いているわけである。

イエスのその後の足取りは、依然としてガリラヤ湖の周辺にとどまっているが、一一章21―22節では、フェニキアの町ティルスとシドンが言及される。もしそこで「天の国」が宣べ伝えられていたら、人々はパレスチナの町々に先駆けて、とうの昔に悔い改めていただろうとイエスは言う。ここで読者のイメージはフェニキアにまで拡大される。

マタイがさらに読者の歴史的空間意識を広げるのは、一二章15―21節である。そこでは、前述の四章15―16節と同じように、預言者イザヤを引いて、「見よ、わたし〔神〕の選んだ僕。わたしの心に適ったもの。この僕にわたしの霊を授ける。彼は異邦人に正義を知らせる。（中略）異邦人は彼の名に望みをかける」と言われる。

イエスが実際に、異邦人の地方に足を踏み入れるのは、一五章21―28節である。そこでイエスは一人のフェニキアの女から、悪霊に憑かれた娘を癒すように請われたとき、最初は「わたしはイスラエルの家の失われた羊のところにしか遣わされていない」と言って、ためらうのだが、その後で娘を癒している。前述の一〇章5―6節でイエスが与えた指図が、ここではイエス自身によって破られているわけである。

その後、イエスの足取りとともに、読者が結ぶ空間イメージが大きく変わるのは、イエスがガリラヤを去って、「ヨルダン川の向こう側のユダヤ地方へ」移動するところである（一九1）。それはヨルダン東岸のことであり、エリコが代表的な町である（二〇29）。そのエリコを経由して、エルサレムに到着した後は、イエスの最期まで物語の舞台に変動はない。

ただし、イエスがそこで世界の終末について語る一連の言葉（二四―二五章、前述の第五のブロック）は、物語の中の登場人物はもちろん、その外にいる読者にも、それまでとは一変した空間イメージを結ばせる。それも当然である。ユダヤ人のみならず、全世界のもろもろの国民の上にやがて到来する終末と最後の審判が主題だからである。

> あなたがたは戦争の騒ぎや戦争のうわさを聞くだろうが、慌てないように気をつけなさい。そういうことは起こるに決まっているが、まだ世の終わりではない。民は民に、国は国に敵対して立ち上がり、方々に飢饉や地震が起こる。しかし、これらはすべて産みの苦しみの始まりである。（二四6―8）

しかし、最後まで耐え忍ぶ者は救われる。そして〔天の〕国のこの福音はあらゆる民への証しとして、全世界に宣べ伝えられる。それから終わりが来る。（二四13―14）

そのとき、人の子の徴が天に現れる。そして、そのとき、地上のすべての民族は悲しみ、人の子が大いなる力と栄光を帯びて天の雲に乗ってくるのを見る。（二四30）

そして、すべての国の民がその前に集められると、羊飼いが羊と山羊を分けるように、彼らをより分け、羊を右に、山羊を左に置く。（二五32―33）

念のために言えば、これらの言葉には、天から地上への垂直のイメージも含まれているものの、読者の主たる視線は水平軸に沿って広がって行く。「すべての民」や「すべての国」とあるように、地上の歴史的な世界の広がりが問題なのである。

福音書の最後の最後二八章では、死から三日目に甦ったイエスがガラリヤのある山の上で、弟子たちに出現する。そして彼らに、全世界に向かっての宣教を命令する。

18わたしは天と地の一切の権能を授かった。
19だから、あなたがたは行って、すべての民をわたしの弟子にしなさい。彼らに父と子と聖霊の名によって洗礼を授け、
20あなたがたに命じておいたことをすべて守るように教えなさい。わたしは世の終わりまで、いつもあなたがたとともにいる。（二八18―20）

もう一つ念のために付言すると、二四―二五章の最後の審判についての講話と二八章の復活のイエスによる世界宣教の命令の間の時系列上の順番に注意が必要である。前者は未だ十字架上に最期を遂げる前のイエスが、後者の世界宣教をも超えて、さらにその先の未来を指差しながら語っている予告である。物語の順番と内容の順番が逆になっているわけである。時系列で整理すれば、二八章18―20節のイエスは、二四―二五章が指示する未来よりもはるかに手前、すなわち、死から復活して弟子たちに顕現する時点で、一〇章5―6節での命令を覆して、宣教のために「異邦人への道」へ行くことを新しく命じているのである。

以上、私たちはマタイが歴史的な世界の広がりについて、読者にどのようなイメージを結ばせるのか、物語の流れに沿って確かめてきた。そこから、どういう結論を引き出せるだろうか。

まず明らかなのは、二つのピークと一つの谷があることである。最初のピークは、二章の誕生物語と四章の悪魔による誘惑の場面である。イエスを乙女マリアから生まれさせた神の働きは、遠くオリエントとエジプトにまで及び、悪魔の支配も全世界の国々に及んでいる。しかし、イエスの「天の国」の宣教は、一〇章5―6節で、「イスラエルの家」の土地、つまりパレスチナに限定される。それが谷である。

ところが、マタイはその谷を越えた後、一二章15―21節で、神の働きがやがて異邦人にまで及ぶことを記す。それは地の文であるから、物語の内側の主人公イエスと弟子たちには、聞こえていない。物語を読んでいる読者への情報提供なのである。主人公イエスは、その後まもなく、異邦人の土地フェニキアに足を踏み入れる（一五21―28）。そうして広がり始めた歴史的空間は、二四―二五章のイエスの講話で二つ目のピークに達する。それは物語の内側の弟子たちも聞いている。最後の最後、二八章20節で復活のイエスが与える世界宣教の命令は、物語の上では最後であるが、時系列の上では、弟子たちがすでに二四—二五章のイエスの講話で聞いたことの手前にある。世界宣教は世の終わりが来る前に行われるべきだからである（二四14—15）。

マタイはこの二つのピークを互いに結び合わせることを忘れていない。いや、むしろ細心の注意深さをもってそうしている。もう一度、復活のイエスの第一声に注意しよう。それは、「わたしは天と地の一切の権能を授かった」（二八18）となっている。他方、最初のピークで悪魔はイエスに「世のすべての国々」を見せて、それが欲しくはないかと誘惑している（四9）。つまり、天の神は、かつて悪魔が握っていた地上の全世界に対する権能を奪い取って、今や復活のイエスに授与したというのである！　だからこそ、今初めて、「天の国」についての宣教は、「イスラエルの家」の土地、つまりパレスチナへの限定から解放されて、全世界に向かって開放されるのである。マタイ福音書が物語るイエスの足取りは、このために必要だったのである。たしかにマタイはイエスの生涯の時間的な筋立てにおいては、基本的にマルコを踏襲しているのであるが、それはそこに何のメッセージも込められていないということではない。それは空間の造形と密接不可分に結び合わされているのである。

マタイがイエスの生涯の時間的な筋立てに独特な意味を込めていることは、一章23節と二八章20節からも明らかになる。一章21—23節では、天使が夢の中でヨセフに現れて、「その子をイエスと名付けなさい。（中略）その名はインマヌエルと呼ばれる。この名は『神はわれわれと共におられる』という意味である」と告げる。事実、ヘブライ語で、「インマ」は「共に」、「ヌ」は「われわれと」、「エル」は「神」を意味する。他方、二八章20節には、「あなたがたに命じておいたことをすべて守るように教えなさい。わたしは世の終わりまで、いつもあなたがたと共にいる」とある。最後の傍点部が意味の上で一章23節の「インマヌエル」を受けていることは明白である。マタイがイエスの言葉を大きな五つの型箱に詰めたとき、その始めと終わりを照らし合わせて枠構造にしていることは、すでに見たとおりである。マタイ福音書全体が同じ枠構造を示しているのである。

事実、二八章20節は、その他の点でも、イエスの言葉の型箱（ブロック）との関連を示している。傍点部の直前の「わたしは世の終わりまで」は、五番目の型箱、すなわち、二四―二五章の終末についての講話と関連している。さらにその前の「あなたがたに命じておいたことをすべて守るように」は、その他の型箱、とりわけ五―七章の「山上の説教」を指している。マタイは、そこに集めたイエスの言葉全体を指して、「ファリサイ派の人々の義にまさる義」（五20）を求めるものだと言っている。ファリサイ派とは、その当時のユダヤ教の中で、モーセの律法（掟）を遵守すること、つまり「義」を誇った者たちのことである。それに勝る「義」を実行する者だけが、「天の国」に入ることを許されるのだと言う。そのような「義」は、もともとユダヤ教徒であった者にだけ求められるのではなく、福音を聞いて「イエスの弟子」となった異邦人たちにも、ひとしく求められる。すなわち、マタイは、生まれながらモーセの掟に縛られたユダヤ人であるかどうかとは今や独立に、イエスの教えを実践することの普遍性を目指している。そのことを端的に言い表すのが、二一章43節のイエスの言葉である。「だから、言っておくが、神の国はあなたがた〔＝律法学者とファリサイ派〕から取り上げられ、それにふさわしい実を結ぶ〔どの〕民族にも与えられる。」このような立場を、ある研究者は「帰属による個別民族主義から実践による普遍主義へ」と呼んでいる。[(1)]

イエスの五つの講話は、そのような実践を目指す人間たちの共同体に向かって、直接語りかける。例えば、一八章の講話（第四ブロック）には、「教会」という表現が現れるが、それは物語の内側の弟子たちではなく、物語の外側にいる読者、つまりマタイの教会を指している。物語の「今」を飛び越えて、読者の「今」に向かって、新しい教えが語られる。もちろん、それはさまざまな葛藤と問題を抱えた人間の集まりである。一三章の譬え話集は、そのことを「良い麦」に混じった「毒麦」に譬えている。一八章は、教会の内側での仲違いの解決のために「二人または三人が私の名によって集まるところには、私もその中にいるのである」（二八20）と記している。この傍点部が、一章23節と二八章20節の「インマヌエル」の枠構造に関与していることは明らかであろう。それはその枠構造の中間ポイントに打たれた指標である。マタイの細心ぶりがよく現れている。

三　垂直軸のイメージ

以上、われわれはマタイ福音書が水平軸での空間の広がり、つまり歴史的世界の広がりをどう造形しているかを調べてきた。次に知りたいのは、垂直軸での造形の仕方である。実は読者は、水平軸での広がりについて読む途中でも、すでに繰り返し、垂直軸でのイメージ、すなわち天と地にかかわるイメージにも、出会ってきているのである。

まず最初に目をひくイメージは「山」である。四章8節では、悪魔がイエスを「非常に高い山に連れて行き、世のすべての国々とその繁栄ぶりを見せて」、もし自分を拝めばそのすべてを与えると誘惑する。五―七章の「山上の説教」は、その呼び名のとおり、イエスは最初に「山に登り、腰を下ろして」話し続け（五1）、最後にはまた山を下りる（八1）。一四章23節と一五章29節では、イエスは一人で山に登り、しばらくそこに留まっている。一七章1節では、イエスはペトロ、ヤコブ、その兄弟ヨハネだけを連れて、「高い山」に登る。その山の上で、イエスの姿が変わり、顔は太陽のように輝き、服は光のように白くなった。そのとき、天から声がして、「これはわたし〔神〕の愛する子、わたしの心に適う者」と告げる（一七5）。それから、「一同が山を下りるとき」、イエスは自分がやがて死者の中から復活するまで、今見たことをだれにも話してはならない、と弟子たちに命じる（一七9）。一八章12節は、百匹の羊のうちの一匹が迷い出る譬え話の一節であるが、飼い主は迷い出た一匹を捜しに行くにあたって、「九十九匹を山に残して」いく。ちなみに、同じ譬え話はルカ福音書の一五章にもあるが、そこでは九十九匹は「山」ではなくて、「野原」（一五4）に残されることになっている。マタイにとって、「山」こそが安全な場所なのである。二四―二五章のイエスの講話でも、最初にイエスは「オリーブ山に座って」いる（二四3）。その後、イエスは世の終わりについて語りつづけるのだが、その途中には、「預言者ダニエルが言った憎むべき破壊者が、聖なる場所〔神殿〕に立つのを見たら――読者は悟れ――そのとき、ユダヤにいる人々は山に逃げなさい」（二四16）と言われる。最後に福音書の末尾、二八章16―17節では、すでに見たとおり、十一人の弟子たちが、イエスの処刑後、ガリラヤに行き、イエスが予め指示していた山に登る。そしてイエスに会って、全世界への宣教を命じられる。

　こうして見ると、マタイが「山」に象徴的な意味を持たせていることが手に取るように明らかである。イエスはただ「山に登る」だけではなく、好んでそこに「座って」いる（五1、一五29、二四3）。つまり、表現の一つ一つまで定型化されているのである。したがって、そのつど「どの山のことか」と問うのは、まったく意味がない。マタイにとって、「山」は地上で天にいちばん近い場所であり、それゆえに、祈りと黙想、説教、そして安らぎと保全の場所なのである。

天と地を結ぶ垂直軸がマタイにとってどれほど重要かがよく分かる典型的な箇所が三つある。一つ目は一〇章32―33節である。ルカ福音書一二章8―9節に並行箇所があるので、並べて見てみよう。どちらもイエスの言葉である。

マタイ一〇章32―33節

32だから、だれでも人々の前で自分をわたしの仲間であると言い表す者は、わたしも天の父の前で、その人をわたしの仲間であると言い表す。33しかし、人々の前でわたしを知らないと言う者は、わたしも天の父の前で、その人を知らないと言う。

ルカ一二章8―9節

8言っておくが、だれでも人々の前で自分をわたしの仲間であると言い表す者は、人の子も神の天使たちの前で、その人を自分の仲間であると言い表す。9しかし、人々の前でわたしを知らないと言う者は、神の天使たちの前で知らないと言われる。

ルカ福音書にも並行する言葉があるということは、マタイ一〇章32―33節もマタイの創作ではなく、彼が入手した伝承の一部だったということである。ただし、マタイはその伝承に手を加えている。その結果、微妙なイメージの違いが生まれている。ここでは詳しくは述べられないが、ルカの方は、「人の子」が天使たちとともに到来して行う最後の審判の一部である。ところが、マタイの方には、そのような審判との関係は微塵もない。ひたすら、地上の人々の前で起きることと、天の父の前で起きることの対応関係が重要なのである。

そう見て間違いではないことは、二つ目と三つ目の箇所から証明される。それはマタイ一六章18―

19節と一八章18—20節である。

18わたしも言っておく。あなたはペトロ。わたしはこの岩〔ペトラ〕の上にわたしの教会を建てる。陰府の力もこれに対抗できない。わたしはあなたに天の国の鍵を授ける。19あなたが地上でつなぐことは、天上でもつながれる。あなたが地上で解くことは、天上でも解かれる。（一六18—19）

18はっきり言っておく。あなたがたが地上でつなぐことは、天上でもつながれ、あなたがたが地上で解くことは、天上でも解かれる。19また、はっきり言っておくが、どんな願いごとであれ、あなたがたのうち二人が地上で心を一つにして求めるなら、わたしの天の父はそれをかなえてくださる。20二人または三人が私の名によって集まるところには、私もその中にいるのである。（一八18—20）

どちらもマタイ福音書にしかないイエスの言葉である。マタイが独自のルートで仕入れた伝承にあったものかも知れないが、マタイ自身の創作である可能性も大きい。まず一つのポイントは、「つなぐ」と「解く」である。「つなぐ」とは罪を「ゆるさない」こと、「解く」とは「ゆるす」ことである。したがって、どちらでも「罪のゆるし」を与える権能（「鍵」）がペトロに授けられる場面である。重要なポイントは、地上と天上の対応関係である。ペトロが地上で「つながれた」ままにするものは、天上でもゆるされず、ペトロが地上で「解く」ことは、天上でもゆるされる。読者のイメージが天と地の間の垂直軸にこれ以上強く誘導される箇所は他にない。

四　「天の国」

マタイ福音書は、以上のような個々の場面を越えて、むしろ全巻にわたって「天の国」という表現を繰り返すことによって、読者のイメージを垂直軸へ誘導している。それは垂直軸にとどまらず、天上世界の広がり、つまり全宇宙的な広がりも連想させる。

マタイ福音書で「天の国」が現れる箇所をすべて数えてみると、三三回に上る。他の福音書にはただの一回も出てこない。その代わりに、常に「神の国」という表現が用いられる。それが歴史上のイエスにまでさかのぼる言い方である。前章で見たマルコ福音書も、次章で見るルカ福音書も、その言い方に従っている。マタイも仕入れたイエスの言葉の中に、その言い方を見つけ、たしかに合計五回自分の福音書に取り入れている（六33、一二28、一九24、二一31、43）。しかし、それは明らかに例外であり、マタイ自身は意識して「天の国」という言い方を優先しているのである。

それに加えて、「天の父」という言い方にも注意が必要である。この言い方はマルコ福音書とルカ福音書では、それぞれ一回出て来るにすぎない（マコ一一25、ルカ一一13）。ところが、マタイ福音書では一九回に上る。「天の国」と合わせて考えると、マタイ福音書の際立った特徴だと言わねばならない。マタイはこの表現に、どのような意味を込めているのだろうか。それは単純に「神」と「神の国」を婉曲に言い換えたものにすぎないのだろうか。

以下の分析を分かりやすくするために、われわれの結論から先に述べよう。マタイにとっては、「天の国」は天地万物の創造の時から天上で実現している現実なのである。それは長い間隠されてきた。しかし、今やイエスが誕生し、公の宣教を開始したことによって、地上にも実現しつつある。それはまず「イスラエルの家」の土地、つまりパレスチナで宣べ伝えられ、イエスの死と復活を経て初めて、地上の全世界に向かって語られて行く。どうしてこう言えるのか。重要と思われる証拠を順に確かめよう。

イエスが「悔い改めよ。天の国は近づいた」と言って、公の宣教を始めるのは四章17節である。しかし、その前に、洗礼者ヨハネの登場と宣教（三1―12）、そのヨハネからイエスが洗礼を受ける場面（三13―17）、そして荒れ野での悪魔の誘惑（四1―11）が置かれている。これら三つの場面は、一言で言えば、地上世界に対する支配権が悪魔（サタン）から「天の国」、つまり「天の父」の支配に交替したことを描いている。

まず三章7節で洗礼者ヨハネが「蝮《まむし》の子ら」に「差し迫った神の怒り」を宣告している。「蝮」とは悪魔（サタン）のことに他ならない。神による世界審判に先立って、まずサタンが壊滅させられるというのは、当時のユダヤ教黙示思想の終末待望の定番であった。ヨハネの説教は、今やサタンから神へ主権の交替が起きることを告げている。ただし、その主権の交替がどのように起きたのか、サタンがそれまで天上に場を占めていたのかどうか、については、マタイは語らない。かつて生前のイエスが幻で見たように、サタンが天から追い出されて地上へ墜落するというような話（ルカ一〇18、Ⅵ二1参照）は、マタイにはどこにもない。洗礼者ヨハネの説教でも、その視線は地上に集中している。

イエスはその洗礼者ヨハネから洗礼を受けた際に、「これはわたしの愛する子、わたしの心に敵う者」という天からの声によって、「神の子」として認知される（三17）。ただし、それはマルコ福音書の場合（マコ一10―11）のように、そのとき初めてイエスは神の言わば「養子」とされたという意味ではない。なぜなら、マタイはすでに一章20節で、「マリアの胎の子は聖霊によって宿ったのである」と言っているからである。「天の父」の働きは、すでにイエスの処女降誕の時から始まっているのである。

しかし、そのイエスが「天の国」の宣教を始めるためには、地上の全世界の支配権を握ったままの悪魔に打ち勝たねばならない。その支配権を餌にした悪魔の誘惑をイエスが退けたとき、「悪魔は離れ去った」(四11)と言われる。それは地上世界に対する主権の交替が始まった瞬間である。だからこそ、マタイはその直後に、その主権の交替を「ゼブルンの地とナフタリの地、湖沿いの道、ヨルダン川のかなたの地、異邦人のガリラヤ、暗闇に住む民は大きな光を見、死の陰の地に住む者に光が射し込んだ」(四15―16)と述べるのである。パレスチナの土地が変貌を始めたのである。こうして、イエスが「天の国」の宣教を開始する舞台が整ったことになる。

イエスのその宣教の第一声は、すでに触れたとおり、「悔い改めよ。天の国は近づいた」(四17)である。ここでくれぐれも注意したいことがある。この第一声には、マルコの同じ箇所と決定的に違う点がある。二つを比べて見てみよう。

マルコ一章14―15節

ヨハネが捕らえられた後、イエスはガリラヤへ行き、神の福音を宣べ伝えて、「時は満ち、神の国は近づいた。悔い改めて、福音を信じなさい」と言われた。

マタイ四章17節

そのときから、イエスは「悔い改めよ。天の国は近づいた」と言って、宣べ伝え始められた。

いろいろ違いはあるが、最も重要なのは、マルコにある「時は満ち」がマタイにないことである！なぜないのか。マタイがただ忘れただけなのか。もちろん、そうではない。実は理由は、明解である。「天の国」は天地創造の始めから、天上ですでに実現しているからである。それは今、天から地上へ近づきつつあるのであって、予定の時機が到来したということではないのである。(2)

しかし、マタイによれば「天の国」が天地創造の始めからすでに実現している、などと、どうして言えるのか。その証拠は、少し先へ飛ぶが、次の二つの文章である。

一三章34―35節　イエスはこれらのことをみな、譬えを用いて群衆に語られ、譬えを用いないでは何も語られなかった。それは、預言者を通して言われていたことが実現するためであった。「わたしは口を開いて譬えを用い、天地創造の時から隠されていたことを告げる。」

二五章34節　そこで王は右側にいる人たちに言う。「さあ、わたしの父に祝福された人たち、天地創造の時からお前たちのために用意されている国を受け継ぎなさい。」

一三章34―35節は、すでに繰り返し触れたとおり、譬え話ばかりを詰め合わせた型箱の枠に当たる要約的報告である。マタイはその材料をマルコ福音書四章33―34節からもらってきたのだが、最後の「わたしは口を開いて譬えを用い、天地創造の時から隠されていたことを告げる」は、マルコにはない。これはマタイが自分の責任で書き加えた文章である。旧約聖書からの引用のように言われているが、これに正確に対応する箇所は実は見当たらない。それだけ、マタイ自身の思い入れが強い証拠である。

二五章34節は、世の終わりについてのイエスの講話（第五の型箱）の一部である。最後の審判が、羊を右に、山羊を左に分ける牧童に譬えられている。「天地創造の時からお前たちのために用意されている国」とは、もちろん「天の国」のこと以外ではありえない。その点は、一三章34―35節の「天地創造の時から隠されていたこと」も同じである。これは前後で語られる一連の「天の国の譬え」が語るもの、つまり「天の国」のことに他ならない。

最後に注目したいのは、「主の祈り」として有名な六章9―13節である。

9天におられるわたしたちの父よ、
御名があがめられますように。
10御国が来ますように。
御心が行われますように、
天におけるように地の上にも。
（中略）
13わたしたちを誘惑に遭わせず、
悪い者〔悪魔〕から救ってください。

傍点部は、持って回った解釈を施さず、文字通り受け取るべきである。天では父の「御心」はすでに今現に行われているのである。それが「地の上に」も下りて来て欲しい。なぜなら、「わたしたち」は、荒れ野のイエスと違って、サタンの誘惑からまだ解放されていないからである。この考え方は、何と生前のイエスの「神の国」の見方に通じていることであろうか（VI二6、一六七頁参照）。「主の祈り」は実はルカ福音書一一章2―4節にも記されている。それとくらべてみるとすぐ分かることであるが、天と地の垂直軸に沿った空間の広がりと「悪魔」の言及は、マタイにしかないものである。

五　世の終わり

こうして見てくると、マタイ福音書では、時間の造形と空間の造形が互いに密接につながっていることが分かる。イエスの生涯と復活によって、パレスチナに限定されていた「天の国」についての宣教が、全世界に向かって広がって行く。それは地上の歴史的世界を視野に入れたときの話である。

しかし、「天の国」そのものは、天地創造の始めから、天上で用意され、今現に実現しているのである。地上の歴史的世界全体に広がって行くべき宣教の広がりが、その天上の「天の国」の広がりに追いつくのは、この世が終る時である。ここでは、専門用語で言えば、創造論が終末論とリンクされているのである。

― 「イスラエルの家の失われた羊」たちへの宣教

ところが、ここにもう一つ難問が残っている。それは「はっきり言っておく。人の子がやってくるまで、あなたがたはイスラエルの町々を回り終わることがない」という一〇章23節のイエスの宣言である。この文章は後一世紀の八〇年代に生きるマタイと彼の読者たちの終末論の問題として、どう解釈すればよいのか。常識的には、イスラエルの町々を回るのに、大した時間がかかるとは思われない。したがって、マタイにとって、「人の子」の到来は直近に迫っているということなのだろうか。

　この問題は、実は早くから、マタイ福音書が抱える解釈上の難問として知られている。解決のためになされてきた一つの提案は、イエスのこの宣言を過去化することである。すなわち、この宣言は生前のイエスの時代にだけ妥当した宣教命令であって、イエスの死後に生きているマタイと彼の教会にとっては、すでにアクチュアリティーを失っていると見做すことである。すなわち、「異邦人の道」へ行くことを禁じて、ただイスラエルの町々だけを対象とする宣教を命じた一〇章5―6節は、生前のイエスの時代にだけ妥当したものであって、マタイの「今」を含めてイエスの復活以後の時代には、それに代わって、二八章19―20節の全世界への宣教が命じられているのだ、という解釈である。これは時代区分による解決策である。

　岩波版は一〇章23節を「人の子がやって来る前に、あなたたちがイスラエルの町をまわり終えることは決してない」と訳して、「弟子たちへの慰め。つまり、イスラエルの町々をめぐり終わるはるか以前に世の終わりが来て、弟子たちは苦しい宣教の使命から解放されるという」（傍点は大貫）という訳注を付している。すなわち、終末はきわめて切迫しているという解釈なのだと思われる。これはパレスチナの原始教団の切迫した再臨待望にはうまく合致するだろう。しかし、マタイの終末待望が切迫待望であるかどうかは疑問である。彼によれば、世の終わりまでには、むしろ不特定多数の日々が残されているのである（二八20）。

　それに対して、私の読解では、一〇章23節を切迫待望とはむしろ反対の意味に取ることが可能である。すなわち、「人の子がやって来る前に、あなたたちがイスラエルの町をまわり終えることは決してない」と言われる意味は、「人の子」がやって来るまでは、弟子たちはイスラエルの町々を宣教していてまわり続けることになる（その宣教を終了することはない）ということである。つまり、生前のイエスが命じた「イスラエル」宣教が、不特定多数の「すべての日々」にわたって「世の終わり」まで継続されるのである。

もちろん、イエスが復活の後、全世界の「すべての民族」への宣教を新たに命じたことによって（二八19）、「異邦人の道へ行ってはならない」（一〇5）という限定は止揚されている。しかし、それは「イスラエル」への宣教そのものが廃棄されるということではない。マタイは「世の終わり」まで継続するべき全世界の「すべての民族」への宣教の中に、「イスラエル」（ユダヤ教徒）への宣教も含めて考えているということである。ということは、一〇章23節の「イスラエル」は、もはや一〇章5―6節のように、地理的にパレスチナに限定はされず、異邦人の間に散在しているユダヤ教徒も含むことになる。直前の一〇章18節で、イエスが「異邦人」の間での宣教を未来形で指示していることもそのことを示している。

こうしてこそ、一〇章23節は、マタイが前掲の二四章13―14節と二八章19―20節で表明している終末論と首尾よく統合が可能となる。なぜなら、世の終わりまで地上で広がって行くべき世界宣教は、すでに見たように、ユダヤ教への帰属による民族主義を越えた「実践の普遍主義」だからである。それはユダヤ教の律法主義に代えて、すべての民族のすべての者が遵守可能なイエスの「教え」を宣べ伝える（本章の注1参照）。ファリサイ派に代表される律法主義が容認されるということでは決してない。むしろユダヤ教の律法主義が激しく断罪されることは、王子の「婚宴の譬え」で、エルサレム滅亡が「神の怒り」と断定されることに明白である（二二7）。また、「ぶどう園と農夫の譬え」（二一33—44）の結びでは、「だから、言っておくが、神の国はあなたたちから取り上げられ、それにふさわしい実を結ぶあらゆる民族に与えられる」（43節）と言われるが、ここに出る「あなたたち」は後の45節で、明瞭に「祭司長たちやファリサイ派の人々」に同定（限定）されているのである。

さらに、イエスが十字架上で最期の息を引き取った後の場面も、これと同じ観点から読解することができる。

> 51そのとき、神殿の垂れ幕が上から下までまっ二つに裂け、地震が起こり、岩が裂け、52墓が開いて、眠りについていた多くの聖なる者たちの体が生き返った。53そして、イエスの復活の後、墓から出て来て、聖なる都に入り、多くの人々に現れた。54百人隊長や一緒にイエスの見張りをしていた人たちは、地震やいろいろな出来事を見て、非常に恐れ、「本当に、この人は神の子だった」と言った。（二七51—54）

箇所としては、これはマルコ福音書一五章37—39節に対応している。しかし、傍点部は、マタイが自分の手で書き加えた文章である。彼はほぼ同時代のユダヤ教黙示文学で終末時の徴として定型化されていた天変地異と死人たちの復活のことを考えているのだろうか。もしそうだとすれば、すでにイエスの死と復活において、そのような宇宙論的な終末ドラマ（Ⅳ—トポス8）が実現したということになる。そうだとすれば、すでに述べたように、マタイが「世の終わり」までまだ不特定の「日々」が残されていると考えていることと矛盾することになるであろう。

しかし、ここで死から甦る「聖なる者たち」は、二三章35節でファリサイ派によって殺害されたと言われる「正しい者たち」を指すと解するのが、研究上の有力意見である。これに準ずれば、マタイは自分から見ても来るべき未来の宇宙的な終末ドラマを先取りしているのではなく、むしろイエスに先立って同じ運命を味わった旧約聖書の預言者たちをイエスの最期と復活の出来事に一体化させているのである。つまり、マタイはそのようなきわめて象徴的な意味を込めて目下の場面を造形したのである。

「神殿の垂れ幕が上から下までまっ二つに裂けた」ことは、そもそも下敷きになっているマルコ(一五38)でも、ユダヤ教の価値観が根源的に廃棄されたことの象徴表現である。マタイの象徴表現はその延長線上にあるのだから、「地震が起き」、「岩が裂け」、「墓が開き」、「聖なる者たちの体が生き返り」、「聖なる都に入った」ことの時間的な順序など、細部にこだわることはほとんど意味がない。

2 地上の宣教が「天の国」の広がりに追いつく時

地上の歴史的世界全体に広がって行くべき宣教が、天上の「天の国」の広がりに追いつくのは、この世が終わる時である。繰り返すが、それが何時なのかは分からない。復活のイエスが弟子たちに世界宣教を命じる言葉は、「わたしは世の終わりまで、いつもあなたがたと共にいる」(二八20)であるが、ここに含まれる「いつも」は、原文通りには「すべての日々」である。それが一体どれほどの時間なのかは分からない。世の終わりについての講話(二四―二五章)で、イエスが繰り返し「その日、その時はだれも知らない」(二四36、42、50、二五13)と弟子たちに語るのも、同じことを示している。明らかに、マタイと彼の読者たちにとっては、世の終わりの到来は遅れているのである。確かなことは、その不特定の時間が「実践の普遍主義」に残された時間だということである。イエスの弟子たる者は、それまで異邦人であったか、それともユダヤ人であったかに係らず、イエスによって命じられた教えを守って行かねばならない。

当然のことながら、「実践の普遍主義」は何よりも倫理に係る。その結果、マタイは伝統的な黙示思想の「最後の審判」につきもののおどろおどろしい宇宙的ドラマについては、ほとんど興味を示さない。たしかに悪魔が「永遠の火」で焼かれて滅ぼされることについての言及（二五41）がある。しかし彼の主たる関心は、すべての民族に対する「さばき」に集中している。その「さばき」の規準とされる振る舞いは、弟子派遣の講話の結び（一〇42）で、あるいは、イエスが教会生活のあるべき形について語る一八章の講話（一八6）で「わたし〔イエス〕を信じる小さい者」と表現されている者たちへの振る舞いなのである。

さらに、「最後の審判」は一三章36―43、47―50節の主題でもある。そこでも、二五章の結びと同じように、悪魔とその子らが永遠の業火《ごうか》で滅ぼされることが共通している。ただし、注目すべきは、審判者である「人の子」が悪魔の子らを、他でもない「自分の国」からも集めて「さばく」ことである（41節）。彼らは「良い麦」と一緒に育った「毒麦」に（38節）、あるいは、良い魚と一緒に漁網にかかった悪い魚に譬えられる（47―48節）。「世の終わり」に行われる「最後の審判」までは、「天の国」は、地上ではそのような善悪の混合体として続いて行く他はないというのである。

こうして、マタイ福音書では、終末論は教会倫理のために保持されている。あるいは、逆の言い方も成り立つ。教会倫理を成り立たせるために終末論的な枠組が必要なのである。教会論が終末論の地平であって、終末論が教会論の地平ではないと言うこともできる。

その結果、マタイはイエスに直接「教会」についても発言させることもできる。まだ受難のはるか手前で、宣教のために地上を歩き回っているイエスに、イエスの死後数十年も経って生きているマタイ教会宛の戒めを直接語らせて憚らないのである。すでに引いた一六章18―19節と一八章18―20節はその典型的な例である。物語の内側で時系列に沿って展開して行くはずの筋立てが、突然垂直方向に破られて、読者であるマタイ教会の現実へ適用可能になる。イエスの教えが物語の筋立てから独立して、時間を越えた真理になって行く。マタイ福音書ほど、つまみ食いの犠牲になる福音書が他にないのはそのためである。

第XIII章　遠ざかる終末――ルカ福音書と使徒言行録

ルカ福音書と使徒言行録は同じ著者による二部作である。そのことは、それぞれの冒頭に掲げられた献呈先が同じであること、さらに使徒言行録の献辞では、わざわざ「テオフィロさま、わたしは先に第一巻を著して、イエスが（中略）天に上げられた日までのすべてのことについて書き記しました」とあることから明らかである。

その「第一巻」、つまり福音書については、著者は現在私たちが読む形でのマルコ福音書を下敷きにしている。その他にも、イエスの神の国運動を継承した人々による語録資料Qを使っている。使徒言行録については、著者はそれとはまた別の伝承や資料を集めて編集し、イエス・キリストについての宣教がエルサレムから始まって、現在の小アジア（アナトリア半島）とギリシアを経て、帝国の首都ローマに到達するまでを述べている。二部作としての著作年代は、マルコ福音書よりも二〇年ほど遅れていると思われる。

一　遠ざかる終末と世界史の出現

二部作全体から、どのような終末論が読み取られるだろうか。最初の手がかりとして、「マルコの小黙示録」（一三章）を著者ルカがどう受け取っているか見てみよう。まず注目すべきは、「人の子」

の来臨、すなわち「世の終わり」についての二一章25―33節の記述である。これはマルコ一三章24―31節に対応するが、天体に現れる異変と雲に乗って来臨する「人の子」について語る点でマルコを踏襲している。さらに一七章26―35節では、前述のイエスの語録集から次の言葉を採って書きとめている。

> [26]ノアの時代にあったようなことが、人の子が現れるときにも起こるだろう。[27]ノアが箱舟に入るその日まで、人々は食べたり飲んだり、めとったり嫁いだりしていたが、洪水が襲って来て、一人残らず滅ぼしてしまった。（中略）[30]人の子が現れる日にも、同じことが起こる。（中略）[34]言っておくが、その夜一つの寝室に二人の男が寝ていれば、一人は連れて行かれ、他の一人は残される。[35]二人の女が一緒に臼をひいていれば、一人は連れて行かれ、他の一人は残される。

つまり、終末時の異変そのものの表象については、ルカは原始教会およびマルコとほぼ変わりがないのである。

決定的な違いは、その終末の起きる時点が著者と読者の「今ここ」から乖離し始めていることである。その証拠を当面一つだけ挙げよう。二一章20―24節はマルコ一三章14―19節をかなり強く書き替えて、次のようになっている。

> [20]エルサレムが軍隊に囲まれるのを見たら、その滅亡が近づいたことを悟りなさい。[21]そのとき、ユダヤにいる人々は山に逃げなさい。（中略）[23]それらの日には、（中略）この地には大きな苦しみがあり、

この民には神の怒りが下るからである。24人々は剣の刃に倒れ、捕虜となってあらゆる国に連れて行かれる。異邦人の時が満ちるまで、エルサレムは踏みにじられる。

これは生前のイエスが語った形になっているものの、ルカの「今ここ」への事後予言である。ルカと読者は後七〇年のローマ軍によるエルサレム滅亡をすでに体験ずみだからである（一九43―44も参照）。それ以来、エルサレムは踏みにじられ、「異邦人の時」が現に続いているのである。しかもルカの書き方は、それが今後どれほど長く続くのか分からないという見方を示している。

この文章（24節）の後に、「人の子」の来臨と「世の終わり」について語る前述の二一章25―33節が続いている。したがって、「人の子」の来臨と「世の終わり」がいつ起きるのかも、不特定の未来のこととなる。ルカはそのことを少し前の二一章9節で、「世の終わりはすぐには来ない」と言い表している。マルコの並行箇所は「そういうことは起こるに決まっているが、まだ世の終わりではない」（一三7）となっていた。ルカが加えた変更の意図は明瞭である。

終末が不分明な未来へ遠のいてしまっていることは、実はルカの「世界史の神学」と深く関連している。それは福音書と使徒言行録の二部作の全体からかなり首尾一貫した形で読み取られるものである。

しかし、「世界史の神学」とは何のことなのか。ここで「世界史」というのは、ルカ自身の言葉で言えば、「この世」のことである。それが「天地創造」から始まることは彼も承知している（一一50）。それと対照をなすのは「来るべき世」（後の世）である（一八30、二〇34―35）。二つの世の境界をなすのが「この世の終わり」、つまり「人の子」の来臨である。「天地創造」から「この世の終わり」までの歴史の世界的な広がり、つまり世界史をどう捉えるべきなのか。これこそがルカの関心の的であり、最大の課題である。

それに比べれば、終末の「いつ」は副次的な問題にすぎない。たしかにルカは終末の「いかに」を詳しく描き出している。しかし、それは伝え聞いて知っているというにすぎず、アクチュアルな関心を証明するわけでは決してない。

二　イエス——歴史の中心

ルカは福音書の冒頭の序文（献辞）で、すでに複数の福音書が出回っていることに触れた後で、「わたしもすべての事を初めから詳しく調べているので、順序正しく書いて」みたいと述べている（一3）。事実、彼はこの公約に従って、世界史全体を順序正しく「予言の時」と「成就の時」に二大別した上で、後者をさらに生前のイエスによる宣教の時と教会の宣教の時とに区分している。

そのイエスの宣教の時が、世界史全体の中心に位置づけられる。そして実に順序正しく物語られる。すなわち、イエスの生涯にかかわる出来事が時間的な前後関係に整理されて物語られる。ルカの語りは継起的な語りなのである。しかも、一口に継起的な語りと言っても、ルカのそれは、個々の場面を隙間なく横一線に前景に並べるマタイの手法とは大いに異なって(1)、前景で語られる個々の場面の背後に、終始持続的な大状況を設定する。舞台演出に喩えれば、「書き割り」である。しかも、それは三重になっている。

一　三重の書き割り（2）

（一）悪魔の退散

イエスの公の生涯全体をカバーする大状況は、まず四章13節と二二章3節によって設定される。四章13節は、イエスが荒れ野で悪魔の誘惑を退ける場面の結びであり、「悪魔はあらゆる誘惑を終えて、時機〔カイロス〕がくるまでイエスを離れた」となっている。この文章で「時機」とあるのは、ギリシア語では「カイロス」という単語で、一定の長さを持った線分的な時間を表す「クロノス」と、明確に区別して使われる。特定の時の点を指すので、「時機」と訳すのがいちばん当たっている。では、ルカはなぜわざわざそのような単語をここで使っているのか。悪魔の誘惑は、マタイ福音書にもほぼ同じ話があるが、その結びには「そこで、悪魔は離れ去った」（マタ四11）とあるだけで、ルカのように「時機がくるまで離れた」とはなっていない。

　ルカ福音書を初めて読む方は驚かれるに違いないが、その悪魔は事実「時機」がくると、また戻ってくるのである。それはイエスの一行がエルサレムに到着して、折から近づいていた過越祭のために共同の食事を準備しようとしていた時であった。それはイエスにとって「最後の晩餐」となる食事であった。その席には「裏切り者のユダ」もいた。悪魔はそのユダの心の中へ戻ってくる。その様子をルカは二二章2―4節で、次のように描いている。

2祭司長たちや律法学者たちは、イエスを殺すにはどうしたらよいかと考えていた。彼らは民衆をおそれていたのである。3しかし、十二人の中の一人で、イスカリオテと呼ばれるユダの中に、サタンが入った。4ユダは祭司長たちや神殿守衛長たちのもとに行き、どのようにしてイエスを引き渡そうかと相談をもちかけた。

傍点部は、マルコ福音書とマタイ福音書の同じ場面にはないから、明らかにルカが独自に書き加えたのである。そうすることによって、ルカは四章13節と二二章3節に挟まれた期間、すなわち、イエスが公に「神の国」を宣べ伝えていた間中、サタン（悪魔）は、そこにいなかったと言いたいのである。一体どこへ退散していたのか。それは分からない。ルカにとって、重要なのは、その間サタンには活動する余地がなかったということなのである。

もちろん、語り手ルカはこの大掛かりな仕掛けを意図して作り上げているのだが、物語を初めから終わりへと今初めて読み進んで行く読者は、四章13節を読む時点では、そうと気づくはずがない。そうと気づくのは、二二章3節まで読み終わった時である。そもそも物語の読者はぼんやりしていてはだめで、鋭敏でなければならないのである。読者はそうと気づいた時点で、そこまで読んできた物語の道のり全体を振り返って、すべての情報を綜合しなければならない。それは初めての土地を訪れる旅行に似ている。目的地に到着して、旅路全体を振り返って、途中見てきた景色をすべて綜合する時に初めて、その道のりがどのようなものであったかを了解する。読書も終わりから完成するのである。語り手ルカも読者にそのことを期待している。二二章3節まで読み終わった時、それまでのすべての個々の出来事を、悪魔の不在という背景の前で、あらためて了解してもらいたいのである。

実際、私たちにとっても、そこから振り返って初めて、「ああそうか」と納得できる場面がいくつかある。二つだけ例を挙げよう。

一つはルカ一一章2―4節の「主の祈り」である。今ここで注目したいのは、この祈りの結びの文章である。マタイでは「わたしたちを誘惑に遭わせず、悪い者〔悪魔〕から救ってください」（マタ六13）となっているのに対して、ルカでは「わたしたちを誘惑に遭わせないでください」とあるのみである。そこに、サタン〔悪魔〕についての言及はない。もちろん、ルカが仕入れた伝承の段階で、すでに言及がなかったのかも知れない。しかし、ルカが意図して削除した可能性も否定できない。ルカによれば、イエスが公に活動している時に、サタンからの誘惑はあり得ないからである。

もう一つは、ルカ九章22―27節である。ルカはこの場面をマルコ八章30節―九章1節からもらってきた。マルコのその箇所では、イエスが自分の受難を予告したことを咎めたペトロが、イエスによって「サタン、引き下がれ。あなたは神のことを思わず、人間のことを思っている」と厳しく叱責されている。ペトロの怖じ気づいた言動の背後に、イエスはサタンのうごめきを感じ取ったというのである。ところが、ルカの同じ場面に、サタンの言及もペトロへの叱責もない。その代わりに、ペトロがイエスから「シモン、シモン、サタンはあなたがたを、小麦のようにふるいにかけることを願って聞き入れられた」と警告されるのは、二二章31節なのである。これはそれまで何処かに退散していたサタンが戻ってきて、ユダの心の中に入った（二二3）の直後のことである。イエスの公の活動が終る時は、サタンの暗躍が再び始まる時でもある。語り手ルカの仕掛けは、ここでも細心である。

（2）ガリラヤの女たち

イエスの公の生涯をカバーする第二の書き割りは、ルカ八章1―3節と二三章49節によって設定される。二三章49節では、イエスが十字架上に息を引き取る場面の結びで、「イエスを知っていたすべての人たちと、ガリラヤから従ってきた婦人たちとは遠くに立って、これらのことを見ていた」と言われる。これはルカが初めて書き加えたのではなく、すでにマルコ一五章40―41節にあったものである。ルカはむしろそれを短縮している。

ルカが新しく書き加えたのは、むしろ八章1―3節の方である。そこでは、こう言われる。

> 1それに続けて、イエスは神の国を宣べ伝えて、その福音を告げ知らせながら、町や村を順に巡って
> 旅を続けた。十二人も一緒だった。2悪霊を追い出して病気をいやしてもらった何人かの婦人たち、す
> なわち、七つの霊を追い出してもらったマグダラの女と呼ばれるマリア、3ヘロデの家令《かれい》クザの妻ヨハ
> ナ、それにスサンナ、そのほか多くの婦人たちも一緒であった。彼女たちは、自分の持ち物を出し合っ
> て、一行に奉仕していた。

これはルカ自身が、部分的にはおそらく独自の伝承（特に2―3節）を踏まえながら書き加えた要約的報告である。そこでは、ガリラヤの女たちが自分たちの持ち物を出し合って、イエスの一行の宣教の旅に同行していたと言われる。重要なのは、この旅が順を踏んだ、しかも持続的な歩みとして報告されていることである。女たちのその歩みは、この八章冒頭で初めて開始されたのではなく、十二人の選抜（六12―16）と一緒に始まっていたように読める。読者はそう読んであればこそ、やがて同じ女たちが十字架の下にとどまっている場面（二三49）まで読み進んだ時、やはり回顧的に、それまでのすべての出来事の背後に、彼女たちの信従の歩みが続いていたことを了解する。

（3）「大旅行記」

以上の二つに勝って、最も目立つ書き割りは、ルカ九章51節から一九章45節にかけて設定される。それはイエスがガリラヤとその北方地方での宣教を終えて、エルサレムに向かって上京して行く道のりである。エルサレムへの上京は、他のどの福音書でも語られるが、ルカのこの箇所ほどのスペースは割かれていない。そのため、通称ルカの「大旅行記」と呼ばれることが多い。ルカはその始まりから終点まで、終始地の文でイエス一行がエルサレムへの旅の途上であることを読者に想起させながら、その間にさまざまなエピソードをつなげて行く。ルカのそのための文章を通して見てみよう。

九章51―52節　イエスは、天に上げられるまでの日々〔期間〕が満ちてきたので、エルサレムに向かう決意を固められた。そして、先に使いの者を出された。

九章57節　一行が道を進んでいくと、イエスに対して、「あなたがおいでになる所なら、どこへでも従ってまいります」と言う男がいた。

一〇章38節　一行が歩いて行くうち、イエスはある村に入った。

一三章22節　イエスは町や村を巡って教えながら、エルサレムへ向かって進んでいた。

一三章33節　「だが、わたし〔イエス〕は今日も明日も、その次の日も自分の道を進まねばならない。預言者がエルサレム以外の所で死ぬことは、ありえないからだ。」

一七章11節　イエスはエルサレムへ上る途中、サマリアとガリラヤの間を通った。ある村に入ると、……

一八章31節　イエスは十二人を呼び寄せて言った。「今、わたしたちはエルサレムへ上って行く。人の子について預言者が書いたことはみな実現する。」

一八章35節　イエスがエリコに近づいた時、ある盲人が道端に座って物乞いをしていた。

一九章1―2節　イエスはエリコに入り、町を通っていた。そこにザアカイという人がいた。

一九章11節　人々がこれらのことに聞き入っているとき、イエスはさらに一つの譬えを話された。エルサレムに近づいていて、それに、人々が神の国はすぐにも現れるものと思っていたからである。

一九章28―29節　イエスはこのように話してから、先に立って進み、エルサレムへ上って行った。そして、「オリーブ畑」と呼ばれる山のふもとにあるベトファゲとベタニアに近づいたとき、……

一九章37節　イエスがオリーブ山の下り坂にさしかかったとき、……

一九章41節　エルサレムに近づき、都が見えたとき、イエスはその都のために泣いて、言った。

一九章45節　それから、イエスは神殿の境内に入り、そこで商売をしていた人々を追い出し始めて、……

こうして設定される「大旅行記」のスパンは、先に見た二つの書き割りにくらべると、いちばん短い。しかし、その鮮明度は最も高い。そして読者は前記二つの背景の場合のように、回顧的に了解する必要がない。語り手のルカが、イエスの一行が旅の途上であることを途中繰り返し明記してくれるから、途上に置かれた個々のエピソードがエルサレムへの最後の旅という持続的な背景から理解されるべきことは、最初から明らかなのである。

このように、ルカ福音書はイエスの公の宣教活動と生涯を、スパンの異なる三つの背景の前で描いている。読者からの遠近で言えば、「大旅行記」（九51―一九45）が最も手前にあり、さらにその後ろにガリラヤの女たちの同行（八1―二三49）、一番後ろに悪魔の不在の状況（四13―二二3）が置かれている。スパンについて言えば、ルカ福音書は全体で二四章あるから、「大旅行記」は、その四〇％強、ガリラヤの女たちの同行は、そのほぼ六七％、悪魔の不在の状況は、その七五％弱に相当する。スパンと遠近は異なるが、いずれも持続的な状況であることに変わりはない。イエスの公生涯そのものの中にも、その下位区分として、スパンの異なる三つの持続的な時期を重層的に設定していると言うことができる。試みに、これを図示すれば次頁のようになる。

ルカはあくまでこの重層的な背景の前で、イエスの公の生涯のさまざまな場面と時期を継起的につなげてゆくのである。その三重の書き割りの背後には、すでに確かめたとおり、同時代史と世界史（二1―2、三1―2）が広がっているから、それも含めて言えば、四重の書き割りとも言えよう。さ

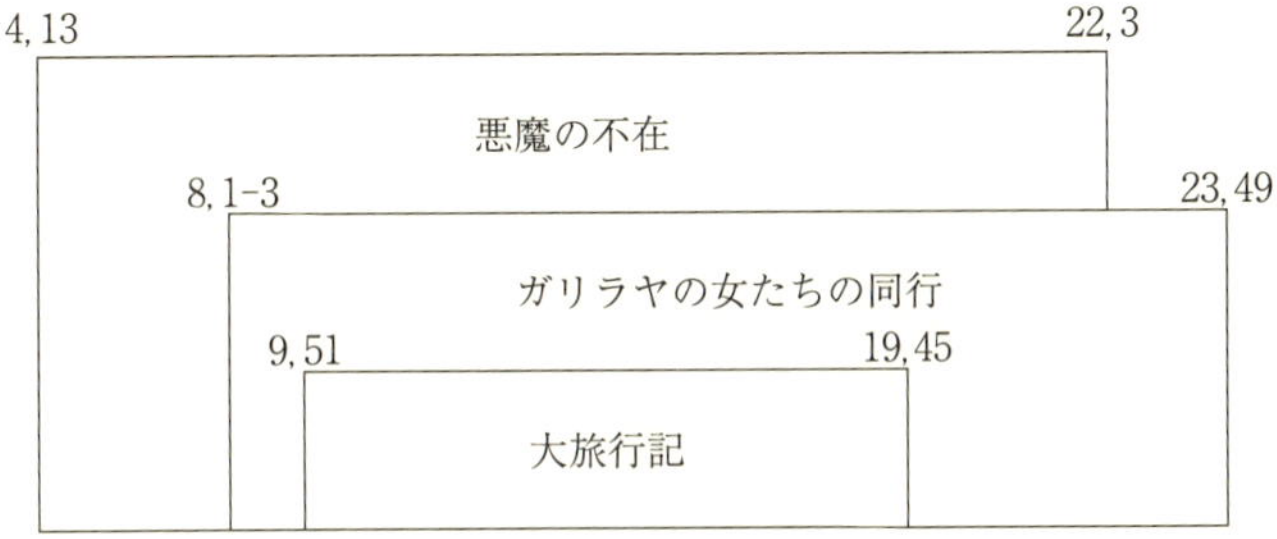

図5　三重の書き割り

らにその上方（天井裏）からは、神の摂理が働いてくる。ただし、これは後ほど確かめることにしよう。

2　成長するイエス

ルカ福音書を読み始めてすぐに目につくことであるが、すでに冒頭の一章57節以降に置かれた洗礼者ヨハネの誕生物語が、「幼子〔ヨハネ〕は身も心も健やかに育ち、イスラエルの人々の前に現れるまで荒れ野にいた」という文章で結ばれている。ルカの関心は初めから成長ということに注がれているのである。

幼子イエスの誕生も、繰り返し、伝統的なイスラエルのメシアの誕生として描かれる。まず、天使ガブリエルがマリアへの受胎告知の中で、「神である主は、その幼子に父ダビデの王座をくださる。彼は永遠にヤコブの家を治め、その支配は終わることがない」（一32―33）と告げている。そう告げられたマリア自身も、「神はその僕イスラエルを受け入れて、憐れみをお忘れになりません。わたしたちの先祖におっしゃったとおり、アブラハムとその子孫に対してとこしえに」（一54―55）と言って、神を賛美している。洗礼者ヨハネの父ザカリアも、聖霊に満たされて預言して、「ほめたたえよ、イスラエルの神である主を。主はその民を訪れて解放し、われらのために救いの角《つの》を、僕ダビデの家から起こされた」（一68―69）と語っている。

そうして生まれた幼子イエスは「たくましく育ち、知恵に満ち、神の恵みに包まれていた」（二40）。やがて、幼子イエスは十二歳の神童に成長して、周囲の者たちを驚嘆させる。その神童はその後も「ますます知恵が加わり、背丈も伸び、そして神と人から愛された」（二52）。そして、やがて洗礼者ヨハネから洗礼を受け、聖霊を受けて公の宣教を始める（三21以下）。このように、幼少年期のイエスの人格を成長の視点から叙述することがまずルカ独特で、他の福音書には見られないものである。

ところが他方、使徒言行録では、使徒たちが繰り返し、イエスを全世界の救い主あるいは審判者として語っている。とりわけ、ペトロによれば、イエスは「わたしたちの神が招いてくださる者ならだれにとっても」主であり、メシアである（使二36、39）。また、「神はこの方を導き手とし、救い主として、ご自分の右に上げられた」（使五31）。さらに、「イエス自身も、ご自分が生きている者と死んだ者との審判者として神から定められていると語っている」と言う（使一〇42）。

狭くイスラエル民族のためのメシアから、全世界の国民のための救い主へ。その転換点に当たるのが、イエスの死と復活の出来事である。イエスの復活の後に初めて「その名によって罪のゆるしを得させる悔い改め」が、イスラエル民族の枠を越えて「地の果てまで」（使一8）の「もろもろの国民に宣べ伝えられて」いくのである。つまり、イエスは復活と昇天を経て初めて全世界の主として働く（ルカ二四46―49）。

ということは、マリアから生まれた後、受難と復活、そして昇天に至るまでのイエスの歩み全体が、イエスの成長のプロセスに他ならないということである。もちろん、それはイエスが自分で勝手に大きくなって行くという意味ではなく、次の第三節で見るとおり、常に神の定めの下にある。しかし、重要なのは、その成長が神の前で、イエスの身分が変えられて行くことに他ならないことである。イエスは実は初めから全世界の国民のための救い主であったのだが、物わかりの悪い周りの者たちがそのことを理解せず、狭い伝統主義のメシアと誤解していたのだ、ということではないのである。そうではなくて、イエスの身分そのものが変化して行くのである。それがルカの言う「成長」の意味である。

たしかに、ルカは登場人物たちを物わかりの悪い者として描いている。イエスがエルサレムに近づくと、「人々は神の国はすぐにも現れる」と考えたばかりか（ルカ一九11）、死から復活したイエスの顕現に接した弟子たちまで、イエスこそイスラエルを解放してくれる方だ、というそれまでの期待を捨て切れていない（ルカ二四21）。使徒言行録の冒頭の一章6節では、使徒たちまでが、「主よ、イスラエルのために国を建て直してくださるのは、この時ですか」と尋ねる始末である。すでに、生前のイエスが彼らのこの思い込みが間違いであることを修正しようと試みていた（ルカ二〇41—44）にもかかわらずそうなのである。ルカはこの物わかりの悪さが打破されるには、イエスの死と復活を待たねばならないと言うのである。なぜなら、そこで初めてイエス自身の身分変更が完成するからである。人々の物わかりの悪さだけが原因ではないのである。

イエスの地上の全生涯が彼の成長のプロセスであり、彼の身分に変更をもたらすということ。ルカがこう考えていることを示す、事実をもう一つ挙げておこう。それはルカが福音書の三章21節と使徒言行録一三章33節の間に渡している大きな円弧である。

ルカ三章21節は、イエスが洗礼者ヨハネから洗礼を受ける場面である。そこには、「天が開け、聖霊が鳩のように目に見える姿でイエスの上に降って来た。すると、『あなたはわたしの愛する子、わたしの心に適《かな》う者』という声が、天から聞こえた」とある。これはマルコ一章10—11節からもらってきたもので、別段ルカが造り出した場面ではない。『 』の中は、旧約聖書の詩編二篇7節からの引用である。

ところがルカはこれとまったく同じ詩編二篇7節を、使徒言行録一三章33節でも繰り返している。今度の場面は、第一回目の宣教旅行に出たパウロが途中のピシディアのアンチオキアで行っている説教である。問題のパウロの言葉は、「神はイエスを復活させて、わたしたち子孫のためにその約束を果たしてくださったのです。それは詩編の第二篇にも、『あなたはわたしの子、わたしは今日あなたを産んだ』と書いてあるとおりです」となっている。見てのとおり、こちらでは、詩編二篇7節はイエスの復活と関連づけられている。

重要なのは、どちらの場合も、神の前でのイエスの身分が問題になっていることである。この問題に関しては、キリスト教の長い聖書解釈の歴史の中では、イエスはヨルダン川で洗礼を受けた時に、聖霊を受けたのだ、その時初めて「神の子」とされたのだ、という見方も現れた。この解釈は「養子説」と呼ばれる。その全体の当否は別として、イエスの身分の変更を問題にしている点では当たっているのである。

さて、マルコ福音書もマタイ福音書も、ヨルダン川での洗礼の場面では、詩編二篇7節を引用しているものの、イエスの復活に関連させて同じ箇所を引用することはない。つまり、使徒言行録一三章33節での詩編二篇7節の引用は、ルカの独自の判断に基づいているのである。その意図は、もう明らかであろう。イエスはたしかに初めから「神の子」として生まれたのではあるが（ルカ一32参照）、全世界の救い主へと歩み出すには、受難と復活を待たねばならないということである。イエスはその間の全生涯をかけて、イスラエルのメシアから全世界の救い主へ成長して行かねばならないのである。「成長」とは、当然ながら、時間の中での出来事である。ということは、ルカ福音書のイエスは時間を超越するのではなく、その中を歩みながら、自分の身分を変更されて行くということである。別の言い方をすれば、イエス自身にとって、過去は過去であり、未来は未来なのである。過去の自分は、現在の自分と異なり、未来の自分は現在の自分とは違うのである。事実、福音書の末尾の二四章44節では、復活して弟子たちに顕現したイエスが、処刑される前の自分の宣教活動を振り返って、「わたしがまだあなたがたと一緒にいたころ」と表現している。反対に、使徒言行録三章21節によれば、死から復活して神のもとへ帰ったイエスは、「神が聖なる預言者たちの口を通して昔から語られたすべてのことが実現する時まで、天にとどめおかれねばならない」のである。

次章では、ヨハネ福音書を取り上げる予定である。そこでも、イエスの地上の歩みが描かれるのであるが、不思議なことに、その歩みのある時を述べようとしながら、そこに実はその歩みをすでに全体として歩み終わってしまっているイエスが、そのつど持ち込まれてしまう。すなわち、過去のイエス、現在のイエス、未来のイエスが一つに合体してしまい、「イエス」はすべての時を包括する人格になってしまう。ルカ福音書では、それとまったく逆である。過去、現在、未来という時期区分の中へ、イエスが分配されるのである。歴史の時期区分の方が、イエスの人格に対して論理的に優先しているということである。

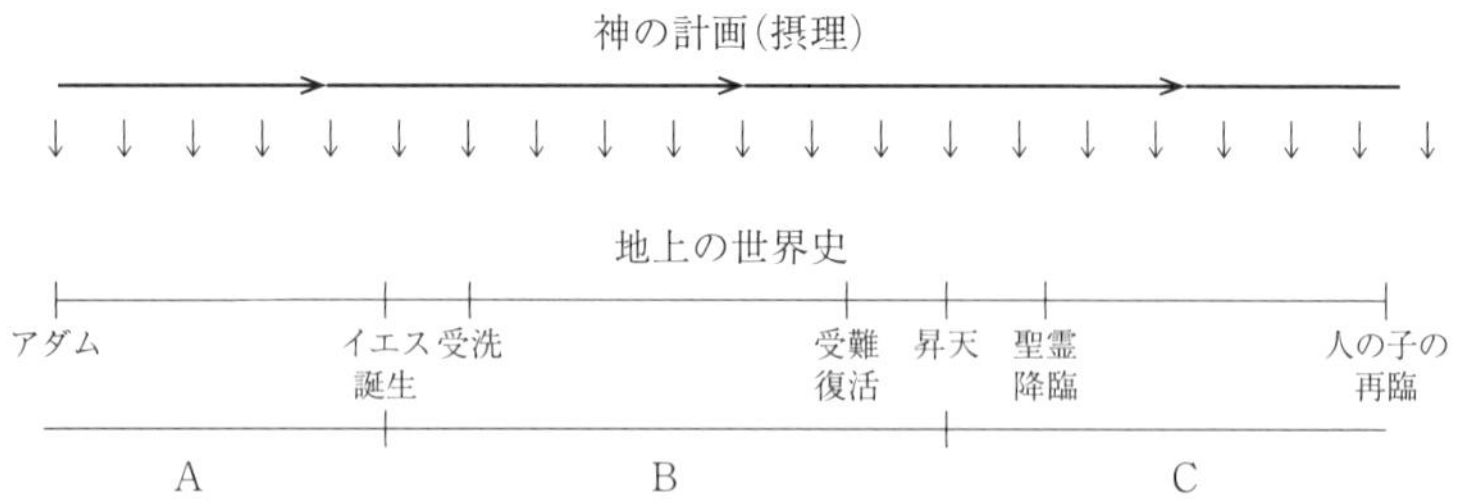

図6　世界史の時期区分

三　世界史の神学

それでは、ルカは世界史全体をどのように理解しているのか。そして、その中に地上のイエスの時を、どのように組み込んでいるのだろうか。これが私たちの次の問いである。

ここでも、話を分かりやすくするために、結論から先に述べよう。ルカは世界史を摂理史として捉える。すなわち、世界史の中で起きるすべての出来事は、超越的な神のあらかじめの計画（摂理）に従って起きて行く。そして世界史全体は初めから終わりへ向かって伸びる線分としてイメージされている。イエスの地上の時は、その線分に含まれる三つの時期の一つである。これを試みに図示すれば、上のようになる。

1　予言の時と成就の時

この図では、世界史の三つの大きな時期をA、B、Cと表記している。Aは大雑把に言えば、旧約聖書の時代に当たる。Bはイエスが地上で過ごした時である。私たちが、ここまでイエスの生涯と表現してきた期間に当たる。ただし、ここで受難・復活を越えて、昇天までB

に含めてあるわけは、使徒言行録一章22節が明瞭にそうしているからである。さらに同一章3節は、イエスの復活から昇天までの間が四〇日であったことを明言している。一定の時間の幅、つまり期間を、隙間なくつなげていくルカの語り口は、ここでも躍如としている。最後にCは、イエスの昇天後、聖霊の降臨を受けた弟子たちの宣教から始まる時代、つまり教会の時代に当たる。教会の宣教は、すでに述べたとおり、全世界のもろもろの国民に向かって行われてゆくから、Cは「異邦人の時代」(ルカ二一24)とも呼ばれる。ルカ自身もそのどこかに位置しているわけである。

さて、三つの時代は、Aで行われる「予言」が、BとCで「成就」していくという関係にある。Aは「予言の時」、BとCは「成就の時」なのである。そのように言うと、ルカが世界史を見る目線はただA→B→Cの一方向なのかと思われるかも知れない。しかし、そうではないことはルカ三章23—38節のイエスの系図の書き方から一目瞭然である。それはイエスから始まって、時間軸をさかのぼってアダムに、さらには神に至っている。マタイ福音書の冒頭にある系図とはまさに逆ベクトルになっている。ということは、ルカはBを中心にして、そこからAをレトロスペクティブに、Cはプロスペクティブに見ているということである。この見方は、実は私たちが日頃使い慣れている西暦のそれと同じである。西暦はルカの世界史の目線に倣っているのである。

それでは、Aでの予言とB、Cでの成就は、具体的にどう語られるのか。この観点からルカの二部作を見ると、Aのこの箇所での「予言」が、B、Cのこの箇所で「成就」したのです、と明言されるケースばかりではない。語り手ルカが地の文と登場人物たちの台詞を借りて、何気ない片言の中に旧約聖書の特定の箇所の特定の文言を当てこするケースがあり、その数は実は無数である。それをすべてここで並べ上げるわけにはいかない。それゆえ、ここでは、ルカが予言の成就であることを何らかの形（例えば、引用）で明言している場合に限ろう。しかも、話を分かりやすくするために、「成就」だとされる出来事別に項目化してみよう。該当する聖書箇所は、スペースの都合で略号で表記させていただく。旧約聖書は原則として、いわゆる「七十人訳」、すなわち、ギリシア語訳旧約聖書の箇所表記に準じる。すると、次頁のようになる。

見てのとおり、「成就」の出来事は圧倒的に⑧に集中している。明らかに、ルカにとっては、イエスの受難と復活がいちばん重要な出来事なのだ。ただし、注意していただきたいのは、成就する出来事は、イエスの地上の時（①―⑨）と教会の時（⑩―⑭）の全域にわたっていることである！

2　「ねばならない」

そうだとすれば、世界史は神の計画に従って、実現して行か「ねばならない」。こうして、ルカの二部作には、「……しなければならない」、「……なることになっている」という定型句が繰り返し現れる。ここでも、該当箇所をすべてリストアップするわけにはいかないので、二部作における主なものに限ることにしよう。

まず、イエスの地上の時について見れば、イエスは十二歳で、エルサレム神殿に、つまり「自分の父の家にいなければならない」（二49）。ガリラヤでは、カファルナウムだけではなく、「他の町にも神の国の福音を告げ知らせなければならない」（四43）。しかし、圧倒的に多いのは、やはりイエスの受難と復活に関するものである。

人の子〔イエス〕は必ず多くの苦しみを受け、長老、祭司長、律法学者たちから排斥されて殺され、

表3　ルカの二部作における「予言」と「成就」

①イエスの誕生	ルカ 1, 69-70	サム下 22, 3；詩 18, 3、132, 17
②洗礼者ヨハネの登場	ルカ 3, 4-6 ルカ 7, 27	イザ 40, 3-5（引用） マラ 3, 1（引用）
③幼子イエスの奉献	ルカ 2, 23-24	出 13, 2. 12. 15；レビ 5, 11、12, 8
④悪魔の誘惑	ルカ 4, 4-12	申 8, 3、6, 13. 16、10, 20；詩 91, 11-12（引用）
⑤ユダヤ人への宣教開始	ルカ 4, 17-19 使 3, 22-23 使 3, 24-26	イザ 61, 1-2（引用） 申 18, 15-20 創 22, 18；26, 4（引用）
⑥エルサレム入城	ルカ 19, 38	詩 118, 26（引用）
⑦神殿粛清	ルカ 19, 46	イザ 45, 7；エレ 7, 11（引用）
⑧受難と復活	ルカ 22, 37 ルカ 24, 44-48 使 2, 25-28. 31 使 4, 11 使 4, 25-26 使 13, 33 使 13, 34 使 13, 35	イザ 53, 12（引用） ホセ 6, 2（引用） 詩 16, 8-11（引用） 詩 118, 22 詩 2, 1-2（引用） 詩 2, 7（引用） イザ 55, 3 詩 16, 10
⑨イエスの昇天	使 2, 34-35	詩 110, 1（引用）
⑩裏切り者ユダの自殺	使 1, 20	詩 69, 26、109, 8（引用）
⑪聖霊降臨	使 2, 17-21	ヨエ 3, 1-5（引用）
⑫異邦人伝道	使 8, 32-33 使 13, 47 使 15, 16-18	イザ 53, 7-8（引用） イザ 49, 6（引用） エレ 12, 15；アモ 9, 11-12（引用）
⑬ユダヤ人の拒絶	使 28, 26-27	イザ 6, 9-10（引用）
⑭終わりの時の艱難	使 13, 41	ハバ 1, 5

表の読み方：例えば①の「イエスの誕生」は、ルカ福音書1章69-70節で、サムエル記下22章3節、詩編18篇3節、132篇17節の予言の成就とされている。

三日目に復活することになっている。（ルカ九22）

わたし〔イエス〕は今日も明日も、その次の日も自分の道を進まねばならない。預言者がエルサレム以外の所で死ぬことはありえないからだ。（ルカ一三33）

しかし、人の子はまず必ず、多くの苦しみを受け、今の時代の者たちから排斥されることになっている。（ルカ一七25）

言っておくが、「その人は犯罪人の一人に数えられた」（イザ五三12）と書かれていることは、わたしの身に必ず実現する。わたしにかかわることは実現するからである。（ルカ二二37）

人の子は必ず、罪人の手に渡され、十字架につけられ、三日目に復活することになっている、と言われたではないか。（ルカ二四7）

メシアはこういう苦しみを受けて栄光に入るはずだったのではないか。（ルカ二四26）

「メシアは必ず苦しみを受け、死者の中から復活することになっていた」と〔パウロは〕説明し、……（使一七3）

〔ユダについて〕この聖書の言葉は実現しなければならなかったのです。（使一16）

以上は、地上のイエスの時にかかわる箇所であるが、ルカは福音書の末尾の二四章44節で、復活のイエス自身に地上の生涯全体を振り返らせて、「わたしについてモーセの律法と預言者の書と詩編に書いてある事柄は、必ずすべて実現する。これこそ、まだあなたがたと一緒にいたころ、言っておいたことである」と言わせている。

教会の時については、弟子たちの世界宣教の進展に関して、次のように言われる。いずれも使徒言行録に属する。

〔十二使徒の補欠選挙〕そこで、主イエスがわたしたちと共に生活されていた間、つまり、ヨハネの洗礼のときから始まって、わたしたちを離れて天に上げられた日まで、いつも一緒にいた者の中からだれか一人が、わたしたちに加わって、主の復活の証人にならねばなりません。（使一21―22）

〔エフェソを出る前の〕パウロは「わたしはそこ〔エルサレム〕へ行った後、ローマも見なくてはならない」と言った。（使一九21）

その夜、主はパウロのそばに立っていわれた。「勇気を出せ。エルサレムでわたしのことを力強く証ししたように、ローマでも証しをしなければならない。」（使二三11）

わたしが仕え、礼拝している神からの天使が昨夜わたしのそばに立って、こう言われました。「パウロ、畏れるな。あなたは皇帝の前に出頭しなければならない。」（使二七23―24）

世界史の終わりと「人の子」イエスの再臨については、次の二箇所がある。

> 戦争とか暴動のことを聞いても、おびえてはならない。こういうことがまず起こるに決まっているが、世の終わりはすぐには来ないからである。（ルカ二一9）

> 〔ペトロの演説〕このイエスは、神が聖なる預言者たちの口を通して昔から語られたすべてのことが実現する時まで、天にとどめおかれねばならないのです。（使三21）

3　聖霊——神の計画の実行役

神の「計画」は世界史の中で実現してゆか「ねばならない」。そのために、実際に地上に派遣されて、そのつどの預言者に予言させ、世界宣教に励む弟子たちの進路を指示したり、時には妨げもする力、それが聖霊である。場面によっては、さらに天使が仲介に入ることもあり、昇天した後のイエス（主）が直接介入することもある。

乙女マリアがイエスを身ごもったのは、天使ガブリエルのお告げによれば、聖霊がマリアに降り、「いと高き方」の力が彼女を包んだからである（ルカ一35）。イエスが洗礼を受けた時には、「聖霊が鳩のように目に見える姿でイエスの上に降って来た」（ルカ三22）。イエスが悪魔からの誘惑を受ける前に荒れ野にいたのは、聖霊によって引き回されていたからである（四1）。

弟子たちがエルサレムから世界宣教に打って出るのは、彼らの上に「聖霊が降りて」、彼らがその力を受けてからである（使一8）。サマリア伝道を行っていたフィリポに、「ここを発って南に向かい、エルサレムからガザへ下る道に行け」と、進路を指示したのは主の天使であった（使八26）。ローマの百人隊長コルネリウスのもとに、ヤッファで活動していたペトロをわざわざ呼び寄せさせたのは、輝く服を着た天使だった（一〇29―30）。そのペトロが投獄されたとき、奇跡的に解き放ってくれたのも、主の天使だった（一二7）。キリスト教徒を迫害していたパウロを回心させて、ダマスコへ導き、そこでなすべきことを教えたのは昇天したイエスだった（九3―6、一二10）。回心後のパウロをアンチオキアの母教会から、三度にわたって宣教旅行に旅立たせ、その途中では予定の進路を禁じてまで、最後は帝国の首都ローマに導いたのは、聖霊とイエスの霊である。

彼ら〔アンチオキア教会の主要な信徒〕が主を礼拝し、断食していると、聖霊が告げた。「さあ、バルナバとサウロをわたしのために選び出しなさい。わたしが前もって決めておいた仕事に当たらせるために。」（使一三2）

聖霊によって送り出されたパウロとバルナバは、セレウキアに下り、……（使一三4）

さて、彼ら〔パウロ一行〕はアジア州で御言葉を語ることを聖霊から禁じられたので、フリギア・ガラテヤ地方を通って行った。ミシア地方の近くまで行きビティニア州に入ろうとしたが、イエスの霊がそれを許さなかった。それでミシア地方を通ってトロアスに下った。（使一六6―8）

その夜、主はパウロのそばに立って言われた。「勇気を出せ。エルサレムでわたしのことを力強く証ししたように、ローマでも証しをしなければならない。」（使二三11）

わたしが仕え、礼拝している神からの天使が昨夜わたしのそばに立って、こう言われました。「パウロ、畏れるな。あなたは皇帝の前に出頭しなければならない。」（使二七23―24）

4　キリスト教の成長

ルカが福音書と使徒言行録の二部作で行っている時間の筋立ては、以上のとおりである。二部作の筋立てを全体として眺めるとき、ルカがそこに込めた読者へのメッセージは何であろうか。明らかにそれは、キリスト教の不断の成長ということである。イエスの地上の時が、この観点から叙述されていることはすでに見たので、ここでは最後に、使徒言行録がそのことを語る箇所を一覧表にして見てみよう。

〔エルサレム教団の生活ぶりによって〕主は救われる人々を日々仲間に加え一つにされた。（使二47）

〔エルサレム教団の活躍によって〕そして、多くの男女が主を信じ、その数はますます増え続けていった。（使五14）

こうして、神の言葉はますます広まり、弟子の数はエルサレムで非常に増えていき、祭司も大勢この信仰に入った。（使六7）

こうして、教会はユダヤ、ガリラヤ、サマリアの全地方で平和を保ち、主を畏れ、聖霊の慰めを受け、基礎が固まって発展し、信者の数が増えていった。（使九31）

神の言葉はますます栄え、広がって行った。バルナバとサウロはエルサレムのための任務を果たし、マルコと呼ばれるヨハネを連れて〔アンチオキアへ〕帰って行った。（使一二24）

〔ピシディアのアンチオキアで〕こうして、主の言葉はその地方全体に広まり続けた。（使一三49）

〔リストラで〕こうして、教会は信仰を強められ、日ごとに人数が増えていった。（使一六5）

〔エフェソで〕このようなことが二年も続いたので、アジア州に住む者は、ユダヤ人であれギリシア人であれ、だれもが主の言葉を聞くことになった。（使一九10）

〔エフェソで〕このようにして、主の言葉はますます勢いよく広まり、力を増していった。（使一九20）

〔ローマでパウロは〕だれかれとなく歓迎し、全く自由に何の妨げもなく、神の国を宣べ伝え、主イエス・キリストについて教え続けた。（使二八30―31）

使徒言行録の「成長するキリスト教」も、ルカ福音書の「成長するイエス」と同じように、あくまで語り手ルカが読者に届けたいメッセージであって、そのまま歴史上の事実ではない。そのメッセージは世界史が神の「計画と予知」（使二23）に従って進んで行くという歴史観と一体である。分かりやすく言えば、「すべては神さまの御心のままになりますように」というキリスト教徒の常套句に通じている。逆に、いささかむずかしく言えば、ルカの神学は何よりも神中心的なのである。

このことを最後に強調するわけは、ルカの二部作を「キリスト中心的」だとする見方が早くからあるからである。しかし、それが当たらないことは、前述の世界史の三つの時期のうちの一つ、すなわち、Aの予言の時に、イエスの人格が不在であることに端的に明らかである。[3] ルカではイエス・キリストはB「地上の時」とC「教会の時」（諸国民の時）に、違った在り方で分配されるのであって、それらを超越するのではない。時間を超越するのは、次章で見るヨハネ福音書のイエスである。

四　「異邦人の時が満ちるまで」

では、そのような救済史全体の枠組みの中で、著者ルカの「今ここ」から「人の子」の再臨、すなわち「この世の終わり」まで、なおどれだけの時間が残っているのか。その期間の世界史の中で、一体どのような神の計画がなお実現しなければならないのか。この問いを解く重要な手がかりは使徒言行録三章のペトロの説教の中に見出される（三20―21）。

20それは主〔神〕の御前から休息の時が来て、あなたがた〔ユダヤ教徒〕のために定められたメシア〔キリスト〕・イエスを神がお遣わしになるためなのです。21ただ、このイエスは、神が聖なる預言者たちの口を通して昔から語られたすべてのことが実現する時まで、天にとどめおかれねばならないのです。

ここで問題になっているのは、本書がこれまで繰り返し「人の子」の再臨と呼んできた終末のことである。「人の子」の代わりにイエスは神の子メシア、終末は「神の御前からの休息の時」と呼ばれているが、問題になっていることがらに違いはない。すると、どうなるのか。「神が昔から聖なる預言者たちの口を通して語られた」ことが、イエスの登場と生涯、その最後の処刑ですでに成就していることは前述したとおりである。しかし、それで神が予言した計画の「すべてのこと」が実現したことにはならないというのである。何がなお残っているのか。

その答えは前記の引用文の少し先の使徒言行録三章25―26節で語られる。すなわち、かつてアブラハムに与えられた約束に従って、「地上のすべての民族が祝福を受ける」ことである。同じことを、すでにルカ福音書の二章31―32節では、生まれたばかりの嬰児《みどりご》イエスを抱いたシメオンが「これは万民のために整えてくださった救いで、異邦人を照らす啓示の光、あなたの民イスラエルの誉《ほま》れです」と語っている。

こうして、ルカには世界史（この世）の終わりの向こうを積極的に語る終末論がないことが分かる。たしかに彼はかつての「天地創造」のことを承知しており（一一50）、「この世」の後に「来るべき世」が続くことも知っている（一八30、二〇34―35）。その境目に「人の子」の来臨があることも知っている。しかし、その来臨によって、今現にあるすべての被造物がどう更新されるのか。その後に、新しい創造が起きるのか。この点についての待望や描写はほとんど見出されない。圧倒的に優勢なのは、その手前まで続く世界史への視線である。

ただし、その世界史はきわめて強く目標（テロス）への志向性を示している。ルカはそれを「異邦人の時が満ちる」（ルカ二一24）と表現している。それは異邦人が福音に与ることを指しているのであって、陥落したエルサレムがローマ支配を脱して再建され、そこに異邦人も参集するというユダヤ教に伝統的な夢ではない。エルサレムは「神の怒り」によって滅亡したのであり（ルカ二一23）、今や福音は異邦世界の中心ローマにまで達しなければならない。なぜなら、それが神の計画だからである（使一8、一三47、一九21、二三11）。

第XIV章　現在化される終末——ヨハネ福音書

ヨハネ福音書は四つの福音書の中では最も遅く、おそらく後一世紀の末に著された。同じ時代のユダヤ教と激しく対立していることは、福音書全編を貫いて登場する「ユダヤ人」あるいは「ファリサイ派」の描かれ方から明瞭に見て取れる。福音書の著者と読者たち（以下では「ヨハネ共同体」と呼ぶ）は、おそらくすでにユダヤ教の側から断絶を宣告されている（九22、一六2参照）。その抗争の焦点はもはやそれまで（共観福音書）とは違って、モーセ律法をめぐる問題、つまり法と倫理の問題ではなく、ひとえにイエスとは何者なのか、メシアなのか、神の子なのかという問題である。

著者は自分の福音書を著すことによって、この問題に答えようとする（二〇30―31）。ただし、その神学的思索は時代史を超出して、はるかに根源的な次元で繰り広げられる。そこでは同時代のユダヤ教だけではなく、それまでのキリスト教の中で抱かれてきたさまざまなキリスト論（イエス・キリストは何者なのか）も、根本的に見直されて行く。それは本書の主題である終末論についても同じである。と言うよりも、ヨハネ福音書全体が新しい終末論の試みだと言うべきである。

一　イエス・キリストの「道のり」

ヨハネは自分の考えを、パウロのように直接的な仕方で読者に語ることはしなかった。むしろ、主人公イエスが歩んだ「道のり」全体を物語の形で物語ることを選んだ。つまり、建前として過去の話にさかのぼるわけである。その点では、彼はわれわれが現在読む形でのマルコ福音書とルカ福音書を前提にしていたはずである。「前提にしていたはず」などと微妙な言い方をするのは、直接目の前に資料としてコピーを持っていたかどうかは分からないが、少なくとも間接的に知っていたはずだということである。その証拠を挙げることは十分可能だが、ここではその必要はないであろう。マタイ福音書についても同じことが言えるかどうかは、正直よく分からない。

著者はそれ以外の独自のルートも含めて、イエスの「道のり」についてさまざまな伝承を手に入れた。そしてそれを編集して独自の物語を生み出した。その作品は大きく見ると、冒頭にプロローグ（一1―18）、結びにエピローグ（二〇30―31）が付いた三幕の舞台劇になぞらえられる。三幕のそれぞれにおける著者の語り口は「並列的」（parataxis）である。すなわち、場面と場面が時系列で隙間（破れ）なく継続（syntaxis）するのではなく、相互に独立したエピソードが並列されるのである。この点では、ルカではなく、マルコと似ている[1]。

プロローグに当たるのは一章1―18節である。それは次の有名な文章で始まる。

1初めに言《ロゴス》があった。言は神と共にあった。言は神であった。2この言は、初めに神と共にあった。
3万物は言によって成った。成ったもので、言によらずに成ったものは何一つなかった。

ここで「言」（ロゴス）とあるのがイエス・キリスト（一17）のことである。彼は万物の創造よりも前からいた「神の独り子」（一18）であり、その創造の実行者でもある。

これまでの本書の論述を振り返ってみれば、イエスが初めて神の子（養子）とされたのは、原始教会では死からの復活の時（ロマ一4、）、マルコではヨルダン川で洗礼者ヨハネから洗礼を受けた時（マコ一10―11、前出Ⅺ四、三〇八頁参照）、マタイでは処女マリアからの降誕の時であった（マタ一20、Ⅻ四、三三九―三四〇頁参照）。ルカでもマタイと同じである（ルカ一32、ⅫⅠ二2、三六四頁参照）。そのように、終始時間軸をさかのぼり続けてきた「神の子イエス」の始まりは、ヨハネ福音書で究極に達しているのである。

その先在の永遠の神の独り子が今や父なる神の傍らから歩み出て、地に降って人間となる（一14）。これがいわゆる「受肉」の出来事である。

第一幕に当たるのは、その後の一二章までである。そこでイエスは「世」に父を啓示し続ける。それが彼が父から委託された使命である。ということは、明らかに「世」はそれまで創造主である父とのあるべき関係から失われていたということである。

第二幕に当たるのは、一三章から一七章までである。ここは全体がいわゆる「最後の晩餐」の場面である。イエスは第一幕での公の宣教のわざから退いて、弟子たちとだけ会食している。そして自分が間もなく、天上の父のもとへ立ち去ることを予告する。同時に、後に残される弟子たちに慰めと励ましを与えるので、通常「告別説教」と呼ばれる。

第三幕は一八章から二〇29までである。ここでイエスは最後の晩餐の席から再び「世」に出て行き、父から委託された使命を十字架上に完成する（一九30）。その後、死から復活して、再び元の場所へ高められる（二〇章）。

これがヨハネ福音書のイエスが歩む「道のり」である。

二　「子は人の子である」（五27）

前項で見た「道のり」を物語りながら、著者ヨハネは自分の読者にどういう終末論を提示するだろうか。この問題を考える上で決定的に重要な発言は五章24―29節である。イエスがエルサレム城内のベトザタの池の側で、長年身体のこわばりに苦しんできた人を癒した直後、イエスの行為を咎めたユダヤ人と交わす激しい論争の一部である。

24はっきり言っておく。私の言葉を聞いて、わたしをお遣わしになった方を信じる者は、永遠の命を得、また、裁かれることなく、死から命へと移っている。25はっきり言っておく。死んだ者が神の子の声を聞く時が来る。今やその時である。その声を聞いた者は生きる。（中略）27また、〔父は〕裁きを行う権能を子にお与えになった。子は人の子だからである。28驚いてはならない。時が来ると、墓の中にいる者は皆、人の子の声を聞き、29善を行った者は復活して命を受けるために、悪を行った者は復活して裁きを受けるために出てくるのだ。

第一に注目しなければならないのは、27節の「子は人の子である」という実に端的な断言である。最初に出ている「子」は、もちろん「神の子」のことである（五18参照）。ヨハネにとって、それは先在の神の子、つまり永遠の始めからの神の独り子である。この断言は、その神の独り子がそのまま同時に「人の子」に他ならないと言うのである。

そうであれば、プロローグで先在の神の子が天から歩み出て、人間として地上に下降したと言われていた「受肉」の出来事は、そのまま「人の子」の身に起きた出来事に他ならないはずである。「人の子」が「受肉」して下降してきたのでなければならない。事実、そのとおりなのである。ヨハネはこのことをイエスの歩みの途中で繰り返し言明している。

たとえば、六章58―62節では、イエスは自分こそが永遠の命を与える「天からのパン」であることをユダヤ人たちに説いて聞かせると、彼らは「実にひどい話だ。だれがこんな話を聞いていられるか」と憤慨する。弟子たちまでも不満をもらすと、イエスは「あなたがたはこのことにつまずくのか。それでは、人の子がもといたところに上るのを見るならば」、どうなってしまうのかと問い返す。

さらに興味深いのは三章にあるイエスとニコデモとの対話である。イエスは霊によって新しく生まれることについて説明するのだが、ニコデモにはすぐには通じない。するとイエスはこう叱責する。

> 10あなたはイスラエルの教師でありながら、こんなことが分からないのか。11はっきり言っておく。わたしたちは知っていることを語り、見たことを証《あか》ししているのに、あなたがたはわたしたちの証しを受け入れない。12わたしが地上のことを話しても信じないとすれば、天上のことを話したところで、どうして信じるだろう。13天から下って来た者、すなわち人の子のほかには、天に上ったものはだれもいない。

この文章には、物語の筋立てに合わない点が満載である。なぜ、イエスとニコデモの一対一の対話なのに、「あなたがた」と「わたしたち」が出てくるのか。なぜ、人の子イエスの昇天は、まだ物語の遠い先（二〇章）で初めて語られるはずなのに、もうここで「天に上った」（原文は現在完了形）と既成事実にされるのか。その理由は、すぐこの後で改めて考えよう。目下重要なのは、13節の傍点部分「天から下って来た者、すなわち人の子」という文言である。明らかに、これは先在の神の独り子の「受肉」（一14）を指しているのである。

先に見た六章62節「人の子がもといたところに上る」についても、まったく同じである。万物に先立って神と共にいた場所を離れて地へ下って来た神の子の「受肉」は、そのまま「人の子」イエスの到来なのである。

なぜ、この事実がそれほど重大なのか。その理由を知るには、「人の子」についてのヨハネ福音書以前の伝承史の展開をもう一度振り返ってみなければならない。

まず、ユダヤ教黙示思想、その中でもとりわけ宇宙史の終末論では、「人の子」メシアの来臨はひたすら未来に待望されていた（Ⅲ四、六三頁、Ⅳ章一トポス4参照）。生前のイエスが自分とは違う存在として語った「人の子」もその点では変わりがなかった（Ⅵ二6、一六四頁参照）。イエスの死後のパレスチナのユダヤ人キリスト教、その中でもとりわけ言葉伝承では、すでに殺される前のイエスが「人の子」と同一視された（Ⅶ二4、一九五—一九六頁参照）。マルコを筆頭とする共観福音書でも、その延長線上で、生前のイエスがすでに終始「人の子」を自称したことになっていた。マルコで新しかったのは、そのイエスが雲に乗って「人の子」としての再臨（一四62）を果たすためには、イエスはまず神の右へ上げられて、「本当に神の子」（一五39）となることが条件とされたことである（Ⅺ六、三二〇頁参照）。そこでは、「人の子」はまず「本当に神の子」にならねばならないのである。

ところが、ヨハネでは、神の独り子がすでに永遠の始め（先在）から「人の子」である。それまでのキリスト教が歴史の終わりに待望してきた「人の子」イエスの「再臨」が、ヨハネ福音書では、冒頭の「受肉」の出来事（一14）で起きているのである！　伝承の「人の子の再臨」が神の子の「初臨」（受肉）へ前倒しされていると言ってもよい。ヨハネはこの前倒しを「子は人の子である」（五27）と表現する。この断言は、それだけ読むと何とも抽象的で分かりにくい。しかし、それは自分の「人の子」についての発言が、それまでの伝承史の中での用法と如何に違うかをヨハネが明確に自覚していたことを示すものに他ならない。

三　死人の復活と裁き

「人の子」の再臨が神の子の「受肉」に前倒しされる結果、伝統的な終末論ではなお未来のこととされていた死者の復活と最後の審判も、地上のイエスの活動の中へ前倒しされ、そのイエスとのすべての出会いがそのつど最後の裁きに他ならないことになる。

事実、前掲の五章24―29節をもう一度見てみよう。25節の前半「死んだ者が神の子の声を聞く時が来る」は明瞭に未来形である。それは黙示思想に由来する伝統的な復活待望である。さらに28―29節では、「時が来ると、墓の中にいる者は皆」墓から出て来て、「善を行った者は命を受け」、「悪を行った者は裁きを受ける」と言われる。伝統的な「最後の審判」の表象をこれ以上具象的に語ることは不可能であろう。「墓から出て来る」という文言は、ここで考えられている死人の復活が、身体の復活であることを明瞭に示している。

ところがヨハネは25節の後半に、「今やその時である」という文章を挿入している。24節で「私の言葉を聞いて、わたしをお遣わしになった方を信じる者は、永遠の命を得、また、裁かれることなく、死から命へと移っている」と言われるのも同じ意味である。とりわけ、最後の「死から命へと移っている」が現在完了形であることに注意が必要である。人がイエスの言葉に出会う「今」に、死人の復活と最後の審判が前倒しされるのである。

もちろん、ヨハネ福音書には、死人の復活（と最後の審判）を伝統的な待望に沿って、なお未来に保留する文章も散見する。その代表的な例は六章38―40節である。すでに言及した「天からの命のパン」をめぐってイエスがユダヤ人と交わす論争の一部である。

> 38わたしが天から降ってきたのは、自分の意志を行うためではなく、わたしをお遣わしになった方の御心を行うためである。39わたしをお遣わしになった方の御心とは、わたしに与えてくださった人を一人も失わないで、終わりの日に復活させることである。40わたしの父の御心は、子を見て信じる者が皆永遠の命を得ることであり、わたしがその人を終わりの日に復活させることだからである。（六44も参照）

ここで明瞭に未来形で「終わりの日に復活させる」とあるのは、どう理解すればよいだろうか。すでに見たように、ヨハネは神の子の「初臨」（受肉）に「再臨」を前倒ししているのであるから、伝統的な意味でのイエスの再臨のことを考えているはずはない。最も蓋然性が高いのは、イエスの言葉を信じた者たちの身体の復活が「終わりの日」に保留されているということである。人がイエスの言葉と出会う「今ここで」起きる復活（五25）は、それとは区別される。こちらはヨハネが別の箇所で使っている表現で言えば、「新たに霊から生まれる」ことなのである（三3、6―7参照）。しかし、同時にヨハネはそれとは別に身体の復活があるべきことも敢えて否定しないのである。すでに言及した五章28節もそのことを示している。

この消息をさらに具象的に物語るのが、一一章の有名な「ラザロの復活」である。ベタニアの住人ラザロは病気で死に、すでに四日が経って墓は死臭を放っていた。そのラザロが復活することをイエスが予告すると、ラザロの姉妹マルタが「終わりの日の復活の時に復活することは存じております」と言う。それに対して、イエスは次のように答える。

> 23イエスが、「あなたの兄弟は復活する」と言われると、24マルタは、「終わりの日の復活の時に復活することは存じております」と言った。25イエスは言われた。「わたしは復活であり、命である。わたしを信じる者は、死んでも生きる。26生きていてわたしを信じる者はだれも、決して死ぬことはない。」（一一23―26）

この後ラザロは実際に「手と足を布で巻かれたまま出て来た」（44節）とヨハネは語る。つまり、ヨハネは来るべき未来の身体の復活ということを単純に否定しているわけではないのである。しかし、それとは別に、「霊から新しく〔上から〕生まれる」という復活、イエスの言葉と出会う「今ここ」で起きる復活（五25）があるというのである。「わたしは復活であり、命である。わたしを信じる者は、死んでも生きる」（一一25）というのは、信じる者は、すでに「死から命へと移っている」と述べる五章24節と同じ意味である。イエスを信じることによって与えられるこの命は、一七章3節では「永遠の生命」とも表現される。

なお、ヨハネがかたや「今ここ」で「霊から新しく生まれる」復活、かたや来るべき未来の身体の復活、この二つの間を区別していることは異とするには当たらない。なぜなら、すでに生前のイエスも同じ区別を知っていたからである（Ⅵ二4、一五八頁参照）。

以上見てきたように、「受肉」して地上を歩む「人の子」イエスとの出会いの「今ここ」へ、終わりの日の復活と裁きが前倒しにされる。ということは、伝統的な最後の審判の規準も大きく様変わりしているということである。伝統的な見方では、人が最後の審判で救われるか滅ぼされるかを分ける規準は、その人の生前の行いであった（たとえばマタ二五31―46参照）。それがヨハネでは、「人の子」イエスを信じるか否かという、ただ一点に凝縮される。裁きの規準が倫理から信仰告白へ移動しているのである。

それに応じて、イエスの宣教の中身も根本的に変容している。生前のイエスの宣教は切迫しつつある「神の国」と「人の子」の来臨に集中していた。ところが、今やヨハネ福音書では、イエスはひたすら自分自身のことを宣べ伝える。たとえば、すでに見た一一章25節に、「わたしは復活であり、命である」とあったのが、その良い例である。その他、「わたしは天から降って来たパンである」（六41）、「わたしは世の光である」（八12）、「わたしは道であり、真理であり、命である」（一四6）などもそうである。もちろん、イエスが自分自身を宣べ伝えることは、すでにパレスチナのユダヤ人キリスト教徒たちの間で、「人の子」がイエスの自己呼称に変わった時から始まっていた。それがヨハネ福音書では頂点を究めているのである。

「人の子」イエスとの出会いの「今ここ」へのこのような一極集中によって、伝統的な黙示思想的終末待望、とりわけ死人の復活と最後の審判の表象は、神話論的な外装を剝ぎ取られて、人間の「今ここ」での実存へ引き寄せられる。R・ブルトマンがそれを手がかりに新約聖書全体を非神話化して、実存主義的解釈を推し進めたことはよく知られている。(2)

四 「全時的今」

しかし、「今ここ」の「今」とは何か、今ひとつ曖昧ではっきりしないのではなかろうか。例えば前出の五章25節の「今やその時である」の「今」は、物語の中で主人公イエスがユダヤ人たちと論争しているその今のことなのか。つまり、別の言い方をすれば、物語の現在のことなのか。それとも、その物語を読んでいる読者、具体的にはヨハネ共同体の現在でもあるのか。もしそうだとすれば、彼らが「今ここ」で出会うべき「人の子」イエスとは誰のことで、そのイエスとの出会いは、具体的にはどこで起きるのか。

以下の論述を分かりやすくするために、われわれの結論から先に述べよう。五章25節の「今」は、物語の現在と読者の現在の両方を包括する「今」なのである。物語の語り手（著者）は、物語の中でのイエスとユダヤ人の論争の「今」へ、その物語を語っている自分とそれを読んでいる読者の今を持ち込んで、重ね合わせているのである。

これと同じ現象は四章23節でも起きている。物語の「今」は、イエスがサマリアで一人の女と「まことの礼拝」の場所をめぐって交わす問答である。イエスは女に、「まことの礼拝」がサマリアでもエルサレムでもないところで行われる時が来ることを予告して、「まことの礼拝をする者たちが、霊と真理をもって父を礼拝する時が来る。今がその時である」（四23）と答える。この「今」も、ヨハネ共同体の現在を物語の現在に重ね合わせている。

われわれはすでに前出の第二節で、三章10―13節には物語の筋立てに合わない点が満載であることを指摘した。なぜ、「人の子」イエスとニコデモの一対一の対話に、「あなたがた」と「わたしたち」が出てくるのか。なぜ、イエスの昇天は、まだ物語の遠い先（二〇章）で初めて語られるはずなのに、もうここで「天に上った」と既成事実にされるのか。ここでその理由を説明することができる。すなわち、物語の現在の中へ、突然著者と読者、つまりヨハネ共同体の現在が持ち込まれているのである。「わたしたち」とはヨハネ共同体に他ならない。彼らから見れば、「人の子」イエスの昇天はすでに既成事実なのである。

物語の筋立てが同じように一見唐突に破綻するのは、実はすでに福音書劈頭のプロローグでも起きている。そこでは、一章14節で「言は肉体となって、わたしたちの間に宿られた」と言われて初めて、先在の神の子が「受肉」して「世」にやって来るかのように読める。それが通常の読み方でもある。ところが、実はすでにそれ以前の5―13節で、先在の神の子は「世」にいるのである。なぜなら、6―9節で洗礼者ヨハネが登場しているのだから、それに続いて「言は世にあった」（10節）と言われるのは、イエスの歴史的登場のこと以外ではあり得ないからである。続く11―13節では、「世」がそのイエスを受け入れた者たちと、拒んだ者たちの二つに分かれたことが、すでに完了形で語られる。すなわち、イエスの「道のり」全体がすでに完了したものとして振り返られている。その振り返りの視線（レトロスペクティブ）は、今ようやく出来事となった「受肉」から地上のイエスの活動へ前進しようとする視線（プロスペクティブ）とは明らかに逆向きである。限られたスペースの本文の中で、二つの視線が同居する結果、単純に時系列で読んで行くと、先在の神の子は「受肉」（一14）以前にすでに「世」にいる（一5―13）という不思議な話になるわけである。

　こうした事態が生じる理由は、語り手のヨハネにとっては、「人の子」イエスは、時間的・歴史的な意味での過去、現在、未来に分割できない存在だからである。生前のイエスは過去へ、復活して今父のもとにいるイエスは現在へ、という具合に時系列に分割はできないのである。「人の子」イエスはその両方を自分の中に内包している。それどころか、先在の天にいた時から始まって、「受肉」、地上の活動、受難と復活、そして昇天まで、すべての「道のり」全体を自分の中に内包しているのである。「人の子」イエスは自分の人格の中にあらゆる時を内包している。それゆえ、「人の子」イエスの「今」は、時系列の上の過去、現在、未来に分割できない言わば「全時的今《ぜんじてきいま》」となる。それは彼の「道のり」のすべての個々の時に対して等しく「今」となる。五章25節と四章23節の「今」はまさにこの「全時的今」に他ならない[3]。

　その結果、「人の子」イエスとの具体的な出会いが時系列の上の過去、現在、未来のどこで起きようとも、その歴史的時間差は一挙に無化される。すべての時代のすべての信仰者が全時的「人の子」イエスに直結するからである。

　ヨハネはこのことを一章35―51節と一二章20―26節で物語上の一場面に造形している。一章35―51節では、まず最初にアンデレがイエスに出会って弟子となる。ペトロはそのアンデレに手引きされて初めてイエスのもとへ連れて来られる。一二章20―26節では、何人かのギリシア人がイエスに会いたがって、フィリポに仲介を頼むのだが、そのフィリポがまたアンデレの仲介を経て、初めてイエスに取り次いでいる。そのときイエスが語る言葉は、最後に「わたしが地上から引き上げられるとき、すべての人を自分のもとへ引き寄せよう」(32節)である。ヨハネと彼の読者たちは、歴史的に見れば、生前のイエスとは直弟子たちに始まる伝承に媒介されて初めてつながっている。しかし、彼らの信仰は、全時的な「人の子」イエスによって直接引き寄せられた結果なのである。(4)

五　聖霊（パラクレートス）

ヨハネ福音書を生み出した信仰者の共同体は自分をどう理解しているのか。それはイエスの「道のり」の第二部、一三―一七章に収められた最後の晩餐と告別説教の場面から読み取られる。この場面でのイエスは、父のもとへ帰った後、自分に代わる「別の弁護者《パラクレートス》」を送ることを繰り返し約束している。それは「真理の霊」、すなわち聖霊のことである。

わたしは父にお願いしよう。父は別の弁護者を遣わして、永遠にあなた方と一緒にいるようにしてくださる。(一四16)

わたしはあなたがたといたときに、これらのことを話した。しかし弁護者、すなわち、父がわたしの名によってお遣わしになる聖霊が、あなたがたにすべてのことを教え、わたしが話したことをことごとく思い起こさせてくださる。(一四25―26)

わたしが父のもとからあなたがたに遣わそうとしている弁護者、すなわち、父のもとから出る真理の

霊が来るとき、その方がわたしについて証しをなさるはずである。（一五26）

その方、すなわち、真理の霊が来ると、あなたがたを導いて真理をことごとく悟らせる。その方は、自分から語るのではなく、聞いたことを語り、また、これから起こることをあなた方に告げるからである。（一六13）

これらの約束を聞いているのは、「弟子たち」である。その「弟子たち」とは、実際にイエスと最後の晩餐をともにした過去の直弟子たちであると同時に、今ヨハネ福音書を読んでいる読者（ヨハネ共同体）でもある。なぜなら、告別説教を語っているのは「人の子」（一三31―32）だからである。「人の子」が過去と現在を一つに内包しているのだから、その告別説教を聞く「弟子たち」も過去の直弟子たちと読者の共同体の両方を内包するのである。過去の直弟子たちに視点を合わせて読めば、これらの約束は読者の共同体の現在においてはすでに実現していること（事後予言）になる。逆に、「弟子たち」とは現在の読者である自分たちのことだとして読めば、これらの約束は読者の共同体自身にとっても、なお約束（未来形）であり続ける。

その両方の読み方を含めて、ここに語られた聖霊の働きには、ヨハネ共同体の独特な聖霊経験が反映していると見ることができる。それはイエスの言葉として伝えられてきたことを「ことごとく思い起こした」（一四26）という経験である。彼らが想起させられたのは、最後の晩餐の席でイエスが話したことばかりではなく、生前のイエスの言葉として伝えられてきた伝承すべてであったと考えるべきである。ヨハネ福音書の著者があらかじめどのような伝承を素材として手に入れていたかについては、すでに述べたとおりである（本章第一節参照）。ヨハネ福音書はそれらすべての伝承が語るところを、「ことごとく思い起こした」結果なのである。ここで「思い起こした」とは、伝承に含まれる意味を新たに発見したというに等しい。

イエスが神殿を手荒く粛清したという話を伝え聞いて、著者はその意味を新たに発見した。それを二章13―20節に収めたとき、「イエスの言われる神殿とは、ご自分の体のことだったのである。イエスが死者の中から復活されたとき、弟子たちは、イエスがこう言われたのを思い出し、聖書とイエスの語られた言葉を信じた」（21節）と書き込んだ。イエスがロバに乗ってエルサレムに入城したという話（伝承）を伝え聞いた著者は、その新しい意味を発見した。それを一二章12―15節に収めたとき、「弟子たちは最初これらのことが分からなかったが、イエスが栄光を受けられたとき（＝十字架を経て父のもとへ上げられたとき）、それがイエスについて書かれたものであり、人々がそのとおりにイエスにしたということを思い出した」（16節）と書き込んだ。

著者はその発見を聖霊が「教えてくれた」（一四26）もの、聖霊が「悟らせてくれた」（一六13）ものだと言う。この言葉遣いは神学的である。もっと一般的な哲学用語で言い直せば、伝承の根源的な読み直しの経験のことである。それがヨハネ福音書を書かしめた原動力としてあったに違いない。過去と現在を同時に内包する「人の子」の観念、その「道のり」上の個々の場面での過去と現在の往還は、解釈学的に言えば「地平の融合」（H・G・ガダマー）に他ならない。聖霊（弁護者）の派遣を約束する前掲のイエスの言葉は、ヨハネ共同体が自分たちのその独特な解釈学的原経験を物語の内側へ書き込んだものなのである。

六　「この世」

1　派遣と全権意識

聖霊についてのイエスの発言は、もう一箇所ある。

8その方が来れば、罪について、義について、また、裁きについて、世の誤りを明らかにする。9罪についてとは、彼らがわたしを信じないこと、10義についてとは、わたしが父のもとへ行き、あなたがたがもはやわたしを見なくなること、11また、裁きについてとは、この世の支配者が断罪されることである。（一六8―11）

この箇所から読み取られるのは、ヨハネ共同体が今述べた解釈学的経験に基づいて、すなわち、神学的に言えば聖霊の導きの下に、「この世」に向って派遣されて、イエスについて証言していることである。彼らはその際、自分たちには「人の子」イエスから全権が委託されていると理解している。その証拠がすでに前述した三章11節に他ならない。「はっきり言っておく。わたしたちが知っていることを語り、見たことを証ししているのに、あなたがたはわたしたちの証しを受け入れない。」ここでイエスとニコデモの一対一の対話の筋立てを破って侵入している「わたしたち」は、実は同時代のユダヤ人たちに向って宣教しているヨハネ共同体に他ならない。彼らの宣教の言葉（証し）は、そのまま「人の子」イエスが語っている言葉なのである。「人の子」イエスの自己宣教。これ以上の全権意識はあり得ないであろう。すでに本章第三節で見たように、人が「人の子」イエスと出会う「今ここ」で、復活と裁きが起きて行くのであった。しかし、その出会いは具体的には、一体どこで起きるのか。今ようやくわれわれはこの問いに答えることができる。それは人がヨハネ共同体の宣教の言葉に出会うその時その場で起きるのである。ヨハネ共同体のその宣教は全体として拒まれている。その不信仰こそユダヤ人たちの、いや、「世」の「罪」である。それに対する「裁き」を宣告することも聖霊《パラクレートス》の使命である。ということは、ヨハネ共同体の使命である。

しかし、その不信仰な「この世」は「裁き」を宣告された後、どうなるのか。イエスの「道のり」の第二幕（告別説教）の最後には、イエスが神に向かって捧げる長い祈り（一七章）が置かれている。そこでは、彼を信じる者たちを指して、「彼らはこの世に属していない」（一七14、16）と言われる。しかし、同時にイエスは「わたしがお願いするのは、彼らを世から取り去ることではなく、悪い者〔サタン〕から守ってくださることです」（一七15）と祈っている。こうして、「この世」とヨハネ共同体の関係は、まことに微妙である。いつまで「この世」は彼らの語りかけの対象であり続けるのか。あるいは彼らは、いつかそれから離脱するのではないか。

この問題は、ヨハネ福音書とグノーシス主義の関係をどう捉えるかという巨大な問題の一部である。今ここでその問題史に立ち入ることはできない。私の基本的な見解だけ述べれば、この問題を両者における二元論的な用語法や概念、超越的な救済者・啓示者の下降（到来）と帰昇という表象などを比較することで接近しても、明瞭な解答には到達しないと思われる。私はむしろそれとはまったく別の道を提案してきた。それはヨハネ福音書の効用に注目することである。すなわち、ヨハネ共同体がそれを始めから終わりまで読み通すときに、彼らの「この世」（ユダヤ人）との関係が、どう変わるのかを分析することである。

2　ヨハネ福音書の効用[5]

まずはヨハネ福音書の物語の内側に入って、イエスの「道のり」をたどってみよう。それは、プロローグ（一1―18）とエピローグ（二〇30―31）つきの三幕の舞台劇になっている。

第一幕（一19―一二章）のイエスはユダヤ人に向かって宣教する。その宣教には読者のヨハネ共同体自身の宣教の経験が重ねられている。しかし、写真機で写し取るように事実ばかりが描かれるわけではない。むしろ、さまざまな象徴言語を駆使して、文学的に作り替えられている。つまり再創造されている。ユダヤ人も「この世」の代表者に仕上げられている。

第二幕（告別説教、一三―一四章および一五―一七章）では、イエスは「この世」から退いて、弟子たちとだけ最後の晩餐の席に着いている。その席だけが灯りに照らされていて、外は闇である（一三30）。イエスはすでに見た聖霊《パラクレートス》の約束と警告を語り、平安を祈ると、再び「この世」への宣教へ出て行く（一四31参照）。この第二幕では、とりわけ象徴言語が縦横に駆使される。

第三幕（一八章―二〇29）では、イエスは再びユダヤ人たち、とりわけその指導者たちと論争しながら、自分の宣教を継続する。その歩みはきわめて能動的で、共観福音書の並行記事のように「受難物語」とは呼びがたい。事実、十字架上のイエスは自分の使命を「成し遂げ」て最期の息を引き取る（一九30）。そして復活して弟子たちに現れ、平安を祈ると、聖霊を吹きかけて宣教の使命へ派遣する。その聖霊によって弟子たちには、誰の罪であれ赦すか赦さないかを決める全権が委託される（二〇23）。

以上の三幕の「道のり」は、試みに次のように図化することができる。第三幕は第一幕の継続であ

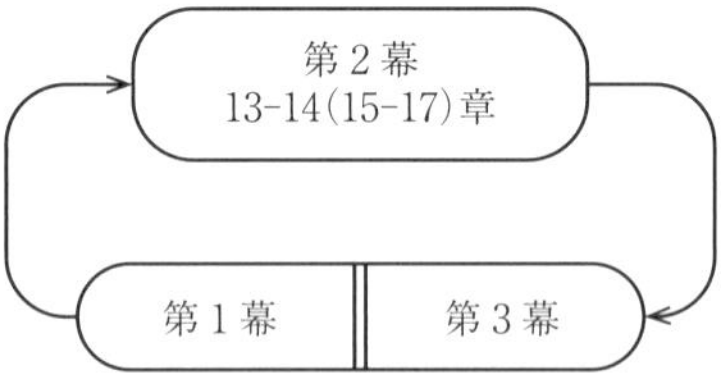

イエスの宣教活動　図7

るから、つなげて一つの長方形としている。ヨハネ福音書を読みにやってきた読者は矢印に沿って読み進む。

さて、この舞台劇を読むためには、ヨハネ共同体は一旦彼らの宣教の現場を離れなければならない。現場で追いまくられれば、読書の余裕がないのが人の世の常である。読書のために敢えて現場を離れて、第一幕を読み進むと、彼らはそこに自分たちのその現場での経験が再現されているのを見出す。もちろん、写真機で写し取られているのではない。文学的に再創造されているのである。

さらに彼らは読み進んで第二幕の入り口に来る。イエスはそれまでの宣教の現場を離れて行く。それはヨハネ共同体が現場を離れて福音書を読みにやってきたことの再現に他ならない。しかも、イエスが弟子たちと着席する部屋だけが灯りに照らされ、外は闇だと言う（一三30）。ヨハネ共同体はこれにも見覚えがある。ついさきほど福音書の冒頭のプロローグを読んだとき、「光は暗闇の中で輝いている。暗闇は光を信じなかった」（一5）と言われていたからである。すると、自分たちがこの福音書を読み進めていることは、第二幕で弟子たちがイエスの話を聞くのと並行することになるのではないか。事実、第二幕でのイエスの話は第一幕に比べると、一段と象徴言語を駆使して、より根本的な意味の次元へ昇華されている。それは第一幕でヨハネ共同体の現場の経験が象徴的・文学的に作り替えられていたのと並行しつつ、さらにそれを超えて行く。

読者のヨハネ共同体は第二幕の終わりでは、イエスが弟子たちに平安を祈った後、再び「この世」への宣教に出て行くのを読む。その「弟子たち」にはヨハネ共同体も内包されているから、イエスの第三幕への励ましは、ヨハネ共同体自身に向けられたものに他ならない。続く第三幕で「この世」(ユダヤ人)の敵意にもめげず宣教を能動的に継続するイエスは、ヨハネ共同体が福音書全編を読み終った後に、自分たちの現場に戻って、宣教を能動的に継続するように促すモデルとなる。イエスが最後に吹きかける聖霊は、彼らがその再びの宣教の現場で、「この世」の「罪」を赦すか赦さないかの全権を与える。「この世」は不信仰のゆえにすでに裁かれているが、ヨハネ共同体の宣教を新たに受け入れるならば、その「罪」は赦される。受け入れないならば、そのまま「残る」というのである。しかし、確実なことは、「この世」が裁かれたままで放置されず、繰り返し新しい語りかけの対象として受け取り直されることである。

こうして見ると、かたや物語の内側の三幕の舞台劇の動き、かたやそれを読みにやって来て、それを通過した後、再び宣教の現場に送り出されて行くヨハネ共同体の動きは、前者が後者の中に入れ子になる仕方で、並行していると言える。それを再び試みに図化すれば次頁のようになるであろう。改めて言うまでもないが、矢印1が矢印2に再現され、矢印3は矢印4の模範を提示しているのである。

3　グノーシス主義との違い

以上のようなヨハネ福音書の効用に照らせば、この福音書が「この世」からの離脱を目指すグノー

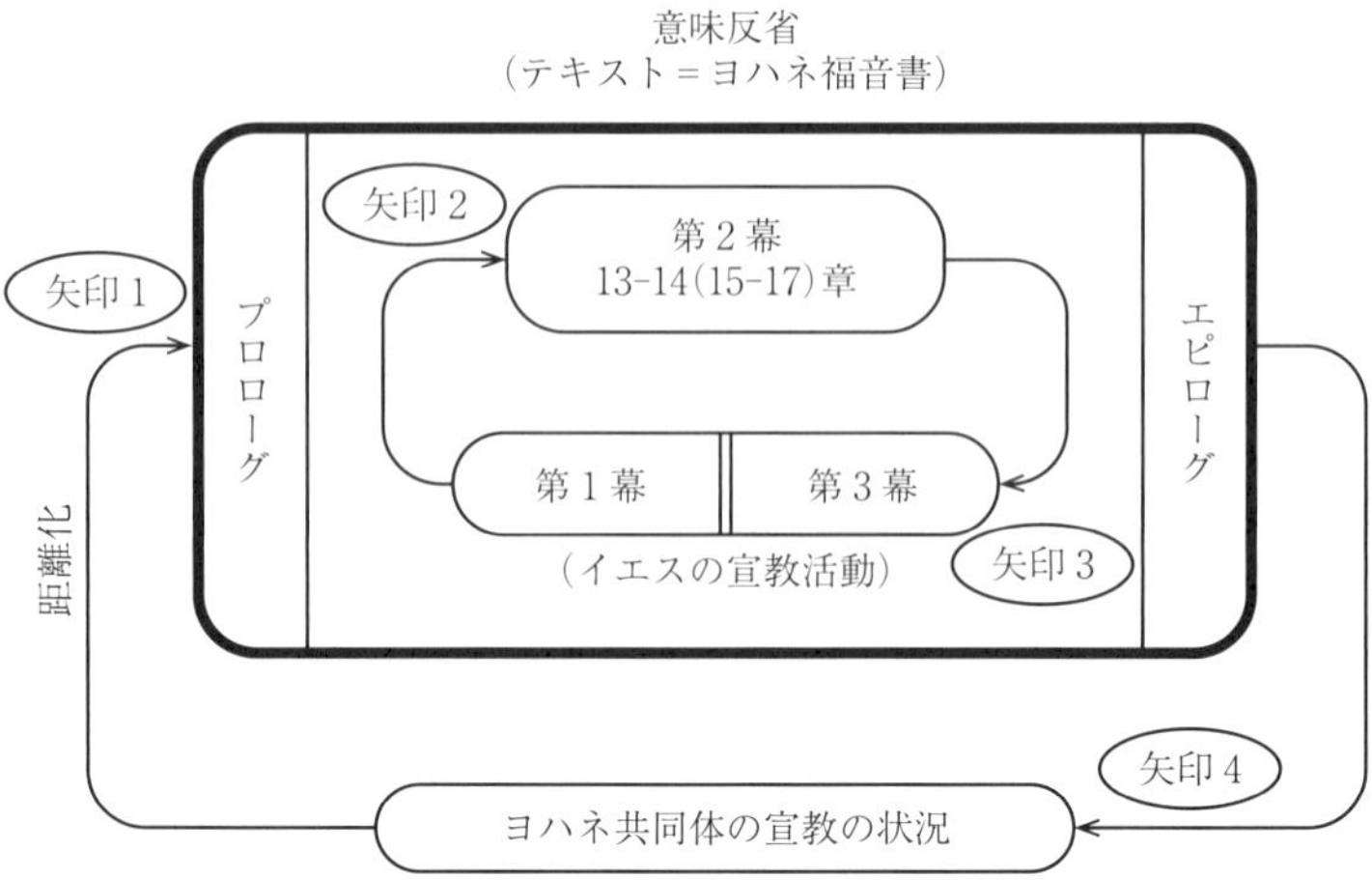

図 8

シス主義とは基本的に異なることが明瞭である。グノーシス主義との違いは、この福音書が伝統的な創造信仰の枠内にあることからも明らかである。先在の神の子イエスは天地創造の前から父によって愛されていた独り子であり（一七24）、万物の創造者なのである（一3）。

ただし、ヨハネ福音書のどこを探しても、被造物の世界（宇宙的自然）の運命（行方）についての発言は全く見当たらない。著者が「この世」について語るとき、彼の全関心は人間の歴史的世界に集中している。そのために、自然的世界の問題も宇宙的終末ドラマも不在である。極度に「人間中心的」なのである。

この点ではルカ福音書の「世界史の神学」と通じるところがある。しかし、ルカでは歴史理解の問題がイエスの人格についての反省（キリスト論）よりも優位を占めていた（XIII三、三七六頁参照）。しかし、ヨハネでは、すでに見たとおり、「人の子」イエスの全時的人格（キリスト論）が歴史理解の地平となっている。なぜなら、過去、現在、未来のすべての時がその中に内包されているからである。歴史理解はその枠内で動くもの、つまり函数にすぎない。

七 「天上の住い」

それでは、個々の信徒の霊魂は、最終的にどこで安らぐことになるのか。自然的世界の問題も宇宙的終末ドラマも不在のヨハネ福音書ではあるが、この問いについては繰り返し重要な発言を行っている。

24はっきり言っておく。一粒の麦は、地に落ちて死ななければ、一粒のままである。だが、死ねば、多くの実を結ぶ。25自分の命を愛する者は、それを失うが、この世で自分の命〔魂〕を憎む人は、それを保って永遠の命に至る。26わたしに仕えようとする者は、私に従え。そうすれば、わたしのいるところに、わたしに仕える者もいることになる。わたしに仕える者がいれば、父はその人を大切にしてくださる。（一二24―26）

1心を騒がせるな。神を信じなさい。そしてわたしをも信じなさい。2わたしの父の家には住む所がたくさんある。もしなければ、あなた方のために場所を用意しに行くと言ったであろうか。3行ってあなたがたのために場所を用意したら、戻って来て、あなたがたをわたしのもとへ迎える。こうして、私のいる所に、あなたがたもいることになる。（一四1―3）

父よ、わたしに与えてくださった人々を、わたしのいる所に、共におらせてください。それは、天地創造の前からわたしを愛して、与えてくださったわたしの栄光を、彼らに見せるためです。（一七24）

最初の一二章24―26節は、第一幕での公の宣教から一旦退く前のイエスの発言であり、後の二つは第二幕の告別説教の一部である。いずれにおいても、信仰者が最終的に迎えられる安住の場所は「わたしのいる所」、すなわち、イエスが自分の「道のり」を歩み終わって、再び父のもとへ帰って行った場所である。一四章2―3節によれば、そこには「たくさんの場所」が用意されている。ただちに連想されるのは、ユダヤ教黙示文学で語られる「義人たちの場所」である。それも天上の神殿と至高神のもとに用意されているのであった（Ⅲ四、六一、六五頁、31、Ⅳ一トポス5参照）。しかも一二章25節によれば、信仰者は「自分の命を保って永遠の命に至る」のである。ここで「自分の命」とあるのは、文字通りには「自分の魂」である。それは人間が地上で今現に衣食住によって生きている命に他ならない（マコ八38参照）。ヨハネによれば、人間はそれを「保って永遠の命」へ至る。つまり、地上の「今ここ」の命（魂）が「永遠の命」へ直接つながっている。信仰者の魂は最終的には地上を離れて、天上に安住するのである。その方向性は、やがて宇宙史の終わりに義人たちが天から地へ降りてくる、と考える初期ユダヤ教の宇宙史の黙示文学と生前のイエスの「神の国」とはまさに逆になる。反対に、初期ユダヤ教の中の「上昇の黙示録」（P・シェーファー）と同じ方向性になる。ただし、この方向性は新約聖書の中で決して孤立したものではない。なぜなら、次章で取り上げるヘブライ人への手紙も同じベクトルを示すからである。

最後に、一四章3節では、「行ってあなたがたのために場所を用意したら、戻って来て、あなたがたをわたしのもとへ迎える」と言われるが、これは伝統的な意味でのイエスの再臨を指すものではないであろう。なぜなら、ヨハネ福音書は、すでに述べたとおり、伝統的な「人の子」の再臨を「人の子」イエスの初臨（受肉）に前倒ししているからである。その上でなおも、宇宙史の終わりの再臨を待望する余地も関心もないからである。一四章3節でイエスが「戻って来る」と言う約束は、むしろ「別の弁護者」（一四16）のことであろう。そしてその到来は、すでに見たとおり、ヨハネ共同体の「今ここ」に実現しているのである。

ただし、信仰者の魂は地上にありつつすでに天上の命につながっているとしても、信徒が実際に死を迎えた後の身体は、どうなるのか。おそらくヨハネはそこに未決の問題が残されていることを知っていたのである。六章44節でイエスが「すべて信じる者を終わりの日に甦えらせる」と語っているのは、そのためだと思われる（本章第三節での前述参照）。

第XV章　天上の都への遍歴――ヘブライ人への手紙

一　成立年代と名称

ヘブライ人への手紙の実際の著者がだれで、どこで著されたかは不詳である。ただし、一〇章32―33節に「あなたがたが苦しい大きな戦いによく耐えた初めの頃のことを思い出してください。あざけられ、苦しめられて、見せ物にされたこともありました」とあるのがネロ帝によるキリスト教徒迫害（六〇年代）を指すとする説がある。他方、いわゆる使徒教父の一人であるローマのクレメンスが後九五年頃に著した『コリントの信徒への手紙I』にこの文書からの引用と見られるものがある。そこから推すと、著作年代はおそらく、後九〇年の前後、したがって、次章で取り上げるヨハネ黙示録とほぼ同じ時期に当たると思われる。

文書の末尾の一三章22―25節は明らかに事後的に行われた付加である。そこには、「兄弟たち、どうか、以上のような勧めの言葉を受け入れて下さい。実際、わたしは手短に書いたのですから。わたしたちの兄弟テモテが釈放されたことをお知らせします」とある。わざわざテモテの名前とセットにされている「わたし」はパウロ以外ではあり得ない。ことさらに文書全体をパウロの手による「手紙」に仕上げて、文書にいわゆる「使徒性」を付与しようとする意図が明白である。ということは、この末尾段落を欠いたもともとの形では「手紙」ではなかったことになる。事実、内容からすると、倫理的な勧告を織り交ぜた神学論文と呼ぶ方が当たっている。想定されている読者「あなたがた」も特定の地域に存在する個別の教会ではさらさらなく、不特定多数のキリスト教徒、つまり、同時代のキリスト教会全体である。

そう解すべき有力な根拠は、他でもない「ヘブライ人への手紙」という表題である。これが事後的に付けられたものであることは、今述べたとおりであるが、なぜその際に「ヘブライ人」という語句が採用されたのか。この問いは、これまでの研究でも立てられてはきたものの、旧約聖書からの引用が頻繁に行われるから、という平凡な解答ですまされることが少なくなかった。しかし、重要なのは、旧約聖書のどの部分からの引用なのかである。

「ヘブライ人」とは、旧約聖書の用語法では、族長時代のイスラエル人たちに周辺異民族から浴びせられた蔑称である。それはすでにエジプトやネゲブ砂漠を遍歴中のアブラム（アブラハム）にも当てはまる（創一四13）。しかし、主としてエジプトに寄留したイスラエル人がそう呼ばれている。それが蔑称であったことは、たとえば創世記四三章32節「当時、エジプト人はヘブライ人とともに食事をすることはできなかったからである。それはエジプト人の厭うところであった」という文章に凝縮されている。

他方で、ヘブライ人への手紙にとっては、詳しくは後述するように（第四節）、遍歴中のアブラム（アブラハム）や、エジプトの桎梏《しっこく》を逃れて荒れ野を遍歴するイスラエルの民こそが、今の時のキリスト教会にとっての「信仰」の模範である（一一章）。なぜなら、荒れ野を遍歴するイスラエルの民にとって「世はふさわしくなかった」（一一38）のと同じように、キリスト教会も「世を逃れてきた」者たちだからである（六18）。すなわち、この文書は「世」をエジプトに譬《たと》えているのである。キリスト教会はその全「エジプト」から脱出するために地上を遍歴している「ヘブライ人」に他ならない。われわれの文書が事後的に「ヘブライ人への手紙」と通称されるようになったのは、実にこの判断に基づくものに違いない。

われわれの文書の匿名の著者が旧約聖書を知悉していることは、そのような「信仰」の先達たちの事例を引く場合に限らず、ほとんど至るところで端的に明らかである。その際に、著者は終始ヘブライ語聖書からではなく、一貫してギリシア語訳（いわゆる七十人訳）を使っている。ということは、ヘレニズム文化圏に生活しながら、ユダヤ教の細部にまで通じた第一級の教養人、たとえば、同時代にアレキサンドリアで活躍したフィロンに代表されるようなヘレニズム・ユダヤ教の中に育ちながら、その後キリスト教徒となった人物を著者として考えなければならないことになる。

しかし、地上の「ヘブライ人」としてのキリスト教会は、そもそもどこへ向かって「遍歴」しているのか。天上の都とそこにある神殿を目指して、というのがその答えである。著者によれば、その道を切り開いたのが大祭司キリストである。著者の論旨をたどってみよう。

二　大祭司キリストの自己奉献

著者は六章1―2節で、自分の書いていることが、キリスト教の初歩を繰り返すものではなく、それを超えた完成を目指すものであることを明言している。「だから、わたしたちは、死んだ行いの悔い改め、神への信仰、種々の洗礼についての教え、手を置く儀式、死者の復活、永遠の審判などの基本的な教えを学び直すようなことはせず、キリストの教えの初歩を離れて、成熟（完成）を目指して進みましょう。」

実際、著者はイエス・キリストがあらゆるものに先立って神のもとにいたこと（先在）から始まって、人間となり（受肉）、地上の生を歩み、十字架上の死を遂げ、死から復活し、再び神の右に挙げられ（高挙《こうきょ》）、そこからやがて歴史の終わりに再び到来して（再臨）、最後の審判を行うという構図、すなわち、イエス・キリストの「道のり」を前提している。自分自身はもちろん、読者にもそれがすでにフルスパンで周知されているという前提なのである。

この「基本的な教え」を、彼はいったいどのように超えて行くだろうか。結論から先に言えば、彼はこのイエス・キリストの「道のり」のうちで、十字架上の死と高挙の二つを、前者から後者へ直結させる形で（つまり、その中間の復活を言わば飛び越えて）、自分の神学の中心に据えるのである。まず、「先在」のイエス・キリストのことを、著者は「万物の相続者」、「世界の創造者」、「神の栄光の反映」、「神の本質の完全な現れ」（一2―3）と呼んでいる。この点はすでに見たコロサイの信徒への手紙の一章15―16、19節と通じている。

しかし、顕著なことに、そのイエス・キリストは「御子」であるにとどまらず、他でもない神によって、「神よ、あなたの玉座は永遠に続き」（一8）と呼びかけられている。イエス・キリストは端的に「神」なのである。それに対応して、イエス・キリストがもともと天使たちに優る存在であったことが繰り返し強調される。おそらくその背後には、コロサイの信徒への手紙の場合と同じような天使崇拝の傾向が存在したのであろう。

著者はその傾向に対抗して、神はたしかにイエス・キリストを地上の世界に送って（一6）、天使たちよりも低いものとしたが、それは「僅かの間」だけにすぎなかったと言う（二9）。しかもそれは、彼が「血と肉を備えた」人間（二14）として、「数々の試練を受けて苦しむ」（二18、四15）ことによって、天上の大祭司職という栄誉を授けられるためであった（二17―18）。著者は「受肉」したイエス・キリストの苦しみをあくまでリアルに見据えている。同時に、それは完全な大祭司となるための従順を学ぶ時であったと言う。「キリストは、肉において生きておられたとき、激しい叫び声を挙げ、涙を流しながら（中略）御子であるにもかかわらず、多くの苦しみによって従順を学ばれました」（五7―8）。

著者はキリストの苦しみの極致を、多くの場合「死」と表現している。しかし、それが十字架という形の死であったことも、しっかりと書きとめている。「このイエスは（中略）恥をもいとわないで十字架の死を耐え忍び」（一二2）、「御自分の血で民を聖なる者とするために、〔エルサレムの〕城門の外で苦難に遭われたのです」（一三12）。

これらの発言では、明らかに著者は歴史的事件としてのイエスの十字架の刑死のことを考えている。そしてそれがすでに歴史的過去として自分の現在から隔たっていることも承知している。そのことは二章3節「この救いは、主が最初に語られ、それを聞いた人々によってわたしたちに確かなものとして示された」という文章が証明するとおりである。

地上に送られた神の子キリストは多くの苦しみを味わって従順を学んだ。それゆえに、神は彼を「メルキゼデクと同じような大祭司」に任命する（五10）。それはキリストの「道のり」の上では、受難の後、神のもとへ上げられるときに実現する。その大祭司職が「メルキゼデクと同じような」と言われるわけは、それが同時代のユダヤ教の現実の祭司論から見れば異例だからである。その祭司論では、大祭司はアロンの血統に連なるものでなければならなかった。しかし、イエス・キリストはユダ族の出身で、その規準に合わなかったのである（七14）。逆に言えば、キリストが任命された大祭司職は神による永遠の選びによるということである。それはキリストが行った自己任職ではないのである。

それでは逆に、神による大祭司への選びの根拠となった受難（十字架）はイエス・キリストに一方的に降りかかった事件、あるいは逆に言えば、イエス・キリストが一方的に受け身でそれに耐えた出来事なのか。そう取るのは、おそらく当たらないであろう。なぜなら、著者によれば、十字架はイエス・キリストが「ご自身の血によって（中略）聖所に入る」（九12）ことだからである。そのイエス・キリストは、すでに見たように、同じ刑死によって同時に大祭司とされるのであるから、ここでは大祭司イエス・キリストの自己奉献が問題になっているわけである。神に献げられる生け贄はそれを献げる大祭司そのものに他ならない。

九章1―10節では、その生け贄が献げられる神殿が、出エジプトの民が荒れ野を放浪した時の神の幕屋をモデルにして語られる。そこでは同時に、地上のエルサレム神殿で行われてきた祭儀も二重映しにされている。

もちろん、ヘブライ人への手紙が書かれた時代には、地上のエルサレム神殿はすでに破壊されていた。したがって、大祭司はもちろん、祭司制度そのものも、そして神殿での供犠の祭儀も行われてはいなかった。そのため著者は、それがまだ実在した時にどのような手順で行われていたかを読者に説明しているのである。

しかし、荒れ野の放浪時代の幕屋も、つい最近まで立っていたエルサレム神殿も、「人間の手で造られたのではない、すなわち、この世のものではない、更に大きく、更に完全な幕屋」（九11）の「比喩」（九9）あるいは「写し」（九23）に過ぎない。キリストは天そのものに入り、「生ける神の都、天のエルサレム」（一二22）にある神殿で、神の御前に「ただ一度限り」現れて（九26）、「天に登録されている長子たちの集会」（一二23）のために永遠の贖罪を成し遂げたのである（九12）。

ここから見て取れるように、大祭司キリストの自己奉献は歴史的事件であることを超えて、宇宙論的な出来事なのである。さらに著者はそれを「世の終わりにただ一度」起きた出来事、すなわち終末論的な出来事としても言い表す（九26）。キリストはそのまま今も現に天の神の右で大祭司の務めに就いているのである（八1）。なぜなら、キリストの自己奉献によって完成されたのは、「永遠の救い」（五9）、「永遠の贖い」（九12）だからである。天上での大祭司キリストの執り成しは、永遠に続き、「きのうも今日も、また永遠に変わることがない」（一三8）。

ここで特に著者の思考法の点で注意したいのは、キリストの刑死から天上の神殿での大祭司の務めへ、つまり十字架の出来事から高挙へと直接つながっていることである。そのことを著者は、キリストの「血」と「肉」が、教会（信徒）にとって、天の聖所に入るための道を開いた（一〇19―21）、と表現している。それは教会（信徒）が、すでに洗礼（六4の「光に照らされ」、一〇22、32参照）によって、すでに歩み始めている道のことである。顕著なことは、その際に十字架と高挙の間にあるべき復活が抜けているのである。

そもそも、われわれの文書では、イエス・キリストの復活についての言及が明らかに後退している。それは六章1―2節でもはや学び直す必要のない「基本的な教え」の一部として、あるいは文書の結びの一三章20節で、ごく定型的な表現で現れるに過ぎない。著者の神学は復活の神学ではなく、十字架と高挙の神学なのである。実はこれは、この文書の供犠論と、すなわち、イエス・キリストが大祭司であるとともに、永遠の生け贄とされること、と密接に関係している。この点については、節を改めて考えよう。

三　著者の思考法と供犠論

すでに述べたとおり、著者はたしかに十字架の刑死の凄惨さを直視している。しかし、それをパウロのように、「律法の呪い」（ガラ三13）と受け取る視点はまったく存在しない。十字架は、繰り返しになるが、あくまでもキリストの自己奉献なのである！　それは決して、十字架につけられる者が律法の枠外へ捨て去られる事件ではない。むしろ、無力で不完全であったモーセ律法（特に祭儀・儀礼律法）を一度限り完成する出来事に他ならない。不完全なるがゆえに繰り返しが必要であった贖罪の定めが、今や完全なる永遠の生け贄によって、一度限り完成されたのである。「律法はやがて来る良いものの影」（一〇1）に過ぎなかったのである。

それでは、大祭司キリストの自己奉献の「影」であったものは何なのか。それは明らかにレビ記一六章の「贖罪日」の規定である。旧約聖書の現在の文脈では、当然ながら、それはエジプトを脱出した後のイスラエルが荒れ野を放浪中の時代に組み込まれている。

しかし同時に、レビ記一六章は、後七〇年にローマによって破壊されるまでエルサレム神殿で行われていた年に一度の「大贖罪日」の祭儀にとっては、その手順を定めた準拠枠でもあった。ヘブライ人への手紙の著者が九章1節―一〇章18節で繰り返し引照するのは（九13、19）、そのような準拠枠としてのレビ記一六章である。たしかに、そこではエルサレム神殿が「幕屋」と表現されるほか、大祭司の代わりにアロンが言及されている。しかしそれは過去（荒れ野の遍歴時代）と著者の現代が往還しているということである。著者がすかさず「この幕屋とは、今という時の比喩です」（九9）と断っているのはそのためである。

エルサレム神殿では、年に一度の「大贖罪日」に大祭司が至聖所《しせいじょ》に入って、贖いの供犠を捧げることになっていた。著者はそのことと対照させて、大祭司キリストはただ一度「人間の手で造られたのではない、すなわち、この世のものではない、更に大きく、更に完全な幕屋を通り、雄山羊と若い雄牛の血によらないで、御自身の血によって、ただ一度聖所に入って永遠の贖いを成し遂げた」（九11―12）と語る。「大贖罪日」の大祭司の所作は、大祭司キリストのただ一度の贖いの「影」に過ぎなかったというのである。

ここから明瞭に読み取られるのは、著者の大祭司キリスト論にとって、モーセ律法、しかもその中でも最も祭儀的な条項が、不可欠の大前提になっていることである。レビ記一六章の規定が、たとえ「影」とは言え、有効であったからこそ、大祭司キリストの自己奉献は「永遠の贖い」となり得たのである。

ところが著者はレビ記一六章の規定はもちろんのこと、モーセ律法全体が「やがて来る良いものの影」（一〇1）に過ぎないと言う。著者の律法観を貫く基本的な発想は、不完全なものが完全なものによって凌駕されるということである。凌駕されるものは凌駕するものによって、無効を宣言される。「完成」（telos）は同時に「終わり」（telos）を意味するからである。大祭司キリストのただ一度の「生け贄」（自己奉献）によって実現された救いは「永遠の救い」（五9）、「永遠の贖い」（九12）である。

信徒はそれによって、すでに「聖なる者、永遠に完全な者」とされている（一〇14）。そのように罪の永遠の赦し（贖い）がすでに実現している以上、「罪を贖うための供え物は、もはや必要ではない」（一〇18）のである。ということは、キリストがもう一度自分を「生け贄」に献げることはあり得ないということである。だからこそ信徒の洗礼後の「罪」を赦す二度目の「生け贄」はないのである（一〇26）。

こうして、ヘブライ人への手紙の供犠論が抱える最大の難問があらわになる。先にあるものが後から来るものによって凌駕される。しかし、その後のものが来るためには、先のものが不可欠な前提である。後からのものが永遠にあり続けるとき、先のものもその前提として生き続ける。

一つだけ確かなことは、ヘブライ人への手紙の律法観は、神がキリストの十字架において律法を廃棄するというパウロの考え方とは明らかに異なることである。この手紙の著者の神は、大祭司キリストがレビ記一六章に即して行う自己奉献を嘉納する神だからである。

フランスの文化人類学者のR・ジラールは、ヘブライ人への手紙に、「聖なる暴力」としての「生け贄」に傾斜する「供犠的キリスト教」を見て取っている[1]。もしジラールの主旨が、ヘブライ人への手紙の大祭司キリスト論は旧約の供犠儀礼の有効性をそのまま延長するもの、ということならば、それは当たらないであろう。この手紙の著者は、旧約の供犠儀礼が大祭司キリストの「永遠の贖い」の永遠の有効性によって、すでに乗り越えられている、不要なものとされたと見ているからである。しかし、その「永遠の贖い」自体が旧約の供犠儀礼の有効性を前提して成り立っている。このきわめて錯綜した事態が見過ごされると、ヘブライ人への手紙の大祭司キリスト論は、旧約の供犠儀礼の有効性をそのまま延長するものと解されることになるのではないか。そして事実、そのことが西欧も含めて通俗的なキリスト教の一般的な了解になっているように思われる。ジラールの発言はそのことへの批判としては、当たっていると私には思われる。

そのような通俗的・一般的な了解への批判として、もう一つ注目すべき研究がある。それはG・フィッツァーという名前のドイツの新約聖書学者が一九六九年に公表した論文である。その表題は「ヘブライ人への手紙さえも供犠のキリスト論を正当化しない」というもので、副題には「ヘブライ人への手紙の意図とその神学的意義」とある。(2)

フィッツァーによれば、この手紙の著者の根本的な構想は、旧約聖書の供犠規定がすでに古びており、廃止されるべきものだということである（三〇九頁）。なぜなら、それはすでにイエスの生と活動、苦難と死、死と復活によって乗り越えられているからである。そのために、彼は旧約聖書の供犠規定の有効性を承認した上で、大祭司と供犠の動物を同一視し、いわば、供犠を天上の聖所へ移し替え、それにより終焉を迎えさせる。そのことによって、教会（信徒）の目を再び歴史へ、すなわち、彼ら自身が置かれている歴史の現実へ、今や神とともに支配の座に就いている方への信仰による生活の直中でその歴史を活性化することへ、向け直させたいのである。ところが、イエスの生と活動、苦難と死、死と復活は、供犠の図式では適切に論述することが不可能である。なぜなら、「供犠の動物が復活するなどというのは意味のないことだからである。供犠の構造は復活に敵対するからである」（三一四頁）。イエス・キリストの高挙（神の右への即位）が中心となって、復活にはただ一回しか言及されないことは、その図式がもたらす当然の帰結である（三〇一―三〇二、三〇九頁）。すなわち、ヘブライ人への手紙の著者が常に置かれている最大の困難は、根本的な構想とそれを論証するための議論の図式が互いに衝突することにある（三一八頁）。

このように、フィッツァーの解釈では、大祭司キリスト論は「論証のための図式」とされ、根本的な構想そのものとは区別されている。その点で、数学の証明問題に喩えれば、到達すべき命題は一つだが、証明法が複数ある場合に似ているように私には感じられる。どの証明法も、既知の定理の必ずしもすべてを援用するわけではない。むしろいくつかの定理は使用外となる。ヘブライ人への手紙の著者が選んだ証明法では、イエスの復活がそうなってしまったのではないか。しかし、それは著者の基本構想の中にないわけではなく、選択した証明法に適合しないためではないか。われわれは今ここでこの難題にこれ以上立ち入ることはできない。いずれにしても、フィッツァーの解釈は、ヘブライ人への手紙はキリストあるいは教会の祭司職を一面的に強調しているとする通俗的・一般的解釈に対する警告として、傾聴に値すると思われる。

四　天上の都への遍歴

われわれの文書はキリスト教会のことを「地上を遍歴するヘブライ人」と見ている。その予型がアブラハムと出エジプトのイスラエルを中心とする旧約聖書の先達たちであることも、すでに述べたとおりである。著者は教会とその予型との間に、連続性と差異の両面を見て取っている。

著者は一一章全体を費やして、旧約聖書における信仰の先達たちを列挙している。アベル、エノク、ノア、アブラハム、イサク、ヤコブ、サラ、モーセ、娼婦ラハブ、ギデオン、バラク、サムソン、エフタ、ダビデ、サムエル、預言者たち。著者は彼らすべてに遍歴と苦難の歩みが共通することを列挙した後、こう総括している。「彼らは放浪し、暮らしに事欠き、苦しめられ、虐待され、荒れ野、山、岩穴、地の割れ目をさまよい歩きました。世は彼らにふさわしくなかったのです」（一一37―38）。たしかに、旧約聖書の遍歴者たちが歩んだのは、「天の故郷」（一一16）での安息の地を目指してのことであった。しかし、著者は最後に、彼らは信仰ゆえに神に認められながらも、「約束された完全な状態」には達していなかったと総括する（一一39―40）。事実、荒れ野の放浪の途中で、心をかたくなにして安息に与らなかった者たちもいたからである（四7）。

旧約聖書の先達たちが未達成のまま残して行った遍歴行を完成させるのは地上のキリスト教会に他ならない。そのことを、著者は四章9節で「安息日の休みが神の民に残されているのです」と表現している。その根拠とされるのは、詩編九五篇7―8節（ギリシア語訳による）である。そこで詩編の詩人は、荒れ野を放浪した民が途中で神に不従順となったことを引き合いに出して、「今日、あなたたちが神の声を聞くなら、心をかたくなにしてはならない」と言う。詩編をダビデの作と信じる著者は、この文章から、神は荒れ野を放浪した民の時代からかなりの時が経ったある日を、「今日」と定めて、あらためて安息の地の約束が生き続けていることを宣言したのだ、と読解するのである。そしてその「今日」とは、他でもない今現に地上を遍歴しつつあるキリスト教会の「今日」に他ならないというのである。

「安息の地」とは、今現に教会が続けている遍歴の目標、すなわち、天上の都とそこにある神殿のことである。そこへの道を切り開いたのが大祭司キリストである。著者はその遍歴が「世から逃れる」脱出行であることを公言して憚らない。著者自身は「この世を逃れてきたわたしたち」（六18）と表現している。一三章13―14節では、「わたしたちは、イエスが受けた辱めを担い、宿営の外に出て、そのみもとに赴こうではありませんか。わたしたちは、この地上に永続する都を持っておらず、来るべき都を探し求めているのです」と言われる。ここで「宿営」と言われているのは、地上世界のことである。「来るべき都」もその「外」に探し求められるのであるから、「来るべき」という文言が醸し出す時間性にまどわされるべきではない。それは目標であることの表現であって、空間性と対立しない。それは明らかに天上にある都のことである。

こう言い表される教会の遍歴行は、明瞭に世界逃避的である。実存論的概念を使えば、文字通り「脱世界化」(Entweltlichung)そのものである。そのため、研究史の上では、「グノーシス」との関係が繰り返し議論されてきた。その趨勢はヨハネ福音書の場合とよく似ている。

ヨハネ福音書の場合には、先在の天から下降して地上を歩んだ後、再び元いた場所へ戻っていく神の独り子イエスが、グノーシス神話にさまざまなヴァリエーションで現れる啓示者の道のりと類比関係に置かれた。そしてヨハネ福音書はそのグノーシスの救済者像をイエスという存在に歴史化(または非神話化)しているとされた。そのイエスを救済者と信じる信徒の共同体(教会)も、「世」から距離を保った上で(脱世界化)、なお「世」の中に存在し続けることになる。これがR・ブルトマンによって唱えられた有名な解釈である。われわれは前章の第六節2項で、ヨハネ福音書の効用という独自の角度からの分析を通して、基本的にブルトマンの立場と同じ見方に到達した。つまり、ヨハネ共同体の「世」との係り方はきわめて弁証法的であった。

それに対して、ヘブライ人への手紙の場合には、そのような弁証法的な緊張は乏しく、世界からの逃避が一段と明瞭に奨められていると言わざる得ない(六18)。それゆえに、ここではヨハネ福音書以上に、グノーシス主義への傾斜が認められるべきではないのか。事実、これがブルトマンの高弟であったE・ケーゼマンが『遍歴の神の民』という学位論文(一九三九年)[3]で唱えた見方である。それによれば、天上の都を目指して地上を遍歴する信徒の共同体という見方は、グノーシス主義の救済者が天から下降して、地上を他所者として歩んだ後、再び元いた場所へ戻って行くのをモデルにして、それを歴史化したものだとされる(4)。

グノーシス主義における「脱世界化」をどう捉えるかは、実に巨大な問題であり、今ここで詳論することはできないので、ただ一点だけ確認するにとどめたい。すなわち、「脱世界化」が認められれば、それでグノーシス主義であることが証明されるわけではないということである。「脱世界化」は人間の実存の姿勢として、はるかに広範な領域に認められるものである。それは確かに一義的にグノーシス文書と呼んでよい文書にももちろん認められる。しかし、それが特殊グノーシス的な「脱世界化」となるためには、さらに別の指標が具わっていなければならないのである。

仮にその指標を無視して、「脱世界化」すなわちグノーシス主義という等式を立てるとしよう。その場合には、逆に「グノーシス」の概念は明確な輪郭を失って拡散し、たとえば「古代末期の精神」と同義語になる他はない(5)。なぜなら、古代末期のヘレニズム世界に見られるもろもろの思潮にも「脱世界化」の姿勢が証明されるからである。一義的なグノーシス神話はもちろん、それ以外にも、ヘレニズム神秘宗教、ヘルメス思想、そしてヘレニズム・ユダヤ教の黙示思想がそれに該当する。もちろん、この意味での「グノーシス」について語ることが間違いだというのではない。しかし、それが研究上有意義な成果をもたらすことは、ほとんど期待できない。必要なのは、「グノーシス」に包括されるもろもろの思潮の中のどれが、ヘブライ人への手紙の「天上の都」への遍歴の思想史的背景として適合するかを見極めることである。

われわれの判断では、解答は一義的に明瞭である。ヘレニズム・ユダヤ教の黙示思想がその答えである。鍵になるのは一二章22—24節である。

22しかし、あなたがたが近づいたのは、シオンの山、生ける神の都、天のエルサレム、無数の天使たちの祝いの集まり、23天に登録されている長子たちの集会、すべての人の審判者である神、完全なるものとされた正しい人たちの霊、24新しい契約の仲介者イエス、そしてアベルの血よりも立派に語る注がれた血です。

最後の24節は、明らかに大祭司キリスト論の一部であるから、著者が書き加えたものである。もちろん、その前の22—23節も著者が書いたものには違いないが、その背後には間違いなくヘレニズム・ユダヤ教の黙示思想がある。さらに厳密に言えば、その中でもP・シェーファーが「上昇の黙示録」と呼ぶ神秘主義の系譜（ヘカロート文書）である。(6) そこでは、時間軸よりも、垂直軸が重要である。この点については、本書はすでに第一部第Ⅲ章、四四頁で立ち入って確かめたとおりである。

ただし、そこで踏査した初期ユダヤ教黙示思想の文書にまでここでもう一度立ち戻って、目下のヘブライ人への手紙の箇所（一二22—24）に現れている個々の文言への並行箇所を列挙するには及ばないであろう。むしろ第二部第Ⅵ章に立ち戻ろう。そこでは生前のイエスの「神の国」のイメージ・ネットワークの側から、初期ユダヤ教黙示思想文書との並行関係をまとめ直してあるからである。それと突き合わせれば、目下のヘブライ人への手紙の箇所が初期ユダヤ教黙示思想の文書とどのように並行するかも見て取れるはずである。

まず、「シオンの山」、「生ける神の都」、「天のエルサレム」（22節）は、すべて互いに同義語である。

これは「上昇の黙示録」に繰り返し現れる「天上の神殿」の観念と同じものである。イエスの「神の国」のイメージ・ネットワークでは、「手で造らない神殿」の項（第Ⅵ章二7）を参照。「無数の天使たちの祝いの集まり」（22節）は、「天上の神殿」で無数の天使たちが至高神の栄光を賛美しているという「天上の礼拝」の観念そのものである。これは「上昇の黙示録」に属する多くの文書を横断して、繰り返し現れる。イエスの「神の国」のイメージ・ネットワークでは、「復活すると天使になる」（Ⅵ二3）「神の国の位階」（Ⅵ二5）、「手で造らない神殿」（Ⅵ二7）の項を参照。「天に登録されている長子たちの集会」（23節）は、旧約聖書の義人たちを指す。アブラハム、イサク、ヤコブその他の義人たちが天上の祝宴の席に着いているというのが典型的な場面である。イエスのイメージ・ネットワークでは、「天上の祝宴と地上の祝宴」（Ⅵ二2）と「手で造らない神殿」（Ⅵ二7）の項を参照。

「完全なるものとされた正しい人たちの霊」（23節）は、旧約聖書の義人たちに限らず、より広く「聖なる者たち」を指すと思われる。彼らは宇宙史の終わりに出現する。イエスのイメージ・ネットワークでは、「人の子」の到来の項（Ⅵ二6）に挙げられた並行箇所を参照のこと。「すべての人の審判者である神」（23節）も同じ文脈に繰り返し現れる。

こうしてみると明らかであるが、ヘブライ人への手紙一二章22―23節に含まれるイメージは、ユダヤ教黙示思想に属する文書、とりわけ「上昇の黙示録」に分類される文書群と広範囲に重なると同時に、生前のイエスの「神の国」のイメージ・ネットワークとも同じように重なっている。

ただし、見逃せない違いがある。イエスでは「神の国」は天から地へ下降してくるのであった（Ⅵ二6、7、一六七、一七四頁参照）。それとは逆に、ヘブライ人への手紙で望見されているのは、信徒の共同体が地上を遍歴した後に、「世を逃れて」上昇して行くべき「天上の都」である。

このように、個々人の最終的な安息を天に置く考え方は、前章で見たヨハネ福音書（一二26、一四2─3、一七24）と通じるところがある。逆に、次章で見るヨハネ黙示録とはベクトルが正反対である。そこでは、新しいエルサレムが花嫁のように着飾って、「天から下って来る」（二一10）からである。それは生前のイエスが示していたベクトルと同じである。

五　再臨待望

それでは、キリスト教会が天に向かって脱出して行った後の地上の世界は、いったいどうなるのか。この点に関する著者の発言は二義的で曖昧である。一方では、キリストの再臨がまったく伝統的な言い方で語られる。すなわち、九章28節では、「キリストは……二度目には、罪を負うためではなく、御自分を待望している人たちに、救いをもたらすために現れてくださるのです」と言われる。この文章では、宇宙史の終わりに起きるべきキリストの再臨が、地上の信徒たちに初めて救いをもたらすと考えられていると解する他はない。しかし、著者の大祭司キリスト論によれば、イエス・キリストがすでに天の父のもとへ挙げられ、天上の神殿の大祭司として自分自身を「永遠の贖い」として捧げたことによって、すでに「永遠の救い」がそこに実現しているのではなかったのか。信じる者は洗礼によって、その天上の神殿に入り、その「永遠の救い」に与るのではなかったのか。ここには明らかに一つの不整合が残されていると思われる。

宇宙史の終わりの最後の審判は、一〇章25節でも「かの日が近づいている」と言われる。それは少し後の一〇章37—38節では、ハバクク書二章3—4節（ギリシア語訳）を引用しながら、「もう少しすると、来るべき方がおいでになる。遅れられることはない。わたしの正しい者は信仰によって生きる。もしひるむようなことがあれば、その者はわたしの心に適わない」と言われる。ここで「来るべき方」とあるのは、再臨のキリストではなく、神自身のことである。すなわち、神自身が最後の審判のために到来するのである。その神は「復讐」（一〇30）の神であり、その「手に落ちることは恐ろしいこと」だと宣言される（一〇31）。ここでは、最後の審判は信仰にひるむことがないようにという倫理的な勧告に仕えている。

神による最後の審判は、一二章26—29節では、ハガイ書二章6節（ギリシア語訳）を引きながら、「揺り動かされないものが存続するために、揺り動かされるものが、造られたものとして取り除かれる。（中略）実に、わたしたちの神は、焼き尽くす火です」と言い表される。その際、「揺り動かされないもの」とは天上の「御国」のことだと明言される（一二28）。ここでは、神の最後の到来は、信徒の共同体が「天上の都」へ上昇して行った後、残された地を「焼き尽くす」ことだけを目的にしているかのようである。古い被造世界の更新と変容の問題（Ⅳ一トポス9参照）は著者の視野にはまったく入っていない。宇宙史の終わりに係る問題は、著者自身もいみじくも言うとおり、死者の復活の問題と同じように、キリスト教信仰の「基本的な教え」の一部であって（六2）、著者の本格的な思考の対象ではないのである。

第XVI章　天上の都の到来——ヨハネ黙示録

一　歴史的文脈

ヨハネ黙示録の著作年代については、後二世紀の半ばにルグドゥヌム（現リヨン）の司教であったエイレナイオスが主著『異端反駁』の第五巻三〇章3節で、「さほど遠い昔のことではなく、（中略）ドミティアヌスの治世の終わりのことにすぎない」と書き残している。[1] 以下では、これに準じることにしたい。

ドミティアヌスの治世（後八一—九六年）末期は、キリスト教徒への圧政が次第に強まっていく時代であった。ヨハネ黙示録の著者は意識的に謎めかした表現で、その時代状況に繰り返し言及する。たとえば、一七章の始めでは、ローマ帝国は「大淫婦バビロン」と呼ばれ、「七つの頭と十本の角」を持った「獣」に喩えられる。そして「その獣は以前はいたが、今はいない。やがて底なしの淵から上ってくる」と言われる（一七7—8）。何とも謎めかした表現であるが、これがいわゆる「ネロの再来」を指すことは間違いないであろう。

ネロ（在位五四—六八年）はローマ皇帝の継承史の上では、アウグストゥス（前二七—後一四年）、ティベリウス（一四—三七年）、カリグラ（三七—四一年）、クラウディウス（四一—五四年）に次ぐ第五代の皇帝であった。著者はこの五人の皇帝については「既に倒れた」と言う（一七10）。したがって、ネロもすでに死んでいることを承知しているわけであるが、やがて「第八」の皇帝として、つまり「再来のネロ」としてまた現れることを予言する（一七11）。しかし、それが実現する前に、まだ「獣の七つの頭」の残り二つが登場しなければならない。そのうちの「一人は今王の位についている」（一七10）と言う。

エイレナイオスと現在の研究上の定説に従う限り、この「今王の位についている」のがドミティアヌスに当たることになる。しかし、そうだとすれば、実際の歴史の上でドミティアヌスの前に彼の父親のウェスパシアヌス（後六九—七九年）が第六代の帝位にあった事実は、どうなるのか。このあたりについては、著者の謎めかした表現は曖昧である。むしろ彼の関心は「再来のネロ」に集中している。すなわち、「獣」（再来のネロ）に生えている「十本の角」は、その「獣」に従属しながら、一時の間支配権を享受する王たちだと言う（一七12—13）。この王たちが、時代史の上では、ローマと協力的だったパルティアの王たちを指すとする見方には説得力がある。なぜなら、スエトニウスの『ローマ皇帝伝』の「ネロ」篇五七によれば、パルティア人の間でも、「再来のネロ」への熱烈な待望が広まっていたからである。

われわれの文書は「ヨハネ黙示録」と呼ばれるものの、実際の著者の名前は分からない。前述のエイレナイオスはヨハネ福音書の著者と同一人物だという前提に立っている。しかし、以下の本章が終末論の角度から明らかにするとおり、ヨハネ黙示録とヨハネ福音書の考え方は真逆なのである。ヨハネ福音書では、「この世」から離脱して「天上の住い」へ上昇して行くことが最終的な完成であった（XIV七参照）。ところが、ヨハネ黙示録では、結論を先取りするが、天上の都が地上へ下降してくることが待望されるのである。

いずれにしても、ヨハネ黙示録の著者は、小アジア（アナトリア半島）の西のエーゲ海に浮かぶパトモス島（一9）に住んでいるキリスト教預言者である。そのよい証拠は一―三章である。そこには著者が「霊に感じて」（一10、二7）書き下ろして、小アジアの七つの教会に送った回状が収められている。さらに詳しくは、項を改めて、文書全体の構成と関連させて見てみよう。

二　全体の構成

著者は文書の冒頭（一1）に「イエス・キリストの黙示」という表題を置いている。「黙示」と訳されたギリシア語は「アポカリュプシス」（apokalypsis）で、もともとは「覆い隠されているものをあらわにすること」である。著者はその中身を「すぐにも起こるはずのこと」（一1）と言い表している。しばらく後の一章19節では、「今あること、今後起ころうとしていること」とも言われる。それは神→キリスト→天使→僕《しもべ》ヨハネ（著者）→信徒たち（全教会）という経路で伝えられたものだと言う。著者は自分の文書全体が、教会で朗読されて信徒に共有されることを希望している（一3）。

以上の序文に続いて三章の終わりまで、アジア州の七つの教会への回状がまとめられている。その全体への序文（一4―20）は、著者ヨハネが霊感状態で経験したイエス・キリストの顕現の叙述である。イエス・キリストは「死者の中から最初に復活した方」と呼ばれる（一4―5）。少し後の一章18節でも、「〔わたしは〕生きている者である。一度は死んだが、見よ、世々限りなく生きて、死と陰府の鍵を持っている」と言われる。この文書でキリストの復活が明言されるのは、この二回だけである。

顕現場面が圧倒的な詳細さで描写するのは、むしろ「人の子」イエスの容貌である。

12〔わたしが〕振り向くと、七つの燭台が見え、13燭台の中央には、人の子のような方がおり、足まで届く衣を着て、胸には金の帯を締めておられた。14その頭、その髪の毛は、白い羊毛に似て、雪のように白く、目はまるで燃え盛る炎、15足は炉で精錬されたしんちゅうのように輝き、声は大水のとどろきのようであった。16右の手に七つの星を持ち、口からは鋭い両刃の剣が出て、顔は強く照り輝く太陽のようであった。（一12─16）

続く二─三章は、エフェソ、スミュルナ、ペルガモン、ティアティラ、サルディス、フィラデルフィア、ラオディキアにある教会をこの順に挙げている。それぞれに宛てられた回状は、冒頭が「……にある教会の天使に書き送れ」、結びが「耳ある者は『霊』が諸教会に告げることを聞くがよい」という定型句で枠づけされている。内容的には、それぞれの教会の取り柄と欠点が指摘される。

ここで特に注目しておきたいのは、最後の二つの教会宛の回状には、この後に続く文書全体の構成との密接な関連づけが巧みに仕込まれていることである。

まず、三章12節では、「〔わたしは〕勝利を得る者を、わたしの神殿の柱にしよう。（中略）わたしはその者の上に、わたしの神の名と、わたしの神の都、すなわち、神のもとから出て天から下って来る新しいエルサレムの名、そしてわたしの新しい名を書き記そう」と言われる。ここで「わたしの神の都、すなわち、神のもとから出て天から下って来る新しいエルサレム」とあるのは、文書の結びに属する二一章の主題（特に二一2、10以下参照）を逐語的に先取りしている。このことは、「神のもとから出て天から下って来る新しいエルサレム」が、この文書全体を貫く根本的な関心であることを、何よりも端的に示している。

さらに、三章21節では、「勝利を得る者を、わたしは自分の座に共に座らせよう。わたしが勝利を得て、わたしの父と共にその玉座に着いたのと同じように」と言われる。これは直後の五章で「子羊」イエス・キリストが神から世界統治者・審判者に任ぜられることを先取りしている。つまり、その場面へのつなぎである。

七つの教会への回状に続く四章から文書のほぼ終わりまで、すなわち二二章5節までは、伝統的なキリスト教の基本文法の用語で言えば、キリストの高挙から最後の審判までの時間についての論述である。すなわち、イエス・キリストが死から復活して神のもとへ挙げられるところから、宇宙史の最後にイエス・キリストが再び到来（再臨）して、神の全計画が完成されるところまでの全期間に該当する。ただし、この言い方は、文書の一番最後の段落二二章6―21節がその再臨の問題を集中的に取り上げているので、その前の二二章5節までは再臨以前の期間のはずだと見做せば、そうなるということにすぎない。しかも仔細に見れば、この期間の叙述には、時系列上綺麗に整理し切れない中断がいくつも含まれている。

まず大きく見ると、その内の四―一九章では、神と子羊によって地上世界に下されるもろもろ艱難《かんなん》が描写される。ただし、最初の四章は、ヨハネが霊感を受けて天に上り、そこで見ることを許された天上の礼拝の幻である。続く五章では、今触れたとおり、子羊が世界統治者・審判者に即位する幻が描写される。続いて、神と即位した子羊によって、地上世界にさまざまな艱難が下される。それは大きく三サイクルに分かれる。

第一サイクルは六章1節—八章1節で、「七つの封印」の艱難と呼ばれる。子羊が手渡された巻物の七つの封印を順に解くと、地上に艱難が生じるからである。ただし、途中の七章全体はその文脈を中断して、天上で子羊の前に侍る聖徒たちについて語る。

第二サイクルは八章2節—一四章の「七つのラッパ」による艱難である。七人の天使が順にラッパを吹くと、その度に地上にもろもろの艱難が生じる。ただし、ここでも第六のラッパ（九13—21）と第七のラッパ（一一15—19）の間が別の主題で中断されている。続く一二—一四章も、もはや第七のラッパとは直接の関係はなく、それぞれ別の主題を扱っている。

第三サイクルは一五章1節—一九章4節の「七つの鉢」による艱難である。やはり七人の天使が順に出て行って、順に鉢の中身を地上に注ぐと、神の怒りによる艱難が地上世界に降りかかる。最後の第七の鉢の艱難は「大淫婦バビロン」、すなわちローマ帝国を滅亡させるもので、とりわけ大規模に描写される。

一連の艱難の幻が終わった後、天上での「子羊の婚宴」（一九5—10）が準備される。続く一九章11—21節では、天が開けて「白馬の騎手」と天の軍勢が出現して、地上の王たちの軍勢と決戦を交える。王たちが敗北して滅亡すると、二〇章1—6節では、いわゆる「キリストの千年王国」の幻が描写される。サタンは一人の天使によって捕縛されて、「底なしの淵」に千年間閉じ込められる。その間、殉教した聖徒たちが復活してキリストと共に統治の座に着く。千年の最後には、サタンが一時解放され、地上の諸民族の軍勢を集めて、キリストに対して最終決戦を挑むが、敗北する（二〇7—10）。その後に、最後の審判が続く（二〇11—15）。さらに続く二一—二二章5節は、天地が更新されて、「新しいエルサレム」が天から地へ降りてくる。文書の始めの方（三12）であらかじめ提示されていた主題がここで本格的に展開される。

二二章6―21節では、イエス・キリストが天使を通して、「わたしはすぐに来る」と繰り返し宣言して（二二7、12、20）、文書全体が閉じられる。ただし、この最後に予告される再臨は、その直前で描かれる千年王国→世界最終戦争→最後の審判という展開の中では、一体どこに位置するのか。この点はきわめて曖昧なままで終っている。

三　叙述法と思考法

すでに触れたとおり、著者は自分の文書を「黙示」と表示している。同じ表記は、本書もここまで繰り返し用いてきた「ユダヤ教黙示文学」という術語にも現れているが、こちらは実はヨハネ黙示録の表題からもらい受けたものである。そのことからも分かるように、ヨハネ黙示録は叙述の仕方と思考法のいずれにおいても、ユダヤ教黙示文学と実に多くのものを共有している。

たしかに多くのユダヤ教黙示文学の文書が採用しているいわゆる「事後予言」のトリックはヨハネ黙示録には見られない。実際の著者は匿名ではあるが、語り手ヨハネから時間的にさほど離れてはいないからである。しかし、語り手の幻視と幻聴が文書の大半を占める点はユダヤ教黙示文学の伝統を明瞭に引き継いでいるのみならず、それを一段と拡張している。幻視は「わたし〔ヨハネ〕が見ていると」あるいは「わたしは見た」という定型句によって頻繁に繰り返される。前述の三サイクルにわたって描かれる地上世界の艱難は、その幻視を言葉化したものに他ならない。その合間合間に、「わたしは聞いた」という定型句によって幻聴も語られる。

その描写に用いられる言語は、まず「金」、「白」、「赤」、「黒」、「青白」などの色彩言語である。このことは、すでに引用したように、ヨハネに顕現した「人の子」イエスの容貌の描写（一12―16）に余すところなく見て取れる。あるいは艱難の第一サイクルで、最初の四つの封印が開かれて現れる四騎士（六1―8）も良い例である。四騎士はそれぞれ白い馬、赤い馬、黒い馬、青白い馬に乗っている。著者の色彩言語は原色の美学なのである。色彩言語と並んで、聴覚言語も駆使される。第二サイクルの艱難は「ラッパ」の音とともに始まるが、無音の沈黙も生じる（八1）。天から聞こえて来る「新しい歌声」は竪琴のようでありながら、同時に大水の轟音、あるいは激しい雷鳴のようでもある（一四2―3）。さらには「熱い」、「冷たい」、「なまぬるい」（三15―16）、「苦い」、「甘い」（八11、一〇9―10）のような味覚言語も加わる。著者が読者への感情的な効果を狙っていることは明らかである。

もう一つ注意したいのは、自分の幻視と幻聴をこのような言語で描写するときの著者の立ち位置である。著者の視点の置き方と言っても同じである。それは天上と地上の間を自在に往還する。著者は語り手ヨハネと一緒に天上に上っていて、そこで起きていることを語る場合もあれば、天から地へ下された艱難が地上で進行していく様子を上から眺めながら語ることもある。反対に、自分は地上にいて、天上で起きていることを下から眺めながら語っていると思われる場合もある。このあたりは、幻ごとに見極める他はない。

著者の叙述法のみならず、思考法そのものもユダヤ教黙示文学に深く通じている。しかもその中でも、P・シェーファーの言う「上昇の黙示録」（メルカヴァ神秘主義）に深く通じている。このことは、次節以下で立ち入って確かめることにしたい。

むしろここで確認しておかねばならないのは、原始キリスト教の中にすでに幅広く成立していた思考の枠組みとのズレである。その枠組みとは、イエス・キリストが万物に先立つ先在から歩み出て、受肉、地上の生、受難を経て、再び父なる神のもとへ高められる「道のり」のことである。ヨハネ黙示録には、この「道のり」のうちの「先在」と「受肉」についての言及がまったく見られない。著者がこの二つの観念について、どこまで承知していたのかもよく分からない。生前のイエスとその活動については、もちろん承知していたはずであるが、それについての叙述はまったくない。この点は、例えばマルコ福音書を初めとする四つの福音書と比べてみると一目瞭然である。受難について承知していたことは、イエス・キリストを繰り返し「屠《ほふ》られた子羊」と表現しているから（五6、12、一三8）、たしかに疑いの余地はない。「復活」についても承知しているが（一4—5、18）、著者の思考において占めている比重は明らかに小さい（前出第二節参照）。著者の思考は、「高挙」から後この世の終わりまでの問題、まさしく終末論に集中しているのである。次項以下では、その終末論を主な段階に即して分析してみよう。

四　天上の礼拝と子羊の即位

子羊が天に上げられて全宇宙の統治者・審判者に任ぜられる次第は五章で描写される。それに先立つ四章では、天上の神殿とその中にある玉座の仕様、その周りで仕える者たち、彼らがこぞって神に捧げる礼拝の様子が描かれる。その際、陰に陽に、エゼキエル書一章の神殿の幻がモデルとなっている。

ただし、玉座に座っている神の容貌の描写は、エゼキエル書一章に比して控えめで、「その方は、碧玉《へきぎょく》と赤めのうのよう」（四3）であったと語られるにすぎない。むしろ玉座の周りの描写が多くの点でエゼキエル書一章に並行している。

まず、四章3節によれば、玉座の周りにはエメラルドのような虹が輝き、四章6節によれば、玉座の前は水晶に似たガラスの海のようであった。これはエゼキエル一章では、玉座はサファイアのようで（一26）、周囲に燃え上がる火が虹のような光を放っており（一28）、近くに仕える四つの生き物の頭上には「おそれを呼び起こす、水晶のように輝く大空のようなものがあった」（一22）に対応している。

エゼキエル一章に現れる四つの生き物は、それぞれが四つの翼と顔（人間、獅子、牛、鷲）を持ち、彼らの傍らには、眼が一杯ついた四つの車輪が随行している（エゼ一5―21）。他方、ヨハネ黙示録の目下の四章でも、四つの生き物が獅子、雄牛、人間の顔、鷲の姿で、玉座の周りで仕えている。前にもうしろにも眼がついていて、それぞれが六つの翼を持っている（四6―8）。

さらに玉座の周りには、二十四人の長老たちが頭に金の冠を戴き、白い衣に身を包んで仕えている（四4）。「二十四」という数字は、後に天から「新しいエルサレム」が下って来る場面（二一12―14）との関連からすると、おそらくイスラエル十二部族と十二使徒（新しいイスラエル）を指すものと思われる。

四つの生き物たちは「聖なるかな」を三唱しながら、二十四人の長老たちは金の冠を脱いで、玉座に座す神を賛美している（四8―10）。これが天上の神殿における礼拝である。

五章は子羊が全宇宙の統治者・審判者に即位する次第と、その栄光に対する賛美が描写される。その際、もはや子羊の容貌については何の描写もない。なぜなら、それはすでに文書の冒頭の「人の子」の顕現の場面（一12―16）へ先取りされているからである。子羊は「ユダ族から出た獅子、ダビデのひこばえ」（五5）、つまり「メシア」に任ぜられ、「七つの封印」を施された巻物を解く権能を与えられる。その巻物は「表にも裏にも字が書いて」ある（五1）と言われる。ここでは明らかにエゼキエル二章がモデルである。すなわち、そこでは預言者が神から与えられる巻物を食べるのだが、その表にも裏にも文字が書かれていたと言う（エゼ二8―10）。

即位した子羊の権能は、今や四つの生き物と二十四人の長老たちに加えて、その周りにいる「万の数万倍、千の数千倍の天使」たちによって、褒め称えられる（五11―12）。とりわけ、四つの生き物と二十四人の長老たちは「おのおの、竪琴と、香のいっぱい入った金の鉢とを手に持って、子羊の前にひれ伏した。この香は聖なる者たちの祈りである」（五8）と描写される。

ここで「聖なる者たち」とあるのは誰のことなのか。それは直後の五章9節で「子羊の血によって諸国民の中から贖われた者たち」と言われ、続けて五章10節で「彼らをわたしたちのための王国そして祭司となさったからです。彼らは地上を統治します」と言われている者たち以外ではあり得ない。[2] 注意が必要なのは、この者たちは、あくまで地上にいることである。だからこそ、彼らの祈りは、金の鉢に詰められた香となって天に上り、そこで二十四人の長老たちによって子羊の前に捧げられるのである。つまり、ここでは、地上の信徒の群れが捧げる礼拝が、天上の住人たち（二十四人の長老、四つの生き物、無数の天使たち）によって行われている礼拝と不可分一体のものと考えられているのである。これこそ、P・シェーファーが「儀礼による一体化」（unio liturgica）と呼んで、メルカヴァ神秘主義の主たる指標と見做す特徴に他ならない。[3]

しかも、ここで「聖なる者たち」（五8）、「子羊の血によって諸国民の中から贖われた者たち」（五

9）と呼ばれ、やがて子羊の「王国と祭司」とされて「地上を統治する」ことを約束されているのは、やがて来るべき千年王国で「キリストの祭司となって、キリストと共に統治する」（二〇6）はずの地上の信徒の群れのことに他ならない。否、読者たちは、すでに今現に「王であり」、「キリストご自身の父である神に仕える祭司とされているのである」（一6参照）。これらの文章の背後には、ダニエル書七章があると見て間違いないであろう。そこで天上の玉座の前で至高神から全宇宙・全世界の永遠の統治権を与えられる「人の子のような者」（ダニ七13）は、実は地上にいる「聖なる民」（ダニ七27）に他ならなかったからである（Ⅲ二、五一頁参照）。

こうして見ると、ヨハネ黙示録四―五章は、「天上の神殿」の表象において、本書が第一部Ⅲ章で踏査した「上昇の黙示録」に属する一連の文書にきわめて深く通じていることが分かる。もちろん、ヨハネ黙示録では、黙示を見る主人公は、「上昇の黙示録」文書とは違い、上昇につれて天使に変容するというわけではない。主人公は黙示を見るヨハネではなく、むしろ「人の子」イエス・キリストである。イエス・キリストが子羊として全宇宙の統治者・審判者に変容（即位）する次第にこそ、この文書の関心は集中している。しかし、この点を別とすれば、「天上の神殿」の表象そのものは、エゼキエル書→ダニエル書→メルカヴァ神秘主義の系譜と深く親和的だと言うことができる。

五　神と子羊による地上世界の艱難

六章から一九章まで、大きく三サイクルにわたって、地上世界に起きるさまざまな艱難の幻が描写されることはすでに述べた。ここでは、まずその中から、いくつか典型的な場面を抜き出して読んでみよう。

12また、見ていると、子羊が第六の封印を開いた。そのとき、大地震が起きて、太陽は毛の粗い布地
のように暗くなり、月は全体が血のようになって、13天の星は地上に落ちた。まるで、いちじくの青い
実が、大風に揺さぶられて振り落とされるようになった。14天は巻物が巻き取られるように消え去り、
山も島も、みなその場所から移された（六12—14）。

1第五の天使がラッパを吹いた。すると、一つの星が天から地上へ落ちて来るのが見えた。この星に、
底なしの淵に通じる穴を開く鍵が与えられ、2それが底なしの淵の穴を開くと、大きなかまどから出る
ような煙が穴から立ち上り、太陽も空も穴からの煙のために暗くなった（九1—2）。

17第七の天使が、その鉢の中身を空中に注ぐと、神殿の玉座から大声が聞こえ、「事は成就した」と
言った。18そして、稲妻、さまざまな音、雷が起こり、また、大きな地震が起きた。それは、人間が地
上に現れて以来、いまだかつてなかったほどの大地震であった。19あの大きな都が三つに引き裂かれ、
諸国の民の方々の町が倒された。神は大バビロン〔ローマ〕を思い出して、御自分の激しい怒りのぶど
う酒の杯をこれにお与えになった。20すべての島は逃げ去り、山々も消えうせた。21一タラントンほど
の大粒の雹が、天から人々の上に降った。人々は雹の害を受けたので、神を冒瀆した。その被害があま
りに甚だしかったからである（一六17—21）。

喚起されるイメージだけに限ってみれば、これは他でもない地震国日本のことではないかと思わな

い読者はいないであろう。さかのぼれば、雲仙普賢岳大噴火（一九九〇／九一年）から、三宅島大噴火（二〇〇〇年六月）、中越地震（二〇〇四年十月）、東日本大震災（二〇一一年三月）、御嶽山噴火（二〇一四年九月）、熊本地震（二〇一六年四月）まで、まさにこれらの幻の成就のように感じられる。

ただし、ここで注意しなければならないのは、ここに描かれた艱難が単なる天変地異ではなく、すべて他でもない神と子羊によって引き起こされていることである。神と子羊の怒りのゆえに、地上世界に下される艱難なのである。まさに地上世界に下される艱難という点に、著者がユダヤ教黙示文学に深く通じていることが証明される。しかし同時に、仔細に分析すると、ユダヤ教黙示文学、その中でも、とりわけ宇宙史の黙示文学に伝統的なトポス（定型場面）の使い方において、ヨハネ黙示録ならではの独特な特徴が認められる。

本書はすでに第一部のⅣ章第一節で、宇宙史の黙示文学を代表する『第四エズラ記』に沿って、トポスの区分を試みた。その中のトポス3は「終末の『しるし』」であった。それに該当する実際の本文としてそこで挙げたのは、『第四エズラ記』五章1―10節であった。そこでは、突如として夜中に太陽が輝き真昼に月が照り、木から血が滴り落ち、石が声を発し、人々は恐慌を来たし、星は軌道を脱するような天変地異が「終末のしるし」として語られていた。さらに五章51―55節と八章1―14節では、それらの天変地異が、若いときの力を失っていく女の胎に喩えられていた。被造物としての全宇宙は言わば「老化」しているのである。女の胎の老化は、寄る年波とともに言わば自動的に進行する。人間はそれを押しとどめることができない。

初期ユダヤ教の宇宙史の黙示文学では、同じような天変地異の幻が他にも繰り返し描かれる。その事例は、『エチオピア語エノク書』八〇章（『天文の書』の一部）を始めとして、枚挙に暇がない。それらの天変地異、すなわち全被造世界に襲いかかる艱難は、トポス3に属することに注意したい。それは宇宙史と世界史が終末に向かって進行しながら、自動的に「老化」を深めて行く途中の出来事であって、未だ超越的救世者（メシア）の出現（トポス6）よりも前の段階である。したがって、それらの艱難は神が引き起こすのではないのである。

ちなみに、この点はマルコ福音書一三章7―8節でも同じである。そこでは、「戦争の騒ぎや戦争のうわさを聞いても、慌ててはいけない。そういうことは起こるに決まっているが、未だ世の終わりではない。民は民に、国は国に敵対して立ち上がり、方々に地震があり、飢饉が起こる。これらは産みの苦しみの始まりである」と言われる。特に、「そういうことは起こるに決まっているが、未だ世の終わりではない」に注意が必要である。事はまだメシアの到来（人の子イエスの再臨）以前の段階で「自動的」に進行していくのである。ここでも、それらの艱難を神が引き起こすとは考えられていない。

ところが、ヨハネ黙示録で描かれる地上世界の禍はすべて、「神と子羊の怒りの日」（六17）の出来事なのである。つまり、どこまでも神と子羊によって下される禍なのである。このズレを無視して、合計三サイクルにわたる艱難を、初期ユダヤ教の宇宙史の終末論のトポス3から説明するわけには行かない。それは文字通り「場違い《トポス》」だからである。

それでは、三サイクルにわたる艱難は、初期ユダヤ教の宇宙史の終末論で言えば、他のどのトポスに該当するのか。答えはトポス6である。それは、宇宙史の終わりに、超越的救世者（メシア）がいよいよ地上に出現する場面である。地上に出現したメシアは全宇宙・全世界に破局をもたらす。その幻を描いた本文を、ここでもう一度読んでみよう。

火が全世界をおおい、太陽が昇る時に剣とラッパによる大いなる徴があるだろう。全世界はどよめきと強い音を聞くだろう。彼〔神〕は全地を焼き、人々のすべてのやからとすべての町と川を海とともに滅ぼすだろう。また彼は万物を焼き、くすぶる灰が残るだろう。(『シビュラの託宣』第四巻一七二―一七八)

山々の基は焼かれ、堅い岩の根は樹脂の川となり、大いなる淵にまで燃えひろがる。そしてベリアルの奔流はアバドン〔滅びの国〕に突入し、淵の深みは泥を吐き出す轟音でざわめく。地は世界に臨んだ禍いのために叫び、その深みはいっせいにうめく。地上の者はみな気が狂い、大いなる禍いの中に亡び去る。なぜなら神が稜威《みいず》の響きに鳴りわたり、その聖なる住居は栄光の恐れでざわめき、天の万軍は威声をあげるから。そして永遠の基は溶けてふるえ、天の勇士らの戦いが世界を蔽い、永劫に亡びるまで止むことはない。真に未曾有の出来事である。(死海文書『感謝の詩篇』三31―36)

見てのとおり、ここで描かれる地上の艱難は明瞭に神と神に属する天上の勢力によって引き起こされている。ここに引いた『シビュラの託宣』と『感謝の詩篇』(死海文書)は、たしかに初期ユダヤ教の宇宙史の終末論の一部ではあるが、必ずしもこの型の終末論を典型的に示すものではない。その代表格とも言うべき文書は『第四エズラ記』であるが、そこでは目下のトポス6は、すでに確かめたとおり、比較的未展開のままなのであった(Ⅳ一トポス6、九六頁参照)。つまり、ヨハネ黙示録は初期ユダヤ教の宇宙史の終末論の枠内では比較的未展開であったトポス6での艱難を、文書の中心部全体にわたって拡大しているのである。

その際、さらに注意したいのは、ヨハネ黙示録では、一連の艱難を下す子羊は、未だ父なる神とともに天上にいるのであり、初期ユダヤ教の宇宙史の終末論のメシアのように、すでに地上に出現しているわけではないことである。一連の艱難は、キリスト教の基本文法の用語で言えば、キリストの「高挙」(即位)から「再臨」までの期間に想定されているのである。当然ながら、ヨハネ黙示録の著者と読者の「今」もその期間に含まれている。つまり、逆に言えば、来るべきキリストの「再臨」に際して起きるはずだと思われてきた世界審判が、彼らの目の前の「今」現に起きるはずだ、と著者は言うのである。

初期ユダヤ教の宇宙史の終末論と比べてもう一つ顕著なことは、ヨハネ黙示録では、神とメシア(子羊)の攻撃性が圧倒的に強調されていることである。神と子羊のその攻撃性には、現代の読者も少なからず戸惑うに違いない。繰り返しになるが、地上世界を襲う終末の禍はすべて、他でもない「神と子羊の怒り」(六17)によるのである。それと軌を一つにして、子羊の「口からは鋭い両刃の剣が出て」(一16、一九15)という具合に、通常の「子羊」のイメージをことさらに破壊するような表現が繰り返される。ヨハネ黙示録の美学は、明らかに意識的に調和美を破壊して止まない「乱調の美学」なのである。前述したように、色彩言語、味覚言語、聴覚言語を多用して、明らかに読者への感情的な効果を狙っていることも(本章第三節参照)、同じ消息に他ならない。

どのような文学作品にも読者への効果を狙った戦略がある。ましてヨハネ黙示録は皇帝ドミティアヌスによるキリスト教迫害の差し迫る中で書かれた抵抗の文学であるから、今述べた攻撃性を単純な人道主義から批判しても始まらない。G・タイセンが宗教心理学的に提唱したように、ここでは人間の攻撃性をイメージ・レベルで解消させることで、それが実際の行動に発動することを阻止する効果

も考えるべきであろう。(4)

六 「天上のエルサレム」の住人たち

六―一九章で地上世界の艱難が三サイクルにわたって続く間、断続的に天上世界のことが描写される。その中心にあるのは、神の玉座である。当然ながら、天上の玉座は神の天上の住い、つまり天上の神殿の中になければならない。ユダヤ教の常識では、地上の神殿はエルサレムにあった。したがって、天上の神殿のある場所が天上のエルサレムと考えられても、それはむしろ自然な成り行きであろう。

たしかに、ヨハネ黙示録は物語論的に見ると、さまざまな中断や破れがあって、物語の遠近法が矛盾なく一貫しているわけではない。それでも、文書の始めから終わりに向かって読み進む読者の念頭には、終始天上のエルサレムというイメージが結ばれて行って、最後に二一―二二章で集大成される仕組みになっているように思われる。

その観点から意味深いのは、すでに冒頭の回状部分に属する三章12節に、「勝利を得る者を、わたし〔キリスト〕の神の神殿の柱にしよう。〔中略〕わたしはその者の上に、わたしの神の名と、わたしの神の都、すなわち、神のもとから出て天から下ってくる新しいエルサレムの名を、そして、わたしの新しい名を書き記そう」とあって、文書末尾の二一章2節「更にわたしは、聖なる都、新しいエルサレムが、夫のために着飾った花嫁のように用意を整えて、神のもとを離れ、天から下ってくるのを見た」と、大きな枠構造《インクルージオ》を成していることである。

天上の神殿には「四つの生き物」、二十四人の長老たち、さまざまな役割の無数の天使たちが仕えている。これは天上の礼拝（四章）と子羊の即位（五章）の場面で、すでに触れたとおりである（前出第四章参照）。さらに、七章では、地上の人間の間から十四万四千人が額に神の刻印を押される（七1―8）。この数字は、イスラエル十二部族の二乗を千倍した数であるから、旧約聖書のイスラエル十二部族を超える「完全なるイスラエル」、つまりキリスト教会を指すと思われる。その中でも、大きな苦難（迫害）を通ってきた者たちは「白い衣」を着て、玉座の神と子羊の前で礼拝している。彼らは「あらゆる国民、種族、民族、言葉の違う民の中から集まった無数の群れ」だと言われる（七9―17）。

一二章では、二つの幻が描かれる。一つは太陽を身にまとい、月を足で踏み、頭に十二の星の冠をかぶった女で、今まさに子を産もうとしている（一二1―2）。もう一つは巨大な赤い竜で、女から生まれてくる子を食べてしまおうと構えている（一二3―4）。その子は「鉄の杖ですべての国民を治めることになって」いると言われるから、メシアのことである。さらに、その子は天の神の玉座へ引き上げられた（一二5）と言われるが、これはすでに五章で語られている天上での子羊の即位と同じことである。したがって、天地に股がった女のイメージは、その子を信じる教会を指すと見るのが、最も妥当であろう。ヨハネ黙示録に相前後する時代に書かれたヨハネの第二の手紙が、冒頭で宛先の教会のことを「選ばれた婦人」と呼んでいることが、その傍証となるであろう。

幻の第二段落（一二7以下）では、その巨大な赤い竜はサタンと同定される。そのサタンは天上で神の軍勢と戦って敗北し、地上へ投げ落とされた（一二8―9）。地上へ落とされた竜は、荒れ野へ逃げ延びた女の後を追い、彼女の子孫と戦おうとする。その子孫とは「神の掟を守り、イエスの証しを守りとおしている者たち」だと言われる（一二17）。この最後の表現が地上でローマ帝国の迫害に耐えているキリスト教徒、すなわちヨハネ黙示録の読者たちを指していることは明らかである。章の冒頭で語られる子を孕《はら》んだ「女」は、言わば地上の教会が天上へ投影されたものである。読者のイメージとしては、「天上のエルサレム」につながるのが自然である。

さらに「天上のエルサレム」のイメージは、一四章1―5節でも喚起される。そこでは、七章1―8節と同じ「十四万四千人」、すなわち「完全なるイスラエル」である教会が、子羊と共に「シオンの山」に立っている。彼らは「地上から贖われた」者たちであって、「玉座の前、また四つの生き物と長老たちの前で新しい歌を歌っている」（一四3）のであるから、地上ではなく、天上にいるのである。したがって、彼らが子羊と共に立っている「シオンの山」とは、「天上のエルサレム」のことに他ならない。

最後に、一九章5―10節が注目に値する。神と子羊の怒りによって地上世界に下される艱難の最後のサイクル、その中でも最大の禍がバビロン（ローマ帝国）の滅亡である。その滅亡の煙が立ち上るのを見ながら、天上の玉座の前では二十四人の長老と四つの生き物が礼拝を始めている（一九4）。それに続く「子羊の婚礼」の場面（一九5―10）では、天上の大小すべての住人たちが声を揃えて、「子羊の婚礼の日が来て、花嫁は用意を整えた」（一九7）と宣言する。この宣言は、後続の二一章2節で「わたしは、聖なる都、新しいエルサレムが、夫のために着飾った花嫁のように用意を整えて、神のもとを離れ、天から下って来るのを見た」と言われるのを準備するものであることは、文字通り明白である。

こうして見ると、ヨハネ黙示録を文書の始めから終わりに向かって読み進む読者の念頭には、終始天上のエルサレムというイメージが結ばれて行って、最後に二一章で集大成される仕組みになっているると言えるのである。天から下ってくるエルサレムは、もちろん終末論的な意味で「新しいエルサレム」なのであるが、物語論上は始めから（三12参照）、結びの二一章に向けて着々と「用意を整えて」きていたものなのである。

七　千年王国

「新しいエルサレム」が地へ下降する前に、いわゆる「キリストの千年王国」の幻（二〇1―6）が描写される。幻の語り手ヨハネはその冒頭で、「一人の天使が（中略）天から降ってくるのを見た」（二〇1）と述べているから、ヨハネは地上におり、千年王国も明らかに地上の王国である。サタンはその天使によって捕縛されて、地下の「底なしの淵」に千年間閉じ込められる。その間、「獣」すなわちローマ帝国の迫害によって殉教した「聖徒たち」が復活して「キリストの祭司」となり、キリストと共に統治の座に着く。すでに文書の最初（一6）と子羊の即位の場面（五10）で先取りされていた約束が、そこで実現する。

千年王国の最後には、サタンが再び解放され、諸国の軍勢を集めてキリストと「聖なる者たちの陣営」に侵攻するが、敗北し、最終的な滅亡を迎える。「聖なる者たちの陣営」は「地上の広い場所に」ある「愛された都」と明言される（二〇9）から、やがて天から下降してくるはずの「新しいエルサレム」とは別の場所でなければならない。明らかにそれは「地上のエルサレム」、つまり、聖なる者たちの集会（教会）のことである。この集会でキリストの祭司であり、共同統治者である「聖なる者たち」は、もはや「第二の死」とは無縁だと言う。彼らは、キリストとサタンの間の最終決戦と、さらにはその後の「最後の審判」（二〇11―15）も越えて、「新しいエルサレム」の到来まで生き延びる（二一1―8）。

ヨハネ黙示録の著者はキリストの千年王国をこのように描写するにあたり、間違いなく『第四エズラ記』七章の「メシアの中間王国」（Ⅳ章一トポス7参照）を意識している。ただし、それとの違いも明白である。『第四エズラ記』では、「中間王国」が終わって「まだ目覚めていない新しい世」、すなわち「新しい創造」が立ち上がる時には、メシアはすべて息ある人とともに「死ぬ」のであった（七29―31）。なぜそうなのか。その理由については、すでに該当する箇所で述べたとおりである。それとは対照的に、ヨハネ黙示録の千年王国は、古い世界が「新しい天と新しい地」（二一1）へ変容して行くこととつながっている。

他方、同時代のキリスト教の基本的な思考法（基本文法）と突き合わせるときには、いわゆる「キリストの再臨」の問題が、目下の千年王国の問題と関連してくる。

ヨハネ黙示録の著者は伝統的な再臨待望を承知しているのみならず、それを共有している。そのことは、まず文書の最終段落（二二6―21）から明白である。とりわけ二二章17節では、文書全巻が「主よ、来て下さい」という祈りで結ばれている。ここでは原始教会の切迫した再臨待望の祈り「マラナ・タ」（Ⅶ二4、一九四―一九五頁参照）が再現されている。さらに「獣」（ローマ皇帝）の支配を「四十二か月」（一一2、一三5）、「千二百六十日」（一一3、一二6）、「一年、その後二年、またその後半年」（一二14）という謎めいた言い方で限定していることも、再臨への切迫した待望を示しているのかも知れない。

ところが、その再臨を著者は宇宙の終わりに起きるべき一連のドラマの、一体どこに位置づけているのか。再臨待望を明言している文書の最終段落（二二6—21）は、もはや終末ドラマの一連の幻の描写の枠外にある点に注意しよう。最終段落はむしろ語り手ヨハネに天使が出現して「主」（キリスト）の言葉を直接伝授する体裁になっている。問題は、幻として描写される終末ドラマのどの場面（トポス）に、再臨は想定されているのか、である。

初期ユダヤ教の宇宙史の終末論のトポス論と照らし合わせるならば、最も蓋然性が高いのは、千年王国の始めか終わりであろう。すなわち、始めに先行する「白馬の騎士」とその軍勢の最終決戦（一九11—21）、あるいは、終わりに続くサタンの軍勢とのキリストの最終決戦（二〇7—10）であろう。しかし、そのいずれなのかがはっきりしないのである。

実は、この曖昧さはすでに後二世紀の教父時代以来、よく知られている。たとえば、リヨンの司教エイレナイオスの場合は、ヨハネ黙示録の千年王国論に積極的に賛同するのだが、宇宙史の最終的完成との間の境界が明確ではない（『異端反駁』V25以下）。アウグスティヌス（後三五四—四三〇年）も自分が最初千年王国論者であったことを隠さないが、やがてそれから脱出した後、『神の国』第三巻14章でヨハネ黙示録の時系列上の混乱を指摘することになる。

もちろん、終末ドラマの出来事は、そもそも事柄の性質上、時系列上の順番には整理し切れないものであろう。事実、それはすでにユダヤ教黙示文学の場合にも確かめられたことであるから（Ⅳ一、八七頁参照）、取り立てて問題にするには足りないと言うべきかも知れない。しかし、それでもなお、私としてはここで一つの説明を仮説として提示しておきたい。すなわち、すでに述べたとおり、著者は伝統的なトポス論では、メシアの最終的出現に際して初めて地上世界に下される艱難を、キリストの再臨以前の期間全体へ前倒しにしている。そのために、キリストの再臨を特定のトポスに限定することができなかったのである。

八　天上のエルサレムの下降

「天上のエルサレム」がヨハネ黙示録全編を貫いて、どのように準備されてきたかは、すでに前出の第六節で確かめた。その主題が二一章―二二章5節で本格的に展開される。二一章1―4節を読んでみよう。

[1]わたしはまた、新しい天と新しい地を見た。最初の天と最初の地は去って行き、もはや海もなくなった。[2]更にわたしは、聖なる都、新しいエルサレムが夫のために着飾った花嫁のように用意を整えて、神のもとを離れ、天から下って来るのを見た。[3]そのとき、わたしは玉座から語りかける声を聞いた。「見よ、神の幕屋が人の間にあって、神が人と共に住み、人は神の民となる。神は自ら人と共にいて、その神となり、[4]彼らの目の涙をことごとくぬぐい去ってくださる。もはや死はなく、もはや悲しみも嘆きも労苦もない。最初のものは過ぎ去ったからである。」（二一1―4）

初期ユダヤ教の宇宙史の終末論では、古い世界と新しい創造の間の関係について、「置き換えモデル」と「変貌モデル」の二つがあった。この点は、すでに本書第一部第Ⅳ章（一トポス9）で述べたとおりである。ヨハネ黙示録の目下の箇所では、「最初の天と最初の地は去って行き」、「新しい天と新しい地」に取って代わられるのであって、変容するのではない。明らかに、ヨハネ黙示録の終末論（新しい創造論）は「変貌モデル」ではなく、「置き換えモデル」に属している。「新しいエルサレム」は、天上で予め「花嫁の用意を整えて」、地上へ下降してくるのである。

このイメージはヨハネ黙示録の著者が初めて創り出したものではなく、初期ユダヤ教の宇宙史の終末論の中に深く根を張っている。とりわけ重要なのは、『第四エズラ記』である。そこですでに、地上のエルサレムを襲ったさまざまな艱難（特に後七〇年のローマ軍によるエルサレム滅亡）が長大な幻として描かれている。九章38節―一〇章24節の「泣く女の幻」がそれである。「泣く女」とはシオン（エルサレム）のことに他ならない。『第四エズラ記』は、メシアの中間王国にもこのメタファーを当てはめて、「見よ、その時がやって来る。その時には、わたしが予告したしるしが現れ、町が花嫁となって姿を見せ、今は未だ隠されている地が見えてくる」（七26）と言う。中間王国を越えて、宇宙史の最後にメシアが地上に降り立つのは、「シオンの山の頂」（一三35）であり、その時、「シオンは整えられ、建てられた姿で到来し、すべての人々に現れる」（一三36）。そのシオンには新しい神殿が存在する。その「玉座は比類なく、栄光は計り知れない」（八21）。一〇章55節で天使が「泣く女」に向って、「建物の中に入って、あなたの目で見ることができるかぎり、その輝かしく壮大なる様を眺めなさい」と告げる言葉も、神殿を示唆しているように思われる（前出Ⅳ一トポス9、一〇二頁参照）。

ヨハネ黙示録と『第四エズラ記』は著作年代がほぼ同じである。したがって、両者に共通する天から出現する「新しいエルサレム」のイメージは、同時代のユダヤ教黙示文学の中ですでに広まっていたものと推定される。

ただし、ヨハネ黙示録の「新しいエルサレム」に顕著なのは、神殿がないことである。なぜなら、

「神（主）と子羊が都の神殿だからである」（二一22）。その都は目を見張るような壮麗さであることが詳細に語られる。しかし、重要なのは、その土台石が十二使徒であり、その城壁と城門がイスラエルの十二部族とされることである（二一11—14）。

ということは、このエルサレムはどこまでも人間の集合体だということである。それはかたや地上で、「キリストの千年王国」の共同統治者となって、迫害と世界最終戦争を生き延びてきた「聖なる者たち」のもとへ、かたや「天上のエルサレム」に予め集められていた者たちが天から下降してきて、両者が地上で合体してできる集合体のことである。その中心は子羊である。諸国民が栄光を携えて参集して来るのも（二一26）、その子羊という神殿に向ってである。周辺諸民族がやがてエルサレムに参集して来るという待望は、旧約聖書の預言者から始まって（イザ二2—5、ミカ四1—3他）、ユダヤ教黙示文学（『シビュラの託宣』第三巻七七二—七七六節参照他）にも継承されてきたものであった。ヨハネ黙示録はその待望を承知した上で、子羊中心主義に改鋳しているのである。

九　イエスの「神の国」のイメージ・ネットワークとの重なり

以上述べてきたところから、すでに繰り返し明らかになっていることであるが、ヨハネ黙示録はイメージ言語の使い方とそれを支える思考法の両方において、初期ユダヤ教黙示文学と顕著な並行関係を示している。他方、生前のイエスの「神の国」のイメージ・ネットワークも、すでに本書第二部Ⅵ章二節で詳細に論証したとおり、同じ初期ユダヤ教黙示文学（とりわけ「上昇の黙示録」）と少なからざる親和性を示していた。そうだとすれば、ヨハネ黙示録とイエスのイメージ・ネットワークの間にも、少なからざる並行関係があるはずである。この章の最後にその点を確認しておこう。

（1）まず最初に指摘すべき共通点は、天上の神殿の表象である。イエスはユダヤ教の最高法院で尋問を受けた際に、エルサレム神殿を指差して、それが「三日あれば、手で造らない別の神殿」に取って代わられることを宣言していた（マコ一四58、使六13―14他、前出Ⅵ二7参照）。ヨハネ黙示録は同じ天上の神殿を繰り返し描写している。そこには神の玉座がある。そこには、子羊も着座し、周りでは、二十四人の長老たち、四つの生き物、天使たち、地上から贖われた聖なる者たちが賛美・礼拝している。地上にいる聖なる者たちの祈りもそれに合体する（黙四―五章）。この壮大なイメージは、イエスの短い言及にはもちろん見られないものである。

（2）ヨハネ黙示録一九章5―10節では、天上の玉座の前で「子羊の婚宴」の準備が始まる。その準備を呼びかけられる者たちの中には、「小さな者も大きな者も」いると言われる（一九5）。そのすぐ後では、身支度を整える「花嫁」について語られる。この「花嫁」は「天上のエルサレム」に他ならない。したがって、その住人たちの間に、「小さな者」と「大きな者」の位階差があると読むことは無理ではないであろう。そこで連想されるのは、イエスが「神の国」にも位階差があるとイメージしていたことである（Ⅵ二5参照）。しかもその「神の国」もすでに天上の祝宴として始まっているのである（Ⅵ二2参照）。

（3）ヨハネ黙示録一二章7―9節では、サタンが天上での戦いに破れ、配下の天使たちと共に地上へ投げ落とされる。この幻以上に、イエスがルカ福音書一〇章18節で見る幻（Ⅵ二1）に並行する幻は、初期ユダヤ教黙示文学の中にも見当たらない。さらに、ヨハネ黙示録では、地上に落とされたサタンは、「獣」、すなわち、ローマ帝国を背後から動かして「聖なる者たち」を迫害する。イエスの場合も、地上へ投げ落とされたサタンは、配下の悪霊たちと共に、最後のあがきを続けている。イエスの悪霊祓いはそのあがきにとどめを刺す戦いの最前線に他ならない。

（4）ヨハネ黙示録三章21節では、「勝利を得る者」がやがてキリストと共に支配の座に着くことが約束される。二〇章の千年王国の幻では、それを受けて多くの者たちがキリストと共に統治の座に座っている。彼らには「裁くことが許されている」（二〇4）。イエスの「神の国」のイメージ・ネットワークでこれに並行するのは、マタイ福音書一九章28節でイエスが弟子たち（十二弟子）に語る言葉である。曰く、「はっきり言っておく。新しい世界になり、人の子が栄光の座に座るとき、あなたがたも、わたしに従ってきたのだから、十二の座に座ってイスラエルの十二部族を治めることになる」。

（5）ヨハネ黙示録の「天上のエルサレム」は、着飾った花嫁の姿で、天から地へ下降してくる。そのとき全世界の救済が最終的に完成する。イエスが宣べ伝えた「神の国」も、「人の子」が栄光の天使たちを伴って、天から到来することによって地上に現前化する（マコ八38―九1、前出Ⅵ二6参照）。

（6）ヨハネ黙示録では、地上に現前化した「新しいエルサレム」に、もろもろの国民、地上の王たちが自分たちの栄光を携えて参集する（二一24―26）。イエスのイメージ・ネットワークでも、「神の国」の祝宴が地上で実現する時には、東西南北から多くの者たちがやって来て、アブラハム、イサク、ヤコブと共に席に着く（ルカ一三28―29並行、前出Ⅵ二2参照）。

最後に念のために繰り返すが、これらの並行点は生前のイエスとヨハネ黙示録の著者が共に初期ユダヤ教というイメージ共同体の一員だったということを意味している。ヨハネ黙示録の著者がイエスの言葉を歴史的あるいは文献学的にどこまで実際に知っていたかは、問題にするに足らない。イメージ共同体はあくまでイメージによる緩やかな紐帯だからである。

第三部　二世紀の終末論

はじめに――「偽預言者」の出現――牧会書簡と合同書簡

本書の第二部は新約聖書の主な文書をほぼ年代順に取り上げて、それぞれの終末論を読解してきた。取り上げられずに残されているのは、「牧会書簡」と総称されるテモテへの第一、第二の手紙、テトスへの手紙の三通、および「合同書簡」と総称されるヤコブの手紙、ペトロの第一、第二の手紙、ヨハネの第一、第二、第三の手紙、ユダの手紙の七通である。(1)

牧会書簡はそれぞれの冒頭におかれた挨拶で、使徒パウロによるものであることを謳っているが、これは明らかに偽名である。それぞれの実際の著者は不詳であるが、かつてのパウロの影響圏内にあった教会の指導者であると思われる。教会生活上の諸問題に集中して論じているので、「牧会書簡」とも呼ばれる。厳密な執筆年代もつまびらかにならないが、後一〇〇年前後と推定するのが定説である。

合《カトリック》同書簡の場合は、冒頭の挨拶で差出人の名前を謳っているもの（ヤコブの手紙、ペトロの第一、第二の手紙、ユダの手紙）があるが、これも偽名である。読者として想定されているのは特定の個人や個別教会ではなく、同時代のキリスト教徒一般である。そのためこれらの書簡を総称して「合《カトリック》同書簡」とも呼ばれる。成立年代はそれぞれ後一世紀末から二世紀中葉と推定されている。

さて、その牧会書簡と合《カトリック》同書簡では、終末論はどう扱われているだろうか。全体を通読すると直ぐに分かることであるが、あちらこちらに正統教会の基本文法に沿った伝統的な再臨待望の定型表現が現れる。例えば、「主が来られる時」（Ｉテモ六14―15、テト二13、Ｉペト一12、五1、4、Ⅱペト三10、Ｉヨハ二28、三2）、「終わりの日」、「終わりの時」、「裁き」（Ｉテモ四1、Ⅱテモ一12、三1、四1、8、ヤコ五9、四5、7、Ⅱペト三3、7、Ｉヨハ二18）、「御国」（Ⅱペト一11）などである。

ただし、その際顕著なことは、どの書簡の場合も、終末そのものに関心があるわけではないことである。どの著者の関心もむしろ倫理的勧告にある。教会内の役職ごとの心得、信徒同士の振る舞い、家庭での身分と役割ごとの心得が微に入り細を穿って論じられる。さらには公の権力機関に対して取るべき態度についても語られる（特にＩテモ二2、Ｉペト二13―14）。前述の終末論的な定型表現は、適宜その間に挿入されて、一連の訓戒に緊迫性を付与するために働くのである。ここでは、終末論は間違いなく教会倫理に従属する函数にすぎない。

その際さらに注目されるのは、「偽預言者」の出現が、今が「終わりの時」であることの最大の指標として挙げられることである。その同義語として「反キリスト」、さらには端的に「異端《ハイレセイス》」という表現が用いられることもある。まずその典型的な箇所をいくつか読んでみよう。

終わりの時が来ています。反キリストが来ると、あなたがたがかねて聞いていたとおり、今や多くの反キリストが現れています。これによって、終わりの時が来ていると分かります。（Ｉヨハ二18）

愛する者たち、どの霊も信じるのではなく、神から出た霊かどうかを確かめなさい。偽預言者が大勢世に出て来ているからです。イエス・キリストが肉となって来られたということを公に言い表す霊は、すべて神から出たものです。このことによって、あなたがたは神の霊が分かります。（Ｉヨハ四1―2）

かつて、民の中に偽預言者がいました。同じように、あなたがたの中にも偽教師が現れるにちがいありません。彼らは、滅びをもたらす異端をひそかに持ち込み、自分たちを贖ってくださった主を拒否しました。（Ⅱペト二1）

これらの箇所に現れる「反キリスト」、「偽預言者」、「偽教師」、「異端」は常に同一のものを指示しているとは限らないと思われる。牧会書簡と合同書簡の多くが対峙している前線は単一だとは言えないからである。例えば、テモテへの第一の手紙が結びで「不当にも知識《グノーシス》と呼ばれている反対論《アンチテセイス》とを避けなさい」（Ⅰテモ六20）と戒める場合、著者の現在において今まさに形を現そうとしていたはずのグノーシス主義の特定のグループを念頭に置いているはずである。しかし、テトスへの手紙がやはり結びの前の「善い行いの勧め」で「愚かな議論、系図の詮索、争い、律法についての論議を避けなさい」（三9）と戒める場合は、グノーシス主義ではなく、むしろユダヤ人キリスト教徒の特定のグループを指していると思われる。一章10節には「特に割礼を受けている人たちの中に、そういう者がいます」とあり、一章14節では「ユダヤ人の作り話や、真理に背を向けている者の掟に心を奪われないようにさせなさい」と言われることがそれを示しているからである。ペトロの第二の手紙とユダの手紙の場合は、やはり結びで、「あざける者たち」に言及しているが（Ⅱペト三3、ユダ18）、彼らは放縦な生活を咎められている。

それにもかかわらず、牧会書簡と合同書簡が語る「反対論」、「反キリスト」、「偽預言者」、「偽教師」、「異端」についての文言には、一つの非常に明確な共通項がある。それは問題が教義に係っていることである。ペトロの第二の手紙の二章1節が、新約聖書全体を見渡しても初めて、「異端」という概念を使うのは、いみじくも当たっているのである。問題が教義に係る「正統」と「異端」の線引きであることは、「イエス・キリストが肉となって来られたということを公に言い表す霊は、すべて神から出たものです。このことによって、あなたがたは神の霊が分かります」というヨハネの第一の手紙四章2節（前掲引用）に端的に言い表されている。今やしかるべきキリスト教徒は「どの霊も信じるのではなく、神から出た霊かどうかを確かめ」（四1）なければならないのである。

もちろん、「偽預言者」という概念は、合同書簡が初めて使い始めたものではない。それは本書が第一部Ⅴ章で証明したとおり、遅くともイエス時代のユダヤ教内で繰り広げられた政治主義的メシア運動の中に根を張っていたものである。その証拠の一つがマルコ福音書一三章21―22節であった。そこでは、「そのとき、『見よ、ここにメシアがいる』『見よ、あそこだ』と言う者がいても、信じてはならない。偽メシアや偽預言者が現れて、徴《しるし》や不思議な業《わざ》を行い、できれば選ばれた人たちを惑わそうとするからである」と言われていた。注意したいのは、ここでの「偽預言者」は「教義」上の概念ではないことである。「徴や不思議な業を行い」とあるように、それは明瞭に大規模な奇跡行為で大向こうの観衆をうならせる政治的メシア僭称者のことである。合同書簡は、すでにイエス時代のユダヤ教の中にあったこの終末論的トポスを、自分たちの目の前の状況に合わせて、「終わりの時」に現れる「異端」という新しい定型表現へ改鋳したのである。

以下の第三部では、以上のような経緯を踏まえながら、後二世紀における終末論の展開について考えてみたい。もちろん、一口にそう言っても、二世紀の該当する人物、運動、一次史料は膨大であり、そのすべてを網羅的に取り上げることは、紙幅の上でも、また私の能力の上でも不可能である。したがって、三つの事例研究に限りたい。それはモンタノス派（フリュギア派）の「新預言」、グノーシス主義から『ヨハネのアポクリュフォン』の神話、正統主義教会からエイレナイオスの『異端反駁』の三つである。この三つは、時代的には二世紀の中葉から後半にわたっている。正統主義教会の史料としては、時代的に合同書簡とエイレナイオスの間に位置する「使徒教父」と「初期護教家」たちも重要であるが、ここでは取り上げることができない[2]。

グノーシス主義は、合同書簡からエイレナイオスまでの正統主義教会にとっては、終始一貫して「異端」であった。しかし、モンタノス派はグノーシス主義とはまったく無縁の運動であり、その切迫した終末待望はむしろヨハネ黙示録の千年王国論の延長線上にある。同じ千年王国論はすでに使徒教父の中にも賛同者がいたのみならず（ヒエラポリスのパピアス）、他でもないエイレナイオスも、モンタノス派のことを承知の上で共感を示しているのである。そのモンタノス派も、最終的にはグノーシス主義と同じように「異端」の烙印を押されることになる。したがって、後二世紀の終末論を考える上で、われわれの三つの事例の組み合わせには、きわめて興味深いものがある。

取り上げるそれぞれの事例については、初期ユダヤ教の終末論（本書第一部）と新約聖書の終末論（本書第二部）とのつながりもそのつど問題にすることになる。しかし、それは影響史の観点から行われる。歴史的な、ましてや文献学的な依存関係には原則として立ち入らない。また、『ヨハネのアポクリュフォン』とエイレナイオス『異端反駁』については、私はすでに他の箇所で詳細にわたる研究を公にしてきているので、ここでは大幅な要約にとどめることをあらかじめお断りしておく。

第XVII章　「新預言」——モンタノス主義

一　古代の証言

いわゆるモンタノス派は後二世紀の後半に、小アジアのフリュギア地方で発生し、やがてローマ帝国全土に伝播した預言運動である。フリュギア地方とは、ヨハネ黙示録の最初の三章で七通の手紙が宛てられている教会のすべてを含む地方である。モンタノス派はその地方名に因《ちな》んでフリュギア派と呼ばれることも多い。いずれにしても通称であり、彼ら自身では、後述するとおり、むしろ「新預言」を自称した。

この派についての古代の証言は数多いが、主要なものは四つである。そのうちの三つは、彼らに「異端」の烙印を貼る正統主義の立場からのもの、つまり外部証言である。年代順に挙げると、ヒッポリュトス『全異端反駁』第八巻一九章1―3節、エウセビオス『教会史』第五巻一六―一九章、エピファニオス『薬籠』第四八―四九巻となる。もう一つは北アフリカのカルタゴで活動したラテン教父テルトゥリアヌス（後一六〇―二二〇年頃）の著作である。テルトゥリアヌスは遅くとも後二〇七年以降は、正統教会から離脱して自ら「新預言」の集会に加わったから、内部からの証言者ということになる。しかもその転向前あるいは転向後に書かれた著作には、『プラクセアス反論』や『マルキオン反駁』など、きわめて重要なものが含まれる。ただしその証言は、神学上あるいは教会倫理上の個別の論題との関連で行われることが多く、その価値も高いが、モンタノス派の運動の全体像を知る上ではあまり役に立たない。その点では、前掲の外部証言に頼らざるを得ない[1]。

ヒッポリュトス（後一六〇以降—二三五年）はテルトゥリアヌスと同時代人である。ローマ教会で指導的な立場にあったが、時のローマ司教と対立し、独自の対抗教会を立てて活動した（「ヒッポリュトスの分裂」と呼ばれる）。対立するローマ司教をグノーシス主義に優る「異端」と見做す視点から、師エイレナイオスの『異端反駁』を改訂・増補する著作『全異端反駁』を著した[2]。その第八巻一九章1—3節がフリュギア派（モンタノス派）についての論述である。

エウセビオス（後二六三—三三九年）は、コンスタンチヌス大帝によるキリスト教寛容令に前後する激動の時代を生きた教会史家であり、最後はパレスチナのカイザリア司教であった。その主著が『教会史』全一〇巻である。その第五巻一六—一九章でモンタノス派について論述している。ただし、その大部分はすでに先行する著作家たち（一六—一七章では匿名の著者、一八章ではアポロニオス、一九章ではアポリナリオス）によって著されていた反モンタノス派の論駁書からの抜き書きである。

最後に、エピファニオス（三一五—四〇三年）は、生地ユダヤで長年にわたって修道院長を勤めた後、キプロス島サラミスの司教となった。その主著『薬籠』は、エイレナイオスとヒッポリュトスの前掲の著作をはるかに凌駕する分量の異端反駁書である。「異端除け」の薬が満載の書だというのである。その第四八—四九巻がモンタノス派についての論述である。その内容は、ヒッポリュトスとエウセビオスのいずれと比べても、圧倒的に詳細にわたっている。とりわけ、運動の中心に立っていた預言者たち、特にモンタノスとマキシミラが口にしたという「預言」そのものを報告する点でそう言うことができる。ただし、エピファニオスもやはり先行する著作家による論駁書を下敷きとして利用しているのは間違いない。最近の或る研究によれば、それは後二世紀の護教家ミルティアデスではないかと推定されている。[3] いずれにしても、エウセビオスが依拠しているアポロニオスがモンタノスの登場後四〇年の著作である（五18）のに比べて、さらに古いものであると考えられる。

こうして見ると、史料の信憑性は成立年代とは反比例していると言える。したがって、われわれも以下で「新預言」運動の内容をさらに立ち入って確かめるに当たっては、主として最後に挙げたエピファニオスに準ずることにする。ヒッポリュトスとエウセビオスによる論述は補完的に参照することとする。エウセビオスによる論述は、どちらかと言えば、「新預言」の内容よりも運動の組織論に焦点を当てることが多いので、その面での補完のためには重要である。

もちろん、ヒッポリュトス、エウセビオス、エピファニオスの三人ともに外部証言者であり、その論述には正統主義からのバイアスが強くかかっている。すなわち、異端論駁の定番にしたがって、モンタノス派の性的・金銭的放縦、賄の授受、大言壮語、予言の不的中、意味不明な異言を繰り返しあげつらうのである。これは、エピファニオスが下敷きの史料に自分の責任で書き込みを行った部分で、とりわけ顕著である。それに自分でも嫌気が差したのか、ある箇所で、こう述懐している。「わたしは口伝から、あるいは書かれたものや記録から、そして信じるに足る人々から聞き知ったことを述べているのである。承知している以上のことを書き連ねて、この人々に対してありもしないことを捏ち上げているなどと思われたくはない。もしそうなればわたしは真理を偽っている彼らと同じことをしていることになってしまうだろう」（四八巻一五1―2）。

われわれはそのような異端反駁の定型をそのまま信用するわけには行かない。しかし、信頼できる内部証言が限られている以上は、外部証言を批判的に吟味して用いる他はない。そのために唯一可能なことは、そのような定型が現れる論評や価値判断の部分は可能な限り排除して、事実の「報告」となっていると思われる箇所に依拠することである。

二　発端

モンタノス派（フリュギア派）の始まりは、エピファニオスの報告によれば、「ハドリアヌス帝の後を継いだアントニヌス・ピウス帝の治世第一九年のことだった」（『薬籠』四八巻一2）。アントニヌス・ピウスが帝位にあったのは後一三八―一六一年であるから、その治世第一九年は後一五六年となる。この年に、「預言者モンタノス」と二人の「女預言者」プリスキラ（プリスカの指小語）とマキシミラが、旧約および新約聖書のすべての文書を受け入れ、死人の復活ということも承認し、父なる神、御子、聖霊に関しても聖なる合同《カトリック》教会に同意していながら、「わたしたちは恵みの賜物も受けねばならない」と言って離れていったと言う。彼らがここで言う「恵みの賜物」とは預言の霊のことで、エピファニオスから見れば、もちろん「偽りの霊」に他ならない。彼らは「正常な精神を逸してしまっている」とも言う（以上『薬籠』四八巻一3―4）。

エウセビオスはモンタノスをフリュギアのミュシアにあるアルダバウという小村の出身だったと言う。つい最近キリスト教へ改宗したばかりのその男は「ある時突如として放心かつ恍惚状態となって、意味不明なことを口走り始めたが、預言だとされたその中身は、明らかに教会が代々受け継いで来た教えには相反するものだった」と報告している（『教会史』五巻一六4）。「ある時突如として放心かつ恍惚状態となって、意味不明なことを口走り始めた」とあるのは、ここで起きた現象が預言というよりは、異言であったことを強く示唆する。さらにエウセビオスの報告によれば、モンタノスは「二人の女を取り立てて、偽りの霊を吹き込んだ。その結果、二人ともモンタノスとまったく同じように、馬鹿げて支離滅裂で怪しげなことを口にするようになった」（『教会史』五巻一六）。ここでも、「支離滅裂で怪しげなことを口にする」とあるのは、異言現象を指している。

最後に、ヒッポリュトスの報告は次のとおりである。

その他にも、より異端色の強い者たちがいる。彼らの出身はフリュギアである。彼らは女たちに振り回されて欺かれたのである。その女たちはプリスキラとマキシミラという名前で、彼らはこの二人を女預言者と見做している。また、彼らが言うところでは、この二人の女たちの中には、弁護者《パラクレートス》たる聖霊が到来しているのだと言う。さらに彼らはこの二人の女たち以上に、モンタノスという男もやはり預言者として称えている。彼らはこれら〔三人〕の者たちが著した書物を無数に所持した上で道を誤っているのである。なぜなら、これらの者たちによって語られることを理性によって判断するのではなく、また、その判断ができる者たちに耳を傾けることもせずに、ただ無批判的に彼らを妄信しているからである。この分派の者たちは律法と預言者と福音書からよりも、この〔三人の〕者たちからこそ、はるかに多くのことを学んできたのだと言っている。（『全異端反駁』八巻一九1）

この報告には、古い事実についての信憑性のある文言と伝承の過程で二次的に増殖した文言とがないまぜになっていると考えられる。まず、彼らが「〔三人〕の者たちが著した書物を無数に所持」しているというのは、信じがたい。モンタノス、マキシミラ、プリスキラの三人は異言を語ったのであり、それが「無数の書物」になっていたはずはない。ヒッポリュトス自身もその直後に、「これらの者たちによって語られることを理性によって判断する……」と書いているのは、問題が異言であることを証明している（Iコリ一四13のパウロの言葉を参照）。

逆に信憑性が認められるのは、二人の女預言者プリスキラとマキシミラがモンタノスよりも先に名前を挙げられていることである。もちろん、ヒッポリュトスは「彼らはこの二人の女たち以上に、モンタノスという男もやはり預言者として称えている」と述べることを忘れてはいないが、後付けの感は免れない。さらに「弁護者《パラクレートス》たる聖霊」の到来が、モンタノスに先んじて二人の女預言者についてこそ語られることも注目に値する。おそらく、この派の運動はモンタノス一人のリーダーシップに率いられたものではなく、二人の女預言者の主導性も大きかったのだと考えるべきである。

ただし、目下われわれが参照しているヒッポリュトス、エウセビオス、エピファニオスの三人は、モンタノス派が自分たちに働いている聖霊を「パラクレートス」と呼んでいたことを、目下のヒッポリュトスの箇所以外には、あまり積極的に証言していない。しかし、この点では、テルトゥリアヌスの証言がある。それは全く別の個別の論点をめぐる議論の文脈にかなり唐突な形で現れるものだけに、却って「パラクレートス」という用語が初期のモンタノス派にまで遡ることを物語っている(5)。

ヨハネ福音書の「パラクレートス」が引き合いに出されるということは、モンタノス派の霊感が「異言」だけに尽きるものではなく、「預言」でもあったことを強く示唆する。事実、モンタノスとマキシミラが口にしたとされる「預言」がいくつか伝わっている(6)。

三　預言

まず、モンタノスによる預言としては、エピファニオスによって、次の五つが伝わっている。「　」が付いている文章は、モンタノスに出現している「主」（神）の発語である。それが付いていない文章は、モンタノスの発語である。

①見よ、「人は竪琴だ。わたしはそれを弾く爪だ。人は眠っている。しかしわたしは目覚めている」。見よ、主こそが人の心を恍惚に誘い、人に〔新しい〕心を与えられる。（『薬籠』四八巻三11）

②どうして君〔合同教会のことか〕は、人間を超える者だけが救われるなどと言うのか。〔そうではない。〕なぜなら、義人は太陽の百倍も明るく輝くであろうから。君たちの間の小さい者たちも、救われるならば、月の百倍は輝くだろう。（『薬籠』四八巻一〇3）

③君たちの顔は太陽のように輝くだろう。（『薬籠』四八巻一〇6）

④「わたしは主、全能の神である。わたしは人間の中に宿る。」（『薬籠』四八巻一一1）

⑤「天使でもなく、使者でもなく、主であるこのわたし、父なる神がやってきたのだ。」（『薬籠』四八巻一一9）

これらの預言のすべての細部まで解釈することは不可能である。しかし、全体の基調は明瞭に読解できる。人間モンタノスは全く受動的な恍惚境で「主」(=「わたし」)の訪れを経験するのである。①はその関係を「竪琴」(人間)とそれを「弾く爪」(=「わたし」=主)に喩えている。預言は神と人間の間の共鳴だと言うのである。

マキシミラについても、エピファニオスが三つの預言を伝えている。後述での便宜のために、モンタノスのものとの通し番号で整理しておく。

⑥わたしの後にはもはや如何なる預言者も現れないだろう。むしろ〔万物の〕終わりが来るだろう。(『薬籠』四八巻二4)

⑦このわたしにではなく、キリストの言うことに耳を傾けなさい。(『薬籠』四八巻一二3)

⑧主はこのわたしを否応なしに送り出された。この使命と契約と約束を解き明かし、神についての知識を告げる献身者として。(『薬籠』四八巻一三1)

⑧はマキシミラの預言が「否応なし」の派遣によるものであることを示している。いわゆる職業預言と区別された意味での「派遣預言」に属する。⑦はそれと軌を一にして、自分の発語の主体が自分ではなく、「キリスト」であることを意味していると解すべきである。

そのことは、エウセビオスの報告から裏付けられる。彼が抜き書きしている二つの史料のうち、匿名の著者による部分によれば、当時近隣の地域の二人の司教が、マキシミラに働いているとされる預言の霊を公開の場で論駁することを計画した。その計画は結局頓挫して実現しなかった。しかし、マキシミラにかけられた嫌疑の一つは、彼女が自分に働いている霊について、「わたしはまるで狼が羊の群れから遠ざけられるのと同じように追い立てられている。しかし、わたしは狼ではない。わたしは言葉〔ロゴス〕であり、霊であり、力なのです」(『教会史』五巻一六章)と言ったということであった。

エウセビオスの同じ匿名の史料は、マキシミラが「死んでから今日までにすでに一三年が経っているにもかかわらず、その間たったの一度も〔彼女が予言したような〕地域戦争も世界戦争も起きてはおらず、キリスト教徒たちも神の憐れみの下、平和が続くのを享受している」(『教会史』五16)ことを根拠に、マキシミラの預言を偽預言と断罪している。もし、この予言が事実だとすれば、マキシミラは切迫した黙示思想的な終末を待望していたものと推定される。前掲の預言⑥がそのことを示している。

モンタノスおよびマキシミラと並んで名前を挙げられているプリスカについては、われわれが見渡している範囲の史料に限れば、独立の形での預言は一つも伝わっていない。エピファニオスの報告もプリスカについては混乱気味で、同じモンタノス派(フリュギア派)の運動の次世代を代表する女預言者クインティラとの区別がついていない。それはエピファニオス自身が率直に容認している。

というのも、クインティラ派あるいはプリスキラ派が言うには、クインティラかプリスキラが――どちらなのかわたしには分からないが、とにかくどちらかが――ペプザで眠りについていると、キリストが彼女のもとへ入ってきて、その横で寝たそうである。その時の様子は、騙された当の女が言うには、こうであった。「キリストが白衣を身にまとってわたしのところへ来られたのです。その姿は女でした。そしてわたしに知恵を吹き込んで、こう啓示されたのです。この場所は聖なる場所であり、エルサレムが天からここへ降りて来るであろうと。」(『薬籠』四九巻一2―3)

ここでは、「キリストが白衣を身にまとった女の姿」でクインティラに出現している。研究上は、これをクインティラの召命の幻と見るのが有力である。その際、とりわけ注目に値するのは、「エルサレムが天からここへ降りて来るであろう」という予言が含まれていることである。「ここへ」というのは、クインティラが幻を見た場所、すなわちペプザ(Pepuza)のことである。ペプザはフリュギアのフィラデルフィアの北西に位置する小村である。そのペプザに間もなく、「天から降りて来る」エルサレムとは、もちろんヨハネ黙示録二一章2節で「花嫁のように用意を整えて」と言われているエルサレムのことである。フリュギアの小村に宇宙大の新しいエルサレム、新しい天と地が現前化するという待望なのである。この言わばペプザ聖都論はモンタノス派の終末論の最大のポイントであるから、項を改めて考えよう。

四 「新しいエルサレム」

ペプザ聖都論は、エウセビオスによるアポロニオスからの抜き書きにも現れている。すなわち、すでにモンタノスその人が「フリュギアの辺鄙な町ペプザとテュミオン（Thymion）をエルサレムだと称して、そこにあらゆる土地から人々を一つに集めようとした」（『教会史』五巻一八）と言われる。エピファニオスも、前掲のクインティラの幻についての報告（『薬籠』四九巻一2―3）に先立って、すでに『薬籠』四八巻一四章1―2節で、ペプザ聖都論に言及している。フリュギア派は現在は空き地になっているペプザと呼ばれる小さな町に住んでいて、そこで一定の密儀を執り行って、自分たちを聖化していると言う。

これらの報告を真に受ければ、ペプザ聖都論はモンタノス派の創始と共に古いことになる。ところが、ここに無視できない別の重要な証言がある。それはすでに「新預言」、すなわちモンタノス派に転向後のテルトゥリアヌスが『マルキオン反駁』第三巻で行っている発言である。

なぜなら、われわれ〔モンタノス派〕が公に言い表していることであるが、われわれにはまさしくこの地上にこそ王国が約束されているからである。それは天上の王国よりも前に、それとは別の身分で、しかも〔第一の〕復活後〔黙二〇6〕に到来する。それは神によって建てられる千年の王国〔黙二〇2―3〕のことであり、天から降ろされてくるエルサレム〔黙二一2〕のことである。使徒パウロはそれを指してわれわれの「上なる母」〔ガラ四26〕と呼んでいる。また彼がわれわれの本国、すなわち本籍は天にあると言うとき〔フィリ三20〕、彼はそれが天上のどこかにあるものと見做しているわけである。それはエゼキエルも知っていたもので〔エゼ一章〕、使徒ヨハネも見たものである〔黙二一章〕。

また「新預言」（nova prophetia）と呼ばれるわれわれ〔モンタノス派〕の信仰の言葉もそのことを証言して、その王国は実際に現前化するに先立って、まずその像が目に見える徴として与えられるだろう

と予言しているのである。（『マルキオン反駁』三巻二四2―4、私訳）

ここには「天から降ろされてくるエルサレム」が明瞭に言及されているが、ペプザという地名は現れない。この事実を重く見れば、聖都論をモンタノス派の創始と共に古いものと見做すことはできない。むしろ前述のクインティラの召命の幻以降の段階で形を整えていった可能性を排除することができないだろう。(7)

ちなみに、この一文では、テルトゥリアヌスがヨハネ黙示録二〇章に示されたキリストの千年王国を奉じる立場であることが鮮明である。それは転向先のモンタノス派の立場でもあったはずである。テルトゥリアヌスはそれを「新預言」と呼んでいる。ただし、むずかしいのは、ヨハネ黙示録によれば、千年王国（二〇章）は新しいエルサレムが天から下降してくる（二一章）のに先立っているが、テルトゥリアヌスでは同時になっているように思われることである。

五　組織論と伝播

モンタノス派の組織面については、エウセビオスが下敷きの史料に基づいて詳しい報告を行っている。とりわけペプザに多くの人間たちを糾合した後は、「徴税人を任命して、『施し』と称して貢ぎ物を集め」、「自派の教えを説いて回る者たちには給与を支給した」（『教会史』五巻一八）と言う。自派の信徒たちには、独身を求め、既婚者には離婚を要求した。「この女預言者たち（プリスキラとマキシミラ）こそ、霊に満たされた後、それまでの夫を見捨ててきた最初の女たちだったのである。だから、彼らがプリスキラはその時まだ処女だったと言うのは、とんでもない嘘なのである」(『教会史』五巻一八)。

他方エピファニオスは、モンタノス派における女性たちの重用について繰り返し報告する。そもそも、彼らの間には、女預言者と呼ばれる女たちがいることが特筆に値する(『薬籠』四九巻一5)。その他にも、若い処女たちが集会で預言を語る(『薬籠』四九巻二3)。さらに女性を聖職者に叙任している。すなわち、女性の監督(司教)、長老、その他の役職がある。彼らが言うには、そうであって一向に構わない。なぜなら、キリストにおいては、男も女もないからである(『薬籠』四九巻二5)。そのために、エヴァに感謝を捧げている。なぜなら、彼女が最初に知恵の樹から取って食べたからである(『薬籠』四九巻二2)。

もっとも、この点ではエウセビオスが、匿名の史料に沿って、むしろ逆のことを記している。つまり、「マキシミラが死んでからもう一四年が経っているというのに」、彼らが後継ぎの一人も名前を挙げられないのは、可笑《おか》しいではないかと言うのである。「なぜなら、使徒の教えによれば(エフェ四11)、預言の賜物はキリストの最後の再臨の時まで絶えることがないはずだからだ」(『教会史』五巻一七)と言う。しかし、マキシミラが死んだ後に、クインティラという女預言者が続いたことは、すでに見たとおり、エピファニオスが報告しているところである。

これら一連の報告から読み取られるように、そもそも恍惚境での異言から始まったモンタノス派も、時間の経過とともに一定の制度化を進めていったと考えられる。とりわけ、「徴税人を任命して、『施し』と称して貢ぎ物を集め」、「自派の教えを説いて回る者たちには給与を支給した」というエウセビオスの報告には、信憑性がある。なぜなら、そうでなければ、その後瞬く間に帝国の首都ローマに伝播し、やがてはテルトゥリアヌスの司牧地の北アフリカ（カルタゴ）にまで勢力を張った事実の説明がつかないからである。

とりわけローマ市への伝播については、エウセビオス『教会史』第五巻三―四章の報告が興味深い。それによれば、当時リヨンの司教であったエイレナイオスがその地方の殉教者たちの認めた書簡を携えてローマ司教エレウテルスのもとへ派遣され、モンタノス派に対する寛大な措置を訴えている。おそらく一七七年頃のことであった。さらに、テルトゥリアヌスの著作『プラクセアス反論』（後二一三年頃）によれば、時のローマ司教ウィクトルはすでにモンタノス、プリスキラ、マキシミラの預言活動を承認し、その承認に従ってアジアとフリュギアの諸教会に和解のための回状を送ろうとしていた。ところが教義上いわゆる「単一原理論《モナルキア》」を奉じて、モンタノス派と対立していたプラクセアスは、奸計を弄してその回状を撤回させ、モンタノス派を追放させてしまったと言う（『プラクセアス反論』一5）。

その他、小アジアでは、その教勢拡大に慌てた各地の聖職者や信徒が頻繁に対策集会、公開討論会を開催し、最終的には司教たちが連名でモンタノス派に破門を宣告した。その次第については、エウセビオスとエピファニオスが繰り返し報告しているとおりである。

六　類似の現象

われわれは既に本書の第二部Ⅸ章で、テサロニケの信徒への第二の手紙の終末論を取り上げた際に、ヒッポリュトスの別の著作『ダニエル書註解』から、フリュギアの北方に当たるポントス地方で起きた事件を紹介した。それは、「主の再臨」がすでに起きている、あるいは切迫していると考えるあまり、それまでの日常の営みを全て放棄した集団の話であった。ヒッポリュトスは同じ著作で、さらに次のような事件も報告している。

この点に関連して、私はそれほど遠くない過去にシリアで起きた出来事を話しておきたい。その地方の辺鄙な場所の教会の指導者は、聖書の言葉の研究をほとんどしたことがなく、主の御声にも従ったことがない男であった。その男がたわごとを語り始め、他の者たちにも同じことを言わせ始めたのである。まず、主ご自身がかつて実際に語られた文言はこうであった。「多くの偽キリストと偽預言者が現れて、しるしと不思議を行い、できれば選ばれた者たちをも躓かせるであろう。そのとき、だれかがあなたがたに、『見よ、キリストがあそこにいる』、あるいは『ここにいる』と言っても、信じてはならない〔マコ一三21―22参照〕。『キリストは荒れ野にいる』と言っても、そこへ行ってはならない。『見よ、彼は穀物倉にいる』と言っても、耳を貸してはならない。」

ところが、件の男はこの主の言葉を理解していなかった。彼は女と子供も含めた大勢の者たちを説得して、自分と一緒に荒れ野へ退かせた。そこでキリストに会えるというのであった。彼らは危険も顧みず、山々や森の中をさ迷い続けた。その結果、〔シリアの〕軍の指揮官が彼らを盗賊団と見做して捕縛し、皆殺しにするところであった。しかし、幸いなことに、その指揮官の妻がキリスト信徒だったのである。指揮官は妻の懇願を受け容れて、事件を暗黙のうちに鎮圧して、大規模な迫害につながらないように計らった。

荒れ野にキリストを探し続けた彼らの狂気と無知蒙昧は、どれほどのものであったことか。それはその昔預言者エリヤが天に取り去られたときに、弟子たちが三日間も山々を探しまわったのとまるで同じ

である〔王下二1―18参照〕。（『ダニエル書註解』四18⑧）

明らかに、これらの事例は切迫した再臨待望に起因している。他方、モンタノス派にも同じ切迫待望があったことは、たとえばマキシミラの前掲の預言⑥から推定されるとおりである。したがって、モンタノス派の周辺では、再臨の切迫待望が繰り返し発生していたと考えなければならない。しかし他方では、モンタノス派をこれらの事件と完全に同日には論じられない違いもある。すなわち、これらの事件では、該当する集団は日常の営みから離脱して無計画に山野を放浪するだけであるが、モンタノス派の場合は一定の土地に集団で居住しながら、しかも一定の規律に準じて生活している。つまり、切迫した再臨を予言する点は同じでも、集団としての生活形態は明白に異なっているのである。その結果、両者の関係をどう見るかは、研究者の間でも意見が分かれている。

似ていながら、同時に差異もある――まさしくこの点に関して、実は貴重な第三の証言がある。それは同じ後二世紀の中葉に中期プラトン主義の立場で活動した哲学者ケルソス（Kelsos）によるものである。彼は同時代のキリスト教徒を念頭に置きながら『真なる教説』と題する論駁書を著したとされるが、その原著は、残念ながらその後失われて、現存しない。しかし、やがてギリシア教父オリゲネス（後一八五頃―二五三／二五四年）がそのケルソスに対する再反駁の書『ケルソス駁論』を著した。その再反駁はケルソスの著書から論点ごとに繰り返し抜き書きを行って、それに反駁する形で行われる。したがって、その抜き書きからケルソスの見解をかなりの蓋然性をもって推し量ることができるわけである。目下のわれわれの問題にとって重要なのは、オリゲネス『ケルソス駁論』の第七巻九章で行われている次の一連の抜き書きである。

「わたし〔＝ケルソス〕はフェニキアとパレスチナで〔キリスト教徒たちの〕予言を実際に聞いて、根本的に理解した。」

「その予言には、いくつもの型がある。」

「いくつかの神殿の内と外に、名も知れぬ輩がたくさん集まっていて、いとも安易なやり方で、しかも取るに足らぬことをきっかけにして、まるで神託でも下すかのような身振りで予言するのである。似たような予言でも、別の者たちは町々や兵営を遍歴しながらそうしている。彼らのだれもがそろってすぐに口にする台詞はこうである。『わたしは神、神の子、神の霊である。わたしは今まさにやって来た。なぜなら、この世は間もなく滅亡し、あなた方のような人間は、犯してきた不義のゆえに滅びるからである。しかし、わたしはあなたがたを救いたい。あなたがたはわたしが天の力を帯びてもう一度やって来るのを見るだろう。今ここでわたしを拝む者は幸いである。他のすべての者、あらゆる町々、あらゆる国の上には、わたしは永遠の業火《ごうか》を下すであろう。自分たちをどんな審判が待ち構えているか知らない人間たちは、その時になって後悔して嘆くだろう。しかし、それも無駄である。しかし、わたしを信じた者たち、その者たちをわたしは永遠に保護するだろう。』」

「彼らはこのような約束を自称した後で、それまでだれも聞いたことがなく、まったく支離滅裂で曖昧模糊とした文言を付け加えるのである。その意味を解き明かすことはだれにもできない。それほどに、それらの言葉は不明瞭かつ無内容なのである。どれほどの馬鹿でも、また山師でも、その不明瞭さをよいことに、彼らが言っていることを自分勝手に使い回すのはいとも簡単なことである。」（オリゲネス『ケルソス駁論』七9）(9)

これがモンタノス派だけを指しているものとは考えられない。注目に値するのは、「その予言には、いくつもの型がある」という観察である。事実、ある者たちは「いくつかの神殿の内と外に」集まって、別の者たちは「町々や兵営を遍歴しながら」、キリストの再臨と最後の審判が切迫していることを予言している。それを語る預言者は自分を再臨のキリストの「わたし」と自己同一化して語っていることに注意が必要である。さらに最後の段落では、再臨の予言の後に「だれも聞いたことがなく、まったく支離滅裂で曖昧模糊とした文言」が付け加えられるとある。これが理解可能な預言ではなく、異言《グロッソラリア》を指していることは明らかである。すなわち、切迫した再臨待望の予言（預言）と異言の間の境界線は、純粋に発語のレベルでも、当事者たちの生活様式のレベルでも流動的であったわけである。ケルソスの観察は「フェニキアとパレスチナ」でのものだと言うが、前掲のヒッポリュトスの報告と合わせれば、後二世紀の東方地中海世界全般にもあてはまると言うべきである。

それに加えて、同時代（後二世紀中葉）にギリシア語で健筆を揮った著述家ルキアノスが『偽預言者アレキサンドロス』と『ペレグリーノスの最期』で行っている報告も、この関連で参照に値するだろう。この二つの作品の主人公たちも、都市ローマから東地中海世界（小アジアとパレスチナ）を遍歴して、そのつどの土地で「予言」と「託宣」で金を稼ぐ者たちである。ルキアノスは彼らが遍歴の途中、しばらくの間キリスト教徒の集会に出入りしたことを記している（『ペレグリーノスの最期』一一、一六、『偽預言者アレキサンドロス』二四、二五）。彼らの信条と生活態度についての記述も仔細にわたっている。ペレグリーノスに至っては、出入りしたキリスト教徒たちの集会で、まさしく「予言者」あるいは「神」のごとくに崇められたという。これらの状況証拠から推せば、ルキアノスの耳にも多かれ少なかれ、前述のような再臨待望の予言や異言の事例が聞こえてきていたとしても不思議ではない。ケルソスと同類のルキアノスにも、それらの事例もアレキサンドロスやペレグリーノスのような遍歴の預言者あるいは託宣者と同工異曲、ただ「型」が違うだけのものと見えたに違いない。

　アレキサンドロスやペレグリーノスの「予言」や「託宣」は、ヘレニズム末期の東方地中海世界に広く伝播していた魔術文書と通じるところが多い。また彼らが形成する集団の在り方には、いわゆるヘレニズム密儀宗教に通じる点が少なくない。すなわち、ミトラ、アッティス、キュベレー、ヘルメス、イシスとオシリスなど、天上のみならず地下の神的存在に因んで呼ばれた密儀に集まった者たちも、一定の土地に居住しながら、一定の場所で行われる神秘主義的な儀礼行為に繰り返し参加したのである(10)。

　最後にこの点から、すでに見たモンタノス派に関するエピファニオスの報告に改めて注意しておきたいことがある。それはエピファニオスが下敷きの史料に準じて、繰り返しモンタノス派を指しながら「密儀《ミュステーリア》」という表現を使うことである。繰り返しになるが、該当する箇所をもう一度確認すれば、『薬籠』第四八巻一四章1―2節では、モンタノス派はペプザに住んで、「そこで一定の密儀《ミュステーリア》を執り行っている」。この種の密儀《ミュステーリア》はカッパドキアとガラテヤにも見られる。彼らはそうすることで自分たちを聖化していると思っている、と言われる。さらに『薬籠』第四九巻二章6節では、彼らが別名「アルトチュリタイ」(Artotyritai ＝パンとチーズ派)とも呼ばれるが、そのわけは密儀《ミュステーリア》の際の祭壇にパンとチーズを供えてから、儀式を行うからである、と言われる。

　ここからは、モンタノス派の生活様式がヘレニズム密儀宗教に接近していたことが明瞭に読み取られる。すでに見たとおり、彼らのそもそもの発端には、霊感による異言の現象があったのである。一般に、異言は預言(および予言)に比べて、一定の準備の上で繰り返し体験されるものである。モンタノス派では、その発端から異言が預言(予言)と並存していたことが、すでに述べたように、その

後教派としての一定の制度化を可能にしたのではないかと思われる。(11)

第XVIII章　万物の発出と回帰——グノーシス主義

一　「万物」の定義替え

グノーシス主義の終末論を限られた紙幅で簡潔に論述することは容易なことではない。少しでも読者の理解を助けるためには、最初にグノーシス主義の思考において終末論が占める位置を総論的に述べておくのがよいと思われる。

グノーシス主義は、星辰界《せいしん》から地上界までの可視的宇宙を超えたところに、もろもろの神性が充満する領域を想定する。それはギリシア語で「プレーローマ」、すなわち文字通り「充満の場所」と呼ばれることが多い。しかし、それは同時に「万物」とも呼ばれる。単純な語義としては「すべてのもの」を指す。しかし、グノーシス主義はそれを「プレーローマ」だけに限定して用いる。その下に広がる可視的宇宙はそれに算入されない。文字通り「ものの数ではない」からである。彼らが言う「万物」は可視的宇宙を超えた領域、言わば「超宇宙」のことである。そこにだけ限定された「万物」は一種の形容矛盾である。しかし、この自家撞着的な用語法ほど、グノーシス主義の考え方を端的に示すものはない。

「万物」という表現は、もともより複数性を連想させる。事実それは多数の神的存在の総称である。それらの神的存在のすべてが単一の根源から「発出」してくる。その途中で、「万物」の内部に、複数性ゆえに一つの悲劇が起きる。あるいは破れが生じる。可視的世界はその悲劇あるいは破れからの派生物なのである。その可視的世界の中へ、「万物」を構成していた神的存在の一部、言わば「万物」の肢体が落下して分散してしまう。

「万物」のもともとの統一性が回復されるためには、その分散したすべての肢体が「回収」されねばならない。その回収は最初の肉の人間アダムとエヴァへ、「超宇宙」から派遣された啓示者が出現することから始まる。グノーシス主義の宇宙史は、その啓示者の派遣と出現を境目として、「万物」の「発出」と「回帰」という大きく二つの局面に二分される。「発出」は始原論、「回帰」は終末論となる。どちらも、存在の上下関係を軸に展開する。むずかしく言えば、存在論的事件が問題なのである。それを語る語りは、水平の時系列ではなく、むしろ垂直の空間軸に沿って進んで行く。狭義のグノーシス主義の終末論はこの意味の「回帰」の局面を指すが、そこにはさらに個人的終末論と宇宙史の終末論が区別されねばならない。前者では一人一人の人間の霊魂の行方、後者では可視的世界全体の運命が問題になる。

くれぐれも注意が必要なのは、「万物」の定義替えである！　それはユダヤ教の一神教における創造信仰を一刀両断にすると同時に、返す刀でローマ帝国の支配のイデオロギーを体現した古代哲学、すなわち中期プラトン主義とストア哲学も、同じように一刀両断にする。その転覆は「革命的」（H・ヨナス）と称される。かたやユダヤ教の創造信仰とかたや中期プラトン主義とストア哲学、この二つのどちらにおいても、「万物」とは星辰界から地上までの可視的世界を指す術語であった。グノーシス主義はそれを「ものの数ではない」として、「万物」の枠外へ放擲する。もともと「無」であったそれは、再び「無へ」帰っていくと言うのである。

そうだとして、それでは人間はどこにどう位置するのだろうか。この問題を含めて、まずはユダヤ教の創造信仰とローマ帝国の支配的イデオロギーを瞥見しておこう。

聖書の創造信仰においては、神は唯一であることを超えて、世界と人間を絶対的に超越する神である。もちろん、世界と人間に関知しないというのではない。そもそも「創造神」の「創造」の行為自体が、神が世界と人間に関与する神であることを意味している。創造神が絶対的な超越であるとは、むしろ世界と人間という被造物と全く重なり合わない、両者の間にいかなる部分的な重複もないという意味である。被造物の内部に、そのまま神であるようなものは、断じて存在できないのである。

もちろん、創造神と被造物の間に相互行為《コミュニケーション》が生じなければ、文字どおり、何の話も始まらない。しかしその相互行為は、世界と人間が創造される出来事を発端として、それ以後も、常に神の側の一方的な主導権の下に生じていく。神はそのつど被造物との関係をあるべき形に保つため、あるいは、回復するために介入する。神は命令し、人間は服従を求められる。この関係は不可逆・不可同・非対称である。神の言葉(命令)は目に見える形では、預言者によって取り次がれ、神の行動は世界史の中の出来事として現れる。逆に、世界史は神の救済行動の舞台であり、神の本質はこの舞台を抜きにしては語れない。ここでは救済神と創造神は同一である。

さて、本書はこれまで、第一部では旧約聖書から始まって初期ユダヤ教文書に至るまで、第二部ではイエスと新約聖書のさまざまな文書を取り上げてきた。それらはすべて例外なく創造信仰の枠内にある。このことに改めて注意が必要である。どの文書の終末論も創造信仰を越境していないのである。すなわち、救済神と創造神が同一であることを毛頭疑っていないのである。

たしかに、たとえばヨハネ福音書とヘブライ人への手紙の終末論は、最終的には地上世界から離脱することを望見していた（XIV七、XV四、四一七頁参照）。しかし天地万物が神によって創造されたものであることは自明の前提である（ヨハ一3、一七24、ヘブ一2参照）。新約聖書の随所に見られる「万物」、「すべてのもの」、「あらゆるもの」の用例も例外ではない。たとえば、パウロはコリントの信徒への第一の手紙一五章28節で「神がすべて（panta）においてすべてのもの（panta）となられるためである」と言う。またエフェソの信徒への手紙一章10節は「あらゆるもの（ta panta）が、頭《かしら》であるキリストの下に一つにまとめられます」と言う。これらの箇所の「あらゆるもの」（＝万物）は、手紙の受け取り手がヘレニズム文化圏の人間であることを考慮してそうなっているだけのことで、ユダヤ教以来の伝統的な表現で言えば「新しい天と地」「新しい創造」とまったく同義語なのである。

次に、ローマ帝国の支配的イデオロギーの宇宙論を見てみよう。われわれはすでに本書第X章一節で、コロサイの信徒への手紙を終末論の角度から読解した。その際に、『宇宙について』と題された小さなギリシア語の文書を参照した。この匿名の文書は、ペリパトス学派、ストア派、中期プラトン主義を折衷しながら、「宇宙国家論」とも呼ぶべき世界観を開陳していた。それは、宇宙全体を神的理法によって貫かれた君主制国家と見做すことによって、ローマ帝国の支配を正当化するものであった。

紀元前後の時代以降のストア哲学は、プラトニズムとの間でさまざまな観念を交換し合いながら、多かれ少なかれ大衆化して、人々のものの見方を規定すると同時に、セネカやマルクス・アウレリウスの場合に見るように、為政者の哲学でもあった。ただし、元来のストア哲学は壮大な宇宙論（自然学）を枠組みとする体系的な世界観だった。それは、敢えて一言で言えば、「宇宙有機体説」と呼ぶことができる。大宇宙《マクロコスモス》は人体と同じような「生き物」だという見方である。逆に、人体は小宇宙《ミクロコスモス》として大宇宙に並行関係にあることになる。

ストア派はこのマクロコスモスを自然学（現代的に言えば宇宙物理学）的に表現する時には、ギリシア語で「自然」を意味する「フュシス」（physis）の語で呼んだ。それを生命体としている原理が「宇宙霊魂」であり、これが自然学的には「火」、哲学的には「指導的ロゴス」（理性）、そして神学的には「神」と呼ばれた。それはマクロコスモスの最上層に位置する恒星天（第八天）に最も濃密に宿り、そこから地上へ向かって下降するにつれて濃度が減少してゆき、地上の無機物はそれに与ることが最も少ない。逆に地上で最も多くそれを宿すのが人間、特にその生命原理としての魂である。人間の魂も、マクロコスモスと並行して、「指導的理性《ロゴス》」以下の八部分に分かれて、それぞれの機能を果たしていると考えられている。こうして、ストアの世界観では、「神」は、濃度こそ違え、世界の内部に遍在することになる。このような見方は、一般に「汎神論」（［英］pantheism ＜ pan「万物」＋ theos「神」）と呼ばれる。

「大宇宙」あるいは「自然」の外側は「虚無」である。そこへ墜ちることをこそ、人間は最も恐れなければならない。なぜなら、世界の内部に留まっている限り、すべては「指導的理性」が予め定めた摂理（［ギ］pronoia／［ラ］providentia）によって、最終的な調和に導かれてゆくからである。これがストア派の「予定調和」説である。たとえ個々人の上に一見不条理な災難が降りかかっても、それもまた「万物」が最終的な調和に達するためになくてはならない一環なのである。ここから、運命（［ギ］heimarmenê／［ラ］fatum）に身を委ね、「自然」に即して諦観の生を送ること、これがストア的賢者の務めとなっていく。

可視的なマクロコスモスは、一説によれば六千年を周期として、自己更新を繰り返す。すなわち、その周期が満ちると、世界の内部に遍在する「火」が発火して「世界大火」となり、万物は一旦焼尽する。しかし、その灰の中から、更新された万物が出現する。これがストア派の「万物更新」（［ギ］apokatastasis）説である。更新される前の万物も最終的な調和に到達していたのであるから、更新された万物も再び全く同じプロセスをたどることになる。同じ世界と共に何人もの同じソクラテスやプラトン、あるいは、「私」と「君」が存在してきたのであり、これからも存在し続けるわけである。世界も個人も永遠に不滅なのである。これは世界と人間が「創造」されたものだとする見方とは正に対極的である。

グノーシス主義は、以上見て来たような創造信仰の伝統とローマ帝国の支配イデオロギーの宇宙論を、どのように転覆させるだろうか。これがわれわれの次の問いである。この問いに、『ヨハネのアポクリュフォン』という文書の事例研究を通して答えたい。そのためには、まずこの文書をグノーシス主義の系譜学の中に位置づけておかねばならない。

二　グノーシス主義の系譜学

「グノーシス」（gnôsis）とは、「知識」あるいは「認識」を意味するギリシア語である。人間が救われるためには、真の「認識」が絶対的に必要だとする点に、グノーシス主義が観念的な主知主義の運動であることが明瞭に現れている。前章で見たモンタノス主義の場合は、中期プラトン主義者ケルソスが証言していたように、「たくさんの名も知れぬ輩」たちの運動であった。グノーシス主義は、それとは対照的に知識層の運動であった。

グノーシス主義が登場した後二世紀は、ローマ帝国社会が最も繁栄を謳歌した時代であり、地中海世界の東西全域はもちろん、一時はオリエント世界にまで及ぶ属州支配の体制が、個々の小規模な反乱はあったとしても、最も安定していた時期と重なっている。しかし、その安定を逆サイドから見れば、もともとは独立の歴史と文化を培ってきた多くの非ローマ民族が今やその独立性を奪われ、せいぜいローマ帝国の安堵を受けて初めて存続を許される藩属王国の身分に堕して、ローマの強大な支配機構の中に組み込まれてしまっているということに他ならなかった。今や多くの誇り高き民族が政治的、経済的、文化的に、言わば禁治産を宣告された状態に等しかった。このことは当時の地中海世界の東半分（東方地中海世界）において、とりわけ顕著であった。「選民」をもって自認するユダヤ教徒も例外ではなかった。彼らは後七〇年にローマに対する叛乱に破れて亡国の民となり、パレスチナから地中海およびオリエント世界に散ってすでに久しかったのである。そのような状態に置かれた属州の知識人たちが、ローマ帝国支配のくびきを脱しようと思っても、そのための軍事的、政治的、経済的な手段はすべて奪われているのであるから、ひたすら観念の領域で自己解放を図る以外には術がなかった。グノーシス主義はそのような自己解放の試みの一つなのである。

グノーシス主義の発祥地をもっと絞り込むとしたら、東方地中海世界の中でも特にどこが考えられるだろうか。この点で有力な手がかりになるのは、ほとんどすべてのグノーシス文書において、旧約聖書を中心とするユダヤ教の宗教的伝統と、ストア哲学に代表されるギリシア・ローマ文化圏の思想的伝統の両方が、同時に取り上げられている事実である。当時、この二つの伝統が最も広く、かつ深く混交した場所はナイル川デルタ北西端の都市アレキサンドリアであった。この都市は、その名が示すようにアレキサンドロス大王によって前三三二／三三一年に新設されたもので、当初からギリシア文化の町であった。その後のエジプト（プトレマイオス朝）の歴史においても、ナイル河沿いのエジプトの土着の文化からは、常に「浮いた」都市であり続けた。それだけに、ギリシア人のみならず、さまざまな人種が集まる一大国際都市となり、離散のユダヤ教徒も多数住んでいたのである。そのような地でヘレニズム文化に馴染んだユダヤ教徒のことをヘレニズム・ユダヤ教徒と呼ぶ。グノーシス主義運動そのものもそのようなヘレニズム・ユダヤ教徒を母胎として生まれてきたものと考えられる。彼らはユダヤ教とヘレニズム文化の両方の宗教的・思想的伝統、表象、用語を用いて、しかし、同時にそれらの意味を過激に転倒させることによって、未知の全く新しい神話を創作し、観念的な自己解放を試みたのである。この意味で、グノーシス主義は古代ユダヤ教の周縁から発生した一つの宗教的運動であった。

すでによく知られているとおり、キリスト教もユダヤ教の周縁から誕生したものである。すると、原始キリスト教とグノーシス主義、この両者の時間的、歴史的な関係はどうなっているのか。この点については、研究者の見解も一様ではない。しかし、最も有力な学説によれば、両者は時間的にはほぼ同時に、ただし、お互いに無関係に成立したと考えられている。もちろん、原始キリスト教はいずれにせよパレスチナという比較的限定された地域で成立したのに対して、グノーシス主義の方はアレキサンドリア以外にも、似たような条件の他のヘレニズム都市も成立地として考えられる。グノーシス主義は単一のグループによって担われたものではなく、組織論的には不定形な運動であったからである。

しかし、その運動はその後の歴史の進展の中で、さまざまな場所でキリスト教と接触していった。

その時、キリスト教のグノーシス主義化とグノーシス主義のキリスト教化が生じた。次節で紹介する『ヨハネのアポクリュフォン』の神話が、超越的な領域に居住するもろもろの神的存在の中に「独り子キリスト」を登場させるようになったのは、実はそのような接触以後、つまり、もともとユダヤ教の周縁における産物であった神話が二次的にキリスト教化されていった段階でのことなのである。

未だキリスト教化を経ていない形であれ、すでに経た形であれ、グノーシス主義が生み出した文書は夥しい数に上り、文学ジャンルの上でも神話に限らず多種多様である。そのうち、神話に属する文書については、同時代以降の正統教会の教父たちの何人かが、それぞれの反駁書の中で、勢力的に抜き書きを行っている。すでに前章で言及したエイレナイオスの『異端反駁』、ヒッポリュトスの『全異端反駁』、エピファニオスの『薬籠』が代表的なものである。彼らの抜き書きは十分以上に信頼に値するものであるが、反異端論者という立場からの言わば間接的な報告であることは否めない。この点で、一九四五年にエジプトのナイル河中流域で発見された『ナグ・ハマディ文書』は、事情が異なる。こちらはグノーシス主義者たち自身の手によって著された文書で、研究にとっては貴重な直接史料である。

以下で取り上げる『ヨハネのアポクリュフォン』は、その両方に含まれる文書である。グノーシス主義の救済神話の理想型を示すものとして名高い。「アポクリュフォン」とはギリシア語で「秘本」という意味である。復活のキリストが使徒ヨハネに明かした秘密の教えという体裁を取っている。もともとは後二世紀の中葉に、キリスト教とは無関係に、ユダヤ教の周縁で創作された神話であったと推定される。それが二次的にキリスト教化された時に、そのような体裁を施されたのである。したがってその現在の形では、ヨハネ福音書の影響史の一こまに他ならない。

三　『ヨハネのアポクリュフォン』

以下、きわめて複雑な話を、言葉だけで掻い摘んで報告するので、多少分かりにくいかも知れない。あらかじめ読者の了解をお願いする。

この神話は終始上から下へと、垂直軸に沿って展開する。そのトップには独りの至高神が立っている。その対極の「深淵」には、「暗黒の水」が溜まっている。ただし、これは話の途中でそうと分かる仕組みになっているに過ぎない。至高神が立っているのは、ストアの言うマクロコスモスを遥かに超えた、言わば「世界の外の」（[ラ] ultramundanus）「光の領域」である。可視的・物質的なマクロコスモスの生成はずっと後で物語られる。

神話はまず至高神について、延々といわゆる否定神学を繰り広げる。つまり、「見えない」、「名付けられない」、「触《さわ》れない」、「測れない」、「時間を持たない」、「男性でも女性でもない」などの否定形容詞を畳み掛けていく（§6—11[1]）。その中でほとんど唯一の例外は、別名を「第一の人間」と呼ばれるという言明である（§18）。特にこの点にはあらかじめ注意が必要である。後でもう一度戻って来るが、それはグノーシス主義の言う至高神が、実は人間に他ならないことを意味しているからである。

至高神が最初に起こす行動は、自分を光の泉に映して眺めることである（§12）。一見、ナルキッソスの神話を想起させるが、実はこれは、最高の思惟は何よりもまず自己自身を思惟するものだという、アリストテレスから中期プラトン主義まで続く命題を神話論的に焼き直したものである。概念的に言えば、至高神が主体と客体に分化を始めるのである。「泉」に映った像は「流出」し、一柱の神

「バルベーロー」として自立する（§13）。それは至高神の分身であり、至高神と同じように両性具有の存在であるが、どちらかと言えば、女性性が勝った神と考えられている。その名前は意図的な「隠語」として用いられているので、厳密な語義は不詳である。

次に、そのバルベーローが至高神を見つめて、さらに別の神の生成を請い求める。万物の父とも呼ばれる至高神はそれを可とする。するとたちまち、事が実現するという繰り返しで、「第一の認識」、「不滅性」、「永遠の生命」、「真理」という、いずれも女性的存在が現れてくる。そして同じようにして出現する「独り子」（別名「キリスト」）、「叡智」、「意志」、「ことば」という男性的存在と、順に「対」を構成する（§14―22）。これらもすべて永遠の神的存在であるが、至高神やバルベーローと比べると、性差が生じている。つまり、それだけ「神」である度合いが減っているのである。この後も、性差に分かれたさらに多くの神々が光の領域に生成してゆくが、その一番下位に位置するのが「ソフィア」（愛知）と呼ばれる女性神である（§26）。

ただし、そのソフィアの話になる前に、「独り子キリスト」から「四つの大いなる光」が出現する。第一の光には「原型アダム」（やがて地上で造られるアダムの原型）が、第二の光にはアダムの息子セツ、第三の光にはその子孫、第四の光には「ただちには悔い改めず、むしろしばらくためらった後、最後には悔い改めた魂」が置かれる（§23―25）。

もちろん、神話が始まったばかりのこの場所で、「悔い改め」の早い遅いが語られるのは、物語の遠近法を破壊するのも甚だしい。なぜなら、これは神話全体の最後の段落、すなわち終末論（§70―75）の段落を先取りするものだからである。超越的領域から救済者として派遣されてきたキリストに対する態度決定によって、人間はさまざまな運命へ分化していく。

その終末論が、目下の箇所では、始原論の枠内で語られているということである！　この何とも破格の語りは、第一の光に置かれた原型アダムが至高神に向って、「すべてのもの（万物）はあなた（至高神）のゆえに在るようになったのであり、すべてのものがあなたに向かっているのです」（§24）と語る台詞にも現れている。「万物」、つまり「光の世界」の神々の発出を語りながら、すでにその回帰、すなわち終わりのことを語っているからである。

さて、神話の時系列に戻ろう。今度はソフィアが過失を犯す。対をなすべき男性的存在を持たない彼女は、分を超えて至高神を「知りたい」という欲求に捕われる。当然ながら、その欲求は満たされない。ところがソフィアは言わば自己妊娠し、ヤルダバオート（混沌の子）と呼ばれる異形の子を流産する。産み落とした後、その異形ぶりに驚いたソフィアは、他の神々の目を憚って、その子を雲で包んで、下方へ投げ捨てる（§26―28）。

ヤルダバオートは、自分がどこから投げ捨てられたかも知らないまま、雲の真ん中に玉座を設けてそこに座す。そして自らが支配すべき領域を「創造」する。すでに上には光の世界があり、物語がさらに進むと、もっと下方に物質的・地上的世界が創造されるので、ここで問題になっているのは、言わば「中間界」のことである。その中間界の中に今やヤルダバオートの部下たちが次々と創造されてゆく。彼らは実はヘレニズム期の宇宙論（天文学）で言う七惑星と黄道十二宮に他ならない。つまり、「中間界」とはストア派の宇宙論で言うマクロコスモスと同じなのである。しかし今や、七惑星と黄道十二宮は、「アトート」、「ハルマス」、「カリラ・オイムブリ」、「アブリセネ」、「ベリアス」等々、語義不明の隠語で呼ばれ、ひとしく悪霊化されてしまう（§30―40）。部下たちが出揃ったところで、上なる光の世界の存在を全く知らないヤルダバオートは「わたしは妬《ねた》む神である。わたしの他に神はいない」（出二〇5、イザ四四6、四六9）と宣言する（§41）。これが旧約聖書に繰り返し現れる定型句であることは改めて言うまでもない。ヤルダバオートとは実に旧約聖書の神ヤハウェに他ならないと言うのである。創造信仰と一神教へのこれ以上過激な転覆行為は考えられないであろう。

ヤルダバオートは曲がりなりにもソフィアの子として、一片の神性を宿している。至高神を頂点とする光の世界から見れば、それは光（神性）の一部がソフィアの過失によって、光の領域の外へ失われたことに他ならない。彼らは今やその回収の作業に取りかかる。すなわち、至高神（場合により、バルベーロー）がはるか下方の深淵に溜まった暗黒の水面に、自分の輝く「かたち」を啓示する（§45）。至高神が別名を「第一の人間」と呼ばれることはすでに述べたとおりである。したがって、ここで啓示されるのは人間の姿に他ならないことに注意が必要である。

下方の水面にその像を認めたヤルダバオートとその部下たちは、上なる光の世界の存在はなおも悟らないまま（§43）、その像を自分たちの支配下に置くために、その「かたち」に従って、中間界の中に人間を創造する。「われわれにかたどり、われわれに似せて、人を造ろう」という創世記一章26節の言葉は、ヤルダバオートがその時部下たちに発したものだ。これが『ヨハネのアポクリュフォン』の神話の主張（パロディ）なのである。部下たちはそれぞれ持てる能力から出せるだけのものを出して人間に与えるのだが、如何《いかん》せん、その人間は立ち上がることができない（§46―54）。この人間が肉体という牢獄に閉じ込められるのは、物語がもう少し先に進んでからであるので、ここで立ち上がれない人間はまだ肉体をかぶせられる以前の人間である。これを便宜的に「魂的人間」と呼ぶことにする。

その時、光の世界の「独り子キリスト」があの四つの光を部下に従えて到来する。彼らはヤルダバオートの部下に変装して、「あなたの中にある息を彼の鼻に吹き込みなさい。そうすれば彼は立ち上がるでしょう」と提案する。これが創世記二章7節を引っくり返そうとする解釈であることは明白である。ヤルダバオートがまんまと騙されてそうすると、吹き込まれた息と共に、彼の中に宿っていた神性（光）の一片が抜き取られ、魂的人間の中へ移動してしまう。その瞬間に人間は立ち上がり、突然ヤルダバオートたちも見上げるほどの大きさとなって、まばゆいばかりに光り輝き始める（§55—56）。

慌てたヤルダバオートと部下たちは、その人間を何とか捕縛し、さらに下方の領域へ引きずり下ろして、「楽園」の中に監禁する。ここから舞台は中間界よりもさらに下方の物質界に移ってゆく。「楽園」とは物質界のことなのである。彼らは魂的人間に肉体をかぶせ、さらに眠らせて、女を造り、生殖行為を教える（§58—68）。それは人間の個体数を増やして「光」の断片を分散させ、そうすることで回収を妨げるためである。

こうして人間は、中間界からの魂的部分、光の領域（万物）に由来する神的な部分、物質的・肉体的部分という三部分から成ることになる。それは大宇宙が光の世界から中間界を経て物質界までの三層構造になっているのに並行する。一番外側が光の世界、その内側がヤルダバオート（創造神）の住む第八天、さらにその内側の領域が中間界、さらにその内側が物質と肉体の世界である。これが『ヨハネのアポクリュフォン』の神話が、一方では旧約聖書、他方ではストア派に対抗して打ち出す人間観と宇宙観である。個々の人間の救済は、自己の神的本質を「認識《グノーシス》」して、超越的な光の世界へ脱出していくことに求められる。

続いて神話は、その「認識」を可能とするために、光の世界から「キリスト」（独り子）がふたたび、今度は「啓示者」として、今や肉体を被せられたアダムとエヴァに到来する次第を物語る。彼ら二人に「善悪の知識の木」（創二9、三3—5）の実を食べさせたのは、蛇ではなく「キリスト」だと言うのである（§61）。暗黒の闇の世界の中へ分散してしまった「光」の断片を回収する作業がそこから始まる。それは光の世界、すなわち「万物」が元来の統一性へ回帰するプロセスに他ならない。すでに述べたように、神話の始めの方で、光の世界で造られた「原型アダム」が「すべてのもの〔万物〕はあなた〔至高神〕のゆえに在るようになったのであり、すべてのものがあなたに向かっているのです」（§24）と述べていたのは、このプロセスのことなのである。

その回収と回帰のプロセスが終わる時が、可視的宇宙の終末である。可視的な世界と歴史は牢獄としての肉体の延長なのであり、来るべき終末において解消されるべきものなのである。この終末論の問題は項を改めて論じよう。

四　グノーシス主義の終末論

『ヨハネのアポクリュフォン』は文書の最後の部分（§70—75）で、啓示者がもたらす「認識」に対して個々の人間が取る態度はさまざまであることを述べる。それは使徒ヨハネとキリストの問答として描写される。そのキリストは神話全体の語り手であると同時に、その内側に登場している啓示者でもある。『ヨハネのアポクリュフォン』の提示する終末論は何よりも個人的終末論なのである。

使徒ヨハネは個々人の終末論的運命について、合計四回にわたって質問を繰り返す。最初は「キリストよ、あらゆる（人間の）魂が、混じりなき光へと救われるのですか」という問いである。キリストは問題が重大で、「揺らぐことのない種族」、すなわちグノーシス主義者以外の者には啓示不可能だと断った上で、まず最初にこう答える。

①「生命の霊〔至高神〕がその上に到来する者たちは、あの力〔＝光〕と結びつけられたのであるから、救われ、完全なる者たちとなるであろう。そして彼らはあの大いなる光へ昇ってゆくにふさわしい者となろう。（中略）その時を待ち望む間は、彼らはなお肉を用いるのである。彼らは戦いを勝ち抜き、永遠の生命を嗣ぐために、あらゆることに耐え、すべてのことを忍ぶであろう。」（§70）

②ヨハネは続けて「キリストよ、救いに与るようにと、あの力と生命の霊がその中に入った魂でも、もしそのようにしなかった場合は、彼らはどうなるのですか」と問う。それに対してキリストは、そのような者たちは、あの力が最終的に到来するまで待つ必要があると答える。到来すれば救われるが、それ以前に「模倣の霊」によって誘惑される危険が否定できないと言う（§71）。

③ヨハネは第三に、「キリストよ、万物（§24参照）を認識しなかった者たちの魂はどうなるのですか」と質す。それに対してキリストは、それは「模倣の霊」によって悪の業へ引き込まれてしまった魂であり、やがて忘却の鎖につながれ、「認識」を得るまでは輪廻転生を繰り返すと言う（§73）。

④ヨハネは最後に「キリストよ、たしかに認識はしたものの、離反してしまった者たちの魂はどうなるのですか」と尋ねる。それに対してキリストは、その魂は堕落天使たちが行くのと同じ場所に、刑罰を受ける日まで拘禁されると答える（§75）。

この問答は、すでに述べたとおり、「万物」の発出の途中で「四つの大いなる光」が生成してくる件（§23―25）に先取りされていた。ただし、対応関係に注意が必要である。その件で語られた「第一の光」に対応するグループは目下の段落には見当たらない。なぜなら、「第一の光」の原型アダムに対応するのは、地上の最初の人間アダムだからである（§56―68）。他方、目下の段落で語られる①―③のグループは「四つの大いなる光」の中の「第二の光」から「第四の光」に対応する。目下の段落の最後に挙げられるグループ④は、「四つの大いなる光」には対応するものがない。それも当然である。なぜなら、このグループは「万物」の枠外、「ものの数」には入らないからである。『ヨハネのアポクリュフォン』が提示する終末論は以上のとおりである。そこには宇宙史の終末論は見当たらない。したがって、他の文書から補充してみよう。最初はプトレマイオス派の神話である。プトレマイオス派とは、最大のキリスト教グノーシス主義グループとして知られるヴァレンティノス派の一部である。その神話はエイレナイオスが『異端反駁』第一巻七章1節に抜き書きしている。

さて、〔光の〕種子が皆完成される時には、彼らの母なるアカモート〔ソフィアの分身〕は、中間の場所から離れて、プレーローマ〔万物〕の内部に入り、その花婿なるソーテール〔救い主〕、すなわちすべてのアイオーンから生じた方を受ける。それはソーテールとソフィアすなわちアカモートの対が生じるためである。そして、これが花婿と花嫁であって、新婦の部屋は全プレーローマであるという。そして霊的な人々は心魂を脱ぎ捨てて叡智的な霊となり、制せられずに、見えない形でプレーローマの内部に入り、ソーテールの従者たる天使たちに花嫁として委ねられるという。

そして、デーミウルゴス〔造物神〕自身は母なるソフィアの場所、すなわち中間の場所へ移動し、また義人たち〔正統教会の信徒たち〕の心魂も中間の場所で安息するであろう。心魂的なものがプレーローマの内部に進み行くことはないからというのである。

これらのことが起きるとき、この世に潜む火が輝き出して発火する。すべての物質は焼き滅ぼされ、物質と共に燃え尽くされて無に帰するとプトレマイオス派は教える。そして、デーミウールゴスは、ソーテールの来臨以前には以上のことを何も知らないでいたと〔彼らは〕言明するのである。（エイレナイオス『異端反駁』第一巻七1）(2)

これはたしかに宇宙史レベルでの終末の描写ではあるが、可視的世界の運命の描写はごく短い。その運命の描写に大きなスペースを割く文書が、ナグ・ハマディ文書の第二写本に二つ含まれている。その該当箇所を読んでみよう。

『この世の起源について』§142—148

世の終わりの前には、この場所〔可視的宇宙〕全体が大いなる地震によって揺り動かされるであろう。その時、アルコーン〔支配者〕たちは絶叫して自分たちの死を嘆くであろう。天使たちは自分たちの人間のために泣くであろう。その人間たちは天使たちの死を嘆き、泣き叫ぶだろう。

その時、新しいアイオーン〔世〕が始まるだろう。動揺した王たちは炎の剣に酩酊するだろう。彼らは互いの間で戦争を引き起こすだろう。地は流される血によって酔い痴れるだろう〔イザ三四7、黙一七6参照〕。もろもろの海も戦い鳴りどよめくであろう〔ルカ二一25参照〕。

その時、太陽は暗くなり、月は光を失うだろう〔マコ一三24参照〕。天の星はその回転を変えるだろう。大いなる雷鳴がカオスのあらゆる諸力よりも上に——すなわち、あの女の天蓋が在る場所に——在る大いなる力から到来するであろう〔黙一〇3参照〕。彼女はその最初の業を成し遂げるとき、知性の火を脱ぎ捨て、尋常ならざる怒りに身を焦がすだろう。

彼女は自分が造り出したカオスの神々とアルキゲネトール〔造物神〕を追放するだろう。彼女は彼らを深淵に投げ込むだろう。彼らは不義のゆえに拭い去られるだろう。火を吐く山のようになり〔黙八8参照〕、アルキゲネトールによって滅ぼされる時まで、互いに喰らい合うだろう。彼らは（中略）自分に矛先を向け、自分自身を破壊するだろう。そしてやがて時が満ちて滅びるだろう。彼らのもろもろの天は互いに崩れ落ちるだろう。彼らの力は燃え尽きるだろう。彼らの永遠の領域も滅びるだろう。

アルキゲネトールの天は落ちて、真っ二つに裂けるだろう。彼の世界は地に落ちるだろう。地はその重さに耐えることができないだろう。彼らは奈落へ落ち込むだろう。その奈落も破壊されるだろう。

光が闇を切り裂き、拭い去るだろう。闇はあたかもいまだかつて存在しなかったかのようになるだろう。闇の根源となった業も解消されるだろう。欠乏は地の下の根元で、闇の中へと抜き取られるだろう。しかし、光は自分の根源へ戻っていくであろう。(3)

『アルコーンの本質』§38―39
その時には、彼ら〔＝「王なき世代」〕は盲目の考えを取り去られるであろう。そして、支配者たちを踏みにじって、滅ぼすであろう。そして、無窮の光へと昇ってゆくであろう。無窮の光こそが、〔光の〕種子のあるべき場所である。その時には、支配者たちは彼らの時を失うであろう。そして、彼らの天使たちは彼らの滅亡を嘆き悲しむであろう。そして、彼らの悪霊たちは彼らの最期を嘆くであろう。
その時には、すべての光の子たちは真理と自分たちの根源と万物の父と聖霊を本当に知るであろう。彼らはすべて声を一つにして言うであろう。「父の真理は義である。そして御子は万物の上にあり、あらゆるものを貫いている。永遠から永遠まで。聖なるかな、聖なるかな、聖なるかな。アーメン」と。(4)

この二つの本文がユダヤ教黙示文学における宇宙史の終末論を下敷きにしていることは明白である。それは使われている表象、イメージ、個々の術語のレベルで顕著である。すでに本書の第Ⅳ章一節のトポス3と6の項で詳細に論じた定型表現との重なりは、ここで逐一確かめるまでもない(5)。重要なことは、ここでは聖書の伝統的な創造信仰のみならず、ユダヤ教黙示文学の宇宙史の終末論も根源的に転覆されていることである。なぜなら、ユダヤ教黙示文学の宇宙史の終末論は、たしかに老化した被造世界の終わりを待望したものの、その後に「新しい創造」を待ち望んでいたからである(Ⅳ一トポス9)。

ところがここに掲出した二つの本文では、これまで存続してきた古い被造世界が、その創造主(アルキゲネトール)もろともに破滅を宣告されているだけであって、その後にはいかなる「新しい創造」も待望されてはいないのである。たしかに、「新しいアイオーン(世)が始まるだろう」とも言われる。しかしこれは、「万物」の復興のことであって、「新しい創造」のことではない点に要注意である。旧約聖書の創造神によって造られた世界は消滅して「無」に帰すのである。

グノーシス主義が宇宙史の終わりをこのように考えていたのと同じ時代(後二世紀中葉)に、他でもない合同教会を代表する一人の人物が、宇宙の終わりをこれとまったくよく似たイメージで描き出している。それはペトロの第二の手紙三章8—13節である。

8愛する人たち、このことだけは忘れないでほしい。主のもとでは、一日は千年のようで、千年は一日のようです。9ある人たちは、遅いと考えているようですが、主は約束の実現を遅らせているのではありません。そうではなく、一人も滅びないで皆が悔い改めるようにと、あなたがたのために忍耐しておられるのです。10主の日は盗人のようにやって来ます。その日、天は激しい音をたてながら消え失せ、自然界の諸要素は熱に溶け尽くし、地とそこで造り出されたものは暴かれてしまいます。11このように、すべてのものは滅び去るのですから、あなたがたは聖なる信心深い生活を送らなければなりません。12神の日の来るのを待ち望み、また、それが来るのを早めるようにすべきです。その日、天は焼け崩れ、自然界の諸要素は燃え尽き、溶け去ることでしょう。13しかしわたしたちは義の宿る新しい天と新しい地とを、神の約束に従って待ち望んでいるのです。

明らかに主の再臨が遅延していることにともなって、合同教会の内部にも動揺が広まっていたのである（9節）。手紙の筆者はそれに対処するために、かたやユダヤ教黙示文学以来のトポスとかたやストア哲学を持ち出して来る。8節の「一日は千年のようで、千年は一日のよう」は前者であり、12節の「天は焼け崩れ、自然界の諸要素は燃え尽き、溶け去ることでしょう」（10節も参照）は後者である。前者はたとえば『スラブ語エノク書』三二章2節、三三章1―2節（長い版）に並行し、後者は前述したストアの世界大火説に並行している。

その際、興味深いのは、ストア派の世界周期説、すなわち世界大火の後に再び新しい世界周期が続くという見方は、完全に捨て去られていることである。著者が待望するのは「義の宿る新しい天と新しい地」（13節）なのである。ここでは彼は完全に創造信仰の枠内に留まって、ユダヤ教黙示文学の終末論の中の「置き換えモデル」（Ⅳ一トポス9参照）に準じている。その立ち位置から、ストア派の終末論の半分（世界大火説）だけをもらってきているのである。その全体が、信徒の動揺を抑えるための倫理的勧告の枠内にある。

先に見た『この世の起源について』と『アルコーンの本質』が同じようにストア派の終末論をも下敷きにしているかどうかは、確実には決しがたい。ただし、その可能性は排除できないであろう。なぜなら、この二つの文書に先立って掲出したプトレマイオス派の神話は、最後の段落で、「これらのことが起きるとき、この世に潜む火が輝き出して発火する。すべての物質は焼き滅ぼされ、物質と共に燃え尽くされて無に帰する」と述べるからである。ここでは、ストア派の世界大火説が下敷きとなっていることが、あまりにも明白である。しかもプトレマイオス派のこの言明でも、ストア派の終末論の半分（世界大火説）だけが受容されている。この点はペトロの第二の手紙の場合と同じである。ただし、その理由はペトロの第二の手紙とは明瞭に異なり、今現に在る可視的世界は「万物」の枠外に取り残されて、「無」に帰す他はないということなのである。

五　まとめ

以上見てきたように、グノーシス主義の「万物」の発出と回帰という思考は、一方ではユダヤ教とキリスト教の創造信仰を、他方ではストアの宇宙論をもろともに転覆させようとするものである。しかし、その後に残るのは、絶対的な人間中心主義である。もう一度『ヨハネのアポクリュフォン』の神話をたどり直してみよう。「万物」、すなわち光の世界の頂点に立つ至高神は、「第一の人間」という別名を持っていた。つまり、実は人間に他ならないのである。ということは、「人間即神也」がグノーシス主義の中心的メッセージだということである。一方で、人間が被造物として絶対的に服従すべき超越神はここには不在である。他方で、目に見える世界は破滅に定められている。真の認識に達した者にとって、自分（人間）を越える超越もなければ、現実の世界もない。最後に残るのはただ自分だけ。すなわち、哲学の用語で言えば、「独我論」（［英］solipsism、もともとラテン語で solus ipse＝「自分だけ」の意）が、グノーシス主義の本質となる。超越神不在の「人間即神也」を宣言し、行く先の見えない閉塞状況からの脱出を説くグノーシス主義は、現代人にとってあまりにも魅力的である。しかし、それでよいのかどうか。これがわれわれに残された問いである。

第XIX章　連続的創造——エイレナイオス

一　『異端反駁』と歴史神学

前章で繰り返し述べたとおり、旧新約聖書の終末論では、宇宙の終わりは一回だけのものと考えられている。すなわち、古い被造世界が新しい世界に変貌するのであれ、前者が後者に置き換えられるのであれ、とにかく終末は一回限りであり、創造論の枠内にとどまるのであった。「この世の終わり」の彼方に待望される「新しい創造」もまた創造論には違いないからである。ただし、そこでは、「新しい創造」は創世記一章が語る太初の創造との対比で語られるのが通常であった。

ところが、その二つを切り離さずに一体のものと見做し、太初に始まった万物の創造がその後の宇宙史の中で継続されていくとする見方、そしてそれが最終的に完成されて、万物が神に統合されることをもって終末だとする見方が、後二世紀の合同教会の中に生まれてくる。その最初の旗手がエイレナイオスである。

エイレナイオスの主著『異端反駁』の第一巻は、すでに先行する二つの章で繰り返し引照してきた。それは少なくとも一八に上るキリスト教グノーシス主義グループの教説を蒐集して報告している。第二巻はそれぞれのグループの教説そのものに多くの論理矛盾が見出されるとして、それらを逐一言挙げしていく。

しかし、エイレナイオス自身の本領はそれに続く第三巻から第五巻で発揮される。そこで提示されるのは、救済史的および啓示史的に構想された歴史神学である。それは人類の世界史を主眼としてはいるが、人間以外の被造物の歴史も視野に収めている。その意味では、ルカの場合のように、世界史の神学と言うよりも、むしろ万物史（宇宙史）の神学と言うべきである。それが救済史的あるいは啓示史的だと言う意味は、宇宙万物の歴史が、それを救済しようという神の行動と自己啓示に貫かれたものと見られているからである。その骨子は次のとおりである。(1)

神の独り子であり、「言葉」（ロゴス）であるイエス・キリストは、聖霊とともに神の「両手」である。両者は万物に先立って神のもとに「先在」していた。神は無から世界の素材そのものも創造し、御子と聖霊によって万物を形づくったのである。それをエイレナイオスは、例えば次のように語る。

さて、みことば〔ロゴス〕すなわち子が常に父のもとにいたことは、多くのことで以てすでに示したが、知恵すなわち霊も一切の創造より以前から父のもとにいたことは、聖書がソロモンを通して次のように言っている。「神は知恵で地を基礎づけ、思慮で天を整えた。」（第四巻二〇3）

人間は無から何かを造り出すことはできず、ただ、すでに素材が手元に与えられている場合に限られる。しかし、神はご自分のために、それがまだ存在するようになる前から、自分で素材を見つけ出したということ、この点でこそ神は人間よりも優れておられるのである。（第二巻一〇4）

一番最後に人間（アダム）が神の「かたち」（imago）と神との「類似性」（similitudo）にしたがって創造された（創一27）。すなわち、人間は御子によって肉体と心魂に神の「かたち」を与えられ、聖霊によって神との「類似性」を与えられた。それは完全な人間、すなわち神の「かたち」であるとともに神との「類似性」を有した人間となるためであった。

なぜなら、人間は父の両手によって、すなわち、御子と聖霊によって、神に似せて造られた（similitudo）からである。しかも、それは人間全体のことであって、その一部のことではないからである。しかし、心魂と霊は人間の一部であることはできても、人間全体ではあり得ない。十全な人間とは、かたや父からの霊を受け容れた心魂が、かたや神のかたち（imago）として造られた肉と結合されて、両者が混ぜ合わされて合体したものなのである。（第五巻六1）

まさにこの理由から、最初に神の両手によって、すなわち御子と霊によって造られたもの（人間アダム）は、そのすべての時間をかけてこそ、神のかたちと類似性にしたがったものとなるのである。（第五巻二八4）

しかし、創造された最初の人間はいわば幼児であったため、弱さゆえに堕罪を犯し、神との類似性の方を失ってしまった。それにもかかわらず、神は古き被造物アダム（人類）を見捨てず、依然として以後の歴史全体を貫いて人間を教育し、完成へ向けて成長させていく。そのための神の計画に従って「神の両手」が働き続けるのである。

なぜなら、神の両手は一時も〔楽園から追放された〕アダムを離れたことがないからである。父はその両手に向って、「さあ、われわれのかたちにしたがい、われわれに似せて人間を造ろう」〔創一26〕と言われたのである。まさにそれゆえに、その両手は終わりの時に、（中略）生ける人間を形作ったのである。それはアダムが神のかたちと類似性に即したものとなるためであった。（第五巻一3）

すなわち、旧約時代には、時には御子ロゴスが自ら族長たちに、肉をまとわずに現れて語りかけ、また別の時には聖霊を通して預言者たちをして語らしめて、やがて時が満ちるに及んで起こるべき自らの「受肉」の出来事を予言した。

預言者たちはこのやり方で以て、神の子が人間となって人々と交わりを持つのを見ていた。こうして将来のことを預言し、まだ来ていない方の臨在を述べ、受難し得ない方の受難を告げ、天にいる方が死のちりの中に降ってきていることを述べたのである。そのほか、神の子によって万物が再び統合される救いの営みも、ある者は幻で見、ある者はことばで告げ、ある者はわざによって予型的に示したのである。（第四巻二〇8）

「受肉」して世に到来した御子ロゴスは、それまでの救済史全体を自分の中に再び統合した。それと同時に、それまで人間の目に見えなかった神の「かたち」を明示することによって、かつて失われた神との「類似性」を再び将来の完成に向けて確かなものとした。今や、太初における神の人間創造は新たな発端を与えられて、やり直されることになる。

なぜなら、それ以前に過ぎ去った時においては、たしかに人間は神のかたちに造られたとは言われていたが、そのかたちが明示されていなかったからである。それまでは、人間がそのかたちにしたがって造られた神の言葉《ロゴス》が、まだ人間の目には見えなかったのである。そのために、人間は神との類似性を容易に失ってしまった。しかし、神の言葉《ロゴス》が肉となった時、それは二つのものをそろえて確証した。すなわち、それは神のかたちであった肉体に自らなることで、真の神のかたちを明示すると同時に、目に見える言葉《ロゴス》によって、人間を目に見えない父に類似するものとしたのである。（第五巻一六2）

そのやり直しの完成は、エイレナイオスの現在をも超えて、終末論的な未来に、すなわち万物の完成の時に待望される。その時、人間の肉は霊によって復活させられ、神を見て不滅性を与えられる。そして人間は最終的に神の「かたち」と神との「類似性」にしたがって完成される。神の独り子が人間となった「受肉」の出来事に、人間が高貴で神的な存在へ変えられる完成が対応することになる。

そして主イエス・キリストは、やがて父の栄光を帯びて再び天からやって来られるであろう。それは「あらゆるものをまとめる」〔エフェ一10〕ため、人類全体のすべての肉を再び立て起こすためである。（第一巻一〇1）

このゆえに言葉《ロゴス》が人となった。すなわち神の子が人の子となった。それは人が言葉《ロゴス》と混ぜ合わされ、子とする恵みを受けて神の子となるためであった。（中略）朽ちるべきものが不滅性に、死すべきものが不死性に呑みこまれるため〔Ⅰコリ一五53―55〕、私たちが子となる恵みを受けるため〔ガラ四5〕、まず先に不滅性と不死性が、私たちが現にそうであるところのもの、すなわち肉なる人になってくださらなかったなら、わたしたちはどのようにして不滅性や不死性と一つになることができたであろうか。（第三巻一九1）

以上はエイレナイオスの構想の大略にすぎない。しかし、太初に始められた神の創造の業が救済史の全体にわたって継続し、その終極から完成されるものと考えられていることは明らかであろう。創造が包括的かつ連続的なものとして理解されているのである。

そのことはエイレナイオス自身が『異端反駁』全巻の結び（第五巻二八―三六）で明言している。それによれば、創世記一章で語られている創造の六日間は、実は六千年を意味している。なぜなら、神の一日は千年だからである（第五巻二八3、Ⅱペト三8参照）。その六千年は、「神の両手」が神の計画にしたがって活動すると同時に、人間たちの間では背信、不義、愚昧、偽預言、謀略が相次ぐ世界史と重複する（第五巻二九2）。

二　千年王国と万物の完成

人間が神の「かたち」と神との「類似性」を最終的に与えられるのは、創造の第七日、すなわち、御子がすべてにおいてすべてとなり、その国を父なる神に渡し、父なる神が死そのものを最終的に滅ぼすとき（Ⅰコリ一五26―28）、つまり救済史全体が最終的に完成される第七千年紀のことである（第五巻三六3、三三2)[2]。その完成のことを、エイレナイオスはエフェソの信徒への手紙一章10節に即して、救済史の「再統合《アナケファライオーシス》」とも呼んでいる(第五巻一3、一四2、一八3)。

ただし、その第七千年紀そのものにおいても、人間(人類)は不死性に到達するために、段階を追って前進していかねばならない(第五巻三二1、三六2)。そのプロセスの第一歩はキリストの千年王国である。そのために、パウロも証言しているように(ロマ八19―21)、まず地上世界が更新される。その後で、「主」の再臨に合わせて義人たちが復活し、その王国を継ぐ。千年王国のために更新され解放された地は、あらゆる食物と果実で満ち満ちた世界として描かれる(第五巻三三3)。それは『シリア語バルク黙示録』二九章5節の描写(Ⅳ二、一〇七頁参照)に酷似している。エイレナイオスはそれ以外にも、イザヤ、エゼキエル、エレミヤ、ダニエルなどの預言書とヨハネ黙示録を縦横に跋渉して、終末時の救いの描写や予言を集め、それらすべてを千年王国の描写として解釈していく(第五巻三三4―三四3)。

すなわち、エイレナイオスは千年王国論者であったわけである。前述したように、彼は後一七七年頃、ガリア地方の殉教者たちが認めた書簡を携えてローマへ派遣され、時のローマ司教にモンタノス派に対する寛大な措置を訴えていた(XVII五、四七一頁参照)。彼の主著である『異端反駁』が第五巻をもって完結したのは、それから十年ほど後のことである。その間に彼自身がモンタノス派の千年王国論に同調するに至ったのだと推定される。

ただし、エイレナイオスの言う千年王国は、その呼称のとおり、第七千年紀の全体を覆うことになるのか。そして最終的な万物の帰一と再統合(第一巻一〇1)はその終点にだけ位置づけられるのか。それとも千年王国の中へ万物の帰一も前倒しされているのかどうか。この点がいささか不明瞭なままである。そのために、研究上はいろいろな議論がある。しかし、同じ曖昧さはエイレナイオスの主たる拠り所であるヨハネ黙示録の二〇章（千年王国論）から二一章（新天新地論）へのつながりにすでに見られるものであった（XVI七、四四五頁参照）。

また、千年王国での至福の状態の描写があまりに感性的・物質的であることもあって、千年王国論全体がエイレナイオスの神学には合致せず、後代の付加だとする学説も少なくない。たしかに、後に続くアウグスティヌス（後三五四―四三〇年）が『神の国』第一一―二〇巻で、千年王国論に対して見せる慎重さはエイレナイオスには見られない。

しかし、私の判断では、千年王国の描写が感性的・物質的である分、エイレナイオスの終末論は人間中心主義を脱して、空間的には、自然世界も視野に収めた普遍史的な性格を強めているのである。時間的な側面では、創造の業がその宇宙史全体の中に延伸される。この二つの意味で包括的・連続的な創造論を構築することによって、太古に万物を創造した神（創造神）と、やがて万物を救済して完成へもたらす神（救済神）が同一の神であることを論証すること。これこそが両者を分割したグノーシス主義へのエイレナイオスの論駁の核心なのである。

宇宙史全体の中へ神の創造の業を延伸させる救済史の構想は、そのまま壮大な摂理史観ともなっている。なぜなら、その全体が神の経綸《オイコノミア》、つまりあらかじめの計画と配剤によって貫かれているからである。エイレナイオスはそのことを、例えばこう述べている。「なぜなら、すべての預言者によって一致して予告されたことは創造主によって言われたことであって、キリストはそれを終わりの時に完成されたのである。すなわち、ご自分の父の御心に従い、人類に係るその救いの経綸を成就されたのである」（第五巻二六2）。

このように神の予定と計画によって配剤された救済史を構想した点で、エイレナイオスは間違いなくルカ福音書と使徒言行録の影響下にいる。この二つの文書を貫く「世界史の神学」が明瞭に摂理史観であることは、すでに本書第XIII章三で詳細にわたって確かめたとおりである。ただし、両者の間には顕著な違いも見逃せない。ルカ文書の「世界史の神学」には、その終わりの部分に千年王国論はまったく不在である。異邦人への宣教の時が長く続くことが見透されているだけで、宇宙史の終わりはそのはるか彼方に遠ざかってしまっていた（XIII四参照）。反対に、イエスが登場する前の旧約聖書の時代は予言の時として明瞭に意識されてはいるものの、その予言の時に先行する時間は視野の内にない。すなわち、イエス・キリストが宇宙万物に先立って、神のもとに先在していたという見方は全く見られないのである。

エイレナイオスの全体で七千年の救済史の構想は、ルカの「世界史の神学」の前方部分に欠けている御子の先在論、後方部分に欠けている千年王国論の二つを、二つながらに兼ね備えて出来上がっているのである。千年王国論は救済史の最後の千年間に相当する。そのために大きな足がかりとなったのがヨハネ黙示録二〇章であった。他方、救済史の前方部分の御子の先在論に大きな足がかりを与えているのは、明らかにヨハネ福音書である。ルカ文書の「世界史の神学」は、この二つの部分に挟まれた救済史を摂理史として構想する局面で大きな足がかりを提供したのである。ただし、エイレナイオスがこうして彼の大規模な摂理史の神学を構想したのも、彼一人の独創だった訳ではない。教理史的に言えば、すでに彼以前の殉教者ユスティノスなどのいわゆる「ロゴス・キリスト論」に先行事例があったのである。

最後に付け加えれば、エイレナイオスの構想は、ルカ文書の「世界史の神学」ともう一つ別の共通点を持っている。それは「成長」という観念である。ルカ福音書では、「時の中心」、すなわちイエスの地上の生涯は、彼がイスラエル民族のためのメシアから、全世界の国民のための救い主へと、成長していく過程であった（XIII二2）。使徒言行録では、教会の宣教によって、キリスト教が全世界へ成長していくのであった（XIII三4参照）。他方、エイレナイオスでは、人類はアダムの堕罪という挫折を越えて、神の経綸に従い、御子の「受肉」が再び目に見えるものとしてくれた神との「類似性」(similitudo）の完成を目指して成長していかねばならないのである（前節参照）。

もちろん、ここでも両者の違いは明らかである。ルカ文書では、イエスと教会が時間の中で成長していく。キリスト論は時間に従属している。ところが、エイレナイオスでは、成長していくのは人類であって、御子キリストではない。キリストは聖霊とともに、神の両手として連続的創造の全過程を不変の行為者として貫いていく。時間がキリスト論に従属しているのである。

三　ルキアノス『歴史の書き方』との比較

ルカ文書の「世界史の神学」もエイレナイオスの救済史の構想も、何よりも歴史神学であって、狭い意味での歴史記述ではない。とりわけエイレナイオスの構想は規模が大きいだけに、一段とそう思われる。しかし、歴史記述という側面を単純に否定することも妥当ではない。とくに同時代のモンタノス派の終末論が霊的預言運動であったことと比較すれば、エイレナイオスでは、終末論は明瞭に「記述」行為となっているのである。

最後に、エイレナイオスの『異端反駁』のこの側面をギリシア・ローマの歴史記述と比較することも有意義だと思われる。なぜなら、すでにモンタノス派のところで言及した著作家ルキアノスには、前述した『ペレグリーノスの最期』および『偽預言者アレキサンドロス』以外に、『歴史の書き方』という生真面目な著作があって、その中で「未来の結末をさえ予言風に記述する者の話を聞いたことがある」(三〇節)と報告しているからである。もちろん、ルキアノスが具体的に誰のこと、あるいはどのグループのことを指しているのか、もはや知る術はない。しかし、「予言風に」というのが気になるところである。使われているギリシア語は mantikôs である。これは「託宣」も意味する語であるから、未来のことを託宣風に語る者を指している可能性がある。事実、ルキアノスはペレグリーノスを「予言者」あるいは「神」のごとくに崇めたキリスト教徒がいたと記していたことが想起される。また、モンタノス派の恍惚境での異言もまさしく「託宣風」と見られても不思議はない。

もちろん、ギリシア・ローマ文化圏には、ルキアノス以前にも長い歴史記述の伝統がある。有名な古典に限っても、ヘロドトス(前五世紀)の『歴史』、ツキュディデス(前五世紀)『ペロポネソス戦争史』、クセノフォーン(前五—四世紀)『ギリシア史』、ポリュビオス(前二世紀)『歴史』、サルスティウス(前一世紀)『ユグルタ戦記』、リウィウス(前一—後一世紀)『ローマ建国史』などがすぐに挙げられる。

しかし、そこには、エイレナイオスのように、宇宙史と世界史全体を神の摂理によって導かれた統一体として見る歴史観はまったく見られない。そもそもそこでは宇宙史という見方そのものが欠けている。ましてや終末論的な動機づけからそれが叙述されることはあり得ないのである。なぜなら、歴史とはひたすら過去のことであり、後世への教訓を学ぶ場であったからである。

その際、歴史過程に超越的な原因が介入してくるという観念が見られないわけではもちろんない。

例えば幸運の女神「テュケー」(Tychê) がその一つである。しかし、それはすでに早い段階から排除されるか、レトリックとしてのみ残されているにすぎない。歴史叙述の主眼はあくまでも歴史的事件や経緯そのものに内在する相互的な因果関係を解明することにおかれた。その前提には明らかに、類似の事件は将来再び起こりうる、つまり歴史は繰り返すという歴史観がある。

その最良の例はツキュディデス(前五世紀)『ペロポネソス戦争史』である。これは都市国家アテナイとスパルタがギリシア全土への覇権を争った内戦の記録であるが、その有名な序文で著者はこう記している。

戦争をつうじて実際になされた事績については、たんなる行きすがりの目撃者から情報を得てこれを無批判に記述することをかたくつつしんだ。またこれに主観的な類推をまじえることも控えた。私自身が目撃者であった場合にも、また人からの情報に依った場合にも、個々の事件についての検証は、できうる限りの正確さを期しておこなった。(中略) また、私の記録からは伝説的な要素が除かれているために、これを読んで面白いと思う人は少ないかもしれない。しかしながら、やがて今後展開する歴史も、人間性のみちびくところふたたびかつての如き、つまりそれと相似た過程を辿るのではないか、と思う人々がふりかえって過去の真相を見凝めようとするとき、私の歴史に価値を認めてくれればそれで充分であろう。この記述は、今日の読者に媚びて賞を得るためではなく、世々の遺産たるべく綴られた。(第一巻二二)(3)

前二世紀のギリシア人ポリュビオスの『歴史』は、都市国家ローマがハンニバル戦争を含めて一大勢力に台頭していく歴史を叙述する大著である。その目的を著者はこう記している。

人間にとって先立つ時代の事件について知ること以上に手近な矯正策はなく、(中略)歴史に学ぶことこそ政治的行為のための最善の教育と訓練であり、他者の身の上に降りかかった災禍を記憶することこそ運命の変転に雄々しく耐えて生きる能力を教えてくれる最も有効で、しかも唯一の教師である。(第一巻一1―12)

ルキアノスの『歴史の書き方』も、フィクションを避けて、ただ真実のみに犠牲をささげ、今ここでの聴衆のお世辞と悦びではなく、自分の著作にやがて出会うであろう後世の人々にとって有益であることをもって、ただ一つの規準としている(四〇、四二、六一、六三節)。これは、まさにツキュディデスの前記の序文そのものである。ルキアノスにとっては、同時代に続々と登場していた「歴史家」たちにとってと同様に、ツキュディデスこそが歴史叙述の模範であったのである(『歴史の書き方』三九、四二節)。

われわれにとってとりわけ興味深いのは、歴史の因果論についてルキアノスがツキュディデスから学んだことである。

彼は最初の事件を書き終わったら、すぐ次の第二の事件を導入して、最初のそれに固く結びつける。ちょうど鎖のように。そうすることで、破れをなくし、話がバラバラの寄せ集めにならないようにするのである。いや、最初と二番目の出来事はただたんに隣接し合っていなければならないというのではなくて、事柄の上で共通し合い、重なり合ってもいなければならない。(『歴史の書き方』五五節)(4)

あるべき歴史家は隣接し合った事件を、「事柄の上で共通し合い、重なり合ったものとして」、「固く結びつけ」て、叙述しなければならないのである。ある事件の「原因」はそれに隣接する先行事件の中に求めよ（一四節）、ということである。歴史家が「真実のみに犠牲」をささげるとは、もちろん「事が起きたとおりに物語ること」（三八節）であるが、それは「話がバラバラの寄せ集め」になってもよいということではなくて、原因と結果が時系列の上で「ちょうど鎖のように」つながっていなければならないのである。歴史そのものに内在している因果律に従って、過去から現在まですでに起きてしまった事件を物語ることが歴史記述の任務である。その既成の事件が原因となって、来るべき未来に一体どのような結末が生じてくるのかは埒外のことなのである。ルキアノスがこう書く理由こそ、前述のとおり、「未来の結末をさえ予言風に記述する者の話を聞いたことがあった」（三〇節）からである。

改めて見直してみれば、エイレナイオスの摂理史・救済史の構想のみならず、本書がここまで論じてきた旧約聖書以来の終末論の全体が、ルキアノスの言葉で言えば、「未来の結末をさえ予言風に記述する」ものなのである。本書の読者の間でも、そのような記述に対してルキアノスが抱いたのと同じ違和感を「聖書の終末論」に抱いてきた方が少なくないに違いない。

それは不思議なことではない。なぜなら、科学的な合理性という観点から見ると、歴史的な事件や経過に内在する因果関係の解明をこそ第一義とするギリシア・ローマの歴史記述の方が、圧倒的に「科学的」であって、自然科学によって訓練された近代の合理主義に親和的だからである。また、歴史にかかわる人間の主体性という観点からも、ギリシア・ローマの歴史叙述は、来たるべき歴史の変転に耐えるために過去の歴史の教訓に学ぼうとする動機において、きわめて主体的だからである。

それに対して、聖書の終末論においては、あるいは、概念をより拡大して言えば、聖書の歴史理解においては、歴史的事件の原因は究極的には神に求められる。そのために、因果律は言わば「縦軸」で展開されることになる。すなわち、歴史を超越する神が「上」から「下」へ、計画と予知にしたがって介入する。それゆえ、「横軸」で「ちょうど鎖のように」つながる因果論は欠落して構わないのである。ルキアノスならば、「話がバラバラの寄せ集め」だと言うに違いない。

ただし、聖書が終始「縦軸」で展開する歴史の因果律そのものの内側でも、歴史の「前面」と「背面」の問題が残っている。すなわち、神の計画と予知が歴史の「背面」に隠れている場合と、それが「前面」に顕在化する場合の違いである。

ユダヤ教黙示文学の超越的・宇宙的終末論は前者に属する。そこでは、たしかに歴史の連続性は外（上）から働く神の摂理によって保証される。しかし、それは終末まで歴史の背面に隠れている。それはすでにダニエル書に見られたものである（Ⅲ二、五三頁参照）。さらには、終末に向かうにつれて古い被造世界が自動的に「老化」し、さまざまな艱難が襲って来る段階（Ⅳ一トポス2と3参照）にあてはまる。それに対して、ルカの世界史の神学とエイレナイオスによる普遍史の構想は、後者に属する。そこでは歴史の前面と背面の二重性は解消されている。神の計画と行動は、歴史の前面に働いている。

ただし、どちらの場合にも、神の摂理はあくまでも歴史を超えた「上」から「下」へ介入してくることに違いはない。それは超越原理であって、ストア派が言う宇宙全体を統括する「摂理」あるいは「理法」のように、世界に内在する原理ではない（XVIII一、四八二頁参照）。

最後に、もう一つ重要な相違点を確認しておかねばならない。それは歴史の志向性あるいは一回性の問題である。ギリシア・ローマの歴史記述にとっては、「歴史は繰り返す」ことが大前提である。それはすでに引いたツキュディデスの『ペロポネソス戦争史』の序文が明言している。歴史的事件相互の「横軸」での因果関係を解明して、後世の益となることが肝要だとされるが、その歴史は全体としてどこへ向かっているのかという問い、つまり歴史の「テロス」(telos)の問いは立てられないのである。

反対に、聖書の終末論にとっては、初めからその問いこそが決定的に重要であった。そしてそれは歴史の一回性と同義であった。もちろん、グノーシス主義が物語るドラマ全体も一回的であった。しかし、それは超越的な「光」の領域(万物)と下方の「闇」の領域の間、言わば「縦軸」での一回性であったが、聖書の終末論は言わば「横軸」での一回性である。もちろん、初期ユダヤ教の黙示文学の中の「上昇の黙示録」(P・シェーファー)の系譜においては、垂直軸がより大きな役割を果たしていた。しかし、その場合にも、前向きの時間軸が消えてしまうことは決してなかった。ルカとエイレナイオスは、その横軸の上で世界史と普遍史が占める幅を一挙に押し広げた。とりわけ、エイレナイオスにおいては、それは太初に始まった神の創造の業が連続的に進展して最後に完成されるプロセスであった。

目標(テロス)に向かって一回的に進んでいく世界史。よく知られているとおり、この構想は後世に思想史的に巨大な影響を及ぼした。一二世紀のフィオーレ(フローリス)のヨアキムが『黙示録註解』で提示した「三時代説」(父の時代、御子の時代、聖霊の時代)による終末論はその筆頭に挙げられる。シラーの「世界史が世界審判である」(『タリア』一七八六年)という名文句と、それに影響されたヘーゲルの歴史哲学もまた、同じ影響下にある。

興味深いのは、シラーのこの名文句がエイレナイオスの構想を逆手に取っていることである。エイレナイオスにとっては、世界史の全過程は太初の創造の業という「始まり」を終わりに向って延伸させたものであった。シラーとヘーゲルにとっては、まさにその真逆、つまり「終わり」を全過程に延伸させたものが世界史なのである。

むすび——神も途上に

一　神の「道のり」

本書は旧約聖書の預言者から始めて、旧約外典偽典と新約聖書を経て、紀元後二世紀のキリスト教まで、終末論の思想史をたどってきた。限られた紙幅の中で取り上げることができたのは、実際には目が眩むほど膨大な量に上る対象の中のごく一部に過ぎない。それにもかかわらず、聖書の終末論の多声性を明らかにするには、十分であるはずである。その多声性を貫いて、歴史の一回性と志向性という理念が終始変わらずに保持されてきたことは、前章の最後に述べたとおりである。聖書によれば、歴史は「終わり」あるいは「目標」(テロス)を目指して進む「道のり」なのである。

その「道のり」を行くのは、旧約聖書とその外典偽典では神である。そもそもその神は、古代イスラエル民族との最初の出会いの時から、歴史の中を人間とともに歩む「歴史の神」だった。この観念にくらべれば、天地万物を創造した神という観念は、思想史的には、遅れてやってきたものであった。事実、旧約聖書の終末論も初めはそれなしで済んでいた(預言者、ダニエル書)。それは終末論が世界史の終わりから宇宙史を含めた普遍史の終わりへと、視野を拡大したときに初めて取り込まれたのである(第二マカバイ記、第四エズラ記)。太古の創造は太古の一点で完結したのではなくて、終わりへ向かって進む普遍史のスタート地点にすぎない。一回的で志向的な普遍史は、その中での人間の世界史と全く同じように、神の行動の舞台であり続けた。聖書の神は一貫して、歴史の「外」からか「背面」からかを問わず、とにかく歴史に介入して、その中で行動する神であることに変わりがなかった。

新約聖書の見方によれば、「父」なる神はイエスに十字架の刑死への「道のり」を歩ませる。とりわけ、マルコ福音書では、その「道のり」を歩み切ることで、イエスは「本当に神の子」となる。そうして初めて、やがて最後の審判のために再臨する「人の子」イエスは、同時に「神の子」なのである。ここでは、歴史の中を歩むイエスの「道のり」が、彼が何者であるか、何者になるかを決定していく。歴史はその中を歩み、その中で行動し、そして死ぬ者の存在（本質）を決定する。イエスにその「道のり」を歩ませたのは神であった。それゆえ、イエスの「道のり」は同時に神の「道のり」であり、神の行動でもあった。

この点では、ヨハネ福音書のイエスが意味深長な言葉を発している。「わたしの父は今なお働いておられる。だから、私も働くのだ」（ヨハ五17）。ヨハネ福音書でも、イエスの「道のり」は、そのまま神の「道のり」、イエスの「働き」はそのまま神の「働き」なのである。「父なる神」は今なお途上にあって「働いている」。もちろん、ここで「働き」（ergazetai）というのは、「行動」（prassein）とまったく同じ意味である（ヨハ三20―21参照）。

そうだとすれば、聖書では、旧約と新約の別を問わず、神は歴史の中で行動する神なのである。もちろん、このことは専門の研究の上では周知のことである。それを改めてここで確かめるわけは、そのことが聖書の神とは一体何者なのか、という問いと、どうかかわるかを考えたいからである。人間の世界史と自然界も含めた普遍史の行方は、この問いと、どうかかわってくるのだろうか。

二　連続的創造と進化論

この問いの観点から興味深いのは、一方ではエイレナイオスの普遍史の神学、他方では現代の生命科学と宇宙物理学を貫く進化論的な見方である。

前者によれば、神によって始められた創造の業は太古において完結せず、その後の被造世界全体の歴史、つまり普遍史を貫いて今なお継続している。それは来るべき終わりの時に完成される。明らかに、普遍史全体が神の働きの場所なのである。しかも、エイレナイオスの説く普遍史の完成とは、神が地上世界も含めた「すべてにおいてすべてとなる」時（Ⅰコリ一五28、ロマ一一36）のことであった。彼の主著『異端反駁』全五巻が、パウロのこの言葉をもって結ばれている（第五巻三六2）。そこには、宇宙万物は別として、少なくとも人類がただ神の「かたち」だけを身に帯びた存在から神との「類似性」も実現した存在へと進化していくという観念が明瞭に含まれている。[1]

他方で、現代の生命科学と宇宙物理学を貫く進化論的な見方というのは、八木誠一の最新の著作『回心――イエスが見つけた泉へ』（二〇一六年）の報告によれば、次のような見方を指す。すなわち、いわゆるビックバンの後、素粒子→原子→星雲→太陽系→地球→ＤＮＡの形成と続いたことを述べた後、こう言われる。

原核生物のような最初の生き物が現れて生物の進化が開始された。現代の自然科学的宇宙論によれば（中略）物質と生物の歴史は、今日ではもはや必然的因果のカテゴリーで説明されてはいない。それはむしろ、自然の創発的自己組織（emergent selforganization）としてすら説明される。そして、生物の創造的進化は、気候の変動や、地球と小惑星の衝突のような危機的状況のなかで、幾度も滅亡に瀕しながら、創造的な危機克服として起こったという[2]。

八木はこれまで、人間の直接的宗教経験の領域について、神が「統合作用」として働く構造を解明してきた。「回心」とは神のその働きの「場」の中で、人間の孤立した自我が消滅し、統合の一つの「極」となって他の「極」との統合関係におかれることである。「回心」した個人は自分の身体性と同時に他の個人（他者）とも統合された生を生きることができるようになるという。その八木が、今やこの自然科学的物質・生命観に即して、神の「統合作用」がホモ・サピエンスの人間世界に限定されず、それ以前のミクロな物質世界から生命世界も含めて、いわば同心円的に重なり合って、いわゆるフラクタル構造を成しながら成り立っているとするのである。そしてそれを「重層的統合」と呼んでいる（前掲書一〇〇頁）。

人間の宗教的経験を現代の生命科学と宇宙物理学的な進化論の中に位置づけようとする試みは、欧米の神学界にも認められる。その中で、八木と最も近い見方は、G・タイセンの場合である。例えば、最近の『イエスから原始キリスト教の記号世界へ』（二〇一一年）では、こう言われる。

人間と宇宙との間には、〔進化論で言う〕「適応」によって成立したのではない一致があるはずである。例えば、事実、自然が複雑な数学的定式に従っているのだとして、それに「適合する」数学は、われわれの脳が客観的な世界に「適応」することによって生命体としての生き残るチャンスを高めるためのものだ、ということにはなり得ない！　ここでわれわれは、人間と宇宙の間にある根源的な親和性に直面しているのである。それゆえ、宗教はただ単に、客観的な現実への二次的な「適応」に過ぎないのではなく、もともとわれわれ自身の内部にある一定の超越的なはたらき（Aktivität）の表現でもあるのである。そのはたらきこそが、そもそも現実を経験可能なものとしてくれるのである。そのはたらきのカテゴリーは、あり得べきすべての世界に妥当するのである。われわれの理性と現実の基礎構造の間には、動態的な親和性が存在するに違いないのである。(3)

八木の統合論との重なりは、個々の用語のレベルでも明瞭である。傍点を付した文章はまさに八木が言う「重層的統合」と同じものである。タイセンは言う、「なぜなら、自然は分子から高等生命に至るまで協働ということを知っているからである。私が確信するところは、人間は自然から解放された者ではあるが、自分自身の本性（自然）からして、自然が持っているこの傾向をさらに展開し、それを超えていくように定められているのである」（前掲書二一二頁）。

最後の文章でタイセンが念頭に置いているのは、イエスの登場と「神の国」の宣教のことである。それは、進化論の用語を借りて言えば、歴史的・文化的な意味での「突然変異」の一種だったと見做される。それはこれまでの進化に矛盾するような何か新しいものが生じたことを証言している。つまり、淘汰に逆らって抵抗すること、むしろ弱いもの、および「不適合なもの」と連帯することである（前掲書五二、一八九頁）。

進化論的には、生命の乱雑性（エントロピー）が過剰になると、生物の生存競争（淘汰）がその減少を図る。本来の文化は、その淘汰を減少させ、弱者にも生存のチャンスを保障するための進化であった。しかし、やがてその文化も過剰になると生命を抑圧するものとなる（たとえば、律法主義）。本来の宗教（聖書とイエス）は「淘汰に逆らう進化」（antiselektive Evolution）である。つまり、進化そのものが進化していくべきなのである。人間をすでに最後の段階にあるとは見ないで、むしろ何か新しいものへのプロセスの途上にあると見る進化論は、聖書の信仰全体と決して矛盾しない。むしろ逆である。とりわけ新約聖書は、人間は二つの世界の境界に生きているのだと言うのである（前掲書二〇五頁）。

八木もタイセンもエイレナイオスの連続的創造の観念にはまったく触れていない。しかし、それが持つ現代的なポテンシャルの一端を取り出しているのではないかと私には思われる。(4) もちろん、これはエイレナイオスの超越的な摂理の観念もそのまま現代へ適用可能だということではない。すでに見たように、この観念では、神の摂理は連続的創造の過程全体を貫いて同一不変である。しかし、聖書の言う創造を、物質世界、生命世界、人間世界を含む普遍史の全プロセスに延伸されたものとして捉え直す場合、重要なのは神の摂理ではなく、むしろ神の行動《プラクシス》ではないのか。普遍史における神の行動《プラクシス》は、「神とは一体何者なのか」という問いに跳ね返って、その答えを左右することはないのか。これがわれわれの問いである。

八木は神の働きのことを世界の中に見ることができる太陽の働きに、神を人間の眼が見ることのできない太陽そのものに喩える（前掲書一〇九頁）。タイセンが進化のプロセスの根底にある「現実の基礎構造」について語っているのも、神のことを指している。その「太陽そのもの」あるいは「現実の基礎構造」としての神にとって、すなわち、神の存在そのものにとって、普遍史の中で不断に創造のために働くことは、何をもたらすのか。それは働く主体、「太陽そのもの」である神の存在そのものをも変えてゆくのか。これが最後にわれわれに残されている問いである。

三　神の自己実現

聖書の言う「創造」は、世の常識的な用語法では英語の「クリエーション」（creation）の訳語として受け取られている。その場合、強く作用しているのは、「無からの有の創造」という観念である。しかし、目下のわれわれのように、創造を普遍史の中での神の「働き」の意味に解する場合には、ラテン語起源のcreationではなく、ギリシア語の「プラクシス」（praxis）を当てるべきである。こちらは、日常用語では「実践」の意味で用いられる。この日常用語が、目下の文脈にもよく適合する。神の創造の働きとは、神の実践のことに他ならない。すでに見たように、ヨハネ福音書五章17節の「わたしの父は今なお働いておられる」というイエスの言葉も、同じことを示している。

他方で、ギリシア語には、「ポイエーシス」（poiêsis）という単語があり、通常日本語では「制作」と訳される。そもそも人が創世記の冒頭で語られる天地創造のことを耳にすれば、むしろこちらの意味で受け取るのが通常だろう。

私がここで導きの糸としたいのは、哲学の分野で行われている「行為」（プラクシス）と「制作」（ポイエーシス）の区別である。この区別はすでにアリストテレス（ニコマコス倫理学第六巻）以来周知のものであるが、たとえば、哲学者ハンス・ヨナスは、私が邦訳を手がけた『グノーシスと古代末期の精神』の中で、それを次のように敷衍している。

制作《ポイエーシス》の遂行は一定の外的な事物を造り出す。したがって、制作は自分自身の外部にある対象を目標としている。それに対して、行動《プラクシス》の遂行は、その行為の主体そのものを実現するのである。なぜなら、主体の存在はそのような遂行の中にあり、主体の善性はその遂行の完全さに他ならないからである。(5)

もし創世記の天地創造物語を、ここで言われる「制作《ポイエーシス》」の意味で読めば、神の創造は太古の六日間で完結し、その制作物は「見よ、すべてがきわめて良かった」(創一31)と言われて、神の外側に定立したことになる。現代のいわゆる「創造科学」的な読み方は、まさにその典型である。それは一見すると、神の「永遠不変性」と「全能」に合致するように見えるものの、他でもない地震国日本に住む者にとって、これ以上はないような難問を呼び起こさずにはおかない。たび重なる地震による災害に直面して、「見よ、すべてがきわめて良かった」とは何人たりとも言えないからである。

すでに紹介した現代の生命科学と宇宙物理学を貫く進化論的な見方を、ここで再度思い起こそう。そこでは、物質と生物の「創造的進化は、気候の変動や、地球と小惑星の衝突のような危機的状況のなかで、幾度も滅亡に瀕しながら、創造的な危機克服として起こった」と言われていた。われわれ日本人が日々恐れている地震と巨大津波も地球の地殻変動による危機である。それに加えて、核をめぐる危機もある。それは人間の文化・文明の過剰と疲弊が生命にもたらしている危機である。

普遍史の全体を聖書の言う神の連続的創造のプロセスと見做すとき、そこからこれらの危機を除外して考えることはできない。そして、前掲のヨナスの言にもあるように、「行動《プラクシス》の遂行は、その行為の主体そのものを実現する」のだとすれば、普遍史を貫いて「働いている」神も、それらの危機に直面しながら、自らの主体を実現しつつあると考えねばならない。行為主体である神は、今なお自己を実現する途上なのである。

もちろん、これ以上に、「神は永遠不変」とする世間一般の通念に反する言明もないであろう。この通念では、神の「永遠性」は「時間性」あるいは「歴史性」を絶対的に排除しているからである。

しかし、現代のキリスト教神学はつとにそのような通念を、「神の永遠性概念のバビロン捕囚」（K・バルト）と呼んで厳しく異を唱えてきた。そしてそこから、「生成途上にある神の存在」（E・ユンゲル）、あるいは「終末論的存在論」（W・パンネンベルク）への思考の転換が提起されてきた。そしてそれは当たっていると私は思う(6)。

すでに述べてきたように、聖書の終末論にとって重要なのは、天地万物の創造よりも歴史の行方、神の「制作」よりも「行動」なのである。そして、その行動の「道のり」は未完である。したがって、神が何者であるかの問いも未決のままにとどまらざるを得ない。その理由は、ただ単に太陽が人間の視力を超越するように、神が人間の認識を超越するからではない。むしろ神の自己実現そのものが未決だからなのである。

ただし、聖書、とりわけ新約聖書の神は、誤解を恐れずに言えば、これまでの危機克服の中で、すでに一度「十字架に架けられたことのある」神である。その危機とは、ナザレのイエスが「神の国」を宣べ伝えた最後に十字架上に処刑されたことである。「神の国」は、タイセンが喝破したように、歴史的・文化的な意味での「突然変異」の一種だった。「淘汰」に逆らって抵抗し、弱いもの、および「不適合なもの」と連帯する神の働きだった。その働きが十字架上に挫折しようとしたときに、神は十字架に架けられたイエスと自らを一体化し、イエスを死から甦らせた。そう新約聖書の復活信仰は信じる。

もちろん、普遍史はその後も続いていく。だからこそ、もう一度繰り返すが、ヨハネ福音書のイエスは「わたしの父は今なお働いておられる。だから、私も働くのだ」と言うのである。しかし、新約聖書は同時に、すでにこの十字架の危機の克服の中に、普遍史の終わりに神がどう自己を実現するか、その先取りを見て取った。それは弱いもの、および「不適合なもの」を「淘汰」から守る愛である。ヨハネの第一の手紙四章16節が、新約聖書全体の中でも例外的な定義文をもって、「神は愛である」と断言するのは、神の存在そのものにかかわる意味に解することができる。

なぜ「淘汰」から守ることが愛なのか。そのわけは、普遍史の中での神の働きとその道のりの目標が、「すべてのものにおいてすべてになる」（Ⅰコリ一五28、ロマ一一36）ことだからである。パウロは神がその目標に向かって、今現に被造物全体と共に、そして被造物の内側で、共に「呻いている」と語る（ロマ八26）。この「呻き」も神の存在そのものに深くかかわっていると解することができる。

注

第Ⅰ章

(1) ここに言う「イザヤ」とは、現在のイザヤ書の三九章までを指す。後述する四〇章以後の預言者と区別して「第一イザヤ」とも呼ばれる。

(2) その他にもイザ五六6—7、六〇14、ミカ四1—3を参照。

(3) P. Schäfer, *Die Ursprünge der jüdischen Mystik*, Berlin 2011, S. 59-82. P・シェーファーは一九四三年生まれ。ボン大学、ヘブライ大学、フライブルク大学でユダヤ学を修めた後、一九七三年フランクフルト大学で教授資格を取得。以後、ケルン大学、ベルリン自由大学、プリンストン大学で教育研究職を歴任した。

第Ⅱ章

(1) 「マカバイ」とはギリシア語でハンマー(槌)を意味するが、その叛乱を指導した一族に付けられた尊称である。新共同訳旧約聖書続編中の「マカバイ記一、二」と前出のヨセフス『ユダヤ古代誌』第一二巻二六五節にその一部始終を読むことができる。なお、ちくま学芸文庫に邦訳(秦剛平訳)がある。

(2) Ⅰマカ七12—14、ヨセフス『ユダヤ古代誌』第一二巻三九五—三九六節参照。

(3) 『聖書外典偽典1　旧約外典Ⅰ』、日本聖書学研究所編、教文館、一九七五年所収(土岐健治訳)、二一二頁参照。以下の引用もこの訳文に準じる。

(4) 『死海文書』、日本聖書学研究所編訳、山本書店、一九六三年所収。以下ではこの邦訳に準じる。ただし、本書脱稿後に、死海文書翻訳委員会による新訳の刊行(全一二分冊、ぷねうま舎)が始まっている(第一回配本は第八分冊の『詩篇』)。

(5) 『ハバクク書註解』Ⅰ13、Ⅱ2、Ⅴ10、Ⅶ4、Ⅷ3、8、16、Ⅸ5、9—10参照。

（6）『聖書外典偽典5　旧約偽典Ⅲ』、日本聖書学研究所編、教文館、一九七六年所収（後藤光一郎訳）参照。以下の引用もこの訳文に準じる。
（7）この間の経過については、ヨセフス『ユダヤ古代誌』第一四巻一―一三六節に詳しい。
（8）エッサイはダビデの父。サム上一六3、13参照。
（9）エウセビオス『教会史』には講談社学術文庫に邦訳（秦剛平訳、上下、二〇一〇年）がある。ただし、本文に掲出したのは私訳である。

第Ⅲ章
（1）P. Schäfer 前掲書 S. 83-162.
（2）G. Scholem, *Die jüdische Mystik in ihren Hauptströmungen*, Frankfurt am Main 1957, S. 43 (engl.: New York 1941).
（3）同前 S. 6.
（4）なお、「ヘカロート文書」とは「メルカヴァ（車輪のついた玉座）神秘主義」を示す文書群で、「ヘカロート」とはエルサレム神殿の至聖所の入り口ホールに因む呼称であり、ほぼ天上の王宮という意味である。P. Schäfer 前掲書 S. 336 参照。
（5）それ以外に、新約聖書のヨハネ黙示録も「上昇の黙示録」の表象を証言するものとして取り上げられているが、本書では第二部の最後（XVI章）で取り上げる予定である。また、シェーファーはさらにクムラン文書とアレキサンドリアのフィロンも取り上げているが（前掲書 S. 163-244）、「上昇の黙示録」には数えていない。
（6）『聖書外典偽典4　旧約偽典Ⅱ』、日本聖書学研究所編、教文館、一九七五年所収（村岡崇光訳）参照。以下の引用はこの訳文に準じる。
（7）ケルビムは至高神に仕える半人半獣の存在。イザ六2のセラフィムと似ている。ヘレニズム文化圏では、スフィンクス。
（8）P. Schäfer 前掲書 S. 95-96, 101.
（9）P. Schäfer 前掲書 S. 72-73, 94 を参照。シェーファーによれば、ダニエル書七章10節が「その前から火の川が流れ出ていた」と表現するのは、エゼキエル書一章27節（至高神の腰のあたりが火のように見える）ではなく、むしろ『寝ずの番人の書』一四章19節に倣ったものである（前掲書 S. 92-93, 317 参照）。

（10）『聖書外典偽典4　旧約偽典Ⅱ』、前掲、所収（村岡崇光訳）参照。以下この邦訳に準じる。

（11）前掲邦訳の解説一五頁参照。「ヨベル」とはその際用いられる編年の単位のことで、四九年が一ヨベル、全体が四九ヨベルに区分される。

（12）『聖書外典偽典5　旧約偽典Ⅲ』、前掲、二四二—二六一頁所収（笈川博一・土岐健治訳）参照。以下この邦訳に準じる。ヨベル書との並行およびエノク書（寝ずの番人の書）への言及については、訳注に参照指示がある。

（13）ただし、この一文を欠く本文伝承がある。前掲邦訳の八18への訳注を参照。

（14）八12への邦訳注10を参照。

（15）邦訳四四五頁は一〇章の訳注1で、次のように記している。「全体としてレビの遺訓は、レビの優越性を認め、その祭司権に無条件で従うのを要求している中で、一〇、一四—一七章は、祭司の堕落を伝えて特異である。民の宗教的感情と対立したハスモン家への反感に基づく、前一世紀ごろの加筆かもしれない」。ここで「ハスモン家への反感」というのは、アレキサンドロス・ヤンナイオスの治世下（前一〇三—七六年）に顕著に現れて来るファリサイ派を指すと思われる。しかし、本文に述べたわれわれの見解からすれば、この解釈は『レビの遺訓』全体の文学的な構成を見誤ったもので不当である。

（16）P. Schäfer 前掲書 S. 103.

（17）『聖書外典偽典4　旧約偽典Ⅱ』、前掲、所収（村岡崇光訳）参照。以下の引用はこの訳文に準じる。

（18）P. Schäfer 前掲書 S. 109 および注77参照。

（19）七一章1節への邦訳の訳注1を参照。

（20）『聖書外典偽典3　旧約偽典Ⅰ』、日本聖書学研究所編、教文館、一九七五年所収（森安達也訳）。翻訳の底本は短写本のM・ソコロフによる校訂版で、全体を二四章に区分している。ただし、一二、一九、二四章は明瞭に後代の付加だとして、除外されている。さらに、章区分のみで、下位の節区分はない。最も新しい英訳には F. I. Andersen によるものがある（J. H. Charlesworth (ed.), *The Old Testament Pseudepigrapha*, Vol. I, New York 1983,

p. 90–221）。こちらは、長写本との対観方式となっており、節区分も含めて、R. H. Charles の英訳以来の章節区分に準じている。以下の内容の要約では、必要に応じて、英訳の章節表記も併記する。二つの表記はスラッシュ（／）で区分する。

（21）この部分は『エチオピア語エノク書』の『天文の書』（七二―八二章）に似ている。

（22）この部分は『エチオピア語エノク書』の『たとえの書』の結び（七一章）に似ている（前述参照）。

（23）たとえば、ナグ・ハマディ文書の第XI写本には『アロゲネース』という文書が含まれている。この文書および関連する伝承について、詳しくは『ナグ・ハマディ文書Ⅳ　黙示録』、岩波書店、一九九八年に所収の解説（小林稔）を参照（ただし、スラブ語エノク書についての言及はない）。

（24）詳しくは『ナグ・ハマディ文書Ⅰ　救済神話』、岩波書店、一九九七年に所収の邦訳（小林稔）を参照。

（25）同じことは、二二章の終わり（七〇23）にある「民は神から遠ざかり、お互いをうらやみはじめ、民は民に対し反乱し、民族は民族に敵対し、大きな騒乱が起こった」という文章がマコ一三7―8に酷似していることについても言えるかも知れない。

（26）以下では R. Rubinkiewicz の英訳（J. H. Charlesworth（ed.）前掲書 I, p. 681–705）に準じる。ただし、一〇世紀以降のボゴミル派による挿入部分は除外する。

（27）P. Schäfer 前掲書 S. 135–136 は、この場面全体に朗唱と答唱からなる交唱の構造を読み取って、それを「儀礼による一体化」（unio liturgica）と呼んでいる。そしてそれはすでに後六世紀以降のヘカロート文学にきわめて近いと言う。

（28）『聖書外典偽典別巻　補遺Ⅱ』、日本聖書学研究所編、教文館、一九八二年に『預言者イザヤの殉教と昇天』の表題で所収（村岡崇光訳）。以下ではこの邦訳に準じる。

（29）P. Schäfer 前掲書 S. 138 参照。

（30）これは九18の異読に準じる読解である。その正当性については、この箇所への邦訳の訳注を参照。

（31）P. Schäfer 前掲書 S. 138 参照。

（32）邦訳は存在しない。O. S. Wintermute による英訳が J. H. Charlesworth（ed.）前掲書 I, p. 497–515 に収録され

ている。以下ではこれに準じる。Wintermute, p. 500 は成立年代を前一世紀から後一世紀の後半、P. Schäfer 前掲書 S. 146 は後一世紀末から二世紀にかけてと推定している。

(33)『アレクサンドリアのクレメンス　ストロマテイス（綴織）II』、秋山学訳、教文館、二〇一八年、七六頁に邦訳がある。ただし、ここに掲出したのは私訳である。

(34) O. S. Wintermute の英訳 p. 514, n. 9a もこの並行を明確に指摘している。

(35) たとえば RGG, 4. Aufl., Bd. I, Sp. 78b-79a 参照。

(36)『聖書外典偽典別巻　補遺I』、日本聖書学研究所編、教文館、一九七九年所収（関根清三訳）。

(37) P. Riessler, *Altjüdisches Schrifttum außerhalb der Bibel*, Freiburg/Heidelberg 1927. 以下ではこのドイツ語訳に準じる。

(38) 傍点部は邦訳（長い版）には欠けている。

(39) 後二世紀のエイレナイオス『異端反駁』五巻二八3には、神の天地創造の七日間は、一日が千年で合計七千年であり、その七千年紀の終わりに神の創造が完成されるという観念が表明されている（後出XX章二、五〇六—五〇七頁参照）。『バルナバの手紙』一五6にも似た考え方が見られる。『アブラハムの遺訓』の目下の箇所は、これらのキリスト教文書の見方に基いて事後的に付加されたものとしては説明できないように私には思われる。初期ユダヤ教の内部でのさらなる跡づけは今後の課題である。

(40) Martin Heide, *Die Testamente Isaaks und Jakobs. Edition und Übersetzung der arabischen und äthiopischen Versionen*, Wiesbaden 2000 (Aethiopistische Forschungen Bd. 56) 参照。P. Riessler 前掲書 S. 1135-1148 にもドイツ語訳がある。

第IV章

(1) 新共同訳続編『エズラ記（ラテン語）』の訳文による。ただし必要に応じて文言を変更することがある。

(2) 新共同訳続編は「イエス」。しかし、これはおそらくキリスト教徒による事後的な改変と思われる。

(3) シビュラの託宣と呼ばれる文書は合計八巻現存している。そのうちの三—五巻はユダヤ教の偽典文書であるが、残る巻は初めからキリスト教徒によって編纂されたか、その改竄の手が強く加わっている。文学的には古代ギリシアに存在したシビュラと呼ばれる託宣巫女の名を借りた偽作である。集められた「託宣」は、当然ながら初めから終わりまで、未来形の予言の体裁をとっているが、語り手のシビュラがはるか古代のギリシアに設定されているため、ほとんどが事後予言となる。同時代史との照らし合わせから、第三巻は前二世紀半ば、第四巻は後一世紀後半、第五巻は後二世紀前半に編纂されたと推定されている。

(4) 訳文は『死海文書』、日本聖書学研究所編訳、山本書店、一九六三年、一六九頁による。

(5) 『聖書外典偽典5　旧約偽典Ⅲ』、前掲、所収(村岡崇光訳)。以下ではこの邦訳に準じる。ただし、文脈上の必要に応じて適宜変更することがある。

第Ⅴ章

(1) フラウィウス・ヨセフス『ユダヤ古代誌6』、秦剛平訳、ちくま学芸文庫、二〇〇〇年による。

(2) 同『ユダヤ戦記2』、新見宏・秦剛平・中村克孝訳、山本書店、一九八一年による。

(3) 大貫隆『イエスという経験』、岩波書店、初版二〇〇三年、二五頁以下。現代文庫版(二〇一四年)、二七頁以下。

第Ⅵ章

(1) 八木誠一『回心――イエスが見つけた泉へ』、ぷねうま舎、二〇一六年参照。

(2) 前注に挙げた八木誠一の著作に対する私の論評(『新約学研究』四五号、日本新約学会編、新教出版社、二〇一七年所収)を参照。

(3) 大貫隆『イエスという経験』(岩波現代文庫版)四二頁。

(4) この節は大貫隆『イエスという経験』(岩波現代文庫版)と同『イエスの時』、岩波書店、二〇〇八年の該当箇所を統合・補正したものである。旧約聖書からの引用は、原則として私訳である。

(5) J. Becker, *Jesus von Nazareth*, Berlin 1996, S. 52-56.

(6)『聖書外典偽典5　旧約偽典Ⅲ』、前掲、四〇四頁（八木誠一による訳注）。
(7) 以下第Ⅵ章末まで、旧新約聖書からの引用は、原則として私訳である。
(8)『聖書外典偽典別巻　補遺Ⅰ』、前掲（土岐健治・小林稔訳）所収。以下ではこの邦訳に準じる。
(9) これはW・ベンヤミンが強く主張するところである。たとえば『パサージュ論Ⅳ　方法としてのユートピア』（今村仁司他訳）、岩波書店、一九九三年、一八―一九頁参照。ベンヤミンの認識論はイメージによる経験によって媒介されているという意味で、言わば「経験的形而上学」とも呼ばれてしかるべきである。本書の後出第Ⅷ章（特に二―7）で取り上げるベンヤミンのテュポス論はまさしくその具体的な事例である。
(10) 最近の史的イエス研究では、イエスその人の発言（ipsissima verba）とイエスその人の「声」（ipsissima vox）という二つの術語が使い分けられている。前者は単語レベルまで史的イエスの発言と想定できる場合、後者はイエスの声が響いていることは確かでも、単語までは聞き分けられない場合に用いられる。詳しくは、たとえばG. Theißen/D. Winter, *Die Kriterienfrage in der Jesusforschung. Vom Differenzkriterium zum Plausibilitätskriterium*, Göttingen 1997 (NTOA 34), S. 17を参照。
(11) この引用はC・H・ドット『神の国の譬え』、室野玄一・木下順二訳、日本基督教団出版局、一九六四年（原著一九三五年）、七一頁からのものであるが、けだし至言である。
(12) 大貫隆『イエスという経験』（岩波現代文庫版）一〇一、二八三頁以下。
(13) 田川建三『イエスという男』、三一書房、一九八〇年、二四五頁。
(14) F. G. Martínez, *The Dead Sea Scrolls Translated. The Qumran Texts in English*, Leiden 1994, p. 394による。
(15) Ⅰコリ一五章の「霊の身体」については、後出第Ⅷ章一5（苦難論）の論述も参照のこと。
(16) 大貫隆『イエスという経験』（岩波現代文庫版）五八頁。
(17) 語録資料は、二〇世紀前半までのドイツ語圏を中心とする福音書研究で、「Q資料」と表記されることが一般的になった。Qは「資料」を意味するドイツ語Quelleのイニシアルである。
(18) イエスの「人の子」を集合的意味に取ることについて、私はその後「『神の国』の『十二人』――マタイ一九28／ルカ二二28―30によせて」、『桃山学院大学キリスト教論集』第49号（滝澤武人教授退任記念号、桃山学院大学総合研究所、二〇一四年）、五—二七頁でも再説している。G. Theißen, *Gruppenmessianismus. Überlegungen zum Ursprung der Kirche im Jüngerkreis Jesu*, in: ders., *Jesus als historische Gestalt*, Göttingen 2003, S. 255-281 がイエス運動の「集合的メシアニズム」について語っていることも参照。

（19）新共同訳続編では「イエス」。第Ⅳ章注2参照。

（20）荒井献『イエスとその時代』岩波新書、一九七四年、一六五頁がこの見方。

（21）P. Schäfer 前掲書 S. 83-102 の詳細な分析を参照。

（22）P. Schäfer 前掲書 S. 59-82 参照。エゼキエルの召命は前五八七年の第二回バビロン捕囚、および五八六年の神殿の最終的倒壊よりも前であるから、エゼキエル書一章の幻はエルサレムにソロモン神殿（第一神殿）がまだ存立している時点でのものとなる。詳しくは、本書第Ⅰ章三節を参照。

（23）天上の神殿＝天上のエルサレムの等式が一般的に広まっていたことについては、E. P. Sanders, *Jesus and Judaism*, Philadelphia 1985, p. 78, 86, 88 を参照。サンダースによれば、黙二一22が天上からの新しいエルサレムに神殿がないとわざわざ断るのは、それがあるとする見方が一般的だったことの証しである。ついでに付言すれば、ヘブライ人への手紙も有力な傍証の一つである。とりわけ顕著な箇所は一二22—23の「あなたがたが近づいたのは、シオンの山、生ける神の都、天のエルサレム、無数の天使たちの祝いの集まり、天に登録されている長子たちの集会」という文言である。この背後に初期ユダヤ教黙示文書との関連があることは、ヘブル書研究の早い段階から指摘されていたが（中川秀恭『ヘブル書研究』、創文社、一九五七年、一八五、二五一頁、および本書後出第XV章四、四一八頁以下を参照）、最近の註解書のいくつかは、いみじくもヘカロート文書の神秘主義との関係を合わせて指摘している。

（24）E. P. Sanders 前掲書 p. 66-70. サンダースは「天から降りて来る」垂直軸のモメントを繰り返し強調している（73, 75, 88）。古典的な研究では、すでに J. Weiss, *Die Predigt Jesu vom Reiche Gottes*, 2. Aufl., 1900, S. 97, 105, 121 が同じことを強調している。ただし、ヴァイスには神殿倒壊予言についての立ち入った考察がない。

（25）大貫隆『イエスという経験』（岩波現代文庫版）七三頁。

第Ⅶ章

(1)厳密には、ユダヤ教の内側に現れた新しい流派に過ぎなかったから、「キリスト教」という用語を使うのは、時代錯誤である。あくまで簡便さのための措置である。

(2)ちなみに、やがてヘレニズム文化圏のキリスト教では、教会と信徒個々人こそが「神殿」であると理解されて行く(Ⅰコリ三16―17、六19、Ⅱコリ六16参照)。そこに生前のイエスの神殿倒壊予言の影響があるかないかは、一度吟味してみるに値するだろう。

(3)さらに詳しくは『イエスと言う経験』(岩波現代文庫版)、一五五―一六一頁を参照。

(4)以下(2)、(3)、(1)の記号は、第Ⅵ章二節6項(一六四頁)の一覧表に準じる。

(5)E・ケーゼマン「イエスと、復活後のユダヤ人キリスト教の黙示思想」、『新約神学の起源』、渡辺英俊編訳、日本基督教団出版局、一九七三年、二〇三―二二三頁所収。

(6)新約聖書翻訳委員会訳『新約聖書』、岩波書店、二〇〇四年、青野太潮の訳注参照。

(7)E. P. Sanders, *The Historical Figure of Jesus*, London 1993, p. 181, 247.

第Ⅷ章

(1)この節は、基本的に拙著『イエスの時』、一八九―二三六頁を再編集したものである。パウロの文章の引用は原則として私訳である。

(2)新約聖書翻訳委員会訳『新約聖書』、前掲、六四七頁。

(3)イエスの復活観とパウロの復活観(霊の身体)の背後に初期ユダヤ教の神秘主義があることについて、前出第Ⅵ章二節4項、特に一六一頁を参照のこと。

(4)G・アガンベン『残りの時――パウロ講義』、上村忠男訳、岩波書店、二〇〇五年、九一頁。

(5)E. Jüngel, *Paulus und Jesus. Eine Untersuchung zur Präzisierung der Frage nach dem Ursprung der Christologie*, Tübingen 1962, 4. Aufl., 1972, S. 272. この著作には邦訳『パウロとイエス』、高橋敬基訳、新教出版社、一九七〇年がある。ただし、ここでの引用はドイツ語原文からの私訳である。

（6）新約聖書翻訳委員会訳『新約聖書』、前掲、五七一頁。
（7）大貫隆『イエスの時』、前掲、第Ⅷ章三節。
（8）詳しくは同書、六八頁参照。
（9）以下この節の終わりまでは、同書、二三七—二五一頁を再編集したものである。旧新約聖書からの引用は、原則として私訳である。
（10）このキリスト論について、詳しくは大貫隆『ロゴスとソフィア——ヨハネ福音書からグノーシスと初期教父への道』、教文館、二〇〇一年、一二七—一二八、二四六—二四七頁、および本書の後出第XIX章一節を参照。
（11）W・ベンヤミン『パサージュ論Ⅳ　方法としてのユートピア』、前掲、一八—一九頁。
（12）同『ドイツ悲劇の根源・上』、浅井健二郎訳、ちくま学芸文庫、一九九九年、三一頁。
（13）同『パサージュ論Ⅳ　方法としてのユートピア』、前掲、七〇頁（N18, 4）。
（14）この節は拙著『イエスの時』、前掲、二五一—二五五頁を大幅に補充・改稿したものである。旧新約聖書からの引用は、原則として私訳である。
（15）G・タイセン『イエスとパウロ——キリスト教の土台と建築家』、日本新約学会編訳、教文館、二〇一二年、二三九頁。
（16）G. Theißen/P. von Gemünden, *Der Römerbrief. Rechenschaft eines Reformators*, Göttingen 2016, S. 114, 282, 316–318, 324 他随所を参照。なお、この著作については、廣石望訳が教文館から近刊予定である。

第Ⅸ章
（1）ただし、「すでに来てしまった」に当たるギリシア語（enestêken）は、「差し迫っている」と訳すことも可能である。この場合は、「わたしたちから書き送られたという手紙」が前提している教会の状況は、第一の手紙が前提している切迫した再臨待望（後述参照）と同じことになり、「わたしたちから書き送られたという手紙」そのものも、実は暗黙裡に第一の手紙を指しているとする解釈も可能になる。この問題に着いて詳しくは、辻学「排除か？共棲か？——Ⅱテサロニケ書の執筆意図をめぐって」、『新約学研究』第四三号（日本新約学会、二〇一五年）、四一―五四頁を参照。

(2) 邦訳は存在しない。ここでは、G. Bardy/M. Lefèvre, SC 14 (1947), p. 183-184に従っている。なお、この版の校訂者は、後二世紀に小アジアに勃発したモンタノス派との関連には否定的である(Introduction, p. 11)。モンタノス派の終末待望については、本書第三部XVII章を参照のこと。

(3)『年代記』XII五四1、岩波文庫、国原吉之助訳。ただし、途中の※印を付した括弧内の文章は、国原訳には説明がないが、一八五五年以来繰り返し行われてきている補充提案に準じたものである。

(4) A. Strobel, *Untersuchungen zum eschatologischen Verzögerungsproblem auf Grund der spätjüdisch-urchristlichen Geschichte von Habakuk 2, 2 ff.*, Leiden 1961.

(5) カール・シュミット『大地のノモス――ヨーロッパ公法という国際法における』、原著一九五〇年、新田邦夫訳、慈学社出版、二〇〇七年(新改訳版)、第一部第三章(b)を参照。

(6)「ア」は否定の接頭辞、「ノモス」は「法」のこと。

(7) アガンベンはIIテサロニケ書をパウロの真筆として扱っている。なお、ローマ書の一〇4「キリストは信ずる者すべてに義が行き渡るために、律法の終りとなられた」(岩波版新約聖書、青野太潮訳)も、アガンベンとしては同じ意味に取るだろう。

(8) G・アガンベン『残りの時――パウロ講義』、原著二〇〇〇年、上村忠男訳、岩波書店、二〇〇五年、一五七、一七五―一八〇頁参照。

(9) マッシモ・カッチャーリ『抑止する力――政治神学論』、原著二〇一三年、上村忠男訳、月曜社、二〇一六年。

第X章

(1) この点で、拙著『イエスの時』、二五五頁が、目下のエフェ一10に関するG・アガンベンの読解を批判して、この箇所が「キリスト中心的」だと断定したのは間違いであった。ここで訂正させていただく。

(2) 詳しくは大貫隆他編訳『ナグ・ハマディ文書IV 黙示録』、岩波書店、一九九八年、巻末「補注・用語解説」の「万物」の項を参照。および後出第三部XVIII章一節を参照。

（3）現在のローマの信徒への手紙の最後の一六章は、その時に添え書きとして添えられたものに他ならない。ローマの信徒への手紙本体とは関係のない人名が繰り返し出てくるのはそのためである。パウロがそういう形でコピーを送ったわけは、エフェソ教会には、プリスキラとアキラというパウロに強い共感を寄せる同信の仲間がいたからである。彼らはローマを追放された者たちであり、エフェソに赴いてそこに居を構える前に、コリントでパウロと知り合いになっていたのである（使一八2、18、26）。さらに詳細については、G. Theißen/P. von Gemünden, *Der Römerbrief Rechenschaft eines Reformators*, Göttingen 2017, S. 105-109を参照。

（4）新共同訳は一1を「エフェソにいる」と訳出しているが、この読みには本文校訂上疑義が多い。なお、その後のまた別の時点で、テモテへの第一の手紙、同第二の手紙、テトスへの手紙が結集されて、この順で第二の付録として付加された。さらに詳細については、G・タイセン『新約聖書——歴史・文学・宗教』、大貫隆訳、教文館、二〇〇三年、二〇一—二〇三頁参照。

第XI章

（1）この節は大貫隆『福音書と伝記文学』、岩波書店、一九九六年、第I部第四章を大幅に書き替えたものである。聖書からの引用は私訳である。

第XII章

（1）須藤伊知郎「マタイ福音書における ἔθνος——二八章19節の πάντα τὰ ἔθνη はイスラエルを含むか」、『新約学研究34』（日本新約学会）二〇〇六年、五一—一八頁、特に一五頁。

（2）マルコ一章15節の「時は満ち」のギリシア語は peplērôtai ho kairos である。生前のイエスの時間経験に焦点を合わせる場合には、すでに拙著『イエスという経験』（前掲、一〇〇頁）が詳しく論じたように、「今この時（時機）は満ちている」と訳すべきである。それは過去、現在、未来が一つに凝縮された「全時的今」を指している。しかし、マタイにこの時間経験への理解はない。たしかに彼も繰り返し「時機」（ho kairos）について語るが（二一34、二六18他）、常に時系列上の特定の時点の意味でのみ用いている。

第XIII章

（1）この違いについてさらに詳しくは、大貫隆『福音書と伝記文学』、岩波書店、一九九六年、八一―八八頁を参照。

（2）この段落は大貫隆、前掲書の第五章二節を拡大したものである。研究上の基本文献もそこに上げられている。

（3）旧約聖書の時代にもイエス・キリストが「肉をまとわない」形で活動していたという観念は、後二世紀になると明瞭にみとめられる。たとえば第三部XIX章でとりあげるエイレナイオスがそうである。

第XIV章

（1）この点は、大貫隆『福音書と伝記文学』第五章第三節、同『ヨハネによる福音書――世の光イエス』、日本基督教団出版局、一九九六年、一〇三―一〇八頁で詳論されている。

（2）詳しくは、R・ブルトマン『ヨハネの福音書』、杉原助訳、日本キリスト教団出版局、二〇〇五年に付した私の詳細な解説を参照。

（3）私はすでに『イエスという経験』（岩波現代文庫版）、二四〇頁以下で、歴史上のイエスの時間論を「全時的今」という概念で特徴づけている。イエスが「今」を全時的に把握した根拠は「神の国」の切迫であった。ヨハネ福音書が「今」を全時的に把握している根拠は、「人の子」イエスの全時的人格である。

（4）詳しくは前掲拙著『ヨハネによる福音書――世の光イエス』、二〇七頁を参照。

（5）この項は同前第三部を大幅に縮約したものである。

第XV章

（1）R・ジラール『世の初めから隠されていること』、小池健男訳、法政大学出版局、一九八四年、三七〇頁以下参照。

（2）G. Fitzer, *Auch der Hebräerbrief legitimiert nicht eine Opfertodchristologie. Zur Frage der Intention des Hebräerbriefes und seiner Bedeutung für die Theologie*, KuD 15 (1969), S. 294-319.

（4）日本人による開拓的な研究としてE. Käsemann, Das wandernde Gottesvolk, Göttingen 1939. 中川秀恭『ヘブル書研究』、創文社、一九五七年があるが、全体としてブルトマン学派からの強い影響を示している。

（5）その典型的な例がH・ヨナス『グノーシスと古代末期の精神Ⅰ、Ⅱ』、大貫隆訳、ぷねうま舎、二〇一五年である。

（6）川村輝典『ヘブライ人への手紙』、一麦出版社、二〇〇四年、一八―一九頁は、時間的・歴史的終末論と垂直的終末論が相互に補足し合っていることを指摘している。ただし、前者をユダヤ教黙示文学に、後者をヘレニズムの終末論に割り振っている。その結果、ユダヤ教黙示文学の概念の幅が狭くなってしまっている。われわれの判断では、垂直的終末論を示す「上昇の黙示録」もユダヤ教黙示文学の一部である。

第XVI章

（1）詳しくは、大貫隆訳『エイレナイオス5　異端反駁V』（キリスト教教父著作集3／Ⅲ）、教文館、二〇一七年、九八頁参照。

（2）新共同訳は「わたしたちの神に仕える王」。われわれの訳はこれを補正し、終末論との関連をより明確にしたもの。P. Schäfer 前掲書 S. 159 参照。

（3）同前 S. 151.

（4）G・タイセン『原始キリスト教の心理学』、大貫隆訳、新教出版社、二〇〇八年、五九四頁以下参照。

第三部はじめに

（1）ヘブライ人への手紙も合同書簡に数えられることがあるが、本書では第XV章で単独で取り上げた。

（2）使徒教父文書については、『使徒教父文書』（荒井献編、講談社文芸文庫、一九九八年）に全訳がある。初期護教家の何人かについては、『初期ギリシア教父』（中世思想原典集成1、平凡社、一九九五年）に部分訳が収録されている。

第XVII章

(1) テルトゥリアヌスがモンタノス派の展開とどう関係しているかについては、土岐正策「テルトゥリアヌスとモンタノス主義」、『Cross Culture』(光陵女子短大研究紀要) 第4号 (一九八六年)、一〇五―一三七頁を参照。そこにその他の外部証言についての説明もある。

(2) 大貫隆訳が、『キリスト教教父著作集19』として教文館から刊行されている (二〇一八年)。

(3) Heidrun Elisabeth Mader, *Montanistische Orakel und kirchliche Opposition*, NTOA 97, Göttingen 2012.

(4) 講談社学術文庫に邦訳がある (上、秦剛平訳、二〇一〇年)。ただし、本文に掲出したのは私訳である。以下同様。

(5) 『プラクセアス反論』一5、7、『死人の復活について』一一2、『慎みについて』二一7、『魂について』五五5参照。

(6) 以下に挙げる箇所は決して網羅的なものではない。関連するすべての古代史料に基づく一覧表はK. Aland, Bemerkungen zum Montanismus und zur früchristlichen Eschatologie, *Kirchengeschichtliche Entwürfe* I (1960), S. 105–148 にまとめられている。

(7) 土岐正策「テルトゥリアヌスとモンタノス主義」、前掲、一三一頁も同じ見解。

(8) G. Bardy/M. Lefèvre, SC 14 (1947), p. 182–183 による。

(9) 『ケルソス駁論』は出村みや子氏による邦訳が教文館から刊行中であるが、第七巻については未刊である。ここでは、C. Barthold, FC 50/5 (1997–1999) の本文に準じている。

(10) より詳細については、とりわけH・ヨナス『グノーシスと古代末期の精神・第二部――神話論から神秘主義哲学へ』、大貫隆訳、ぷねうま舎、二〇一五年、第二章全体を参照のこと。

(11) テルトゥリアヌス『プラクセアス反論』一5―7は、自分自身も含むモンタノス派のことを「霊的な者たち」、対立する合同教会のことを「生まれながらの人々(プシュキキー)」と呼んでいる。この用語法そのものは、Iコリ二14―15から取られたものである。しかし、テルトゥリアヌスの文脈では、「霊的な者たち」にはモンタノス派の霊的優越意識が込められているように感じられる。この点も密儀宗教と通じるかも知れない。

第XVIII章

（1）以下、§記号は『ナグ・ハマディ文書I　救済神話』、岩波書店、一九九七年所収の拙訳が採用した段落区分である。

（2）同書所収の小林稔訳、一三七頁による。ただし、適宜補正している。

（3）同書所収の大貫隆訳、二〇二―二〇四頁による。ただし、適宜補正している。

（4）同書所収の大貫隆訳、一五〇頁による。ただし、適宜補正している。

（5）『この世の起源について』と『アルコーンの本質』が示す初期ユダヤ教黙示文学との重なりは、実は宇宙史の終末論だけに限られない。二つの文書は、本書第III章が踏査した「上昇の黙示録」の終末論も明確に承知している。すなわち、前者は§31―34で、後者は§29で、造物神（アルキゲネトール＝ヤルダバオート）の息子サバオートが自分の父親の思い上がりの嘘を見抜いて悔い改め、光の世界のすぐ下まで引き上げられる次第を物語る。サバオートはそこで星辰界全体に対する支配権を付与される。そして「彼は自分の住処の前に一つの玉座を造った。それは四つの顔をしたケルビムと呼ばれる車の上に乗っていた」（この世の起源について、§32）と言われる。その周りには、無数の天使たちが侍っている。これがエゼキエル書一章とメルカヴァ神秘主義の伝承に連なるものであることは明らかである。

第XIX章

（1）以下での本文の引用は、エイレナイオス『異端反駁I―V』、教文館、一九九九―二〇一七年に準じる（I―II、Vは大貫隆、III―IVは小林稔訳）。ただし、適宜補正して用いる。

（2）本書第III章9で取り上げた『アブラハムの遺訓』の中に宇宙史をやはり七千年と見る見方が見られる。

（3）久保正彰訳『戦史』（岩波文庫、一九六六年）による。

（4）Lucian, *How to write history*, Loeb Classical Library 430, Cambridge/Massachusets–London 1968, p. 66-67 に準じる。

むすび

（1）エイレナイオスの普遍史の神学をこの意味で進化論的と見るのは、すでに研究史の早い段階で先例がある。W. Bousset, *Kyrios Christos. Geschichte des Christusglaubens von den Anfängen des Christentums bis Irenaeus*, 1913, 6. Aufl. Göttingen 1967, S. 352-356 参照。

（2）八木誠一『回心——イエスが見つけた泉へ』、前掲、一〇一—一〇二頁。ただし、傍点は大貫による。

（3）G. Theißen, *Von Jesus zur urchristlichen Zeichenwelt*, Göttingen 2011 (NTOA 78), p. 53. ただし、傍点は大貫による。

（4）誤解のないように、お断りしておくが、八木とタイセンは、人間の宗教的経験の基礎構造という視点から、進化論を適者生存と自然淘汰の側面から問題にしているのであって、自然科学的に解明される生命の進化の過程全体が同一不変の「神的知性（すなわち神）によるデザイン」によって統制されているとして、創世記冒頭の創造論を擁護する「インテリジェント・デザイン」論とはまったく無縁である。

（5）H・ヨナス『グノーシスと古代末期の精神・第二部——神話論から神秘主義哲学へ』、前掲、三四三頁。なお、H・アーレント『活動的生』、森一郎訳、みすず書房、二〇一五年、第四章（制作）と第五章（行為）には、より大掛かりな論考がある。

（6）K. Barth, *Kirchliche Dogmatik* II/1, 6. Aufl. Zürich 1982, S. 669, 689 ; E. Jüngel, *Gottes Sein ist im Werden*, 3. Aufl., Tübingen 1976 ; W. Pannenberg, *Offenbarung als Geschichte*, Göttingen 4. Aufl 1970, S. 97 ; ders., *Grundzüge der Christologie*, 5. Aufl. Gütersloh 1976, S. 134-135, 331-332, 407-408, 426.

著者の先行研究

『世の光イエス――ヨハネ福音書のイエス・キリスト』、講談社、一九八四年、改訂版『ヨハネによる福音書――世の光イエス』（福音書のイエス・キリスト4）、日本基督教団出版局、一九九六年
『福音書と伝記文学』、岩波書店、一九九六年
「古代黙示文学の終末論――自然科学と終末予言」、『地中海　終末論の誘惑』、蓮實重彥・山内昌之編、東京大学出版会、一九九六年、一六―三〇頁
『終わりから今を生きる』、教文館、一九九九年
『グノーシスの神話』、岩波書店、一九九九年、講談社学術文庫、二〇一四年
『グノーシス考』、岩波書店、二〇〇〇年
『ロゴスとソフィア――ヨハネ福音書からグノーシスと初期教父への道』、教文館、二〇〇一年
「歴史と空間――初期ユダヤ教と原始キリスト教の場合」、『歴史を問う3　歴史と空間』（大貫隆・責任編集）、岩波書店、二〇〇二年、一―七八、二三七―二四一頁
『イエスという経験』、岩波書店、二〇〇三年、岩波現代文庫版、二〇一四年
『イエスの時』、岩波書店、二〇〇六年
「苦難を『用いる』――パウロにおける十字架と苦難の神学」、『受難の意味――アブラハム・イエス・パウロ』、宮本久雄・山本巍と共著、東京大学出版会、二〇〇六年、一―六八頁

「救済史の物語と神義論――一神教の落とし穴」、『一神教とは何か――公共哲学からの問い』、大貫隆／金泰昌／黒住真／宮本久雄編、東京大学出版会、二〇〇六年、一八三―二〇五頁

「物語論から見た黙示文学」、『原初のことば』（シリーズ物語り論2）、宮本久雄・金泰昌編、東京大学出版会、二〇〇七年、一三三―一六三頁

『グノーシス「妬み」の政治学』、岩波書店、二〇〇八年

「グローバリズムとキリスト教――コロサイの信徒への手紙一15―23によせて」、『無教会研究――聖書と現代』（無教会研修所）第12号（二〇〇九年）、一―一四頁

「グノーシスと異言（グロッソラリア）」、『宗教研究』（日本宗教学会）三六五号（第84巻の2）、二〇一〇年、一―二三頁

『聖書の読み方』、岩波新書、二〇一〇年（第一〇刷、二〇一八年）

「死人たちには未来がある――マタイ八21―22／ルカ九59―60の新しい読み方」、『聖書学論集』（日本聖書学研究所）第44巻、二〇一二年、五七―九〇頁

「『神の国』の『十二人』――マタイ一九28／ルカ二二28―30によせて」、『桃山学院大学――キリスト教論集』第49号、滝澤武人教授退任記念号、桃山学院大学総合研究所、二〇一四年、五―二七頁

論評　八木誠一著『回心――イエスが見つけた泉へ』（ぷねうま舎、二〇一六年）、『新約学研究』（日本新約学会）第45号、二〇一七年、八〇―八四頁

「ハンス・ヨナス『グノーシスと古代末期の精神』によせて――付・山本巍氏のコメントへの応答」、『パトリスティカ――教父研究』第21号（教父研究会）、教友社、二〇一七年、七―二七頁

あとがき

本書は、巻頭の「はじめに」にも記したように、メシアニズムを含む聖書の終末論思想の通史である。その範囲は、旧約聖書の預言者（第Ⅰ章）から始って、初期ユダヤ教（第Ⅱ―Ⅴ章）、イエス（第Ⅵ章）、新約聖書（第Ⅶ―ⅩⅥ章）を経て、後二世紀のキリスト教とグノーシス主義（第ⅩⅦ―ⅩⅨ章）にまでわたっている。そのうちで、イエス以降の部分が全体の中核となっている。これは私自身の研究上の専門領域に対応している。

イエスと新約聖書に関する部分（第二部）は、新約聖書に収められた伝承と文書を、細部で逸脱はあるものの、原則として年代順に取り上げている。その際、私は新約聖書学で通常「新約聖書神学」と呼ばれる下位分野で行われる論述の仕方を意識している。わが国でのこの分野の本格的な研究は、山谷省吾『新約聖書神学』（教文館、一九六六年）と原口尚彰『新約聖書神学概説』（教文館、二〇〇九年）の二つを数えるのみであるが、欧米では、新約聖書学の大家が長年にわたる自分の研究の集大成として「新約聖書神学」を公にするのが一般的であり、その事例は枚挙に暇がない。

それらの先行研究は、ほとんど例外なく新約聖書の二七文書に焦点を絞っている。新約聖書に先立つ初期ユダヤ教文書（旧約外典）と新約聖書以後の初期教会史上の文書は、ついでに言及されるにとどまる。他方、われわれが今日普通に手にしている新約聖書が初めてキリスト教会の「正典」の形を整えたのは、後四世紀後半のことである。「正典」二七文書に的を絞った形で論述される「新約聖書神学」は、それを追認し、実行する神学的行為に他ならない。もちろん、内外にわたって多数に上る著者の一人一人が、このことをどこまで意識しているかは一概には言いがたい。著者によっては、二七文書という限定があればこそ、自分の論述を無限に拡大させずに済むことを幸いとしているだけなのかも知れない。その点は何れであれ、「正典」文書こそが「外典」文書に優先されてしかるべきだという価値判断が、多かれ少なかれ、そこに働いているのは明らかである。

本書はそのような価値判断から意図的に離れている。冒頭に述べた本書全体の構成が示しているように、旧約聖書、初期ユダヤ教文書、新約聖書、初期教父文書が、相互の関連性の下に取り上げられる。そこでは、「正典」と「外典」の区別はもちろんのこと、それぞれの文書に関する専門研究の境界も相対化される。さらに、本書はそれらの専門研究の枠も超えて、「現代思想」（ガダマー、ベンヤミン、アガンベン、カッチャーリ、ジラール他）とも是々非々の対話を心がけている。この対話ほど、わが国の現在の新約聖書学がないがしろにしているものはない。逆に「現代思想」の側でも、大半の論者が新約聖書学を敬遠している。お互いに胸襟を開いて、良いところを学び合わねばならない。

本書のこのような越境の企ては、思想史研究としての一体性と連続性を考えれば当然のことであるが、日本では勿論、欧米でもほとんど類書がない。本書はその代わり、論点を「終末論」に限定している。通常の「新約聖書神学」には、下位区分として、キリスト論、教会論、儀礼論、伝道論、倫理などその他の論題も含まれるが、本書はそれらの論題を断念しているわけである。ただし、その理由は決して神学的な判断ではなく、ひとえに著者の力量にある。それらも含めた論述には、とても著者の力量が及ばないからである。

それでも、本書が向こう見ずであることに変わりはない。というのは、新約聖書二七文書に限っても、関連する研究文献の蓄積は、国際的にすでに膨大な量に上っているからである。しかも、それらはほとんどすべて精緻な歴史的・文献学的分析を旨とするものである。その全体を見渡すことは、もはやだれにもできない。その結果、ほとんどの研究者が、それを始めから断念して、いずれかの個別文書の研究に自己限定し、ひたすらその枠内での研究文献の追跡に追われている。それが良心的に行われれば行われるほど、却って自分自身の立ち位置と進路が見えなくなる危険も潜んでいる。

　では、どうすればよいのか。私の考えでは、道は一つしかない。すなわち、何よりもまず、それぞれの領域で蓄積された基礎研究に学んで、その方法と知見に通じることである。その後は自分自身の判断を自分自身の構想で論述することである。本書は、その立場から、私のこれまでの研究、講義、講演を一つに集大成したものである。取り上げるどの文書についても、私自身の読解と構想を可能な限り鮮明に打ち出すことに努めている。構想は大きく、細部は精密に、これが終始私の座右銘であった。それがどこまで実現できているかは、読者の判断にお任せするしかないが、私自身としては、始めから終わりまで一貫して書き通すことに渾身の精力を注いだつもりである。うるさいほど頻繁なクロス・レファレンスがその証拠である。その結果、全体に有機的一体性とストーリー性が生まれていることを願うばかりである。反対に、私のこれまでの研究を集大成したものである分、最新の研究文献の参照には、不十分な点が多々残っているはずである。この点については、前述の事情に鑑みておゆるしいただくほかはない。

　一般読者にとっての読み通しやすさを最大限尊重するために、専門用語と研究文献の言及は極力排し、脚注も主として引照される原典史料についての書誌情報と私自身のこれまでの著書や論文との関連を注記するにとどめている。関連する私の先行研究は巻末に一覧表にして掲出している。場合によってそのまま前著から再録した部分もあるが、縮小あるいは増補した部分もある。このような成立事情に対応して、聖書からの引用は、私訳によるものと新共同訳の混合となっている。敢えて、統一はしていないということである。この点についても、読者のご宥恕をお願いしたい。

本書は、正直なところ、難産であった。そもそもの発端は、ある新書シリーズでの一冊として、『聖書の終末論』についての一般向けの案内を書いてみようということであった。そのために二〇一〇年秋から構想を練り始め、二〇一五年末から執筆を開始した。二〇一六年春に一度脱稿したが、限られた紙幅の中にあまりに多くのことを詰め込み過ぎて、大変読みにくいものとなってしまった。止むを得ず、二〇一六年六月に当初の新書の企画そのものを取り下げさせてもらい、全面的な改稿に取りかかった。その際、分量のことは度外視することにした。本書が単行本としては、比較的大部となったのはそのためである。二〇一八年の春以降は、いくつかの章を無教会研修所主催の聖書学講座の連続講義にも取り上げた。その場での受講生の方々との質疑応答は原稿を推敲する上で非常に大きな助けとなった。心からの謝意を表したい。

学術書はもちろんのこと、教養書も含めて、出版事業を取り巻く現今の厳しい状況の中で、本書を単行本として公にできるかどうかは、文字通り予断を許さなかった。そのような中で、思いがけず助け舟を出してくださったのが筑摩書房編集部の海老原勇氏であった。海老原氏はその後上梓にいたるまで、的確で懇切な助言を惜しまれなかった。時には、参照文献の探索のために図書館に足を運んでくださった。ここに記して感謝の徴とさせていただく。

二〇一八年初秋　　大貫　隆

著者略歴

大貫隆（おおぬき・たかし）

1945年生まれ。静岡県出身。東京大学大学院人文科学研究科西洋古典学専攻博士課程修了。1979年ミュンヘン大学にてDr. theol. 取得。東京女子大学助教授、東京大学教授を経て、現在東京大学名誉教授。2010-14年自由学園最高学部長。著書に『イエスという経験』（岩波書店、のち岩波現代文庫）、『グノーシスの神話』（岩波書店、のち講談社学術文庫）、『聖書の読み方』（岩波新書）など、訳書にハンス・ヨナス『グノーシスと古代末期の精神』（全2巻、ぷねうま舎）、エイレナイオス『異端反駁』（全5巻のうちⅠ、Ⅱ、Ⅴ巻、教文館）、『ナグ・ハマディ文書』（全4巻、共訳、岩波書店）などがある。

引照箇所索引

I　旧約聖書

Ⅲ　ユダヤ教文書

Ⅳ　新約聖書

マルコによる福音書

ヨハネによる福音書

使徒言行録

V　教父文書

終《しゅう》末論《まつろん》の系譜《けいふ》
——初期《しょき》ユダヤ教《きょう》からグノーシスまで
2019年1月15日　初版第1刷発行

著　者　大貫 隆（おおぬき・たかし）
発行者　喜入冬子
発行所　株式会社筑摩書房
〒111-8755　東京都台東区蔵前2-5-3
電話番号03-5687-2601（代表）
装　丁　小倉利光
印　刷　株式会社精興社
製　本　牧製本印刷株式会社

ISBN 978-4-480-84747-8　C0016